Le dico
de la
contrepèterie

Du même auteur

AUX MÊMES ÉDITIONS

Contrepétarades
coll. « Petit Point », 1994 ;
coll. « Point-Virgule », 1997

CHEZ ALBIN MICHEL

Manuel de contrepet
L'art de décaler les sons
1986

Sur l'Album de la Comtesse
de 1979 à 1987
1988

La Vie des mots,
l'Ami des veaux
1993

L'Art des mots,
l'Eau des mares
1994

Contrepétines
1996

Sur l'album de la conteste
Baths missives et plis bien envoyés
1997

AUX PRESSES DE LA CITÉ

Le Contrepêtisier
coll. « Hors collection », 1992

Joël Martin

Le dico de la contrepèterie

Éditions du Seuil

COLLECTION DIRIGÉE PAR NICOLE VIMARD

ISBN 2-02-030408-2

Au parrain de la Comtesse,
Yvan Audouard,
parrain qui a toujours belle mine…

INTRODUCTION

« *Mammouth écrase les prix !* »

Quel garnement n'a pas illico transformé ce slogan en « Mamie écrase les prouts ! », déclenchant l'hilarité générale ? Il est de précoces vocations contrapétiques.

François Rabelais, en son XVIe siècle, n'a connu ni les pachydermes à poil laineux de la préhistoire ni les hypermarchés tentaculaires de l'ère postindustrielle. Mais il aurait été parfaitement capable d'inventer cette antistrophe coluchienne, lui qui a donné ses lettres de noblesse à ce difficile genre littéraire, à cet art véritable : le Contrepet.

C'est lui qui en effet immortalisa voici plus d'un demi-millénaire les célèbres bigotes « *folles de la messe* ». À Beaumont-le-Vicomte, naturellement.

S'ensuivit sous cet illustre patronage et la plume de brillants continuateurs, célèbres ou anonymes [1], l'élaboration de purs chefs-d'œuvre : « *Les nouilles cuisent au jus de cane* », « *Comment peut-on dîner avec si maigre part ?* », « *Il m'a promis son tennis* », « *Les mutins ont passé la berge du ravin* [2] », « *Voulez-vous que je vous envoie dans la culture ?* » et autres « *fakirs arrivant à pied par la Chine* [3] ».

*

1. Lire à ce sujet Luc Étienne, *L'Art du contrepet*, Jean-Jacques Pauvert, 1957, le chapitre « Le Contrepet et les Lettres » (*voir la « Bibliographie commentée » dans les pages roses*).

2. Contrepèteries collectées par Louis Perceau dans *La Redoute des contrepèteries*, C. Briffaud, 1934 (signalées par *R* dans les notes).

3. Luc Étienne.

En cette époque génératrice de vocables laids et grinçants, agresseurs de tympans, tels *synergie, restructuration, critères de convergence,* ces petites phrases versent du miel dans nos oreilles. Et titillent agréablement notre fibre rabelaisienne. Soudain, le cerveau tressaille. Frétillent les neurones et se connectent les synapses. La matière grise prend des couleurs, s'anime, se concentre. Voilà branché sans délai le contrepéteur qui sommeille en nous. Et bientôt jaillit le rire libérateur. Après la tension cérébrale, trouver le sens caché procure un soulagement jubilatoire, illumine la grisaille quotidienne. Au bureau, par exemple, lorsque se répand le bruit que « *le chef de cabinet a le plus gros malus du Finistère* ». Oubliant qu'il a du tracas jusqu'au cou, l'éleveur de vache folle dont le veau est infirme se laisse emporter, c'est si bon, par une irrésistible allégresse dès qu'il entend parler de « *pus de génisse !* » *(La Redoute des contrepèteries).* Le contrepet est exutoire. Le contrepet est détente. Rien ne vaut, pour atténuer la déroute de l'habitante, la détente de la bi…

Le contrepet dispense le même bien-être qu'une musique douce. Il use de mots berceurs, farceurs, malicieux, cachottiers. *Berge, dîner, jus, mutins, nouilles, tennis* font irrésistiblement songer à leurs presque homonymes rabelaisiens qu'on obtient par simple échange de lettre(s) avec un mot voisin dans la phrase. Berge donne son *b* au ravin en échange du *v.* Dîner prend le *p* de part et lui laisse son *d.* Le *jus de cane* se découvre facilement. On voit quelle dimension virile prend le tennis dès qu'il est promis. Il n'est pas besoin de traduire. Ouïssons en cogitant, puis éclatons de rire. Si nul n'a brouillé l'écoute, on a flairé le vocable *contrepétogène.* Des mots comme *acculer, bouillon, délation, malus, roulettes, site, vergeture* nous ont fait dresser l'oreille. Chacun de ces vocables appelle irrésistiblement un mot complice, un mot *contrepétophile.* Pour *acculer,* il faut *entendre.* Après *bouillon,* on pense à *cuvette. Délation, malus, roulettes, site, vergeture* appellent respectivement *femme, fiches, patins, balcon, doucher.* On peut alors, sans peine et non sans malice, échapper aux soucis quotidiens en s'accordant la pause-contrepet :

– Tapie : « *Le procureur m'entend pour mieux m'acculer.* » Il est acculé, tant pis…

– *La cuvette est pleine de bouillon.* La femme du tisserand s'en allait avec sa cuvette (Lharidelle)[1].
– *Certaines femmes pratiquent la délation.* La délation, c'est fou !
– L'assureuse a plein de malus dans ses fiches. Les malus des chauffeurs.
– *Les Romaines adorent les patins à roulettes.* (Où pêchent-elles ces roulettes ?)
– *Ces balcons ne conviennent guère à nos sites.* (Que de balades autour de nos sites !)
– *La dermatologue douche les vergetures.* Puis elle pose son drain sur la vergeture.

On remarquera que chaque mot contrepétogène a engendré *deux* contrepèteries. Il a pu s'associer à deux complices différents, deux contrepétophiles. Et même trois pour malus : *Finistère, fiches et chauffeurs.* Il en existe bien d'autres. Livrons-nous à la défense du malus.

> *« Il y a trop de malus à Forbach ! » pense le gendarme qui est fou du malus. Les délations le laissent froid mais il accule des sportifs derrière un stand après avoir accroché leurs patins. Ce gros dur est friand de patins et il a besoin de pognon pour entretenir ses roulettes… »*

Le petit délire ci-dessus peut facilement se prolonger avec un peu de pratique. Le malus peut s'accoupler avec une foule d'autres partenaires. Le malus n'est pas fini ! Quant aux patins, on y pense pour faire l'équipe non sans appréhender la chute des patins…

Les exemples ci-dessus montrent clairement la nécessité de disposer du matériau verbal spécifique pour accéder aux joies de la verve contrepétulante, si apte à estomper nos soucis quotidiens.

*

1. Ahmédée et Lharidelle, *SaGesse n'est pas* Folie, Pierre Horay, 1973 (contrepèteries signalées en notes par les lettres *SF*).

L'idée vient alors au contrapétiste professionnel d'aider ses semblables en mettant à sa disposition un outil, un « kit du Contrepet » (vous aurez bonne bouille avec votre kit) sous la forme d'une liste des vocables contrepétogènes.

Liste alphabétique pour la commodité des recherches. Citons encore, mais pas comme des ballots : *béton, biaiser, biner, butte, caisse, cocon, concierge, consensus, derme, douilles, erratique, fine, fouille, génisse, gesticule, jupette, kiné, malotru, mander, messe, mine, mite, monocoque, nouille, perturbation, phlébite, pinot, poncho, poutre, roussette, scorpion, thèse, trimaran, urne, vierge*, etc. Chaque mot est livré avec sa garniture de mots complices contrepétophiles, enrobés dans de savoureuses contrepèteries connues ou inédites. Avec, çà et là, des anecdotes, des souvenirs, des clins d'œil à nos glorieux prédécesseurs – l'auteur ne craint pas de déballer ses sources – et des petits développements truffés de contrepèteries signalées ou furtives, comme en regorge cette introduction.

En somme, chaque entrée comporte sa ou ses définitions contrapétiques. C'est donc un véritable dictionnaire de la contrepèterie que l'on propose ici.

Un glossaire à l'envers...

Dictionnaire de noms communs, mais aussi de noms propres. Certains noms de lieux, prénoms, célébrités génèrent, à l'évidence force contrepèteries : *Adour, Agen, Barre, Bex, Béziers, Bobino, Bordeaux, Branly, Bresse, Cénobite, Chine, Condé, Fez, Faverges, Forbach, Garches, Job, Lannion, mer d'Aral, Montcuq, Nippons, Paimpol, Pakistan, Panisse, Pornic, les Pouilles, Puteaux, Rabat, Sabine* (Sabine ne manque pas à l'appel), *Serge, Soustons, Titicaca*, etc. Citons en particulier à l'ordre du Contrepet notre ex-glorieux sauteur et coureur *Guy Drut* qui se change en *dix grues*. Râpé par bien des haies, il en aura compté, des sauts !

« Noms communs » et « Noms propres » sont séparés par une troisième partie, les désormais classiques pages roses, où figurent contrepèteries latines, devinettes, jeux contrapétiques, textes à décrypter. Ces pages roses proposent aussi une bibliographie contrapétique commentée, une revue des différentes factures (pas sociales, mais techniques de fabrication) contrapétiques *et surtout un véritable livre dans le livre : un recueil de 800 contrepèteries nouvelles groupées par thèmes.*

La rubrique « Noms propres » est suivie d'une liste « confidentielle-défonce » des mots rabelaisiens que le *Dico* renferme en filigrane et que le pudique paravent du contrepet, suivant la belle expression de Luc Étienne, dérobe, au fil de l'ouvrage, à nos chastes oreilles.

Sont livrées enfin les « Solutions figurées » (*voir l'Avertissement)* de toutes les contrepèteries du *Dico*, y compris celles qui n'auraient pas été détectées lors d'une première lecture, tant elles se sont sournoisement glissées dans les textes. Cette introduction, par exemple, contient vingt-huit contrepèteries non signalées par des italiques.

Que votre Verbe soit en joie (et hop, une vingt-neuvième) !

AVANT-PROPOS

Les mots de ce *Dico* sont phonétiquement très voisins de certains vocables que la morale traditionnelle réprouve mais qui se murmurent volontiers dans toutes les couches de la société. C'est qu'ils couvrent, si l'on ose dire, la plupart des organes, gestes et appareils dont, dans son infinie sagesse (sagesse n'est pas folie[1]), le Créateur de toute chose nous a dotés afin que nous soyons en mesure d'obéir aussi bien à l'un de ses commandements majeurs : « Multipliez-vous ! » qu'à ce que certains ascètes institutionnels appellent nos bas instincts.

Ces vocables « organiques » si pittoresques et d'une indéniable musicalité reflètent la réalité incontournable de nos capacités à nous reproduire. Or les ascètes professionnels précités jugent inconvenant, malsain, voire condamnable d'évoquer lesdites capacités. Lesdits vocables organiques sont donc par eux mis à l'index. Ces termes réprouvés sont *tabous*. User de tant de termes est un sport.

Mais dans son infinie sagesse, le Créateur de toute chose a sans doute jugé que cet ostracisme présentait un danger majeur pour la survie de l'espèce humaine : enterrer dans les oubliettes du vocabulaire ces mots qui ne font que traduire précisément l'instinct de survie, par le canal des fonctions de reproduction, ne risque-t-il pas d'atrophier ledit instinct ? Plus de mots, plus de fonction. Or, c'est bien connu, la fonction crée l'orgasme. Pour perpétuer l'espèce humaine, il faut perpétuer le vocabulaire de sa vitalité.

Au besoin, en le cryptant, afin de mystifier les ascètes susmentionnés, lesquels ne savent que décoder fort minablement.

C'est pourquoi, mes frères, dans son infinie sagesse, le Créa-

1. *SF.*

teur de toute chose suscita un prêtre, curé dans la bonne ville de Meudon. C'était aussi l'un de nos plus grands écrivains. Il avait nom François Rabelais. L'espèce humaine lui doit le contrepet. Et elle continue de se perpétuer...

Dieu merci !

Voici donc le *Dico* de ces mots tabous sous la forme cryptée que leur donne le contrepet. Ils ont pu ainsi traverser les siècles sans encombre en tirant un pied de nez, voire même un bras d'honneur aux séides de l'Inquisition (la Ligue n'a pas senti venir le vent) comme aux bigots desséchés de l'époque victorienne. Ils sont livrés chacun avec les clés de leur décryptage : leurs multiples déguisements contrapétiques.

Mais pour faire la nique aux censeurs ascétiques (l'ascète repousse les belles coquettes), faméliques et maléfiques, ces mots tabous figurent quand même en clair à la fin de l'ouvrage. Car enfin, ce *Dico* leur doit sa substantifique moelle.

*

Un grand merci à Albert Simonin, Pierre Perret et surtout Frédéric Dard, le bien nommé, dont les bouquins ont permis à l'auteur d'acquérir le vocabulaire sans lequel il n'aurait jamais pu se livrer à l'Art du Contrepet.

Enfin, l'auteur rend tout spécialement grâce à son père spirituel ès Contrepet, le grand Luc Étienne[1]*, Comtesse de l'Album du* Canard enchaîné *de 1957 à 1984.*

Que jamais plus leurs mots ne s'avilissent !

1. Auteur non seulement de l'immortel *Art du contrepet* et des deux premiers *Album de la Comtesse*, mais aussi, avec Alphonse Boudard, de *La Méthode à Mimile*. Il a hautement mérité de la langue verte et du Contrepet (*voir la « Bibliographie commentée » dans les pages roses*). Les contrepèteries de Luc Étienne, essentiellement tirées de son *Art du contrepet*, sont signalées en notes par l'abréviation L. É.

AVERTISSEMENT

Chaque entrée de ce *Dico* est un mot contrepétogène. Comme dans tout dictionnaire, on en donne la ou les définitions, en un mot ou une courte phrase, si possible contrepétée. Puis pour chaque définition, on donne des exemples, parfois sous forme d'historiettes, dans lesquels on exploite les facultés du mot d'engendrer des contrepèteries en s'accouplant à différents partenaires contrepétophiles. Le petit texte qui suit chaque entrée est donc en quelque sorte une variation sur un thème.

Le nombre gras à la fin de chaque entrée indique le nombre de contrepèteries qu'elle contient. Les contrepèteries sont toutes discrètement traduites à la fin de l'ouvrage, où figurent aussi l'index des entrées et, pour chacune d'elles, son cortège de complices contrepétophiles.

Ce cortège n'est pas exhaustif car ce *Dico* n'est pas une encyclopédie. L'auteur, sinon, aurait pillé ses confrères dont il ne cite ici que quelques dizaines de très fameuses contrepèteries, patrimoine de l'humanité. Et ce, bien sûr, en déballant ses sources. Il espère ne pas avoir fait d'erreurs de provenance, et au cas où, s'en excuse vivement auprès des victimes éventuelles qu'il aurait citées comme un ballot[1]. Le lecteur de

1. L'auteur se cite aussi lui-même et remercie pour cela la maison Albin Michel, éditeur de son *Manuel de contrepet, L'art de déCaler les Sons*. Une bonne partie des citations contrapétiques de ce *Dico* proviennent de l'« Album de la Comtesse » (signalées par *AC* dans les notes), hebdomadaire du *Canard enchaîné*, journal satirique paraissant le mercredi et que l'auteur remercie vivement de l'accueillir en tant que Comtesse, depuis près de deux septennats, au sein de ses colonnes branchées. La plus grande partie des contrepèteries de l'« Album » citées dans ce *Dico* sont

ce *Dico* est chaudement invité à faire des balades autour de ces sources[1] et à les lire dans le texte. Il trouvera une bibliographie dans les pages roses. Il peut aussi exercer ses talents d'inventeur de contrepets et compléter lui-même le cortège de chaque contrepétogène.

Précisons que plus de 85 % des contrepèteries de ce *Dico* sont entièrement inédites. Et sauf erreur ou défaillance de mémoire de l'auteur, les 800 contrepèteries thématiques des pages roses sont inédites à 100 %.

Les contrepèteries ne sont pas traduites en clair, ce qui romprait le charme. Mais elles sont toutes répertoriées et reproduites en dernière partie sous une forme typographique particulière : le lecteur peut décortiquer lui-même la friandise en permutant, à ses risques et périls, les lettres écrites en **caractères gras** (*ce procédé des « solutions figurées » inspiré de Luc Étienne est détaillé, exemples à l'appui, à la fin du présent Avertissement*). Ainsi aucune contrepèterie ne lui échappera, et il n'aura pas l'angoisse du faux contrepet, du contrepet « canada-dry » qui offre le fumet du contrepet, la musique du contrepet, mais qui n'est pas un contrepet.

Exemple de faux contrepet : « *la caille couve au coin d'un pont* ». Que de vocables tentants, et pourtant, nul contrepet ! Exemple de vrai contrepet : « *Faux contrepet* ». Eh oui ! En voici la solution figurée : *F**a**ux contre**p**et*, dont la traduction en clair (la seule que se permette ce respectable ouvrage) est : *Pot contrefait*. Les personnes ignorant l'acception rabelaisienne du mot *pot* et désirant parfaire leur vocabulaire polisson, sont invitées à consulter la liste des mots tabous, à la fin du *Dico*. La plupart de ces mots figurent dans l'ouvrage au moins une fois, et souvent beaucoup plus, mais sous leurs formes déguisées. Le

---

d'ailleurs tout du cru de l'actuelle Comtesse, les autres, et non des moindres, étant dues à Luc Étienne, à Jacques Antel et aux lecteurs du *Canard*. L'auteur, fraîchement grand-père, et donc menacé de gâtisme, ne garantit pas qu'il n'a pas commis d'erreur sur la provenance de ses propres contrepèteries déjà publiées. Certaines d'ailleurs sont parues et dans le *Manuel de contrepet*, *L'art de déCaler les Sons* (signalées par *M* dans les notes), et dans *L'Album de la Comtesse*. Il prie les lecteurs de bien vouloir le lui pardonner.

1. *SF*.

mot « *pot* » se dissimule ainsi sous plusieurs déguisements : clos, faux, mot, seau (sot), etc. Exemples : *le **cl**os de la **p**ocharde, le moissonneur em**p**ile des **f**aux, un **m**ot **p**assif, une **p**elle dans le **s**eau*... Un tabou peut ainsi sommeiller dans plusieurs contrepétogènes.

Mais, à l'inverse, un contrepétogène peut cacher plusieurs tabous. Par exemple, le mot *chute* peut échanger son *ch* contre un *p* ou encore un *r*, mais aussi son *u* contre un *a*. Dans ce cas, il est systématiquement suivi du nombre des tabous qu'il peut engendrer (3, dans notre exemple).

Quelques précisions sur les « *solutions figurées* »

Pour certaines contrepèteries comme ***m**ot **p**assif* ou *deux cailles sous le **p**ou**f***, il suffit d'intervertir les lettres **grasses** pour obtenir directement le sens caché avec la bonne orthographe. En revanche, d'autres contrepèteries malmènent l'orthographe et même la grammaire : l'orthographe change lors de la traduction, des substantifs deviennent adjectifs, ou bien verbes. Parfois certains mots éclatent ou bien se soudent à d'autres. *La Redoute des contrepèteries* donne un exemple fameux de telles contrepèteries qu'il faut parfois répéter à haute voix pour en pénétrer le sens :

Je n'ai pas de rebords à mes épaulettes.

Cette contrepèterie se décrypte en mettant le *b* de *rebords* à la place du *m* de *mes épaulettes*. Le procédé classique des *solutions figurées* donne alors la graphie suivante :

*Je n'ai pas de re**b**ords à **m**es épaulettes.*

Mais l'expérience montre que bien des personnes plus « visuelles » qu'« auditives » peinent à comprendre le sens caché d'une telle contrepèterie même si elles ont trouvé la bonne permutation. C'est que, lors de la traduction, le couple *mes épaulettes* vole en éclats : *mes* se soude au *é* de *épaulettes*, lequel *é* se sépare de son mot d'origine, faisant ainsi apparaître une certaine Paulette que l'on n'a pas de remords à b...

D'où la nécessité de pousser plus loin la technique des *solutions figurées* en anticipant sur l'orthographe finale de la contrepèterie traduite. Ce qui donne, pour l'aimable Paulette, la graphie plus explicite :

*Je n'ai pas de re**b**ords à **m**aiser Paulette.*

Il suffit au contrapétiste impénitent de permuter les deux lettres grasses pour se plonger dans les délices d'une solution bien méritée, avec son orthographe correcte (seule, d'ailleurs, l'orthographe est correcte dans la solution).

Dans un souci de rigueur et de logique, qui s'impose au faiseur de tout dico, ce procédé est utilisé systématiquement pour traduire toutes les contrepèteries que propose ce *Dico*. Voici d'autres exemples :

Le malus des chauffeurs
devient, car les chauffeurs deviennent chômeurs :
*Le **m**allus des chô**ph**eurs.*

L'émoi de l'agent provoque, car la chef fait muter son agent :
*Les **m**oies de l'a**j**ant.*

Le conquérant l'abuse donne : *Le con**cai**rrent la b**u**se.*

Les six gars russes sentent l'aneth
se transmute en : *Les cigar**us** sentent l'an**ette**.*

J'en ai lu dans l'annonce ! dissimule : *J'en ai l**ug** dans l'an**ons**.*

Tu sais, moi, l'abysse se change en : ***T**ucez-moi la bi**s**e.*

(Ces deux derniers exemples montrent que ce type de solution graphique n'est pas destiné à être prononcé.)

Note sur les notes de bas de page

À de rares exceptions près, ces notes précisent les ouvrages où sont pêchées les contrepèteries non inédites de ce *Dico*. Les lecteurs ont tout avantage à les lire dans le texte. Pour plus ample information, l'on peut consulter la « *Bibliographie commentée* » dans les pages roses de ce *Dico*.

Mais, pour ne pas alourdir les bas de page, ces sources sont indiquées en abrégé selon le code suivant :

- *R* *La Redoute des contrepèteries* de Louis Perceau, C. Briffaud, 1934[1].
- *AC* *L'Album de la Comtesse* du *Canard enchaîné*.
- L. É. contrepèteries de Luc Étienne, essentiellement tirées de son *Art du contrepet*, J.-J. Pauvert, 1957.
- *SF* *SaGesse n'est pas* Folie d'Ahmédée et Lharidelle, P. Horay, 1973.
- *T* *Le Tout de mon cru*, de Jacques Antel, J.-J. Pauvert, 1975.
- P. contrepèteries de Jean Pouzet, in *800 Contrepèteries inédites*, La Pensée moderne, 1975, et *500 Nouvelles Contrepèteries*, J. Granger, 1978.
- *M* *Manuel de contrepet, L'art de déCaler les Sons*, de Joël Martin, Albin Michel, 1986.

L'auteur, de la sorte, déballe ses sources[2]. Une fois les choses déballées, il cite…

1. Désignée plus familièrement par : *La Redoute*.
2. *AC*.

Rappelons que le nombre gras entre parenthèses qui suit immédiatement une entrée est celui des mots tabous que ladite entrée peut dissimuler si ce nombre est supérieur à 1. Le nombre qui suit immédiatement chaque texte indique le nombre de contrepèteries qu'il recèle. Le total est donné pour chaque lettre.

NOMS COMMUNS

A

ABATS

Bas morceaux. Certains sont d'ailleurs délicieux. Le mot tabou qui se devine derrière le pudique paravent du contrepet relève d'une autre sorte d'appétit et désigne souvent des morceaux de roi. Ne pas confondre ce tabou avec son homonyme cynégétique ou piscicole : *appâts*[1]. Laissons donc les Tartarins déguster leurs tripes, cervelles et autres ris de veau (il faut un bon coup de vin pour faire passer le ris) en compagnie du patron qui pèse les abats. Penchons-nous plutôt sur l'hôtelière lorsqu'elle présente sa note aux chasseurs. Il faut beaucoup de fric pour satisfaire la belle hôtesse qui aime les abats de façon effective. Le chef confie qu'il doit monnayer ses abats pour l'apaiser, et goûter ses abats avant de vider ses poules. Il sent toujours monter son pouls dès que pointent les abats… **8**

ABBESSE (L') (2)

Religieuse en chef dont on verrait bien le prieur a posteriori. Dès qu'il parle de l'abbesse, il en devient friand. L'abbesse[2] l'appelle souvent, ce grand fou ! Ah ! l'abbesse falote ! Ah ! l'abbesse défile ! L'abbesse est frisée. Mais l'emphase de l'abbesse irrite l'évêque de Bourges qui a du mal à flairer l'abbesse, trouve un peu fouillis tout que ce que fait l'abbesse, et que l'abbesse aime trop les chiffres. Il s'intéresse néanmoins

---

1. Une célèbre contrepèterie de *La Redoute* aboutit au même tabou à partir d'un mot un peu différent : « *Mon oncle perd courage devant les amas de patentes* ».

2. Citons une très belle contrepèterie de Luc Étienne : « *Le chanoine présenta le néophyte puis l'abbesse* » *(le banquier a présenté Laffitte à l'abbesse).*

aux fonds de l'abbesse. Et pendant ce temps-là, le frère jardinier qui a laissé la bêche se livre aux plaisirs de la serre derrière l'évêché, puis il attrape l'ânesse et la bique. Plus tard, il s'occupera encore de l'abbesse et du faucon après avoir recueilli les fruits de l'abbesse. Mais l'abbesse s'affaisse et le pauvre, qui s'appuie sur le flanc de l'abbesse, s'use et supporte mal l'abbesse. **20**

ABUSE (L')

Est abusé quiconque est trompé, par exemple par un chineur, ou empilé par un filou railleur. Victime d'un Blanc galonné, un cochon qui ne manque pas de culot et perturbe la masse[1] des pisteurs indigènes, une autochtone se plaint que ce conquérant l'abuse. Cet enfant de Pétain l'abuse. Il l'abuse sur le quai. Puis, vautré sur le quai, il coince encore la bulle avant de s'écrier : « Je te jette à la rue[2] » Il jette en l'abusant… Plus tard, ce type à la sale bouille osera encore l'accuser et prétendra qu'il ne l'abuse pas car il paie. **14**

ABYSSE (L')

Fond à creux que l'on peut fouiller même en étant proche de la côte. Le vieux plongeur (qui coince parfois son bonnet sous des patins) exige, dit-on, de ses jeunes assistantes : « Matez-moi l'abysse ! » Il connaît la latitude de l'abysse, rêve de l'abysse entre deux cuites, et quand il plonge, c'est toujours la fête à l'abysse. Mais l'abysse est pleine de tueurs. Par contre, son collègue spéléologue ne pense guère à l'abysse quand il est dans un typhon. Tu sais, moi, l'abysse… **10**

ACCULER

Empêcher par exemple un menteur en le mettant face à ses mythes qui pèchent. Un footballeur de Marseille acculé s'est lancé : « Si on est acculés, c'est tant pis ! » Acculés derrière le stand, acculés sans autre envie, acculés par une grosse tempête, acculés par un vilain gros temps[3] (c'est terrible quand le gros temps sévit), les pauvres diables se sont planqués de

1. *R.*
2. L. É.
3. Variante : « *le gros tentacule…* ».

peur d'être encore acculés. Acculés et tancés. On les avait entendus avant de les acculer, mais ils se sont retrouvés acculés faute d'avoir pu financer, acculés par une drôle d'engeance, acculés sans pension. Mais même acculés, ils s'en fichaient… Une minette s'est laissé acculer derrière l'angora. La rameuse en plein soleil s'est laissé acculer près des environs. L'accessoiriste venait de mettre l'ampoule quand il se sentit acculé. **20**

ADIPEUSE (L')

Femme souvent déçue[1] et pleine de fausse graisse, « gourmandine » aux volumineuses gamelles, l'adipeuse réclame toujours plus de parts. Certains gastronomes amateurs de perches fréquentent volontiers l'adipeuse. Mais ce n'est pas son poids qui les intéresse chez l'adipeuse. Car l'adipeuse fait partie de celles qui s'épuisent vite. Alors le soupeur qui désire abondamment dîner n'embarque pas volontiers cette grosse. L'adipeuse ne consomme pas de câpres et l'adipeuse fuit les crapauds. **11**

AFFAISSER

Ne se dit pas de fous qui s'abaissent quoiqu'on parle volontiers de « folles qui s'affaissent », mais de gens qui chutent sans se faire légers. Cyrano (qui battait quiconque moquait son pif, un pif assez gras) se sentait affaissé en regardant de Guiche… « Oh ! l'affiche s'affaisse ! » déplore le colleur qui voit aussi s'affaisser la colle. Et Brigitte Bardot passe, minaudant : « Voyez Médor affaissé ! » Le pauvre était affaissé sur la terre. **11**

AFFICHE (L')

Papier que l'on monte en encollant un mur[2]. L'affiche se colle mal sur un muret. Les amateurs de pub qui espèrent un tabac savent bien ce qui se met dans l'affiche. Mais parfois, l'affiche est molle, ou alors l'affiche est pleine de miel ! Dans

---

1. Inspiré des « Plaintes d'une femme déçue », in *L'Album de la Comtesse*, 1957-1969, J.-J. Pauvert, 1967 (*voir la « Bibliographie commentée » dans les pages roses*).

2. *AC*.

certaines BD, l'affiche peut avoir une forte odeur de menthe et Tintin fait sentir l'affiche au petit Milou. Des fils de pub qui parfois font la tête s'affichent et se gourent. Ils ont mal au flanc à force de s'aguicher. Des belles excitantes s'affichent entre deux maires[1]. Dans l'affiche qui est près de musées, on peut voir de drôles de toiles et de peintures. Découvrant l'affiche en sortant de la messe, des prêtres voient ainsi de drôles de croûtes. **17**

AGENT

1) Flic que l'on n'a pas toujours plaisir à voir entrer[2], sauf l'agente pleine de foi. 2) Intermédiaire offrant parfois plein de sots commis et qui exige pour cela qu'on douille. Il lui faut toujours plus de pions, plus de fafs ! Pour s'assurer de la mouvance de son agent, son agent qui l'avait tant charmée, une directrice a fait muter son agent provoquant l'émoi de l'agent. Elle ne supportait plus de voir son agent s'éclater dans des boums. Surtout quand ledit agent démentait… Elle use à présent son argent pour s'offrir une pinède. C'est une sacrée mémère avec son agent ! Ah ! l'agent mur ! Ah ! l'agent mollit ! **14**

ÂNESSE

Asiné femelle que l'on voit souvent à la ferme près de deux canes. Dans de pieux ouvrages, on représente souvent l'ânesse près des bœufs. La fermière dont l'ânesse travaille aux foires voit que l'ânesse est au fond de la rue. L'ânesse a peur du feu. Présentant une espèce de bâton rude à l'ânesse, un concurrent presse l'ânesse car il court sans bafouiller, exigeant une minute pour profiter de l'ânesse. Il presse l'ânesse de la fermière et l'abuse. **10**

ANETH (3)

Plante aromatique au charme de laquelle on peut se fier, sauf les personnes qui n'aiment pas que le fenouil. La cuisinière qui sent l'aneth manque de Byrrh. Les fermiers dont les

---

1. Deux contrepèteries bien enchaînées de Jacques Antel dans *Le Tout de mon cru*, J.-J. Pauvert, 1975 (*T* dans les notes).

2. *AC*.

bœufs sentent l'aneth et dont les vaches folles regardent les trains avec envie prennent leurs bus qui sentent aussi l'aneth et s'échappent en prenant l'Airbus pour fuir cette odeur d'aneth. Hélas ! le pilote ne supportant pas d'avoir tant d'ânes dans l'Airbus se love dans un coin et se tape un jus. Mais bientôt s'écrie : « Oh ! une grosse puce qui sent l'aneth ! » (sa nièce aussi sentait la puce). Même les six gars russes sentaient l'aneth… **12**

ANIS (2)

Ce n'est pas une plante qui fait fanée, mais ceux qui débutent dans l'anis trouvent que c'est un mets potable et tiennent des propos uniques sur l'anis. Certains parlent même d'anis d'autruche ! Ils en connaissent des trucs sur l'anis ! Les gens butés cachent leur anis en disant parfois : « Je vous salue bien avec mon anis ! » Certains content l'aventure d'un militant qui fit goûter son anis à un vieux député. Il avait des vues sur l'anis. Évitez donc les abus sur l'anis ! Pub : « L'anis des opulents ». **12**

ANNONCE

1) Pub qui tombe. 2) Nouvelle. Texte qui fait parfois tourner les sangs quand on en a trop lu dans l'annonce[1]. Une célèbre dermatologue experte en vergetures et fortement dentée faisait toujours des effets d'annonce quand elle avait soulagé des bubons. Giscard qui adore l'écu n'aurait pas dû faire tant d'effets d'annonce : l'écu n'a pas fait le poids devant les Teutons et l'Ex a dû accepter sans soupir l'euro imposé par Kohl qui n'avait rien d'inepte et dégageait même un fort parfum de rouerie. Mais de là à parler d'annonce truquée… **10**

APAISER (L')

Calmer une personne qui peut manquer de forces. Dans un pastiche d'*Horace* de Pierre Corneille, un des Curiaces n'est pas à la noce et Camille attend que Sabine l'apaise. Mais ce soudard qui a pris plein de lard bouffe au lieu de l'apaiser et la pauvre bêtasse attend en vain qu'il l'apaise. Cette espèce

---

1. *AC.*

d'antique Bayard ne l'apaisera jamais et préférera les plaisirs de la terre avec une petite biche parfaitement timide, lui qui a connu tant de trucs : il binera sans l'apaiser. **10**

APPELLATION (L')

Il faut la contrôler surtout pour un vin hérité. De même, on doit contrôler l'appellation de la fine[1], même si la fine n'est pas trop utile. Un célèbre bouilleur de cru[2] dont la piquette sentait le vieux képi[3] eut des problèmes avec son fiston pour lui faire obtenir l'appellation. Il crut habile de feinter pour avoir l'appellation et on le retrouva complètement pinté, ayant pour rien vidé sa fine. **8**

ARRIÈRES

1) Position de repli. Les députés sortis qui ont senti tourner le vent se rappellent leurs débuts et cherchent à assurer leurs arrières. 2) Joueurs souvent tassés qui se précipitent sur les terrains et courent rarement aux buts[4] après avoir tiré leurs crampons hors des boxes. S'appuyant sur des avants parfois bien menus, ils louchent près des filets, vite du côté des bois, et distribuent au fond des petits coups de rien. Ils coincent leur bulle dans bien des cas. Mais tout entraîneur qui rêve d'équipe de copains aimant le foot et avides de braise vous dira : « Avec moi, les arrières sont très détendus ! » Mais il s'inquiète quand les arrières dérivent. Il pénalise[5] alors les arrières de façon dégressive mais il lui est arrivé de taper un arrière comme un dément. **17**

ASCÈSE (L')

Comportement de ceux qui se fortifient dans la messe et se mortifient dans la foule. Mais faut-il écouter tous les ballots qui prônent l'ascèse ? Prétendant que le bonheur s'épanouit dans l'ascèse, une célèbre abbesse prêchait souvent l'ascèse

---

1. *AC.*
2. *R.*
3. *AC.*
4. Luc Étienne : « *Il courait tant de buts divers qu'il en perdait sa belle mine* » *(2 contrepèteries).*
5. *T (contrepèterie interne à ce mot).*

assise sur son balcon. On dit que des moines las de bosser en prêchant s'assoupissaient en se lavant ou parlaient de l'ascèse au bain à des bonnes bien aisées dont les voiles sentaient le pain ! Cette incitation à l'ascèse se passait près de Bex. Et l'on connaît une célèbre sultane que son mari poussait à l'ascèse en babouches… **12**

ASSOUPIR (S')

Piquer en étant pas trop fort un petit somme lorsqu'on a quelque latitude. Dans les mers du Sud, on parle des roupillons de Papeete comme étant des courts sommeils et l'on voit souvent sur les quais des gueux qui ronflent[1]. Ce sont souvent des pochards qui n'ont jamais cessé de s'assoupir en vingt ans et qui assoupissent leur compagne en l'avinant. Ils s'assoupissent en épongeant leurs verres. Les veilleurs aussi s'assoupissent après avoir lapé leurs verres. Le contractuel s'assoupit en rêvant de PV et la vache s'assoupit, un veau contre son pis. L'escrimeur s'assouplit avant de relever le gant. **14**

ASTUCE

1) Boutade. Luc Étienne appelait Coluche « l'anar de l'astuce ». Il est vrai qu'il dévoilait son astuce sans trop de gêne. 2) Procédé rusé ou malicieux. Ainsi en est-il de jeunes mariés rusés à la noce qui s'aguichent avec des farces. Le cuisinier qui pèse en vue de se faire ses boulettes montre son astuce en chauffant d'abord l'aubergine. Le Grec propose son astuce bien attique. Le menuisier qui scie en chantant dévoile l'astuce de l'égoïne et l'apprenti en nage doit aussi montrer son astuce. **10**

AVERSE (L')

S'emploie pour une pluie qui oblige à trotter, plus rarement pour une bruine ou des gouttes, comme le dit souvent Mme le Maire lorsqu'elle attend de pied ferme l'averse dans son Gex. « Comment gérer l'averse ? » Ah ! la belle jolie loque sous l'averse… « Oh ! le gros geint sous l'averse ! » déplore la dame

1. *M (permutation circulaire de consonnes).*

de charité qui sait ce qu'est l'averse en joie. Au Japon on raconte comment l'averse a trempé deux jumeaux. L'on sait que Mme Beethoven appréhendait toujours l'averse du jour. Et ne mettez jamais de potage sous l'averse. **10**

250 CONTREPÈTERIES

B

BAC (2)

1) Examen. Luc Étienne énonçait : « *Mythe du bac : est-ce bien assez su ?* » Les mots grecs se déclinent au bac[1]. L'examinatrice fait mander les candidats en vue du bac et se fait formelle à l'arrivée du bac. Au conservatoire, on n'évoque jamais le bac en faisant travailler les classes. 2) Bateau pour traverser un cours d'eau. Perceau, dans *La Redoute des contrepèteries* retire la clé du bac et sous l'Occupation, on évitait de mettre des cloches dans les bacs. **9**

BAIE (2)

1) Petit golfe. Louis Perceau mentionne « la baie de Rabat » mais il ne parle pas de contempler la baie d'un radeau. Les vieux Marocains laissent admirer leurs baies en grattant leurs rides. Mais pas question de laisser se développer des rites dans leurs baies. Évitant les récifs qui peuvent frotter leurs cales, les marins radinent volontiers dans les baies. 2) Petit fruit à pépins (des pépins ont parfois l'odeur de la tasse). De gros récoltants avides de Vouillé avouent qu'ils lavent leurs baies avec leurs racines. D'un gourmand : « Oh ! la baie rouge ! » Rien à voir avec la couleur du Don, il regardait des pubs de tartes. Les riverains du Mur de l'Atlantique évitaient les baies de roche. Aujourd'hui, ça gaze fort du côté des baies. 3) Ensemble d'appareils d'électronique. La physicienne qui présente Saclay parle aussi de « rack ». Elle a un drôle de petit robot sur la baie et appréhende les roues qui s'approchent de sa baie. 4) Grande fenêtre. Voici la pub d'un entrepreneur

1. *AC.*

recherchant des travaux : « Nous assurons la vitrification de vos baies. ... Nous ne ratons jamais les baies... » La femme du locataire qui s'y connaît en vitres regarde son grand fou, en évaluant la marge du verrier. Et pourquoi pas une petite ruche dans la baie ? **23**

BAIGNER (SE) (2), BAIGNEUR (EUSE) (2)

Se payer une trempette même avec une vieille bique. Ou avec une baigneuse qui gazouille. De jeunes parents affirment qu'ils gardent leur Lise en se baignant. Mais pas question de se baigner près d'un bazar. Un vacancier : « Je me baigne toujours devant ma Paule ! » Les baigneuses méprisent souvent les gagneurs qui, de leur côté, ne proposent pas leurs turnes à n'importe quelle baigneuse, surtout aux baigneuses qui ont une forte odeur de tabac. Le jardinier, lui, se peigne avant de biner. **9**

BAIN (2)

Trempette obtenue en se couchant dans l'eau. Des pubs en tas montrent comment des naïades se lavent, dans leur page un. Elles dessalent leurs bains et fuient les bains sans goût. Poppée disait à Néron : « Envoie Tacite au bain ! » On parlait de pénible Horace et l'on entendait : « Prends-les, Sabine ! » Le sourcier découvre facilement les bains, l'urbaniste cherche des bains pour les cités et la teinturière trempe les mites avec ses bains. **11**

BAISSE (2)

1) Chute que provoquent des spéculateurs qui se mettent dans un mauvais cas. Mais qu'est-ce qu'ils fichent face aux baisses ? 2) Allégement. Luc Étienne a révélé que des dockers cherchaient à provoquer des baisses de fardeau. 3) Diminution. « Ah ! ma cote débile ! Faut des idées si on baisse[1] », grince Juppé qui cherche à se caser après cette baisse. 4) Ristourne. Il y a des petites baisses entre les fêtes (d'un lecteur du *Canard*). La baisse des Ford ? À la fête des Puces (de lecteurs), on provoque les baisses des grandes fringues. 5) Mouvement vers le bas. Entendu dans un gymnase : « Mettez-vous en phase avant de vous baisser ! » **11**

---

1. *AC.*

BALCON

1) Saillie à l'extérieur d'un immeuble. On lit dans *La Redoute* : « Marquise, votre balcon saille dangereusement ! » De vieilles architectes proposent encore des balcons pour qu'on les cite. Le cavalier fou chevauche sa selle monté sur le balcon et la cavalière écarte sa rosse pour soulager son balcon. Quel grand vilain saoul sur ce balcon ! Des citadines rêvent de salades sur leur balcon. La poétesse tricote un sonnet assise sur son balcon. La chaisière n'a pas de sonneur à son balcon. Entendu dans un conseil général : « Laisse tomber ton Sénart et occupe-toi de ces balcons ! » 2) Mezzanine de théâtre ou de cinéma. Un producteur connu pour sa muflerie a osé parler du « balcon de cinoche » ! **10**

BALLOT

1) Paquet attaché avec des nœuds. La marchande de fripes assez pileuse regardait le ballot qui descendait en dévalant la berge. Elle l'avait fait lier en le maintenant avec des branchettes courbes après qu'on l'eut fouillé. 2) Benêt. « J'aime pas Tacite, hé ballot[1] ! » Le cavalier ballot se trémousse sur sa selle. Voilà les ballots de seize heures. Pas de sonneur pour ces ballots. Ah ! ces ballots que les politiciens ont suscités ! Ces ballots ne sont pas à l'aise dans la dèche. Quelles salades font ces ballots ! **13**

BANC (3)

1) Siège allongé, sorte de longue chaise, par exemple dans un bateau où le skipper borde cramponné à son banc, alors que le vent indécis souffle jusqu'au banc, par exemple dans un jardin où des amoureux goûtent des œufs en se bécotant, voire dans un parlement où l'on peut observer les bancs des députés qui glandent et prennent leur temps pour se faire leur pub. *La Redoute* dévoile : « Quand on touche à son petit banc, cet enfant boude. » Un fameux acrobate tombait souvent sur son banc en glissant. Les profs de géo qui ont des gants à la plage posent parfois des globes sur leur banc. Entendant crier : « Onze chaises sur le banc[2] ! », un contrebassiste a poussé son

1. *SF.*
2. *AC.*

banc contre la glace. Et quel instituteur n'a jamais enjoint en début de classe : « Taisez-vous et prenez votre banc ! » ? 2) Cortège de poissons. La pêcheuse recherche des bancs de truites. **15**

BAR

1) Poisson de mer qu'on nomme *loup* en Méditerranée. On peut donc déguster un loup de bar avec un bout de lard (*contrepèterie décente à titre exceptionnel*). Entendu sur un marché : « Prends ce bar, c'est un don ! » 2) Débit de boisson, estaminet, café, bistro, troquet, etc. Vu à la frontière algéro-tunisienne : « le bar du Dey[1] ». La jeune fille a fait une drôle de dînette devant le bar[2]. Le propriétaire de ce bar lui proposait la dot. Son bar va jusqu'au Doubs... 3) Zinc, ou meuble où sont rangés les apéros ou digestifs. Le bougnat a des morceaux de chardon sur le bar. Le débitant n'a pas de bar dans son tabac. **8**

BARDE (2)

1) Chanteur celte. On rencontre beaucoup de bardes en mer (ils douillent leurs barques) et l'Amérique regorge de bardes. Au concert spirituel, la messe était pleine de bardes. 2) Graisse de rôt. Un grossiste boucher n'aimant pas la rate mettait trop de barde. **7**

BARDER

1) Chauffer, se gâter, mal tourner. Ça barde du côté du Soudan ! En Irlande, ça barde du côté des bandes. Ça barde dans le camp. 2) Mettre de la barde. Fallait le voir barder, ce boucher de Dinan ! **5**

BARGE

Bateau de transbordement souvent militaire. C'était un coup de dés qui poussait un célèbre stratège aux transbordements : par-delà le calvaire se devinait la barge... Les vélos tombent souvent sur la barge. Le propriétaire de cette barge est vénal. Perrette est descendue de la barge court vêtue. **5**

---

1. *AC.*
2. *AC.*

BASE (2)

1) Fondement. Pour un vigneron, la base, c'est le chai. Pour les potaches, la base, c'est le collège. 2) Ce qui est en bas. L'archéologue s'est découvert de drôles de fresques à la base. 3) Terrain militaire. Le permissionnaire a quitté sa base. Le soldat thaïlandais attend de la base quelques messages. L'élégant conscrit refuse de traîner son pouf dans la base. 4) Côté d'un triangle ou la face d'un solide qui repose sur le sol. Les bons élèves apprennent vite l'aire de la base (et l'aire de la face). 5) En chimie, le contraire de l'acide. Les marins évitent de laver leurs quilles dans la soude et leurs boutes dans l'acide. La potasse est terrible : ce n'est pas une base qu'est piteuse. 6) Peuple des travailleurs. Certains édiles préfèrent la base à leur mairie. Et elles sont guettées par la base… **14**

BÊCHE (4), BÊCHER (3), BÊCHEUR (EUSE) (2)

BÊCHE. Outil de jardinage. La patronne du jeune jardinier l'a fait mander pour vérifier sa bêche. Enseigne : « Aux mille bêches[1] ». – BÊCHER – Biner non pas avec sa pelle[2], mais avec sa bêche et sans blesser ses poules. La jardinière a bêché trois allées[3]. Elle ferait mieux de ne pas bêcher en pouffant et surveiller les bouses quand elle bêche. – BÊCHEUR (EUSE) – Crâneur (euse). Les bêcheurs se casent facilement mais souvent, les bêcheurs négligent leurs mises. Il y a peu de bêcheurs parmi les Irakiens. Les bêcheuses usent de leurs armes. Certaines bêcheuses manquent de pèze. Ah ! désarmantes bêcheuses qui se vautrent sur les poufs des crâneurs ! La marinière chasse les bêcheurs de son barlu. **15**

BECQUEREL

Unité de radioactivité portant le nom d'un savant physicien, Henri Becquerel, qui a découvert ce phénomène. Entendu du côté d'un labo (*contrepet décent interne à ce mot*) bien taxé étudiant les rayons : « Vos becquerels sont pas mal ! » « Évitons les fûts pleins de curies ! » clament les écologistes qui se méfient des manieurs de becquerels. **5**

---

1. *AC.*
2. *SF.*
3. *AC.*

BERGE

Bord du lit d'une rivière. Celui qui préfère la rivière arrosée aux rus qu'il a trop vus couler aime à observer les cavités de son lit quand il va au bord d'elle. Voici un immortel double contrepet découvert dans *La Redoute* puis revisité et complété par Luc Étienne : « Les mutins ont passé la berge du ravin. » On voit parfois rouler de jolies Rover sur les berges et l'on retrouve souvent leurs charmantes conductrices versées sur la berge, la berge qu'elles ont dévalée[1] se retrouvant ainsi, tombées, vêtements sur la berge. Elles veulent vivre, et sur la berge ! Mais elles n'aiment guère se frotter à la vase de la berge… L'une d'elles, acculée par un mauvais Chouan, a été surprise par un vieux veau qui se roulait sur la berge. Photographe habituée à voir la berge, elle ne visera plus jamais la berge ! Elle rêve de couvrir la berge d'un vélum. **17**

BÊTASSE

Fille de poids pas très jolie, mais il existe aussi des bêtasses pas lourdes. Ah ! les tristes charmes des bêtasses pâlottes ! Une bêtasse particulièrement empotée, bêtasse pas chic mais bêtasse appétissante, fut un jour mouillée par des jeunes carriers (il y avait pas mal de cadets dans les carrières) qui lui remirent leurs fafs dans la pente à condition que la bêtasse s'occupe de leurs poules. Depuis, la bêtasse est couverte d'emprunts. Il faut dire que c'était une bêtasse pêcheuse qui ne pêchait qu'au lieu sur des pinasses fades ou des lougres de bêcheurs. L'un d'eux, fébrile, a un jour demandé à cette bêtasse de lui prendre le pouls. **16**

BÊTE (2)

1) Stupide. Cette fille est bête à te faire couler la bile… 2) Inopportun ou fâcheux. Ah ! la bête bise ! Ah ! les bêtes offices[2] ! Ah ! les bêtes firmes ! 3) Animal. *La Belle et la Bête*, chef-d'œuvre du cinéma et contrepèterie belge. Jean-Marie, la Bête ! Ah ! l'habile bête ! C'est souvent très bon, les livres sur les bêtes. Madame, vos fils ont coincé ma pauvre bête ! Ma

1. *AC.*
2. *AC.*

pauvre bête qui est à l'âge de l'arthrite (*Luc Étienne*). Méfiez-vous des bêtes puantes. **10**

BÉTON (2)

Matériau de base pour constructeurs que certains trouvent ineptes : « Le gros entrepreneur pétrit le béton à la tonne[1] ! » Utilisé en premier (ils ont aimé le béton très tôt) par des maçons polisseurs[2] sots sans truelle[3] pour se faire des chapes, à ne pas confondre avec des croûtes, le béton est souvent jugé atterrant et d'aucuns couvrent le béton de tags. Dans les églises modernes (il y a plein de béton à Taizé), même les athées apprécient le béton, béton que n'aiment pas tous les cathos. Mais ces bigots qui n'ont rien de noceurs veulent bien du béton s'ils peuvent y mettre leur touche. Pas question de béton pour les turnes des étudiants qui ne cherchent pas de thèse sur le béton. Certains fossoyeurs font la tombe avec plein de béton ! À la Légion où bien des bâtisses sont remplies de peinards, on a souvent des tics mais on se fiche du béton. Mais les légionnaires fuient le béton et rêvent de traque. Il arrive que de vieux maçons s'étant trop tapé de béton se font malentendants. Dans des prisons où parfois le béton sent la vieille semoule, des détenues mobiles chassent les mouches qui s'attardent sur le béton. En Suisse, il y a beaucoup de foule à Sion qui exaltent le béton. **24**

BIAISER

1) Obliquer. Le vieux menuisier, dont la visseuse biaise trop, biaise en ponçant. Tartarin a eu un accident de chasse à force de biaiser. 2) Louvoyer. Ce fou volant ne savait guère biaiser. Les penseurs indécis aiment biaiser au fond ! Comment ils biaisent, ces crétins ! Celle qui biaise ne fait pas l'affaire. Le couturier contourne son assistante qui lui laisse enfiler son dé pendant qu'elle lui taille les coupes : il peut ainsi biaiser car elle est sans défense. Le dirigeant corse biaise avec ses clans. Le marin biaise avec la marée ; possédant quelque sens pour biaiser, il était arrivé à biaiser la veille... Un membre

1. *R.*
2. *AC.*
3. *M.*

du gouvernement sri-lankais se livre à des manœuvres dilatoires contre une belle Tamoule qui cherche quelque peu à biaiser. La novice biaise avec les vœux. **18**

BIBLE

1) Livre sacré des juifs et des chrétiens. Ah ! ma sœur, comme vous me contez la Bible[1] ! La grande archéologue a découvert bien des sites sans bible[2]. L'aumônier des prisons a déballé la plus belle bible de la Santé. Les jésuites ont toujours su faire redouter leur Bible ! 2) Ouvrage de référence. L'apprenti jardinier a découvert la *Bible du terreau*. Ce n'est pas une bible ratée. **6**

BICHE (2)

1) Femelle du cerf. Faudrait voir allaiter la biche[3] ! Ces filles de Camaret laissent taquiner leurs biches. Pauvres biches assaillies pas les mites[4] ! Les gardes-chasse matent constamment les biches (*2 solutions*). L'un d'eux vous montrera sa biche, un beau matin. Ça y est : il écarte ses amis pour bien montrer ses biches. Sa femme cherche toujours une biche pour l'été. Oh ! des mulots entre ces biches ! Vos biches ont une bizarre odeur de calmar ! Curieux : des melons accrochés à vos biches ! « Prendre les biches, c'est coton ! » prétend le photographe à sa jeune collègue qu'il amuse lorsqu'il prend lui-même les biches. L'ermite a montré sa biche au catho. C'était une grosse biche pleine de terre. Le chasseur à courre a encore cravaté sa biche. Les Indiens cherchaient en vain à introduire de grosses biches dans leurs tipis. 2) Petit nom tendre ou affectueux. Ces petites biches sont formelles. Faut pas lutter, ma biche ! Tu fais la grève sur le tas, ma biche ? **19**

BIDON

1) Récipient. Le marin avait besoin d'un bidon au sortir du quai[5]. Le gros croupier a roulé sur un bidon. Ce box est plein

---

1. *AC.*
2. *M.*
3. L. É.
4. *AC.*
5. *R.*

de gros bidons. 2) Bedaine. Ces gourmands se font de drôles de bedaines avec leurs frites ! Et l'on dirait que leurs tantes ont de gros bidons. 3) Non valable, toc. « Bidon ! » crièrent les avocats en faisant des effets de manches. **6**

BIFFER

Rayer, effacer. Le géographe fou a biffé l'atoll[1]. Le rédac' chef a toujours l'air atterré quand il biffe. Il a des ennuis de fric et il a encore biffé un sous-titre (*double croisement de consonnes*). Le chef du personnel a biffé la belle hôtesse. Mais il n'a pas biffé sa tante. Faut voir son coup de patte quand il biffe ! Il ne traîne jamais quand il biffe. Le poissonnier en gros a biffé jusqu'au thon. **8**

BILE (2)

Liquide biologique que sécrètent bien utilement nos foies[2]. Les étudiants en médecine se tapent la bile. L'hépatologue minable sait-elle seulement qu'une coulée de bile est détectable ? Mais voir couler la bile lui a donné envie de toucher. Elle finira par savoir faire couler la bile au petit matin en se disant : « Quelle bête bile ! » Les vieux garagistes ont souvent des traces de Lockheed dans leur bile. La directrice de la Sécu voit bien que la bile coûte ! Il faut plein de thunes pour régler les problèmes de bile. Certains rugbymen sentent couler leur bile dès qu'ils veulent pousser. Le chasseur envieux sent couler sa bile à la vue de belles meutes. **12**

BINER (2)

Se livrer aux plaisirs de la terre quand ce n'est pas en bêchant. Beaucoup bêchent pour avoir plein de pèze. Certains binent avec leurs pelles[3]. Quand la Comtesse bine, ça secoue ses proches : elle est particulièrement empotée quand elle bine. Ses aïeux paladins, eux, savaient biner. Le bourreau avait toujours envie de biner après une pendaison. Le jardinier du couvent demande un peu d'eau pour biner[4], mais son tabac

1. *AC.*
2. *AC.*
3. *SF.*
4. *M.*

garde l'odeur de binette. Au FN, on ne bine que debout sur une planche. Le gros bûcheron perd son poids en binant. Mais il sent monter son pouls dès qu'il bine. Le Hollandais cherche un bon polder après avoir biné. Le joyeux gourmet bine en pouffant ou bine en rêvant de porto. Il bine même en prenant son pain ! Le fermier bine en souillant ses potes et le spéculateur bine en rêvant de grosses cotes. Le cadet bine l'été et l'agronome cherche la meilleure matière pour biner. **20**

BIQUE (2) – BIQUET – BIQUETTE (2)

Bique – Petite ou grande chèvre qui ne sent pas forcément le loup. Superbe contrepèterie de Luc Étienne : Quand je vois danser leur pis quand j'effleure le trou du pipeau, vos petites chèvres me font penser à la Walkyrie. L'instituteur promène sa bique dans l'Atlas et le légionnaire traumatise cette petite bique avec sa tenue. Le vieux berger : « Y a qu'la routine qui m'fait sortir la bique ! » Le sans-culotte avait une bique tricolore. L'hercule de foire soulève une énorme bique à la force du triceps. Le bedeau a une petite bique qui a peur des chantres. Le poissonnier a une bique qui sent souvent le thon. – Biquet – Cabri. « Ça y est, j'ai le biquet ! » hurla le légionnaire en entrant dans le tabac. Il y avait souvent des biques dans sa troupe... – Biquette – Petite bique. Le bedeau ne lâche sa biquette que lorsqu'il quête. La femme de l'assesseur taquinait sa biquette en secouant les urnes. Les étudiantes en photographie profitent des zooms pour bien prendre des biquettes. Le gros éleveur tend deux caprins. La cultivatrice crâne en montrant sa biquette. **17**

BISE (2)

1) Vent froid qui n'a rien d'indécis[1]. C'est embêtant que la bise souffle jusqu'au banc[2] ! Une campeuse près du pont : « Quelle bête bise, j'en ai froid dans la tente[3] ! » Le vent siffle dans la rue du quai[4] mais les marins ne laissent pas traîner leurs boutes dans la bise. C'est pas agréable, la bise l'été !

---

1. *AC.*
2. *M.*
3. *M.*
4. Immortel contrepet de *La Redoute.*

2) Bisou. L'experte en PEP[1] a bien voulu que je la bise. Le musicien ambulant jouait en rêvant d'une bonne petite bise. Mais il vaut mieux ne pas rater la bise. **13**

BISQUE

1) Consommé, par exemple à la lotte. Ouï à Biarritz où la carte propose « Bisque ou tête[2] » : « Ah ! la bath de bisque[3] ! » Mais on dit en Corse que le vieux patois n'accepte plus « la bisque ». La cuisinière connaît bien les rites de la bisque[4]. Oh ! la bisque est teintée ! Le traiteur de la croisière fait goûter sa bisque à l'étal. Les touristes se matent avant de goûter à sa bisque. 2) Du verbe *bisquer* : tiquer, parfois de façon pas trop logique, ou râler, par exemple lorsqu'on pêche maladroitement. Tanner ce malade lui donne envie de bisquer ! **11**

BISSER (2)

Faire une deuxième fois. Le comique bisse en pouffant. Lassé par une groupie un peu trop branchée, l'idole l'apaise après avoir bissé. Le violoniste fait le *bis* avec son pupitre[5] et bisse en jouant au talon[6]. Il a souvent la latitude de bisser. Mais que de *bis* ratés ! On considère alors ces *bis* d'un œil atterré. **8**

BLANC

1) Homme à la peau blanche. Les Blancs ne sont pas toujours galants. Surtout les Blancs galonnés[7] ! Telle reine exotique choisissait ses gardes parmi les plus beaux Blancs. Mais un jour, son guide est tombé lourdement sur un Blanc. Quel gadin, ce Blanc ! 2) Couleur. Pub authentique d'une marque de peinture, reprise du célèbre « La lingère a le goût du blanc »[8] :

---

1. PEP : Plan d'Épargne Populaire. Cette experte semble disposée à donner un bon prêt pour avoir une bonne bise mais elle prête en menant ses clients à la baguette (*2 contrepèteries*).

2. *MC*.

3. *M*.

4. *M*.

5. *SF*.

6. Jouer au talon, c'est attaquer la corde avec la partie de l'archet proche de la main.

7. *M*.

8. *R*.

« Teignez le blanc à votre goût[1] ! » Le peintre des montagnes a laissé couler son blanc dans une goulotte. 3) Chair de volaille *blanche*. En Corrèze, on déguste des blancs de grives[2]. 4) Vin. Par exemple : un graves blanc[3]. L'ouvrière a pris un coup de blanc au goulot et ce coup de blanc l'a grisée[4]. Ouï au RPR : « Comment peut-on aimer le blanc à ce degré[5] ? » La fabricante de foie gras se tape un blanc en gavant. Quand la sentinelle se tape un blanc, c'est en guettant. Ce planton qui rêve de boxeurs fait souvent couler son blanc sur ses galoches. Mais un galon est tombé sur son blanc… **18**

BOB

1) Petit chapeau (pas bonnet). Ce coquet qui pinte montre les ourlets de son bob[6]. Le savant fou fourre son bob au sein des roseaux. Les échotières font couler la bile des estivants en prenant leurs bobs dans des zooms. Ce producteur fait des petits baisers en soulevant son bob. Le bedeau en vacances met son bob entre deux rosaires. 2) Abréviation de *bobsleigh*, sorte de grande luge. Ouï aux JO où un champion vautré sur une grosse luge parlait de Saverne : « Ne portez pas ce bob aux Houches[7] ! » 3) Prénom, diminutif de *Robert*. Mme Pandraud ne craignait pas que les ondes à Bob ! Mais fuyant les pots de scrutins, ce vieux Bob tenait fermement les urnes. Prend-il les eaux, Bob ? Dans un concert rock, les as font trembler un certain Bob. Bob hésite. Pourtant ce Bob avait l'air très à l'aise ! **17**

BŒUFS (2)

Bovins guidés si ce ne sont pas des bœufs noueux. Les paysans vont aux champs en bande en caressant le cou de leurs bœufs[8]. Ils portent leurs bovins au tri en écartant les bovins décatis et les braves bœufs des viandes. Les nonnes qui fournissaient les bœufs aux couvents montraient le prix des bœufs

1. Relevé par un lecteur du *Canard enchaîné* pour la Comtesse.
2. *M.*
3. *AC.*
4. *M.*
5. *AC.*
6. *M.*
7. *M.*
8. *R.*

à la caisse. Ce n'étaient pas des bœufs pour des Cathares. Mais bien des bœufs pour les Cordeliers, des bœufs bien allants. Certes, on ne faisait pas avancer les bovins sur les tapis mais on mettait les meilleurs morceaux de bœufs dans les cuvettes et il n'y avait plus qu'à braiser les bœufs. De nos jours, les mandataires aux Halles proposent la cote en vantant leurs bœufs, annonçant véritablement qu'ils sont charolais. Puis ils offrent le kir en laissant caresser leurs bœufs. Les plus minables, disent-ils, sont les bœufs de Quercy. Dans les campagnes, où l'on couche beaucoup avec les bœufs, mais ou l'on fait monter les bœufs dans les cars, on cache parfois des bœufs dans l'école et l'on met des gros morceaux de bœufs dans les cabas, les bœufs ne s'accommodant pas des bocaux. Puis l'on se quitte après avoir dégusté les bœufs. On découvre ensuite des morceaux de bœufs dans les canines ! Il ne faut pas manquer de cœur pour faire goûter les bœufs… Le toréador sait que ça n'a rien du taureau, les bœufs de Carmen. **28**

BOÎTE – BOITE

BOÎTE – 1) Casier, emballage. Il peut y avoir des carreaux dans les casiers et des emballages de Cuba où l'on laisse emboîter les fileuses. Cela dit, *La Redoute* offre de superbes piles de boîtes et Luc Étienne, une boîte de riz, mais certainement pas une boîte de mines. L'ébéniste qui propose une superbe boîte Empire n'hésite pas à signer sa boîte. L'oiseleur cache deux jolis nids sous une drôle de boîte. Mais sa boîte a un aspect pisseux. 2) Établissement, firme, taule, entreprise. Enseigne d'une pétillante marchande de fripes[1] qui ne manque pas de galants pour agrandir la taule : « La Boîte aux habits ». Le disc-jockey cherche un ampli pour sa boîte[2] et prévient qu'il n'est pas question de Byrrh dans sa boîte. Le bon patron aime à faire sentir l'amitié de sa boîte mais la chef du personnel ne se réjouit pas quand la boîte crie tandis que le directeur financier fait monter quelques prix pour faire marcher la boîte. Le fromager a une boîte à forte odeur d'épices[3]. Les trois

1. *M.*
2. *AC.*
3. Contrepèterie d'un ami, fidèle lecteur du *Canard*, qui était aussi un merveilleux accordéoniste. Salut, Gégé ! Fais-les bien danser, là-haut…

tenancières ne veulent pas entendre parler de n'importe quelle boîte dans leurs tripots. 3) (Mettre en) boîte : moquer, railler. Le couturier a horreur que l'on raille ses coupes et ne sait pas comment son assistante vit les hauts et les bas de sa boîte. – BOITE – Du verbe *boiter*. Oh ! le pauvre mouton boite ! **24**

BON (2) – BOND

BON – 1) Gentil. De Luc Étienne : « Il est trop bon pour la quitter. » Tapie a longtemps cru que le procureur était trop bon pour l'accuser. On parle encore des bons Cathares. 2) De qualité. On trouve dans *La Redoute* l'hôtel du « Bon coucher ». Ah ! le bon cadeau ! Ce pistou, c'est un sacré bon. Le Pen ne veut voir que des bons plaider. 3) Correct, valable. Il n'est pas toujours judicieux de choisir le bon canal[1]. 4) Apte. Ce junior n'est pas bon quand il court. 5) Certificat, justificatif. La caissière a l'accès aux bons. Elle va donner le bon pour faire monter votre kit. Elle confie le bon au coursier. Mais il a refusé le bon, elle est écœurée. Il faut dire que ce bon était trop encrassé… La comptable du couvent donne le bon à la caisse. – BOND – Saut. Ce bond est digne d'un Comanche[2]. Le cross-man a frôlé l'ancolie avec ce petit bond. **17**

BONNICHE

Soubrette. La Comtesse écarte ses amis pour présenter sa bonniche. Elle est formelle en vantant sa bonniche : sa bonniche a un joli petit mouton[3] et sa bonniche ne sent pas le calmar. En fait, sa bonniche est celle d'une ancienne fille de Camaret. Récemment, sa bonniche a laissé échapper des mules. Elle compte sur sa bonniche pour faire la chasse aux mites. **7**

BORNE

1) Limite. Certains rustres dépassent les bornes. Les politiciens mettent volontiers des bornes à l'union[4]. Le vieux mathématicien noyait ses bornes sous des flots de formules[5]. Mais

1. *M.*
2. *SF.*
3. *AC.*
4. *AC.*
5. *AC.*

c'étaient des bornes rusées ! 2) Pierre qui marque une limite. Le fossoyeur écarte les bornes du mur. Le vieux cantonnier qu'on appelait naguère « Bornes dures » présente maintenant ses bornes d'un air un peu usé. **7**

BOTTE (3)

1) Chausse. Ah ! les chausses grattent ! De Luc Étienne : « Madame la baronne, j'ai trempé ma botte dans votre citerne ! » La femme du hobereau cire volontiers sa botte[1]. Elle ressent vite le chic de la botte[2], étant bien consciente qu'il faut des bottes pour l'hiver[3]. Le motard a coincé sa botte dans un silex[4]. Il a eu mal à la mi-route faute d'avoir de bonnes bottes. La marquise fait admirer le mouton de sa botte[5]. Film souvent repris : *La Colline des bottes*. Le clochard avait plein de kils dans sa botte. Le crado a glissé sur sa botte. Le fermier maniaque a donné un coup de botte à son bidet. Rachel répare la botte à Mishé. Ce n'est donc pas une botte de Mimile. Madelon se plaint que son kir sent la vieille botte. 2) Gerbe. Les anciens combattants présentent des bottes antiques. Dans *La Redoute*, on a oublié de parler de la botte de persil. 3) Coup d'escrime. L'escrimeuse suscite la botte[6]. 4) Proposition galante. Horace a proposé la botte à Sabine. 5) La Botte : péninsule Italienne. La présidente ressent un gros malaise dans sa Botte. **20**

BOUCHON (2)

1) Morceau de liège ou de mousse, etc. arrêtant tout écoulement. La marchande de rhum montre un vieux Nick qui fait sauter tous les bouchons. 2) Bistrot. Le restaurateur (l'auberge de l'Aven) rêve d'approcher l'école de son bouchon et sa femme va montrer les avantages de son bouchon bientôt. 3) Embouteillage. Les gendarmes sont patauds devant les bouchons. Ils ne savent même pas mater les bouchons ! Il faut dire que besogner sur un bouchon, c'est coton. Le

1. *AC.*
2. *AC.*
3. *R.*
4. *M.*
5. L. É.
6. *R.*

xénophobe affirme que ce n'est pas en passant les minables ponts de Cologne[1] qu'on peut voir des bouchons au-dessus du Tibre. **12**

BOUDER

Faire la tronche faute de pouvoir gueuler. Quand on touche à son petit banc, cet enfant boude[2]. Le coureur de fond[3] boude quand vient la crampe[4]. Ce goinfre boude, c'est le banquet. La belle astrologue a fait bouder le voyant. Le bidasse boude, il est dans le camp. Tu boudes, mon gros lent ? Cette vieille rance me fait encore bouder. **8**

BOUILLE

1) Figure. Tapie a la bouille des accusés. Quelle bouille incroyable[5] ! Il a plus triste bouille que ses coursiers. 2) Du verbe *bouillir.* Le même Tapie se souvient comment les douaniers fouillaient dès qu'ils avaient saisi son boutre. Et quelles bouilles ils avaient quand ils l'ont quitté ! La ménagère a toujours eu plein de bouillons dans son cabas. Ah ! comment son mouton bouillait[6] ! La cuvette était pleine de bouillon[7]. Cette brave dame connaissait mal le coût des bouillons. **9**

BOULE

Sphère. La droguiste a une boule antimites[8]. La voyante ne supporte pas que des mouches se posent sur sa boule. Sa boule ressemble à quelque melon. On peut l'amuser en se penchant sur sa boule. Mais avec sa boule, elle voit au-delà de la mythologie… L'opticienne a une boule achromatique[9]. La Comtesse : « Voulez-vous de cette boule marron ? » **7**

---

1. *R.*
2. *R.*
3. *R.*
4. *AC.*
5. *SF.*
6. *R.*
7. *R.*
8. *AC.*
9. *M.*

BOUTRE

Bateau oriental. Le boutre du sultan coula au confluent de la Garonne[1]. L'épouse du sultan falot déplore la perte de ce boutre. Refaire le boutre, c'est une question de chiffres, elle connaît tout des quilles à la poupe[2], le flanc du boutre. Elle a sollicité Laffitte pour refaire le boutre. Hélas ! le boutre qui arrive est plein de fières blondes. Enflammant le sultan, elle exige pour elle seule son boutre. **8**

BRAISE (2)

1) Résidus chauds et incandescents[3] censés brûler. Certaines râleuses préfèrent dire : brandons. Les nymphes pyromanes font de belles braises avec les pinèdes[4]. Elles aiment la braise de façon pathologique au point de toujours garder des tasses de braise. Casanova présente sa conquête à l'œil de braise. Ce cardiologue au bel œil de braise n'arrête pas de ponter. Bel œil de braise, aussi, ce spécialiste du foncier. Notre ami le sultan avait plein de fraises dans son boutre... 2) Du verbe *braiser*. Le cuisinier n'est jamais tout blanc en braisant. Sa femme le mène à la baguette pour le faire encore mieux braiser. Alors il braise tôt. 3) Fric, pour certains malfrats empâtés. Mimile, pour la braise, c'est pas un cadeau ! Faut sacrément qu'y lutte pour avoir la grosse fraîche. Mais il finit par être assez coulant question braise... **18**

BRANCHER – BRANCHETTE

BRANCHER – 1) Connecter. Le technicien branche les colonnes[5]. Le chanteur de rock bêle une fois branché. Ils n'ont pas besoin d'être calés pour se brancher, sauf l'anesthésiste qui doit brancher sans délirer. Les fous de normes qui ne manquent pas de foi veulent plein de lois pour pouvoir être branchés. 2) Pendre. On branche les condamnés après leur avoir fait manger des lardons (puis on les emballe après la pendai-

1. *R (permutation circulaire de trois consonnes : voir « Factures contrapétiques » dans les pages roses).*
2. *M.*
3. *AC.*
4. *AC.*
5. *AC.*

son). Impitoyable, le bourreau a branché une grosse molle. On a cru un moment qu'il allait la virer au lieu de la brancher. Pub pour cocottes électriques : « Salez, branchez ! » 3) À la mode, dans le coup. Le producteur branché a sorti une grosse liasse. T'as pas l'air tellement branché, mon loup ! – BRANCHETTE – Petite branche. Le bûcheron coince la bulle avant de faire ses branchettes. **14**

BRIE

Fromage. La crémière et sa pote vivent pour le brie. Infortuné fromager, c'est son brie qui est visé ! Il a peur qu'on voie son brie. Pauvre brie délavé[1] ! Mon gendre, ôtez ce brie de ma vue ! L'éditrice préfère les bries de l'hiver[2]. Une clocharde qui découvre un pack : « J'ai pas b'soin d'vos avis pour goûter les bries ! » Elle poussait de grands bries au moment où son type la quittait. **10**

BRIQUE (2)

1) Matériau de construction. Le gros entrepreneur de *La Redoute* propose une brique de treize. Il propose cette brique à la tonne. Les apprentis maçons empoignent leurs briques de façon atterrante. Taillez-moi donc cette brique ! Les légionnaires bossent en montant les briques. 2) Million, bâton. Le tueur à gages exige deux briques avant de traquer (*2 solutions*). Les producteurs déballent leurs briques en passant. **7**

BROUILLE – BROUILLER – BROUILLON

BROUILLE – Dispute. Toutes ces brouilles pour des cas d'honneur[3] ! Une juge matrimoniale : « Ces brouilles, quel casier ! » – BROUILLER – 1) Rendre confus. Ces parasites nous brouillent l'écoute[4] ! Les Suisses qui ont des disputes bien posées se brouillent en étalant leurs manques. Bien des nobliaux bourguignons se brouillèrent devant leurs caves (ils se grouillèrent en comparant leurs blancs). Ils se brouillaient mais ne manquaient pas de chic. Le médiateur pervers saque ceux qui se brouillent.

1. *M.*
2. *AC.*
3. *SF.*
4. Immortelle contrepèterie de *La Redoute.*

– Brouillon – 1) Personnage désordonné. Ces brouillons sont des caves et ces brouillons manquent de chic ! L'adjudant en cassa des bleus brouillons ! 2) Ébauche. Ce brouillon est bien manqué. **13**

BRU

Belle fille. « Votre bru, quel casier[1] ! » Cette aimable bru manque de chic. Le cordonnier propose de superbes galoches à sa bru. **3**

BRÛLER

1) Consumer sans bornes. César fit brûler le camp de Cléopâtre, mais c'est la pente qui brûla[2]. Quand on se brûle, ça fait venir plein de gens[3]. En 1789, les tricoteuses paraissaient, posaient leurs pattes sur tous les gars du châtelain et basculaient leurs poufs en brûlant les ganses. L'experte en décharges pense que ce qui compte quand on brûle, c'est la denrée. Elle rassemble les résidus et l'essence, puis brûle tout ce qui pend. Elle obtient de sacrées rentes quand elle brûle ! 2) Compromettre définitivement, griller. Quelques drôles de Pantin se sont retrouvés brûlés. **13**

BUTIN

Prise de guerre, produit d'un vol. La soldatesque manque de pèze et rêve de butin. Un soudard touche son lot et pique de façon notable quelque butin sans cesser de pouffer. Les vieux truands qui piquent planquent sans se tacher leur butin dans leurs plaids[4]. Des palourdes font partie des butins. Pendant les guerres indiennes les Comanches avaient de terribles bouilles et même les planches devenaient butin. **10**

BUTTE (3)

1) Monticule pas détestable. Le fermier monte sur la butte pour faire picorer ses poules. L'Australienne trouve jolies les buttes d'Autriche. La jeune urbaniste rêve de buttes bien cré-

---

1. *M.*
2. L. É.
3. *M.*
4. *AC.*

pies[1]. Le conseiller régional affirme que sa Brie est pleine de jolies buttes. Et il montre une de ces buttes à une dépitée de l'opposition qui radine dès qu'il s'agit de buttes. 2) Montmartre. L'épouse du rapin s'habitue aisément à la vie de la Butte et aux rites de la Butte[2]. Enseigne rue Lepic : « Les Habits de la Butte[3] ». On peut taquiner la belle hôtesse dans cette friperie. D'infâmes détracteurs parlent iniquement de la Butte : « Pénible à monter, cette Butte pleine de pierres ! » Grimper sur la Butte fait monter leur pouls. Le débitant a peur qu'on altère sa Butte. La navigatrice solitaire rêve de Butte et de cap Horn. **16**

BUVETTE

Buffet, bar. Un certain Joseph : « Ce que débitent ces buvettes, c'est Marie. » Elle vient d'hériter d'autres buvettes. Il lui montre un papier sur ses buvettes qu'il a relu… Ôtez donc ces buvettes de ma rue[4] ! Oh ! la jolie rampe près de ces buvettes. La navigatrice solitaire barre en rêvant de buvettes. Renée, appréciez mes buvettes. Les buvettes de Fritz gardent l'odeur du Rhin. **8**

659 CONTREPÈTERIES

1. *AC.*
2. *R.*
3. *AC.*
4. *M.*

C

CABAS (2)

Filet à provisions. L'écailler qui a pas mal de bulots veut remplir tous les cabas. Une ménagère qui a un gros cabas a peur de tomber dans le banal alors elle présente son cabas au ministre Toubon. Mais il bafouille dès qu'elle lui tend son cabas[1] : « Gardez votre cabas, je ne suis pas un badaud ! » Poussée par le chineur d'un patelin, une cliente se livre aux plaisirs des Puces en lui laissant remplir son cabas. En Afrique, on propose des zébus aux dames qui ont un gros cabas. **8**

CAILLE

Oiseau. Sous le pis de la vache, voyez les cailles qui boulottent[2] ! L'oie blanche observe les cailles du jour[3] avant de goûter les cailles au bourbon. Une grosse poubelle reçoit les déchets des cailles. Hé ! le chasseur, tire pas ces cailles sous l'eau ! Il a cherché à tirer les cailles du brouillard et les cailles sont parties sans retour[4]. Ce gros lourd n'a pas de chance avec ses cailles ! D'un matheux qui ne manque pas de cœur : « Les cailles du chef sentent le roussi. » Il avait lié ses cailles avec une sorte de bouillon. **12**

CAISSE

1) Emballage. Deux contrepets incontournables : pour trouver le trou du fût il faut écarter les caisses ; et : l'archéologue

---

1. *AC.*
2. *R.*
3. *AC.*
4. *AC.*

verse dans les caisses le produit de ses fouilles[1]. Voyant ce qu'il y a dans ces caisses, ses assistants ont pris la fuite. Secouant furieusement ses caisses, le pauvre homme a traîné ses caisses dans des flaques. 2) Boîte contenant la recette. Au patronage, on s'occupe des caisses après la fête. Le bedeau tire le bon de la caisse. La traiteuse qui a l'air piquée a plein de fiches dans ses caisses. 3) Tambour et celui qui en joue. La grosse caisse est bien fourbe. 4) Auto. Le casseur roule ses caisses dans le foin[2] après avoir frotté ses caisses. **12**

CALISSON (2)

Friandise d'Aix-en-Provence. Les confiseurs tendent leurs calissons en présentant leurs vœux. Ces cinq calissons contiennent deux noix. Ces clochards tendent leurs calissons à leur gueuse. Hé ! le camionneur, ces calissons ont gardé l'odeur de ton capot ! **4**

CALOTTE (3)

Chapeau de curé. Un éditeur de livres pieux propose une rubrique « calotte ». *La Redoute* a immortalisé le jeune séminariste qui rêve de se voir en curé avec une calotte. Il apprend le patin avant d'avoir la calotte et appréhende la chute en rêvant de plein de petites calottes. Plus tard, il n'oubliera pas sa calotte en allant chez les popes. Quand il rencontre quelque matin, dans la cour, une belle créature, il panique sans lâcher sa calotte. Mais il cache sa calotte quand il va au bar car trop de gros durs sont contre la calotte. **10**

CAMP (3) – CAMPUS (2)

CAMP – Tentes en France où l'on voit bien des toiles passées. Le Vert Galant répandait souvent sa semonce dans les camps. Ce soir, on donne *L'Aiglon* au camp (*2 solutions*)[3]. Des petites crasseuses montent leur camp près des résidus[4]. Les Chouannes ne craignaient pas les camps des Bleus qui se faisaient tondre dans leur camp. Les Africaines du Sud n'aban-

1. *R.*
2. *AC.*
3. *SF.*
4. *M.*

donnaient jamais leurs camps aux blonds. Madelon a vu beaucoup de galons dans son camp ! Ce camp dégage une forte odeur de glu. Thatcher réprimait beaucoup les élus de son camp[1] et raillait le camp des battus. On sait maintenant que Jeanne d'Arc avait beaucoup de talus pour protéger son camp. – CAMPUS – Ce pré pourrait contenir bien des campus. La gardienne du campus dessine[2]. **17**

CANARD (2)

1) En italique et quand il est *enchaîné*, journal satirique paraissant le mercredi. La Comtesse de l'« Album » prend son *Canard* en paressant. Les patauds prennent maladroitement leur *Canard*. Le frontalier prend son *Canard* en traversant le pont. Les populations exaltent le *Canard*. Il prend son *Canard* avec un punch, Armand. Les coursiers prennent leur *Canard* sans lâcher leurs patins. 2) Sans italique, journal pas toujours scrupuleux. Cet échotier qui déteste les lapins a en vain réclamé son dû à ce mauvais canard. 3) Volatile. D'ici, on distingue bien le poney du canard. Le cuisinier a un canard sur le feu[3]. Ce canard sent le coca. Le charcutier à forte odeur de tripe fait prendre de drôles de canards ! 4) Couac d'un instrumentiste. Ce pandore s'est encore tapé un canard ! Quels canards elle s'paye, cette musicienne au joli poncho ! **14**

CANUT

Ouvrier du textile. Au siècle dernier, beaucoup d'entre eux exprimèrent leur peine dans bien des soieries où il y avait encore peu de canuts assidus. Il y avait surtout de gros durs dans les canuts et l'on distingua rapidement la chute des canuts. **4**

CAR (2) – CARRE

CAR – Transport en commun. Après avoir trempé son car dans le Don, le chauffeur a mis son car au dock six[4]. Le chauffeur avait un drapeau sur le car. On l'a vu, le grand judoka

1. L. É.
2. *M.*
3. *AC.*
4. *R.*

Douillet secouant le car. Le chauffeur de la paroisse mène son car à la dure et les dames patronnesses ne prennent le car qu'après s'être douchées. On voit l'une d'elles appuyée sur le car endormi[1]. La conductrice ne veut pas d'ânons dans le car et s'allume dès qu'on en veut à son car. Elle refuse aussi les gros bisons dans son car. D'opulentes hôtelières verraient bien leurs Barbades parcourues par de beaux cars. Mais elles ne veulent pas de bœufs dans les cars. Jeunes gens, méfiez-vous des cars de barbons. Et aussi des cars de barbus. C'est dangereux, trop de bouillon répandu dans le car. Le mécanicien a dû immobiliser son car à cause d'un méchant cardan. – CARRE – Bord affûté d'un ski. La skieuse est dolente depuis qu'elle a pris un coup de carre, un coup de carre douteux. Son copain donnait bien les coups de carre. **19**

CARROSSE (3)

Calèche pour, entre autres, de vieux beaux. Contrairement à l'ascète qui fuit les carrosses car les carrosses ont quelque chose d'hérétique, la coquette ne manque pas de carrosse. Le maniaque teint les carrosses. Ne pouvant se passer de carrosses aux fêtes, Mme Tallien exigeait des carrosses entre deux cuites. Elle quémandait toujours plus de carrosses, mais se montrait de plus en plus piteuse devant les carrosses. La Comtesse a des fermes qui attirent les carrosses. **10**

CAS (4)

1) Situation. Des dames seules cherchent des gros virils pour les bouger. Il leur faut des gros durs dans leur cas. Victime d'une vilaine chute, le pauvre s'est mis dans un mauvais cas. Ce tennisman indolent de façon presque incessante coince trop la bulle, dans son cas ! La fermière sicilienne a senti trop de purin dans son cas. Figé sur le vaccin, l'infirmier évoque le cas des cutis. Le séminariste se plaint d'un grand curé dans son cas. Une auto-stoppeuse intéresse un pompiste à son cas[2]. D'Aboville se plaignit de trop de rumeurs dans son cas. 2) Affaire. Le procureur enroué qui juge un peu trop s'occupe

---

1. *M.*
2. *AC.*

du cas de cette grosse châtain, un cas fumeux [1]. Elle expose d'ailleurs son cas à tous les fonctionnaires ! L'avocate débutante trouve la plupart des cas bien vilains [2] ! Ce bâtonnier qui raffole des pralines et des jolies causes se penche sur le cas d'une certaine Muriel. Il sait où elle se niche, quel beau cas ! Ce n'est pas comme le cas de ce vieux rupin. **20**

CASQUETTE

Couvre-chef à visière. La teinturière fait mander ses clients en agitant ses bains et, minaudant, passe [3] leurs gapettes au rouleau : leurs casquettes sont d'un coquet [4] ! Exhibant son calibre en disant qu'il sait se réguler, l'agent qu'on va faire muter [5] met sa casquette pendant qu'une collègue marmonne : « Fais voir ta casquette, beau mec ! », et qu'un administré paie en tripotant sa casquette. **9**

CAUCHEMAR

Hantise ou mauvais rêve. La fan de pubs antitabac vomit l'infâme Nicot qui provoque ses cauchemars. L'égyptologue allemande a de gros cauchemars et rêve souvent de Nil. **3**

CHAI

Lieu où sont emmagasinés les vins en fûts (*et non les fins en vue*). La femme du vigneron a un magot dans son chai. Elle refuse donc qu'on tâte son chai. Parfois même, elle exige qu'on lâche son chai. Le vigneron regratte son vieux chai. La femme de César ne veut pas qu'un quelconque Panisse s'approche de son chai et refuse aux musiciens de poser leur sax sur son chai. Pour l'œnologue, la seule base valable, c'est le chai. **7**

CHAISE (3)

1) Siège. Un qui déménage : « Onze chaises sur le banc [6], et onze chaises dans l'bahut ! » Dans cet orchestre, on ne manque

1. *AC.*
2. *M.*
3. *AC.*
4. *M.*
5. *M.*
6. *AC.*

ni de chaises ni de batterie. La restauratrice de meubles prépare sa pâte pour se faire quelque chaise. Une bonne chaise, c'est beau ! Surtout la chaise de bois[1]. La pianiste tend sa chaise au batteur[2]. 2) Sert aux transports avec des porteurs. Les princes de l'Église usaient leurs robes en abusant des plaisirs de la chaise. La baronne et ses filles usent fort de la chaise du baron mais trop de chaise nuit à leurs bas. **10**

CHAMBRE (3)

1) Pièce pour coucher. Il est bon de disposer de chambres d'amis. Certains étudiants font plein de chimie sans égard pour leurs chambres. Ces chambres sont remplies de cidre ! Le champion Agassi voulait à toutes forces faire voir son incroyable chambre. Les mineurs ont souvent de pauvres chambres. Cette jolie fille, Maud, rêve de splendides chambres. Ces menteurs feraient croire qu'ils disposent de vastes chambres ! 2) Assemblée. Les chambres peuvent être source de malheur[3]. L'infirmière lave les chambres avec beaucoup de cœur. Ces chambres, quels tristes minois ! Des députés sont parfois indécis en présentant leur chambre. **11**

CHANTRE (2)

Organe d'église. Le curé vit mal à cause de son chantre et le vicaire lui présente un mauvais chantre pour le caté... **2**

CHAPE (2)

Dalle. Une chape n'est pas une croûte[4]. Le directeur du club exige une chape pour couvrir son tennis. Une fois finie la chape, on enfonce le piton. Bizarre, cette chape sent la lotte ! Quoi, vous voudriez que je latte votre chape ? **5**

CHAR (2)

1) Blindé. Seule l'entrée du premier char marque une date[5]. La colonelle admire le char du général d'armée[6]. Ça vaut

1. *AC.*
2. *AC* : « *Vautré sur une chaise, le chef battait sans mesure.* »
3. *AC.*
4. *M.*
5. *T.*
6. *R.*

mieux pas, des dragées entre deux chars ! En 44, les libérateurs présentaient volontiers leurs chars d'août. 2) Véhicule de carnaval. Tiens, le char d'Armand ! Il faut l'aider, ce char[1]. La brocanteuse dîne en lorgnant des chars. Quel char, cette Thibaude ! Le gros Niçois portait une bourride sur son char ! **9**

CHASSE (2) – CHÂSSE

CHASSE – Lieu où l'on tire. Il existe un authentique musée de la chasse à Gien. Le Cardinal pratiquait lui aussi la chasse à la bête. Et ce n'était pas une chasse ratée ! Le braconnier biaise après la chasse. La douairière connaît la latitude de sa chasse. Elle hausse le ton dès qu'on en veut à ses terrains et ne veut pas de chasse sur les siens. La reine du turf a une sacrée belle chasse. Tartarin rêvait souvent de chasse entre deux cuites. Le chimiste fou parlait toujours de sa chasse aux fioles. Giscard, qui passait directement de la chasse aux fêtes, parlait toujours de sa chasse aux diams[2]. – CHÂSSE – Coffre à reliques. Le prieur soigne sa châsse et ne manque pas de piété. L'abbesse prête souvent sa châsse[3]. **15**

CHÂTAIN (2)

Entre blond(e) et brun(e). Auburn (on prononce *aux beurnes*). Un lad avec beaucoup de poils auburn présentait deux jolies mules à une photographe châtain qui arborait deux gros Nikon. Une petite Monique se cache parmi ces châtains. L'entomologiste qui s'occupe des cocons est châtain. Les châtains n'ont pas droit aux pupitres. Ce casseur rêve d'une belle châtain. **6**

CHEVELU

Qui a des cheveux longs. Beaucoup de chevelus passent leur vie abandonnés. Le directeur ne veut pas de chevelus dans l'ENA : « Ils crânent, les chevelus, ils nous tannent, les chevelus ! » Et les chevelus se font parfois de grosses vannes… **5**

1. *AC.*
2. *AC.*
3. *AC.*

CHIC – CHIQUE – CHIQUER (2)

CHIC – 1) Élégance, distinction. La belle top-modèle ressent le chic de la botte[1]. Brocante à Rennes : « Chic et Troc ». Ce traceur manque de chic, ces brouillons manquent aussi de chic, mais votre maître, quel chic ! 2) Généreux, altruiste. Ah ! ces chics lettrés[2] ! – CHIQUE – Morceau de tabac. La tenancière est lasse de voir toutes ces chiques à la traîne. – CHIQUER – Goûter la bouffe du tabac. Le marin au vieux tricot n'arrête pas de chiquer. Il s'entraîne pour chiquer et c'est un sacré paquet de nerfs dès qu'il chique ! Le pailleur tricard fait des vanneries en chiquant. Le maître-chien fait vibrer ses canines quand il chique. M. le Curé peine en chiquant. **15**

CHIFFRE

1) Quantité. Séminaristes : les chiffres sont à la baisse[3]. 2) Signe typographique dont une suite forme un nombre. La banquière veut voir le chiffre du bout. 3) Cryptage. Cette experte en chiffre, c'est une vraie bête. 4) Volume de transactions. Ce ballot n'a qu'un tout petit chiffre. Son chiffre ne semble pas fort… Les marchands d'instruments de musique donnent leurs chiffres sans basson. Au Sentier, on a plein de blouses et de gros chiffres. **7**

CHRONIQUEUR

Journaliste auteur de chroniques. Le bon chroniqueur sait s'insinuer dans n'importe quel groupe. Des chroniqueurs de Lourdes fuient la grotte. Ça goûte beaucoup, un chroniqueur ? Certains chroniqueurs adorent les gâteaux. **4**

CHUTE(R) (3)

1) Fait de tomber. Les trapézistes se font légers pour mieux chuter[4]. Observez le mouvement de leurs corps dans leur chute. Quelles chutes se paie ce gros marin ! Ce mauvais passeur en a provoqué des chutes ! Le cycliste a déjanté en chutant. On distingue d'ici la chute des patins, des chutes

1. *R.*
2. *M.*
3. *AC.*
4. *M.*

fameuses[1] ! La joueuse de base-ball qui n'a pas une batte de choix a pris plein de balles dans sa chute. 2) Déchéance. Ne parlez pas de chute aux gros Nippons... Elle aura été vite, la chute du patelin ! Les cardinaux parlent de chute en tripotant leurs barrettes, de la chute sacrée[2]. Ah ! la chute impie ! Parlez-moi donc de la chute, mon père ! 3) Contrat non rempli au bridge. Le bridgeur vendéen a chuté en jouant. Ses adversaires avaient déjà parié sur la chute. Ça, c'est la chute ! **18**

CLAN (3)

Gens aux intérêts communs se groupant ensemble. Les hommes de Cro-Magnon fourraient leurs clans dans des grottes. Il ne faut pas confondre clan et groupe. Il convient par exemple de distinguer les clans des gueux et les groupes de gens aux mains calleuses. En Corse, si des toubibs passent leur vie à quérir des groupes, certains condés profitent des clans. Il y a très peu de clans en Irak[3]. Beaucoup de quais regorgent de gueux : ils sont bien aidés et se contentent de peu. Un spécialiste des transports dit qu'il a vu beaucoup de clans dans le Gard. En Sicile où il y a beaucoup de groupes à casser, des parrains minés cherchent des bonnes gâchettes pour leur clan. **13**

CLAQUETTES (3)

Danse où l'on claque des pieds qu'illustra Gene Kelly, quel génie[4] ! Ce grand était à l'aise dans les claquettes[5] ! Il était particulièrement présent dans les claquettes mais quand il se faisait trop de claquettes, on avait l'impression qu'il peinait. Pourtant, des mauvaises langues prétendent l'avoir vu rond dans les claquettes. On parlait alors de claquettes hésitantes. Lu dans quelque annonce : « Rubrique claquette ». **7**

---

1. *AC.*
2. *AC.*
3. Contrepèterie de Jean Pouzet (P. dans les notes)
4. Contrepèterie « de salon » (sans mot tabou).
5. *AC.*

CLICHÉ

Tirage d'une photo. Les ayant tirés, le photographe met les clichés à l'étau[1]. À Roland-Garros, on cherche de fines raquettes pour les clichés. **2**

CLIP (3)

1) Attache. Le sous-marinier a fait tomber le clip du sonar[2]. Le magasinier cherche les packs où il y a des clips. Mais il n'y a pas de clips de satin. 2) Film bref. Le producteur a fait classer bien des clips. Mais beaucoup de clips le font pâmer, surtout les clips où ça papote. Les pochards ne crachent pas sur les clips. **7**

COCA (2)

Substance marron parfois liquide et pleine de bulles. Elles sont célèbres les bulles du coca ! La cuisinière présente une croquette à l'odeur de coca. C'est une croquette que son mari a pétrie en sortant de Lannion. **3**

COCON (3)

Nid qui contient une larve. Il y a toujours eu beaucoup de cocons dans les gros labos. Le goret arrive à sentir tous les cocons proches de son groin. Comment ils grouillent, ces cocons ! Les belles ornithologues écartent les cocons qui se collent à leurs grues. Elles écartent les cocons en grognant et finissent par piéger les cocons dans leur nasse. Pendant ce temps, l'entomologiste observe mélancoliquement des cocons en grattant ses bubons. Il n'arrive pas à les engraisser, ces cocons, et triche avec d'autres cocons ! **9**

COMTESSE

1) Épouse d'un comte. Elle retire parfois l'habit du comte. Certaine comtesse arbore un fort beau hâle. 2) Muse des contrepétulants (*voir* **ALBUM DE LA COMTESSE** *et la « Bibliographie commentée » dans les pages roses*). On parle volontiers des fables de la comtesse. La jeune vicomtesse n'a pas peur des gros. **4**

1. *AC.*
2. *M.*

CONCIERGE

Gardien(ne) d'immeuble, en argot : *bignole*, comme le dit le casseur qui triche et fait briller sa vieille bagnole. *La Redoute* prétend qu'on reconnaît les concierges à leur avidité. Mais parfois les concierges sont pleins de vin doux. Ces concierges restent veules. Mais on peut trouver des filles qui présentent volontiers leurs concierges, enchantées que l'on vante leur concierge. On raconte de basses histoires de sectes où des adeptes présentent leur devin mais cachent leurs concierges. Certains prétendent que les concierges ne se lavent pas. **10**

CONDIMENT

Mets qui masque ou relève le goût, provoquant des débats. Naguère on battait les filles qui ne goûtaient pas leurs condiments. La traiteuse qui se tâte le pouls passe en maudissant son condiment, condiment qui a abîmé ses belles mâches[1]. Ses cuisiniers qui refusent en gros de goûter ses cornichons râlent : ses mâches sont molles à leurs dires (ce genre de grosse mâche n'est pas assez croquante). Le charcutier un peu gras proteste que ce n'est pas lui le condiment : « Condiment connais pas, moi je pane. » **11**

CONFESSE(R)

Recevoir une confession. Le prieur qui se repose après avoir goûté leurs chants déclare aux novices qu'il est temps de les confesser, mais aussi qu'il est bien plaisant de les confesser. Le prélat saisit une belle hôtesse, puis la confesse. Il la confesse en regardant les trains. Les filles du Jèze qui bulle parlent de l'Avent qui l'émeut, et le dévot confessé, des Pâques. Se méfier du confesseur déçu... **9**

CONFLUENT

Lieu qui unit deux flots. Certains confluents grisés cachent des flots peu propices à la pêche[2]. Le célèbre confluent de la Garonne reçoit parfois des giclées de blanc[3] du côté de Bordeaux connu pour attirer les tourterelles... On voit souvent

1. *M.*
2. *AC.*
3. Contrepèterie par permutation circulaire de trois consonnes.

des péniches qui se cassent, engoncées dans des confluents. Les mariniers qui ont trop de guigne évitent les confluents. Certains échouent dans les confluents car ils se gourent. La duchesse d'Aquitaine faisait garder son confluent, confluent toujours plein de gueux, par des Anglais qui se répandaient sans Guinness dans ce confluent. Il arrive que des élégants raffolent des confluents. Mais ils sortent du confluent l'air égaré. Le naturaliste a provoqué bien des grizzlis dans ce confluent. **14**

CONNU (4)

1) C'est su. Luc Étienne (qui était prof de maths) parlait souvent de π (*pi*) connu. « Hé ! les filles, le prof de géo a dit que Denain, c'était mieux su. » 2) Réputé, notoire. Certains pasticheurs sont des piqueurs connus. M. le Curé dit que les purs gagnent à être connus. Les petites catéchumènes sont assez cocasses de dire que saint Joseph n'était pas connu. Certains barbares sont par trop connus. La timide ne dira pas qui est connu, elle cause pas. Les partisans de l'union finissent connus. 3) Dévoilé. Les voleuses sont connues dès qu'elles dévoilent leurs casses. Ce politicien est bien mieux connu depuis qu'il se paie des rustres. Et comme il est connu, on sait qu'il est rusé. D'ailleurs, ces gens-là tiennent des propos usés dès qu'ils sont connus. **13**

CONQUÊTE (3)

1) Annexion, domination. Alexandre était laid et poussait agressivement sa conquête. Entendu à Rome : « C'est quelle conquête, Crassus ? » Cléopâtre n'a jamais su provoquer l'allégement des conquêtes[1]. Elle rêva pourtant, dit-on, de milliers de conquêtes. 2) Personne séduite. Casanova présenta sa conquête à l'œil de braise, et le joueur sa conquête au croupier[2]. Ce sauteur de Juppé a bien peu de conquêtes. Elle est lasse et ne supporte plus les bêcheuses, la conquête de ce vieux pépé. **9**

1. *M.*
2. *AC.*

CONSENSUS

Assentiment général. Un lecteur du *Canard* cherchait à cibler tous les consensus. Juppé, lui, feint le consensus. **2**

CONSUL

Chef romain ou agent diplomatique. Les cardinaux scrutaient les consuls en tripotant leurs barrettes. La femme au consul, c'est pas une bonne pâte. Le proscrit qui méprise les corps constitués s'est mis dans un mauvais cas en fuyant le consul. Fuyant le consul, il est tombé dans la nasse. Le spécialiste en valves cherche un consul. Cet amateur de patin n'a rien contre le consul. La garde du corps déballe son calibre dès qu'on en veut à son consul. Tous les consuls du Moyen-Orient se sentent menacés par le sale temps. **9**

CONVERGE

En un seul mot : se rapproche, concourt. Les campeurs cherchent à faire converger leurs tentes en s'approchant de rus qui coulent joliment. Les héritiers font converger le volume de leurs parts. Les militantes convergent en attendant l'averse. L'inspecteur et sa collègue ont convergé dès qu'il a été question de vol. Elle espérait une convergence sur l'affaire. Les adeptes convergent jusqu'aux temples. Les négociateurs se plaisent non sans convergence. **8**

COQUETTE (4)

1) Qui aime les beaux atours. Jacques Antel parle d'une coquette Amélie. L'ermite fuit les coquettes hérétiques[1]. Les naines supportent mal les coquettes. Certaines coquettes sont joliment drapées. 2) Allumeuse. Ce pauvret ne tire rien de sa coquette, c'est terrible. Il ne peut rien lui quémander, à cette coquette. Et cette coquette est minable. Ce pauvre vieux passe son temps à désirer sa coquette… **8**

COTE (3) – COTER – COTTE

Cote – 1) Hauteur. Repère. *La Redoute* parle de la cote du mont. Joffre parlait souvent de *la cote de la Marne*. 2) Valeur. Ah ! mon bon Chirac, votre cote débile ! Il fallait davantage

1. *AC.*

trimer, vous auriez eu une meilleure cote et vous ignorez ce qu'est une cote montante ! Certains turfistes qui se penchent sur la cote au matin en criant : « Peaufinez[1] ! » font leur cote de façon pas trop logique en attendant de voir sortir la cote des pros. À l'école hôtelière, on cote même les nouilles[2]. Souvent des vignerons attendent dans l'angoisse de voir sortir la cote de leurs crus. – COTER – Évaluer. Le vieux vigneron essaie encore de faire coter son meursault. La turfiste au joli teint n'en a rien à cirer de la trouille du coteur[3]. – COTTE – Vêtement ou armure. Jeanne d'Arc avait une cotte de mailles[4]. Mais ce n'était pas une cotte moulante. L'évêque Cauchon, voyant qu'elle voulait garder sa cotte a voulu la mouiller : il a tenté en vain de cramer sa cotte. **18**

COU (4) – COUP – COÛT

COU – Tient la tête sur le tronc. La jardinière de *La Redoute* porte un chapelet de citrouilles autour du cou. Le cou donne sur le tronc. Ce peut-être incommodant, des puces dans le cou. Le vétérinaire distingue bien le cou de la mule. À trop faire de bulots, l'écailler attrape mal au cou. Un marmiton s'est brûlé près de Pantin et il a mal au cou, ça bouillait trop… Tendre ainsi le cou fait malotru. L'illusionniste avait l'air d'avoir des bulles dans le cou. La dompteuse croit que c'est un gros bison qui lui a étiré le cou. Ce peut être piquant d'écarter le cou des ronces. Pépé a horreur qu'on lui embrasse le cou. Quel joli cou a cette belle châtain ! – COUP – 1) Attaque. Les Yankees appréhendaient les coups des Russes. 2) Choc, gnon. Le footballeur s'est payé un sacré coup après avoir chuté (l'arbitre pense que jouter trop fort fait malotru). Il a failli rater le coup, il est ému. Les rugbymen aiment à présenter leurs coups dans le bar. 3) Action, affaire. L'ancienne s'est brûlée, avec des bizuths dans le coup. Le caissier a touché un bon, du coup. – COÛT – Prix. La tante est effarée à cause du coût d'un bouillon (l'oncle bafouillait pour faire baisser ce coût). **23**

1. *AC.*
2. *AC.*
3. *AC.*
4. *R.*

COUPE (2)

1) Action de couper, de trancher. Le couturier taille ses coupes. Une fois fixée la coupe, il fronce. 2) Compétition sportive. Cette année, la Coupe, c'était un bon cru. On a vu la Coupe Davis rieuse[1]. Monseigneur pousse assez fort pour fonder la Coupe de la Bresse et il propose le tennis du préau[2] à cette Coupe pour l'abriter. 3) Trophée. C'est avec ostentation que le footballeur païen arbore ses coupes. Le vainqueur fatigué braille en empoignant la coupe. Quand il secoue la coupe, c'est pas un crado ! Dans son ivresse, il se tape la coupe jusqu'au front. Il a des rapports pas trop logiques avec la coupe. Les entraîneuses préparent leurs pros pour avoir de belles coupes. 4) Verre ou bol. Les hôtesses d'Arcueil offrent de savoureuses coupes. **15**

COURGE (2)

Cucurbitacée. Un ministre de la Ve est à jamais immortalisé par un contrepet probablement de Luc Étienne : « ce bouillon de courges ». Le gardien de nuit accommode sa courge avant de veiller. C'est une courge verte[3]. L'averse a trempé les courges. La grosse vache vêle après s'être dégusté une énorme courge. La sœur cuisinière cherche des courges pour l'évêché. **6**

COURSE (3)

1) Action de courir. La jeune fermière attrape les bœufs à la course[4]. L'aumônier de la colo s'occupe des courses des petits bateaux. Les Croisés attrapaient des bâtards à la course. Ce chroniqueur goutteux est si galant qu'il couvre toutes les courses de skippeuses pathologiques (*phrase avec 3 contrepèteries*). 2) Commissions. Cet amateur de poissons a plein de brèmes dans ses courses. Il a payé la marchande avant de déverser le produit de ses courses. Quelles courses et quel bouillon ! **9**

1. *AC.*
2. *M.*
3. *AC.*
4. *R.*

CRAMPE (2)

Contraction d'un muscle qui le rend tout dur. De Luc Étienne : « La vamp enfla son cri ! » Oh ! ces crampes vaches ! Certaines grosses crampes laissent les homme boursouflés[1]. En général, les grands amateurs de foot évitent les crampes. Mais les grosses crampes les font bouder[2]. À l'Opéra, les étoiles ont besoin de douceur pour dorloter leur crampe. La sœur infirmière tente de calmer un pataud qui veut la kiné : il parle de sa crampe et il est outré. **8**

CREUX (2)

1) Trou. Les historiens nous ont appris qu'une ville, Pise, était pleine de creux. Ayant découvert des caches remplies de mica[3], le géologue voit que le tout est plein de creux. Il montre alors à ses assistantes comment on cote les creux et comment on note les creux. Ah ! les jolies petites caquettent près des creux ! Certaines sont même impudentes devant les creux... 2) Passage à vide. Cette année, beaucoup de creux dans la Coupe. 3) Grosses vagues. Les marins savent que les creux ne nuisent pas à leur teint. Mais quand les creux grandissent, ils baissent le foc[4]. Les creux arrivent à tasser leurs bancs. Ces creux, c'est pas des cadeaux ! 4) (Adjectif.) Futile. Faut voir ces politiciens creux, hautains ! **13**

CRIQUE (2)

Petite anse. On entend parfois brailler des nudistes dès qu'elles trouvent des criques. Certaines criques reçoivent des catamarans[5] et les marins aux belles tenues font volontiers découvrir leurs criques. **3**

CROQUETTE (2)

Boulette que parfois pèse[6] le cuistot. Il est gai et propose toujours de goûter sa croquette. En Bretagne, beaucoup de

---

1. *AC.*
2. *AC.*
3. *M.*
4. *AC.*
5. *AC.*
6. *AC.*

croquettes ont l'odeur de Lannion. Méfiez-vous des traiteurs dont la croquette baisse. La qualité de certaines croquettes est souvent erratique. La belle cuisinière veut bien qu'on lui emboîte le pas si après on goûte sa croquette. **6**

CROSSE

1) Partie d'une arme. Le vieux collectionneur a des crosses qui tentent. Les bidasses rêvent de pâtes en nettoyant leurs crosses. De braves matons font tomber leurs crosses et laissent péter leurs taulards. 2) Sceptre d'évêque. Les cathos en Vendée biaisent un peu : ils ont beaucoup de crosses aux fêtes. Mais ces crosses n'ont rien de piteux. Ce sont de bathes crosses. **8**

CRU - CRUE

CRU – 1) Vin. D'un édile de Montmartre : « Cette année, le cru nous gâte ! » Pourtant ce cru, c'était pas un cadeau et ce brave homme cotait trop son cru ! La belle Bourguignonne a un cru tout blanc. 2) Production dont on est l'auteur. Jacques Antel a écrit un superbe recueil de contrepèteries : *Le Tout de mon cru*[1]. Il bosse en contrôlant les productions de son cru. – CRUE – Débordement d'un fleuve. L'hydrologue qui bosse dans les crues[2] appréhende les crues de façon pathologique. **8**

CYGNE

Bel oiseau blanc au long col dont la femelle n'a pas le cou rond. De Luc Étienne : « Plût au ciel que je fusse le cygne de Léda ! » Le cygne a fauté, cygne au parfum de fiel. Prendre la forme du cygne permit à Jupiter d'arriver à ses fins. Les dieux disposèrent de bien des chars pour Léda... Certains chasseurs falots importunent les cygnes. **7**

518 CONTREPÈTERIES

1. Voir la « *Bibliographie commentée* » dans les pages roses.
2. *AC.*

D

DAIM (3)

Cervidé. *La Redoute* évoque des gros daims dociles. La jeune maman lavait ses daims sous la souche. Lady Chatterley laissait caresser ses daims de façon incessante par son garde-chasse qui se montrait très sûr face à ses daims car il n'était jamais saoul quand il s'occupait des daims. Il ne partait jamais au moment où sa maîtresse se penchait sur son daim. Et pendant qu'elle dînait avec un petit pain, il voyait trouble en louchant sur son daim... Elle, ce cervidé... (*contrepèterie interne au mot*). **9**

DATE (2) – DATER – DATTE

DATE – Repère chronologique. Il est courant qu'en donnant un rendez-vous, une dame s'entende dire : « Je vous laisse le choix dans la date[1] ! » Seule l'entrée du premier char marque une date[2]. Une artiste célèbre imposait toujours sa date à qui voulait voir son show : « Je vous ai proposé de vous montrer tout, mon cher, hier, et je vous ai donné la date ! » Elle n'hésitait pas à montrer les chants si on chipotait sur la date. Les candidats se marrent en comparant leurs dates. La brocanteuse indélicate propose la même date à tous les chineurs. – DATER – Indiquer l'époque. La vieille archéologue datait encore sur le tard. Elle datait ainsi toutes sortes de corps. La dermatologue date les vergetures[3]. – DATTE – Fruit. Les pêchers n'ont pas de dattes[4]. Des vendeuses se sont fait choper donnant

---

1. *R.*
2. *T.*
3. *AC.*
4. *M.*

leurs dattes à tous les touristes qui, ainsi, ramassaient de belles dattes sur leur chemin. **13**

DÉBITANT(E) – DÉBITER

1) Détaillant. La marchande de bois débite les chênes[1]. 2) Cafetier. Il faut se méfier de la goutte de certains débitants[2]. Certains débitants font rire par leur simple vue. – DÉBITER – 1) Dérouler. La technicienne fait débiter les bandes[3]. La comptable débite les gages. 2) Couler d'abondance. Le ténor a une gorge qui débite sacrément. L'électricienne qui veut tester le jeu de l'accu laisse débiter les charges. 3) Découper. La femme du bûcheron débite les coupes. 4) Réciter. La sélectionneuse, une rousse agacée, débite les tests. La jeune œnologue débite les marcs et la grammairienne débite les temps. **13**

DÉLATION

Dénonciation. C'est fou, la délation[4] ! Certaines naufrageuses pratiquaient la délation à proximité des phoques. Mais toutes regardaient le phare pendant la délation. Cette vieille fossile pratique encore la délation. « Nous sommes sûrs, madame le maire, que votre Ferrières ne saurait être le siège d'une quelconque délation. » Cet individu est resté froid après la délation[5]. Le gendarme aux douilles coûteuses[6] a repris ses fouilles après la délation. On pratique peu la délation à Corfou. D'horribles créatures se repaissent de la délation c'est leur festin ! La garde-chasse pratique la délation en écartant les faons. **11**

DERME (2)

Peau. *La Redoute* indique qu'il faut retirer le derme des sprats. Cet élève asthmatique au derme bien trop blanc veut le spiromètre. Ah ! ce pauvre garçon sans sport avec ses problèmes de derme. Ah ! ces problèmes de derme et spasmes ! Le pape confie ses problèmes de derme au roi spécieux. Ce bour-

1. *AC.*
2. *AC.*
3. *AC.*
4. *AC.*
5. *AC.*
6. *AC.*

sicoteur pâlot qui sue n'essuie jamais son derme tant qu'il spécule. La méhariste s'éponge le derme après avoir sorti ses chamelles. **8**

DÉROUTE

Débandade. Après avoir désamorcé la très classique mine du port, on eut pitié de la déroute du biffin (*voir aussi « Synonymes contrapétiques » dans les pages roses*). Il faut être habile pour survivre à une telle déroute[1] ! Drôle de déroute dans cette base, Bizerte ! **4**

DEUX (3)

1) Nombre. Peut-on confondre deux et quart ? Bob hésite[2]. Ah ! ces deux banques ! Les croupiers s'entraînent en se sortant le deux. Ce cancre est noté d'un beau deux, un deux fort minable[3]. Ces deux-là sont trop collantes. Ridicules, ces deux Normands[4] ! La zoologue observe attentivement les deux rennes. « Carton ! » hurla l'arbitre en sortant le deux. Belles courses, mais le deux est-il vraiment parti ? 2) La Deux : deuxième chaîne de télévision. Des téléspectateurs ne supportent pas les couleurs de la Deux. Mais cela vaut peut-être mieux qu'une Deux incolore ! Monsieur le président de chaîne, votre Deux est coûteuse ! **15**

DÎNER

(Verbe agile.) Consommer le soir. *La Redoute* prétend qu'il faut être peu pour bien dîner et parle de dîner dans le Perche. Mais certains pensent qu'on boit mieux à treize et refusent de dîner avec n'importe quel pépé[5]. Luc Étienne demandait comment certains pouvaient dîner avec si maigre part. Ce qui compte quand on dîne, c'est la purée[6]. Plutôt que de dîner avec des filles harpies, ce Beur dîne avec de gentilles rappeuses. La poissonnière dîne plus souvent depuis qu'elle est dans la

1. *SF.*
2. *M.*
3. *M.*
4. *AC.*
5. *AC.*
6. *M.*

pêche. Les « gentils membres » rêvent de Prague avant de dîner. Le jardinier arrose sa belle pousse avant de dîner. Le maçon polisseur[1] travaille son crépi avant de dîner. Ma chienne dîne avec mes porcs[2]. Le Pen n'a jamais dîné avec une fille de preux. Il aime pas dîner, c'est pire ! Ce n'est pas un pur dîneur et il est des lieux où il n'aurait jamais pu dîner[3]. Le très, très vieux rapin raconte comment il dînait avec des modèles pingres (*2 solutions*). **20**

DIRE(S)

1) Verbe : parler. Luc Étienne disait toujours : « On a beau dire, il faut traquer ! » 2) Nom : parole(s). Les mécanos s'y entendent en pannes si l'on en croit leurs dires. Les grosses manettes seraient dangereuses aux dires de commissionnaires experts en grues. On sait que les prélats adorent les papes, d'après leurs dires. Ces dires dégagent parfois des relents de Trappe. Les comiques présentent leurs dires en raillant. Ils provoquent de drôles de débats avec leurs dires ! Certains journalistes devraient vérifier leurs dires en passant. Il faut voir ce que quelques-uns objectent et selon leurs dires ils se battent et déballent leurs sources. Déballent par leurs dires… **13**

DON (2)

1) Cadeau. Mais si, ça existe, des banques de dons. Méfiez-vous, fillettes des dons des barbares, des dons des nasillards (des barbons nasillards) ! Madelon a toujours offert un joli don aux cadets. Les jeunes harkis ont toujours rêvé d'un tel don. Le mouchard reluquait le don de la came. La groupie laisse son don aux rockeurs. 2) Fleuve. Le cosaque plongea son quart dans le Don[4], un Don plein de couleurs. La géographe russe connaît bien le Don. **11**

DOS (2)

Partie du corps qui est derrière. Le masseur piteux met trop son poids dans le dos[5]. Il a pu faire mal au dos. Il a été gêné

1. *AC.*
2. Dans *SaGesse n'est pas* Folie, on trouve la dînette de mes porcs.
3. *AC.*
4. *R.*
5. *AC.*

par une grosse écharpe en appuyant sur le dos. Le clochard protège son dos avec du carton. On a beaucoup ri du dos du vieux Barnum. Il a eu mal au dos très tard. Les vieux pépés ont souvent mal au dos… T'as vu la fille à la grosse Marthe qui veut monter sur mon dos ? Les sybarites se faisaient caresser le dos au plumard. Bien des sikhs sans trêve ont tapé dans le dos des pandits. Le cordonnier Simon tapait sans vergogne le dos du petit Capet. Les penseurs ont souvent mal au dos. **14**

DOT (2)

Apport de la mariée qu'on a eu le plaisir de doter[1]. Le jeune marié est mûr pour la dot[2]. Exhibant leurs trousseaux en chantant, les jumelles évaluent les parts de leurs dots, leurs robes et leurs apports. Leurs dots provoquent l'émoi. Il est des dots qui sont de vraies chaumières[3]. Le recteur a palpé une dot d'une honnête moyenne. M. le Curé ne devrait pas mettre tant de croix sur les dots. Le beau-père qui ne supporte pas les fripes traîne les galoches jusqu'à la bru. Faute d'apprécier la dot, il s'en est pris au maire, hier. **12**

DOUILLE – DOUILLER

DOUILLE – Balle ayant déchargé. Le hussard blessé avait un crin sur ses douilles. L'adjudant a épongé ses douilles sur un crapaud. Il connaît ses douilles. C'étaient des douilles coûteuses[4]. Les légionnaires bourrés cherchaient vainement à frotter leurs douilles sur leurs biques. La touriste scandinave recherchait des douilles de Cannois. – DOUILLER – C'est d'abord banquer. Quand on douille, il faut commencer par donner le quart. **8**

DUNE (2)

Croupe sablée présente dans le désert où peu sont attirés. Luc Étienne parlait de petits tas de merles sur la dune. Les gros lards préfèrent monter sur de petites dunes. Les grandes dunes, c'est souvent pire ! La méhariste qui montrait ses cha-

1. *M.*
2. L. É.
3. *M.*
4. *M.*

melles alarmées laissait monter trop de ballots sur la dune. Mais elle propose sa dune à l'Allemande. Les pinèdes importantes préservent la dune des lames[1]. **10**

DUR

1) Fort, raide. Luc Étienne faisait dire à une policière : « Pour tous les durs, j'ai mon calibre. » Cette fille, ça c'est un vrai dur ! Le pauvre modèle craint les rupins dans son cas : « Ces rapins, quels gros durs ! » Les durs sympathisent souvent avec les gras. 2) Train (argot). Cette bonne pâte prend volontiers le dur. En Bretagne, les durs gardent l'odeur des ballots. **7**

168 CONTREPÈTERIES

1. *AC.*

E

ÉBRANLER (S')

1) (Se) mettre en mouvement. Les manifestants s'ébranlent et se battent. Le cantonnier s'ébranle et prend son pieu. Le golfeur s'ébranle avant de peutter[1]. Le couturier se penche sur son modèle après s'être ébranlé. Il s'ébranle vite car c'est un petit peu tard. « Bezons ! » cria le chef de gare en s'ébranlant. Le physicien s'ébranle et marche sur un neutron. 2) Commencer à convaincre. Le juge attrape le gueux et l'ébranle. Il l'ébranle et se fait pompeux. **9**

ÉCOUTE (L')

1) Perception auditive. Pendant la guerre, des parasites nous brouillaient l'écoute[2]. 2) Surveillance auditive. Les surveillants jésuites parlaient d'écoutes dans leur cahier. Ils pratiquaient l'écoute de leurs élèves avec conscience, prétendant rouler des païens en manipulant l'écoute. L'ancienne commissaire n'a jamais raillé l'écoute des souillons qu'elle coffrait. 3) Corde qui tient une voile. Le navigateur solitaire se taille l'écoute[3]. Il protège l'écoute avec de la paille. **8**

ÉCRITEAU (L')

Panneau qui porte un texte. Le cantonnier préfère toucher l'écriteau lisse[4]. Il aime assez l'écriteau long. Il faut réchauffer l'écriteau plein de glace. Le citoyen proche de l'élection scrute

---

1. *Peutter* : forme francisée du verbe anglais *to put*, dont usent les golfeurs pour désigner l'action de mettre délicatement leurs balles dans le trou lorsqu'il est assez proche.

2. *R.*

3. *M.*

4. *AC.*

l'écriteau, surtout l'écriteau pas très cool. Mais il fuit l'écriteau un peu trop calé et l'écriteau sans classe. Le danseur regarde l'écriteau au concours de claquettes. Le touriste regarde les pétales puis l'écriteau. Et, parfois, il souffle sur l'écriteau. **10**

ÉCULÉ

Ringard, usé. La plupart des pédants sont éculés[1]. Certains spéculateurs se sentent éculés sans finance[2], faute des actions des régents qui se défoulent dans la rente. Ils sont affligeants à force d'être éculés. Regardez ces vieux éculés qui passent leur temps à banqueter. Marre des carences de ces vieux éculés[3] ! Plus question qu'ils nous mentent, ces vieux éculés. Comment ils parlent des Atlantes, ces conférenciers éculés ! Et ces vieux éculés font encore des effets de manche ! Ce fils de Pantin est un vieil éculé. D'ailleurs, il se sent éculé. **12**

ÉJECTION

Évacuation, rejet. La douairière tient à provoquer l'éjection de tous les rigolos[4]. La patronne a provoqué l'éjection de tous les rouisseurs. Il a fallu une véritable route pour organiser ces éjections. Les tricoteuses ont provoqué l'éjection du prince régnant. Son éjection l'a mené droit au ravin (*permutation circulaire de trois consonnes*) et il s'est senti enroué après son éjection. La vieille syndicaliste combat les rois de l'éjection. L'entraîneuse refuse de provoquer l'éjection des raquettes flottantes. **8**

ÉLECTION

Choix par un vote. Les journalistes raffolent des rubriques élections[5]. Luc Étienne rapporte ce propos d'un nouveau bâtonnier : « L'honneur de mon élection rejaillit sur tout le barreau. » Les vieux chevaux de retour sont toujours roués au moment de l'élection. L'épouse de Juppé a confié que l'imminence de l'élection la rongeait[6]. Et après l'élection, il a une

1. *M.*
2. *AC.*
3. *AC.*
4. *AC.*
5. *AC.*
6. *AC.*

drôle d'odeur de rance... L'épouse de Chirac est fatiguée à chaque élection de son grand [1]. L'élection du maire de Lourdes l'a mené jusqu'à la grotte. Ce gourmand goûte fort les poires en pleine élection. **8**

EMBALLER (3)

1) Envelopper. Le menuisier sud-africain n'emballe que les planches [2]. Son collègue emballe les pelles. Fatigué, il se tâte le pouls après avoir emballé. Valent-ils les emballeurs de Cuba ? Le bourreau emballe le condamné après sa pendaison. 2) Enthousiasmer. Lu dans *La Redoute* : « L'Afrique est bonne hôtesse mais ses canicules ne m'ont pas emballé ! » 3) Draguer. L'Irlandaise a été emballée par un Kurde [3]. 4) Appréhender, capturer. Heureusement que Mowgli n'a pas été emballé par un gros filou ! **9**

EMPÂTÉ (2)

Gras. Cette femme empâtée est enfin rentrée en France. Pourtant, cette grosse empâtée n'a jamais manqué de fric. Waouh, les gonzesses aux gros Lettons, comme elles sont empâtées ! Arrête de loucher, t'as pas vu comme elles sont empâtées ! **4**

EMPILER (2)

1) Mettre en tas. Le rétameur empile son vieux fer [4]. L'électricien empile des manettes [5]. Il les empile dans la cabane. 2) Tromper, posséder. La plaignante affirme que c'est un garagiste assez gras qui l'a empilée. L'opérée s'est sentie trépanée par ce chirurgien qui en fait l'a empilée. Ma fille se plaint que ce célèbre bouilleur de cru [6] l'ait empilée avec sa fine. **7**

ENCOLLER (2)

Préparer en vue d'un collage. Le gardien du cimetière interdit d'encoller les murs [7]. Pas question que des rustres encol-

1. *AC.*
2. *AC.*
3. *AC.*
4. *R.*
5. *AC.*
6. *R.*
7. *AC.*

lent quoi que ce soit. Oh ! la grosse finasse, faut la voir encoller ! L'afficheur fait des grumeaux quand il encolle. Mais il profère des propos usés quand il encolle... **5**

ÉPHÈBE (L')

Bel adolescent. Jupiter descendait parfois devant l'éphèbe. L'éphèbe était ému par les sites des dieux et l'éphèbe se trempait au contact de leurs sources. Socrate voyant l'éphèbe affirmait qu'il avait droit de cité. L'épicurien se paye une belle salade en taquinant l'éphèbe. Le bûcheron qui fendait en vue de faire quelque boutre vit avec joie l'éphèbe s'approcher de sa souche. Le curé aime à voir l'éphèbe si proche du sonneur. **8**

ÉPINE (L')

1) Piquant. La vieille horticultrice éloigne sa face de l'épine. « Hé ! l'apprenti jardinier, votre épine est tombée sur un sacré tronc ! » Le peintre fou lançait sa toile vers les épines. La femme du fakir s'abat sur l'épine. 2) Difficulté. Dans le ménage Bérurier, l'épine est dans la norme. Hé, la musicienne champêtre, fais gaffe à l'épine dans ton sax ! **6**

ÉQUIPE (L')

Groupe. À Marseille, Tapie croyait qu'on allait inculper l'équipe. Aimait-il vraiment l'équipe, ce grand copain ? On entendait : « Tapie en pull méprise l'équipe ! » L'entraîneuse paresse au lieu de faire l'équipe. Elle ferait mieux de travailler quelque peu pour l'équipe ! Le coach du diocèse se demande s'il est bon de recruter autant de patauds pour l'équipe. Il apprécie l'équipe de Hollywood, ce Coppola ! Il paraît qu'au Québec on manque de patins pour l'équipe. L'entraîneuse italienne se demande si les Pouilles ont un rôle à jouer dans l'équipe. Elle manque de tripes pour l'équipe. **10**

ERRATIQUE

Irrégulier, aléatoire. Le dermatologue affirme que l'apparition des cloques a toujours été erratique. Le géographe aussi : l'apparition des chotts est erratique[1]. Les mouvements de ce

---

1. *M.*

poney sont erratiques. Ce pandore excité a des actions un peu erratiques. La fille à marins déambule de façon assez erratique près du bord. **5**

EXOTIQUE

Qui a des rapports avec des gens et des pays lointains. Mme Emmanuelli confie que son beau ravier est parfaitement exotique. Manchette : « Un clochard africain est rossé de façon exotique. » La conservatrice du musée érige une statue très exotique. **3**

112 CONTREPÈTERIES

F

FACE

1) Visage. La Goulue avait la face pleine de graisse. La victime avait la face éteinte. On l'avait étendue pour voir sa face. Elle avait un morceau de béton incrusté dans la face. La mère supérieure avait la face spécieuse. La candidate a la face qu'est piteuse. Mais elle n'a pas la face inepte. Grâce à ce chirurgien esthétique, vous ne regretterez pas vos faces. Ah ! quelles faces, mesdames ! Des statues cambodgiennes tendent leurs faces vers des bras khmers. 2) Devant. Le prof de dessin représente le collège de face. 3) Avers de pile sur une pièce de monnaie. Entendu dans un casino : « File ou passe ! » Examinant les pièces en fer, le numismate examine les faces avec un certain air. **14**

FAFS

Billets de banque, talbins. Mobutu avait de gros dépôts de fafs. Les corrompus n'arrêtent pas d'empiler des fafs[1]. Certains gourmets utilisent leurs fafs pour se payer des pignes. Le coiffeur du lycée qui frise les pions prise bien les fafs. Les vieux manquent de fafs et restent placides. La jeune économiste n'a jamais planché sur les fafs. Dans les sectes on manque de prêcheurs et de fafs. Les clodos ont souvent leurs fafs qui sentent la poire. Les Belges distraits ont pris machinalement leurs fafs. Les chasseurs de trésor ont poussé leurs fafs contre le plan de deux rousses galeuses. Les voilà qui prennent rageusement les fafs... La grande Paule veut toujours plus de fafs. Elle passe son temps à choper des fafs. Les bidasses ruraux emmènent leurs fafs dans leur perm. **16**

---

1. *AC.*

FAUCON

Oiseau de proie. De Luc Étienne : « Quelle jolie bête qu'un faucon ! » La Comtesse se demande qui a bourré son faucon. C'est celui qui déclame : « Comtesse, qu'il m'émeut, votre faucon brisé[1] ! » Mais quel bourreau qu'un faucon ! Le sultan cherchait des faucons pour bien employer son boutre. Mais il ne trouva que des faucons pleins de graisse. Certains faucons sont bien trop gras... **7**

FAX

Télécopieur. La receveuse vérifie les fax de tous les secteurs[2]. Quel beau fax, Cécile ! Quand il y a trop de papier dans les combinés, on sent, les fax cèdent ! **4**

FERME (2)

Domaine rural. La jeune fille est revenue de la ferme pleine d'espoir[3]. L'expert en spéculant s'est fait plein de fermes. Des cultivateurs malades ont des spasmes dans leur ferme. La duchesse a des fermes qui attirent les coquettes. Henri IV aimait les belles fermes de façon historique. **5**

FESTONS

Broderie, décoration. Admirable rousse, permettez-moi de vous offrir ces festons[4] ! Mais le jeune couturier a maladroitement roulé ses festons. C'est parce qu'il est endimanché sous un grand vent que ce routard a des problèmes avec ses festons. La petite main s'est emparée de ses festons, quelle rouerie ! Qui a voulu bouffer ces festons, c'est un mérou ! ? **6**

FÊTE (3)

1) Réjouissance. Les anciens combattants rêvent encore de fêtes atlantiques[5]. Les jouvenceaux rêvent de belles craquantes et de jolies fêtes. Pub en tas : « Les Fêtes de la Jeunesse ». Les anciens élèves s'offrent les plus jolies fêtes de la promotion. Le

---

1. *AC.*
2. *AC.*
3. *R.*
4. *SF.*
5. *AC.*

prieur se rend à la fête de l'abbesse. D'un lecteur du *Canard* : « Il y a souvent de petites baisses entre les fêtes. » Le sultan propose constamment son boutre, quelle fête ! 2) Jour de son saint. Cette masseuse a le teint superbe et des polytechniciens honorent souvent la fête de la masseuse. Tout en proposant sa fête, elle les tance : « Je ne veux pas de pédants à la fête ! » Menacés d'être privés de fête, ils se serrent. Il y a parfois de drôles de transes dans sa fête. Mais sa fête donne drôlement envie de banqueter. Ce motard adore les grandes fêtes. **16**

FEU (2)

1) Incendie. De Luc Étienne : « Mettre la Chine au pas, ne serait-ce pas mettre le feu à l'Annam ? » Attention aux feux proches de la côte ! La femme pompier s'occupe aussi bien des feux que des pannes. 2) Foyer. Le cuisinier a un canard sur le feu [1]. Autre contrepèterie incontournable, elle est double : « Le mouton bouillait avec un petit feu de poutres [2]. » D'un préhistorien, sur France-Culture : « Madame, je peux vous montrer comment naît le feu. » 3) Pistolet, calibre. Les pandores qui ne sortent jamais leurs feux en Corse [3] ont curieusement déballé leurs feux. Ils ont menacé plus d'un clan de leurs feux. Les malfrats ont pointé leurs feux sur bien des caissiers. **12**

FÈVE

Fruit. Le maraîcher qui chiale vidait ses fèves sans se lasser. Sur cette planète, on voyait aussi des fèves, certes. Fanchon, porte ces fèves aussi ! On dirait que votre Serge apprécie mes fèves. Vous ne trouverez pas de fèves du côté du centre... Ce vieux rassis goûte encore fort les fèves. Carmen, laisse donc ces fèves [4] ! Alors, Mireille, tu sens tes fèves ? La fille du concierge offre de belles fèves. Callas offrait les fèves quand elle était en scène. Pub : « Des fèves pour l'ESSEC » (ESSEC : fameuse école de commerce). **12**

1. *R.*
2. *R.*
3. *AC.*
4. *M.*

FIBRE

1) Filaments d'un muscle, d'un nerf. Ce sont des fibres de chair. 2) Filaments optiques de silice ou de plastiques pour guider la lumière ou transporter des « bits » d'ordinateurs. « Professeur, c'est quoi, cette petite touche au-dessus de votre fibre ? » Nos fibres ont provoqué bien des enchantements[1] Ne laissez pas boucher vos fibres ! Les Chinois proposent de superbes fibres. 3) Sentiment Oh ! cette petite chante, que de fibres elle excite ! **6**

FICHE

1) Papier où figurent des renseignements. Oh ! la fiche est marrante ! Les fiches de l'herboriste ont gardé l'odeur de la menthe[2]. Le policier se penche sur les fiches des Maures. Tintin ne s'est jamais penché sur des fiches de Milou. Le boulanger du bord a vu traîner bien des fiches dans la marine. Le secrétaire du diocèse replonge dans d'autres fiches à peine sorti de la messe. Le boursier a quitté sa collègue après avoir pris ses fiches en moto, de superbes fiches mauves. 2) Élément de connexion. Cette standardiste bigouden a les plus grosses fiches du ministère. Le cameraman cherche des éléments pour se faire de grosses fiches. Il arrive à enficher des culots. **12**

FICTION

Non-réalité, roman. *La Redoute* évoque la fiction des éléments. Gagarine déplorait l'absence de fiction dans les musées. L'assureuse poussée par les sections d'usagers dénonce la fiction du malus. Cet éditeur n'a que de molles fictions : « Trop de fictions m'usent ! » Il sait trop ce qu'on met dans les fictions et ses fictions ne sont jamais mini. Au cabinet de ce ministre, on dénonce la « fiction des chômeurs ». **9**

FIENTE

Crottes d'oiseau. On distingue bien d'ici la fiente de la marée. La jeune ornithologue montrait une drôle de fiente derrière le panneau. La chaisière laisse traîner trop de serge dans la fiente. L'experte en beaux logis nettoie soigneusement

1. *AC.*
2. *AC.*

la fiente. Elle s'y connaît en fiente et elle a bon fond. La modèle prétend que le peintre fou teint fébrilement la fiente. Giscard confie que, curieusement, la chasse l'a dégoûté de la fiente. **7**

FINE

1) Eau-de-vie. *La Redoute* évoque des fines sans dépôts. Luc Étienne demandait au patron : « Paie voir ta fine ! » et plus d'une voulait contrôler l'appellation de la fine[1]. Du coup, le patron proposait sa fine en prix cassés[2]. Mais sa fine était pleine de paille. Il y avait même des traces de poutre sur sa fine. Le coiffeur du collège propose sa fine au pion. L'architecte sent que sa fine a coulé sur son plan. Il ne faudrait pas que les étudiantes prennent trop de fine. La fine, ça devrait se déguster sans pain[3]... L'abbé a envie de se permettre une petite fine. Mais il ne supporte pas que la fine ait goût de poire. 2) Délicate, menue, raffinée. *La Redoute* mentionne les pierres fines. Ah ! la fine Paule ! **14**

FINETTE

Étoffe. La couturière pare l'étoffe en mégotant sur la finette, quelle grande mièvre ! On ne peut pas dire « la finette des mecs ». Cette finette sent la menthe. Ça vaut mieux que si la finette sentait le vieux maillot. Ah ! la molle finette, la finette est marrante ! Le livreur a pris la finette en moto. Mais il a un gros malus et il a froissé la finette. Le jeune tisserand qui ne s'est fait qu'un sac n'a pas encore le sens textile et ne sait pas bien ce qui se met sans une finette. La sœur couturière voudrait bien que l'abbesse lui montre ce qu'est une finette en sortant de la messe. **12**

FIOLE (2)

1) Petite bouteille. Le jeune chimiste récure le fond de la fiole[4]. Le gardien du labo devrait écarter ses meutes des fioles. Le décorateur teint bien les fioles. Voulez-vous goûter ces fioles,

1. *AC.*
2. *M.*
3. *M.*
4. *AC.*

Saint Père ? L'alpiniste a failli briser sa fiole avec son piton. Cette fiole ne fait pas l'affaire, quelle bête fiole ! 2) Tête (argot) J'supporte pas qu'on s'paie ma fiole ou alors je tape ! **8**

FLAN – FLANC

FLAN – Gâteau. Les Anglais proposent des flans pleins de Guinness[1]. Oh ! ce pauvre garçon glapit, on lui a bouffé son flan ! À Lyon, des gones offrent de superbes flans. Et parfois même des flans aux guignes[2]. La pâtissière maniaque garde les flans. – FLANC – 1) Côté du corps. Le couturier préfère les flancs bien engoncés[3]. 2) Corps latéral d'une armée. Le vieux général parlait souvent de son flanc en guerre. Il disait qu'on guettait beaucoup son flanc… **8**

FLÛTE (2)

1) Instrument de musique. Dans *La Redoute*, on aborde la flûte de Pan. Néron se penchait sur des flûtes de Poppée. Dans les cliques de la marine où on se lâche beaucoup, les potes s'intéressent à la flûte. Le médecin examine le pus de la flûte. La petite flûte perd le sax de son mec[4]. Dans l'Orne, on connaît bien toutes les perces de flûte. Mais il faut contrôler les packs de flûtes. Oh ! ce petit puait près de la flûte ! Le musicien a senti comme un pou dans sa flûte. Dans notre harmonie, les flûtes ont peu ri. 2) Petite baguette de pain. Le mitron pétrit le cœur de ses flûtes. **13**

FOND – FONDS

FOND – 1) Bout ou partie basse. D'ici on distingue mal le fond de la caisse[5]. Crawlant près du fond, le plongeur sonde le fond de la Creuse[6]. Le facteur fait des colis dans le fond. Les écolos ont déchloré bien des fonds, en évitant les fonds sodiumisés[7]. 2) Discipline sportive. Chacun connaît la soli-

1. *AC.*
2. *AC.*
3. *AC.*
4. *AC.*
5. Dans *La Redoute* où l'on parle de la « pièce du fond » et de « fonds curieux », on manipule les caisses et les fonds.
6. *AC.*
7. *AC.*

tude du coureur de fond[1]. – FONDS – 1) Liquidités. Au Crédit agricole, on vous aide à trouver des fonds dans le coin. 2) Valeur d'un commerce ou d'une profession libérale. La notairesse propose son fonds mais ne fait pas la fière dès qu'elle clame : « Clair, mon fonds ! » Ces vieux prélats donneraient bien leurs fonds aux cieux... **11**

FOOT (3)

Sport ferme de balles. Le foot peut être rugueux[2]. Ce voyant est friand de foot. Les Anglais connus pour leur cricket font plein de foot. Certains font du foot de façon pas trop logique. Le cuisinier braise en regardant son foot, de même que le sommelier fait goûter son cru en regardant le foot. La Bresse raffole du foot. Les membres du club pensent au foot. Ces petits gras ne sont pas bons question foot. La cycliste cherche un triporteur pour voir du foot. **11**

FORTERESSE

Citadelle. Le dictateur connaît la fonction effective des forteresses[3]. Ah ! ce sale type est figé dans les forteresses ! Au PS, on fustige les forteresses de Foccart[4]. Ridicule, ce petit bout de chef dans ces forteresses. La place de ce bouffon n'est pas dans ces forteresses. Ces forteresses sont pleines de petits fachos ! Il vaut mieux ne pas se risquer dans le fond de ces forteresses. Plus d'un bleu défaille dans les forteresses. **8**

FOUDRE

1) Éclair. Le châtelain a découvert des traces de foudre sur son toit. Il a découvert ces traces de foudre sur le tard[5]. 2) Tonneau. Patron, votre foudre a coulé sur votre vergeture. Touchez donc ce foudre ! L'état de votre foudre montre que vous avez sans doute quelque termite. Bizarre : votre foudre a dû couler sur votre terre hier ! C'est bête, le foudre qui coule dans l'étang. Ne gaspillez pas votre foudre, vous êtes entêté ! **8**

---

1. *R.*
2. *M.*
3. *AC.*
4. *AC.*
5. *AC.*

FOUILLE – FOUILLER

FOUILLE – Action de creuser, d'explorer. Ne pas en déduire que les fouilles c'est forcément à creux... Deux contrepets incontournables de *La Redoute* : « L'antiquaire verse dans les caisses le produit de ses fouilles, de ses fouilles curieuses. » – FOUILLER – Explorer, creuser. Pour les archéologues, fouiller est une quête[1]. Ils courent avant de fouiller et rangent leurs fouilles sous clé. Le lad fouille l'écurie. Il vaut mieux ne pas laisser traîner ses fouilles dans les cours. Les douaniers fouillent, proches de la côte. Ils fouillent la came. Mais ils ne parlent jamais de fouiller en Corse. Fouiller les mettrait sur le clan. En fouillant, ils provoqueraient l'échec ! La Sicilienne n'a pas laissé fouiller sa Camille. Jean Valjean n'a jamais laissé fouiller sa cantine. **15**

FOUINE

Petit carnassier. La zoologue cherche en vain des fouines grisées. Les élégants méprisent les fouines. Cette Diane guette les fouines. Les fouines, ça se garde ? Pour ce zoologue orthodoxe, les fouines ne font pas la guerre. Il se demande même si les fouines se gourent ! Les fouines, ça mange pas de guignes. Le douanier fou se mettait à fouiner dès qu'il voyait des caisses. **8**

FOULE (3)

Multitude. Les sultans aimaient voir plein de foules sortir de leurs boutres. Hamlet bouleversa la foule de son homélie[2]. On voit de gros malins branchés[3] et ça triche dès qu'il y a plein de foule. C'est fascinant, les foules de Beaune ! Trimer fait venir plein de foule. La foule des conductrices appréhende le malus. Ah ! la foule est marrante ! La socialiste se méfie de certains éléments dans la foule. **9**

FRIC

Braise, pognon, etc. Cette vieille tante manque de fric[4]. Et dès qu'elle manque de fric, elle est atterrée. Les amateurs de

---

1. *M.*
2. *M.*
3. L. É.
4. *AC.*

pâtes manquent parfois aussi de fric. Le magnat a pris la belle hôtesse qui manquait de fric [1]. Quand on n'a pas de fric, faut pas laisser tomber le troc. La boulangère ne manque pas de fric quand son mari fait sa tournée. L'automobiliste a envie de traîner devant ces passants pleins de fric. Le chef d'état-major réclame plein de fric pour l'atoll. **8**

FRICHE

Terrain vague, jachère. Quelles bêtes friches [2] ! On vous déconseille les friches de la Meuse [3]. Conseil maternel : évitez ces friches. Les gitans marrons [4] font des masques dans les friches. **5**

FRIPE

Nippe, harde. Vu cet écriteau : « Les Puces, Toul ». Des vendeuses pétillantes vous proposaient des fripes. Mais il faut être piqué pour se payer de telles fripes ! Ah ! la fripe est payante ! **4**

FRITE

1) Morceau de patate cuit dans l'huile bouillante. Luc Étienne a écrit dans *L'Art du contrepet* toute une « baséologie de la frite ». Il était question entre autres de belles frites. C'est à lire dans le texte. Coluche disait avoir une grosse frite dans son bock. Les Belges se font de sacrées bedaines avec leurs frites et leurs femmes aiment les frites biseautées [5]. La Bretonne sait ce qu'il lui faut avec une frite : la bolée. La restauratrice se fait des frites sans bain. 2) Grande forme, pêche. Le cavalier sentit qu'il avait une sacrée frite en se bottant [6]. L'horticultrice qui manque de bêcheurs n'a plus jamais la frite. **9**

FÛT

Conteneur qui demande parfois beaucoup de sous. Une célébrissime : « Pour trouver le trou du fût, il faut écarter les

1. *AC.*
2. *AC.*
3. *M.*
4. *AC.*
5. *AC.*
6. *M.*

caisses[1]. » Les vignerons traînent leurs fûts dans le coin. Les écolos se méfient des fûts à creux, surtout les fûts pleins de curies[2]. Ils mettent alors plein de colle au fût. Et ils évitent d'introduire des fûts en Corse. Ils couinent dès qu'ils voient un fût. Certains même se cachent à la vue d'un fût. Des captifs observent les fûts des cachots. Ils sont curieux de voir des fûts et s'accolent à la vue de ces fûts[3]. Dans son cauchemar, le harponneur prenait un canon dans le fût… **13**

290 CONTREPÈTERIES

1. *R.*
2. *M.*
3. *AC.*

G

GAMELLE (2)

1) Récipient. *La Redoute* évoque les gamelles de morilles mais passe sous silence les gamelles de mousse. La touriste déballe ses gamelles près de la mare. La navigatrice qui a fait pousser son trimaran lave ses gamelles en évitant les monocoques. La chimiste refuse ses gamelles au vieux matheux. Les femmes de marins déballent leurs gamelles près des môles. Écartez d'urgence vos gamelles de ce feu ! 2) Chute, valdingue. Les débutants du « Dakar » ont cassé leurs mobs en prenant des gazelles. Et l'on mate ceux qui se paient de grosses gamelles. **10**

GANT

1) Défi quand on le relève. Acculé par de mauvais Chouans, le ministre des Finances relève le gant dans le blocage[1]. 2) Habit pour les mains (et non : « amis pour les bains »...) Luc Étienne conseille la prudence lorsqu'on présente son gant à la flamme. Et d'ajouter que la Comtesse a horreur des gants qui plissent. Le vieux beau sort son gant dès qu'il pleut. Au soleil, les gants blondissent. Mais certains gants s'assouplissent. D'autres gants sont inclassables. Cette latiniste qui s'y connaît en Pline adore aussi les beaux gants. Le vieux menuisier n'arrive pas à tirer ses clous sans gant. Qui parle ainsi de gants, c'est un Flamand ! Le jeune marchand de fripes confie qu'un simple gant le renfloue. T'as vu, ce jeune Blaise, et avec quel gant ! Le frimeur locataire dit que son gant est à la plage[2]. Ces gens-là prétendent toujours se déplacer avec leurs gants... Le

1. *AC.*
2. *M.*

vieux soldat a son gant dans la plaine. Marie-Chantal déclare que les gants la glacent. **18**

GÉNISSE

Jeune vache. Les incontournables : *La Redoute* évoque le pus de génisse et Luc Étienne énonce : « La peine des jeunes génisses c'est de ne pas être un veau gris. » La jeune zoologue qui connaît les génisses et leurs poids[1] déclare au fermier : « Ah ! monsieur, votre génisse est bien polie ! Est-ce que votre génisse vous a rapporté quelque arpent[2] ? » La vieille maquignonne distingue bien les types des génisses. Les manifestants de Corrèze ont montré leurs génisses à Pâques. Il y avait des petites rappeuses qui taquinaient les génisses. N'approchez pas vos génisses de ces pythons ! **10**

GERME

Embryon. L'examinateur inspecte le germe[3]. Et parle de la prospection du germe. Entendu dans un labo : « Laisse le germe, aspire ! » Voyez cette pauvre indigène pleine de germes, de grands vilains l'espionnèrent. Elle se retrouva avec d'autres spoliés gorgés de germes. **5**

GESTICULE

S'agite en tout sens. Oh ! les gros gesticulent sous la Verte ! Oh ! ces grands gesticulent, se piquent dans les orties ! T'as vu l'habit rouge du tôlier ? Le tôlier, avec les gros, gesticule. La chorégraphe râle : les grands gesticulent, la font rater. **5**

GLAS

Tocsin. Il est souvent question de glas dans la tempête[4]. L'inondée traumatisée par le glas s'est retrouvée dans un drôle d'étang. Elle renonce au glas sans autre envie. Plus question de glas dans les champs. Elle vous traitera de menteur si vous lui parlez de glas. D'ailleurs son mari, qui l'a tancée depuis qu'elle a subi le glas, l'a planquée après cette histoire de glas. Cette victime du glas ne sera jamais pensionnée. **8**

1. *M.*
2. *AC.*
3. L. É.
4. *AC.*

GLOBE (2)

Sphère (terrestre). Le conférencier montre son globe en scène en précisant que c'est volcanique, les Andes sous le globe. Les pionniers du pôle : des as au bout du globe[1]. Devant ses adeptes couchées sur la berge le fakir qui lévitait faisait glisser un drôle de globe dans les airs. **5**

GNON

Horion. Ce grand nageur a pris un sacré horion, de ce genre de gnons qui n'arrangent pas les pifs. Les légionnaires n'ayant pas peur des gnons encaissent plus ou moins bien le baptême du feu : certains s'enfuient après avoir pris des gnons. Des soldats en faction ont pris pas mal de gnons. Le boursicoteur a pris un sacré gnon d'un factionnaire. Le séminariste considère qu'il est bien futile de prendre des gnons. Entendu dans un pensionnat : « Tu cherches des gnons, mon cafard ? » **8**

GOND

Charnière. L'apprenti connaît mal le coût des gonds. En plantant fébrilement son premier gond, il a failli crier. Et voilà : le gond a cassé ! L'innocent aurait dû se renseigner auprès d'un chroniqueur expert en gonds... Le vieux fabricant de clapiers fait des cases en plantant les gonds. **5**

GOÛT

1) Saveur. *La Redoute* évoque le goût du blanc. Les touristes font tester leur goût dans les bars. Le photographe affirme que son bain est sans goût. 2) Discernement, finesse, délicatesse. Le beau-père affirme à sa bru qu'il a un excellent goût. Ce fier Bayard avait un sacré goût ! Il lui arrivait d'ailleurs de briller par le goût. 3) Penchant. L'artilleur présente son goût pour les petites batteries. 4) Aptitude. Le couturier met en avant son goût pour les beaux bas. **8**

GRAISSE

1) Adiposité. Le diététicien ne s'occupe pas des fausses graisses mais il s'est déjà penché sur les graisses de plusieurs centaines de femmes. Ce gros lard ne manque pas de graisse

1. *AC.*

pour retenir son fendard[1]. La truie pose sa graisse sur le foin du verrat. 2) Lipide. C'est pas bon, les bouffes sans graisses. En croquant la pomme, Marius sentait bien que les graisses n'étaient pas au goût de Fanny. 3) Lubrifiant. L'apprenti mécano pose sa graisse, facile ! Il adore déballer la graisse des fûts. La joueuse de billard pleine de graisse a peur des fausses queues. **9**

GRAND (2)

1) Personnage important. La Comtesse s'est toujours intéressée aux grands en lutte, à l'élection des grands. 2) Considérable. Le dermatologue se penche sur les grands brûlés[2]. 3) Ado plus âgé. La surveillante taquina le grand en sifflotant[3]. Mais, n'aimant pas les grands trop calés, elle a tendance à fuir la classe des grands. Pourtant, beaucoup de grands sont plaisants… Docteur, mon grand est allergique aux pétales ! Ce petit jeune homme s'affirme déçu face aux grands. **9**

GRANDEUR (2)

1) Ampleur. Tant de grandeurs n'empêchent pas de bâiller. 2) Stature. De Luc Étienne : « Rien n'est trop beau quand il s'agit de grandeur. » Que de grandeurs belles ! Ne manquant pas de grandeur, Jehanne a levé l'étendard. Tant de grandeur pour finir abaissée ! 3) Étendue. La Beauce ne manque pas de grandeur. 4) Titre honorifique. Je n'avais pas vu Votre Grandeur tantôt. Oh ! je vois que Votre Grandeur n'aime pas l'abbesse ! Votre Grandeur manque de tasses. **9**

GRAPPIN

Harpon. Sur cette baleinière, beaucoup de boutes et de grappins. Et beaucoup de grappins qui accrochent l'étendard. Le canonnier voit que l'étoupe voisine surtout avec les grappins. Le capitaine a fait tailler les grappins. **4**

GRATIN

1) Plat. Inspiré de Boby Lapointe : le paresseux fait la grasse matinée et le cuistot la masse gratinée. Pourquoi tous ces

1. *AC.*
2. *AC.*
3. *AC.*

cocons sur ces gratins ? Le commissionnaire rêve de gratin. 2) Gotha. Les Comanches plaisent au gratin [1]. **4**

GRATTER

1) Racler. De Luc Étienne : « Ce pauvre homme sent quelque chose qui le gratte dans le tympan. » L'ébéniste leurré gratte le teck [2]. Le jongleur gratte ses toupies. 2) Économiser, grappiller. La fille de l'usurier gratte les taux. Le fripier gratte en taillant. Le magasinier gratte cent tasses. Par-dessus le marché, il gratte tous les contenus. 3) Travailler. L'étudiante gratte tout le temps. 4) Distancer. Le barbier s'est fait gratter par un tondeur. **10**

GRIPPE

Fièvre. Il ne l'a pas volée, cette grippe, ce pendard [3] ! Ces vieilles qui soignent encore leurs grippes ont l'air assez patinées. Cette experte en plantes pimpantes s'y connaît aussi en grippes. **3**

GROTTE (2)

Caverne. Oh ! la grotte mince ! Oh ! la grotte menue ! Et quelle masse, cette autre grotte ! L'anthropologue qui a observé beaucoup de clans dans les grottes sait bien que les cases précèdent les grottes [4]. C'est pas très sain, tous ces cathos dans la grotte ! Les Lourdais connaissent-ils le coût de la grotte ? Les chroniqueurs savent tout de la grotte. Fanchon a montré sa grotte au meunier [5] avant de présenter sa grotte au Mans. Tout le monde a voulu mater sa grotte… **11**

GROUILLER – SE GROUILLER

GROUILLER – Abonder, fourmiller, pulluler. C'est dément comment ces huttes pullulent. Oh ! les Causses grouillent ! – SE GROUILLER – Se hâter. Les apprentis coiffeurs se grouillent au milieu de leurs coupes. Mais ils se grouillent sans casse. Les manifestants se grouillent et les flics cognent. Sortant de leur réserve, les visiteurs se grouillent en vue des Comanches.

1. *AC.*
2. *AC.*
3. *M.*
4. *M.*
5. *M.*

Jaillissant des huttes, des spectateurs australiens se grouillent près des kangourous. Ils se grouillent sans candeur. **9**

GROUPE

Collectivité. Pour mémoire, il y a souvent plein de clans dans les groupes. Beaucoup de groupes sont à casser ! Certains patrons de presse savent bien que des chroniqueurs en veulent à leur groupe ! Ah ! ces groupes qui coûtent ! Lors du match, les girl-scouts ont écrasé des petits cathos avec leur large groupe. **5**

GUERRIÈRE

Soldate. Les guerrières de brousse sont rarement ludiques[1]. Des bidasses ont bêtement usé leurs dents sur nos guerrières. Monsieur le maire, est-ce que beaucoup de guerrières ont provoqué votre Dôle ? Ces guerrières ont une forte odeur de dogues. Ne projetez pas vos drogues sur nos guerrières. Les douces fuient les guerrières. Vous avez tout intérêt à redouter nos guerrières. Oh ! l'énorme drain que porte votre guerrière ! **8**

GUEUX (2)

Mendiant, clochard. D'après Luc Étienne, la Queen a horreur des gueux. On voit souvent sur les quais des gueux qui ronflent[2]. Ces gueux-là furent de sacrés Cathares ! Ce grand gueux attire les renards[3]. Les amis de Guillaume d'Orange tapaient sur les cathos avec leurs gueux. La juge se penche avec sollicitude sur les cas de ces gueux-là. Les chroniqueurs parlent souvent de gueux. **7**

GUIGNE

1) Petit fruit. Le chef présente son flan aux guignes. Les fouines ne sont pas folles de guignes. Les maraîchères proposent volontiers leurs guignes aux fauchés. 2) Malchance. Certains masos s'affichent avec leur guigne. Cette famine, quelle guigne ! **5**

175 CONTREPÈTERIES

1. *M* (permutation circulaire de consonnes).
2. *M*.
3. *M*.

H

HABITER

1) Loger. Célébrissime contrepèterie enchevêtrée de *La Redoute (voir les pages roses)* : « L'aspirant habite Javel. » Une autre, non moins célèbre : « Ils habitaient des gîtes sordides, quai Branly. » Monsieur le maire, il est pénible d'habiter votre Nîmes[1] ! Que de tristes habitantes ! La nonne habite la Trappe. Ce n'est pas là où elle habite, l'abbesse... La militante socialiste est habitée par la rose. Le spéléologue craint d'habiter l'abîme. Où habites-tu, satyre ? La directrice habite l'école. 2) Occuper, hanter. Un lecteur du *Canard* dit avoir la tête habitée. **12**

HÉRÉTIQUE

1) Hétérodoxe, païen, renégat. Le jésuite déplore que son élève hérétique se retrouve en philo. Il parle de cocotte hérétique. Voire de coquette hérétique. 2) Qui s'écarte de la pensée unique. Les membres du Conseil de l'ordre des pharmaciens dénoncent de façon bien futile ce potard hérétique. 3) Non conforme. L'énarque trouve ce panneau particulièrement hérétique. Ce chimiste s'occupe de la potasse de façon bien hérétique. **7**

HISTORIQUE

Célèbre, illustre, resté dans la mémoire collective. La prof de lettres parle souvent de Grévy historique[2]. Jeanne d'Arc sera longtemps considérée comme une hérétique historique. Marguerite de Bourgogne avait des fermes historiques. En l'évoquant, on pense à une coquette historique. **4**

---

1. *AC.*
2. *AC.*

HOMME (2)

1) Qui appartient à l'espèce humaine (*Homo erectus*, pour prendre un exemple au hasard). Par extension, l'espèce elle-même. Peut-être qu'un jour les hommes perdront la boule[1]. 2) Individu du sexe masculin. « Ma chère, as-tu vu cet homme avec cet horrible pédalo ? » Comment il opine, cet homme ! 3) Catégorie. Les hommes de robe[2]. Certaines femmes préfèrent les hommes droits dans leurs bottes. **5**

HUTTE

Cabane. Que voici des huttes bien placées ! Cette hutte est pleine de pneus[3]. Le président cherche une petite hutte. Le vieux Pamphile aussi, une hutte ! Le vicaire est entré dans une hutte en priant. Il y a un gros-plant dans cette hutte. « Sois pas timide, entre dans cette hutte, y a pas de ponte ! » **7**

35 CONTREPÈTERIES

---

1. *AC.*
2. *AC.*
3. *AC.*

I.J.K

INCUNABLE

Livre rare. La Comtesse se demande comment on arrive à empiler les incunables. Un bénédictin a découvert le drôle de pivert d'un vieil incunable... **2**

INOCULER

Injecter, contaminer. Le gourou inocule l'encens (*d'après Luc Étienne*). Il inocule au milieu des rangs, c'est rosse ! San Antonio a-t-il déjà évoqué Pan à propos d'inoculer ? **2**

JACQUEMART

Tissu. Luc Étienne évoque le jacquemart de Bruges. Autre célèbre jacquemart, celui d'un certain vieux briscard (on le voyait bien manger, ce briscard). Cette hutte qu'on aime passer abrita bon nombre de jacquemarts. L'enfer est tapissé de jacquemarts de braise. Oh ! l'énorme brute avec cet incroyable jacquemart ! L'intendant râlait car un brouet avait chu sur son jacquemart. L'antiquaire a vu tomber un vieux sabre sur son jacquemart. **9**

JANTE (2)

Roue. La cycliste a coincé son filet dans sa jante[1]. Voyez la jante de Fanny ! Astiquer autant sa jante, c'est folie ! La nonnette pleine de foi donnerait bien sa jante. Ces championnes de VTT ont montré leurs jantes à bien des faons. Le tôlier manque de jantes. **6**

---

1. *M.*

JARS

Oie mâle. La jeune zoologiste ne sait si ça existe, les doigts du jars[1]. Mme Chevènement s'intéresse au jars de Dampierre[2]. La nouvelle Ève caresse le jars de son Adam. Le fermier râle : une datte est tombée sur son jars. La cycliste Dany a encore écrasé un jars. Recyclé dans l'élevage, l'ancien ministre dupé montre volontiers son jars. Voyez ce pauvre type démis sortant son jars ! Le faux père Noël montre un gros jars entouré de cadeaux. Alors, Mimile ! on s'fait la dînette avec son jars ? L'oie blanche est traumatisée par les saccades du jars. **10**

JATTE

Cruche. La grosse mère aux vingt chiennes avait une énorme jatte[3]. Le minet chuta sur la jatte[4]. Culbutant la fille à la grosse jatte, l'ivrogne a vite déchanté. Il a peur de voir les jattes bouchées. La femme du maraîcher n'aime pas qu'il pose ses choux sur sa jatte. La sectatrice qui priait a reçu plein de mâche dans sa jatte. Un gros marchand, souvent, c'est riche avec plein de jattes ! Bois dans ma jatte, Sachem ! **9**

JAVELOT

Lance, arme de jet. Les filles de Troie négligeaient le javelot. Les javelots soulevaient peu leur entrain. En Chine, où l'on trouait volontiers avec son javelot, beaucoup de javelots pointèrent sur les trônes. **4**

JEU (2)

Activité ludique. De Luc Étienne : « Allez à Saverne, c'est un jeu d'enfant ! » Avant chaque examen, les séminaristes doivent montrer leurs jeux aux curés. Il faut dire qu'ils manquent pas mal de jeux et doivent se prêter aux jeux des questionnaires[5]. Ouï sur France-Culture : « Voyez comment naît le jeu. » La geisha se penche sur le jeu du vieux nô. La jeune adepte informaticienne découvre les jeux des Mac. **7**

---

1. *AC.*
2. *AC.*
3. L. É.
4. *M.*
5. *AC.*

JOUTE (2) – JOUTER

JOUTE – Duel, combat. Incroyable, la puissance de certaines joutes[1] ! Évitez les joutes de projos ! La future maman : « Évitez les joutes pendant ma prestation. » – JOUTER – Combattre, lutter. Toujours jouter contre la même personne finit pas faire malotru. Mais voyons, vous les ferez jamais jouter, ces gus ! Ce débutant réclame une mule pour jouter. C'est risqué, de coincer la bulle avant de jouter... **7**

JUMELLES

1) Petites lunettes d'approche. De Luc Étienne : « Il faut deux jumelles pour bien mater. » 2) Sœurs nées le même jour. Ces grands mâles voulaient taquiner nos jumelles ! Ils ont lancé des marrons avant de s'en prendre aux jumelles ! Mais le gentil Malien les a empêchés d'embêter nos jumelles. **4**

JUPETTE

Petite jupe. Luc Étienne évoque les jupettes d'un beau rouge. La teinturière minaudant a passé les jupettes au rouleau. Les examinateurs contrôlent jusqu'aux jupettes, quelle rouerie ! **4**

JUS

1) Sauce. Immortel contrepet de *La Redoute* : « Les nouilles cuisent au jus de cane. » Le candidat cuisinier a dû montrer son jus au curry[2]. C'est plutôt rare, un jus de kummel. 2) Café liquide. Ouï dans un café au passage de la serveuse : « C'est pour quand, ce jus[3] ? » Quoi, du jus ! La locataire attend le questionnaire pour offrir son jus. Ouï aux RG : « Ne m'parlez pas d'jus pendant l'écoute ! » Ils enquêtent plus quand ils se sont fait un jus. Le tailleur coud en dégustant un jus. Le dandy prend un jus en caressant son cabot. La psychanalyste a proposé un bon jus chaud à Lacan. **12**

KÉPI

Couvre-chef militaire, kébour. Qui m'a piqué mon képi (*contrepèterie décente : képi est un contrepet interne au mot : piquer,*

1. *M.*
2. *AC.*
3. *AC.*

lequel se prononce aussi : piké) ? Il faut les képis pour l'équipée (*autre contrepèterie décente*). Sergent, ta piquette sent le vieux képi[1] ! (Sa piquette avait gardé l'odeur de la caisse…) Les majorettes se sentent rouillées sans képi[2]. La députée refuse de toucher le képi du pisteur. En pays minier, les gardes champêtres qui passent souvent du côté d'anciennes mines[3] ont parfois des traces de houille sur leur képi[4]. **8**

KINÉ

Abréviation de kinésithérapeute. L'infirmière au joli poncho rêve de se faire kiné. Sa collègue italienne lui confie qu'elle est passée par les Pouilles pour se faire kiné, mais qu'elle a un peu paressé avant de se faire kiné. Voyez l'aide-soignante qui veut se faire kiné et l'interne en pull… **4**

88 CONTREPÈTERIES

1. *AC.*
2. *M.*
3. *R.*
4. En comptant les deux décentes.

L

LAISSER

1) Céder, prêter. Dans *La Redoute* : « Voudriez-vous me laisser le Chaix ? » 2) Abandonner. Juppé s'est senti soudain laissé quand on l'a lâché. Ce n'est pas parce que Giscard chuinte qu'il faudrait le laisser[1] ! Vous ne devriez pas si souvent laisser votre sax. La preneuse de son a laissé la bâche. 3) Libérer. Le vieux cheval de retour chantait dès qu'on le laissait. La kiné thaïlandaise a mâché je ne sais quoi avant de me laisser. 4) Permettre. Patronne, le marmiton voudrait que vous le laissiez hacher ! **8**

LAITON

Alliage jaune. La grosse préparatrice présentait un laiton plein de tares[2]. Elle présentait ce laiton au potard. La vue du laiton lui donnait envie de toucher. Ce vieux bateau croulait sous plein de laiton. Le ferrailleur a besoin de laiton et manque de thunes. **5**

LARD (2)

Gras. Cachez ce bout de lard visqueux[3] ! Assez de voir ces nudités avec leur lard ! La charcutière frotte le lard sans mot dire. Quoi, Firmin, vous osez parler de lard dès que paraît madame ? Ça n'a pas forcément rapport avec la dope, un bout de lard. Beaucoup de vice-rois étaient des gros lards... **6**

---

1. *M.*
2. *M.*
3. *M.*

LATIN (3)

1) Langue des anciens Romains. Certains prennent encore des cours de latin[1]. Le proviseur n'expose pas le latin. 2) Langue d'Église : on parle de latin des curés[2]. 3) Symbole de connaissance et de discernement. L'externe a perdu son latin. 4) Habitant du Latium dont sont issus les Romains. Encore de nos jours, on parle de patins à roulettes… (*voir aussi les pages roses*). Après s'être demandé comment évacuer les Latins, Romulus en cassa, des Latins. Le potache s'intéresse aux locaux des Latins. 5) Habitant du sud de l'Europe. Le trafiquant préfère filer sa came aux Latins. La spécialiste de Carthage demande à sa collègue si elle peut dire : les « Latins puniques ». 6) Bistrot du Boul'Mich. L'étudiante s'est pris un bon pommard au Latin. **11**

LÉSER (2)

1) Faire du tort (et non : terre du fort). Les fachos lèsent les Beurs[3]. L'amateur d'art grec a été lésé par un ébéniste. Le cordonnier a lésé Fanchon, quel sabot ! Depuis qu'il l'a lésée, elle cherche à se cacher. Un transfuge de Bagdad cherche à léser des chiraquiennes. Ce pauvre type est trop bas pour pouvoir vous léser ! 2) Causer des dommages, abîmer. Qui a lésé cette petite cabine ? **7**

LIN (2)

Tissu. De Luc Étienne : « Le rouisseur en jute sèche les lins en branchant les colonnes. » La vieille lavandière qui lavait ses lins dans un sac a vu, après, ses lins tomber au niveau de la mousse. On a vu son mari attraper son lin. Ses lins ont gardé l'odeur du citron. Le tisserand trime en se faisant plein de lin. La fripière montre ses lins au maître du basset. La saltimbanque pose un basson sur son lin. Patronne, mon collègue a pris mon lin, y triche ! Y veut m'prendre mes lins mais y a des soies ! **12**

1. *AC.*
2. *AC.*
3. *AC.*

LIT (2)

1) Nom : couche. *La Redoute* recommande de ne pas mettre la tête de son lit dans les vitres. Luc Étienne parlait d'une nonne qui cherchait des lits pour l'évêché. Le clodo qui a un litron dans le nez a dressé son lit plein de cavités. Oh ! une tache de vin sur ton lit ! Les écologistes tendent leurs lits en vert[1]. La jouvencelle appréhende le lit des vicieux. 2) Présent de l'indicatif du verbe *lire*. Ce garnement lit en déchirant. Rodrigue lit en pensant à Chimène. L'abbé lit en chaire. L'internaute lit en se branchant. **11**

LOB – LOBE

LOB – Coup en l'air quand on tape au tennis. Quel beau lob aisé[2] ! La trajectoire de ce lob se termina dans la Meuse[3]. La débutante a pris un lob en plein visage. Comment caser son lob ? Le champion s'en va montrer son lob à Bazoches[4]. D'une juge de chaise : « Je n'admets pas que ce lob et j'accuse… » – LOBE – Partie de l'oreille, ou du poumon, ou du cerveau. Bismarck se fit greffer un lobe de Bazaine[5]. C'est un toubib un peu raseur qui lui a mis le lobe. **9**

LOTTE (4)

Poisson. Les marins pêchent leurs petites lottes et trouvent leurs lottes amères[6]. L'un d'eux voit qu'une lotte, éméché. La cuisinière a trop de cumin dans sa lotte[7]. Les filles du marin se mutinent et bouffent leurs lottes, des lottes massives. Ensuite, elles rament pour prendre d'autres lottes. L'une d'elles a projeté bêtement sa lotte sur une chape. Quel poison, cette vieille lotte ! La poissonnière propose sa lotte au château. Ce type un peu marron bouffe nos lottes. **11**

1. *AC.*
2. *SF.*
3. *M.*
4. *AC.*
5. *M.*
6. *AC.*
7. *AC.*

LOUCHE (4)

1) Nom : ustensile de cuisine. Le cuistot landais prend sa louche en rêvant d'une belle dune. Mais c'est chouette, une bonne louche, surtout au niveau de la crêpe. 2) Adjectif : suspect. Le sultan a tenu des propos assez louches sur l'émir. 3) Du verbe *loucher*. Exemple : « Louche pas, May, restons ! » Loucher, ça finit par compter. Tous ces bisons partout m'incitent à loucher. Dès que cet ancien marin pense à la mer, il se met à loucher. Le vieux bûcheron louche sur tous les troncs. Robin des Bois louchait sur tous les traits. Le tisserand tisse les soies en louchant. Alors, tu louches, pépé ? C'est permis de pas loucher, ça fait pas malotru ! Qu'est-ce qu'il louche, ce Finnois ! **13**

LOUTRE

Mammifère. Oh ! que de loutres fâchées ! Le garde-chasse est en train de ficher plein de loutres. Le traiteur avait des traces de loutres sur son far. C'est bizarre, tant de loutres sur cette espèce de phoque ! On trouve des traces de loutre tout au fond du ru et sur le câble. 2) Fourrure. Lu cette pub : « Loutre, affaires ». Les riches pénitents lâchent leur loutre et se font fustiger. Et leurs femmes se retrouvent couvertes de loutre. On voit sur la lune plein de loutres qui fuient. **10**

LUTIN

Farfadet. Les popes ne connaissent rien aux lutins. Cet automobiliste prétend qu'il a vu s'approcher des lutins en décapotant. Et que ces lutins lui ont chatouillé la panse ! Mais où a-t-il été pêcher ces lutins ? Ici, dès qu'on voit quelque lutin, on panique ! **5**

LUTTE (5)

Joute. Ça lutte souvent au niveau des bouges[1]. La sportive aime ceux qui luttent, et l'entraîneur, la gym. Le vieux général veut encore lutter avec ses ogives[2]. Il est toujours présent dans les luttes. Les syndicalistes disent que c'est impossible, les luttes, sans pognon. Mais ils aiment les dures luttes, tous,

1. *AC.*
2. *AC.*

alors que les militantes râlent que trop de luttes les abîment[1]. Un gros se plaint que trop de luttes lui ont fait mal à la panse, mais il reconnaît toutes les bonnes manières qui sont sorties de sa propre lutte. Bizarre, cette bûcheuse qui veut pas lutter ! Le pandore affalé dit qu'il aime pas lutter au niveau des pêcheurs. **12**

120 CONTREPÈTERIES

1. *AC.*

M

MACREUSE

Viande de bœuf. Luc Étienne évoque la frêle macreuse. Goûtez donc la soupe à la macreuse ! Cette Marielle fait une sacrée macreuse ! **3**

MAIN (2)

1) Organe de la préhension. De Luc Étienne : « Ayant abîmé ses sous-main, la pauvre femme se tordait les mains devant le sinistre. » On lui prit les mains en poussant des classeurs. Docteur, dois-je écarter les mains de la salade ? Voyez mes mains sauves [1] ! J'ai les mains souillées mais ce ne sont pas des mains sales [2] ! Il vaut mieux écarter les mains de la sotte. Le chef de bureau a pris en main les fiches. Il paraît qu'Eltsine serre encore les mains de quelques Soviets [3]. Les sœurs jardinières se réchauffent les mains au contact de la serre supérieure. 2) Ensemble des cartes qu'un joueur tient en main. Ces joueuses au long poker [4], quelle main et quelles triches ! **13**

MALLE

Grosse valise, cantine. La trompettiste a une sourdine dans sa malle. Mais ce pouf ne va jamais rentrer dans cette malle ! Avant son départ, la vacancière montre sa malle au boulot. Pousse-moi ta malle ! La malle est partie sans retour. Encore un morceau de goûter dans cette malle ! Quelle sotte malle ! Oh, monsieur, vous avez touché ma malle ! C'est ce grand

---

1. *M.*
2. *AC.*
3. *AC.*
4. *AC.*

louche qui m'a pris ma malle. Ne confiez pas votre malle à ce petit boudin. Attention, madame, au soleil votre malle bouillait ! **11**

MALOTRU (2)

Goujat. Luc Étienne pensait ceci des sous-mariniers : « Ça fait malotru d'être toujours en coulée. » Trop de gaffes et de mauvais plans, ça fait malotru, du coup[1] ! Ceux qui n'arrêtent pas de jouter font malotru. Avec ses histoire de pilon et ses choses commentées, ce quêteur fait malotru. Les motards font souvent malotru avec leurs kicks. Ce coiffeur aux armées pratique des coupes qui font malotru. L'ancien rugbyman disait qu'à la troisième mi-temps l'équipe faisait malotru. **9**

MALUS

Pénalité. Le chef de cabinet a le plus gros malus du Finistère. Il ne s'aventure guère dans les foules avec un tel malus. Évoquant parfois la fiction du malus, il prône rarement la défense du malus[2]. L'INSEE affirme qu'il y a beaucoup de malus à Forbach[3]. Traumatisée par trop de malus, la botaniste délire avec ses filaments. Ce faraud a-t-il un malus ? Le marchand de tissu au gros malus se fait une jolie finette. Ce petit vieux qui croyait son malus fini a en réalité un fort malus[4]. La ministre des Transports connaît bien les finances du malus. Ce n'est pas sur une photo qu'on peut voir si quelqu'un a un gros malus. Les facs, ça peut avoir un gros malus ? **13**

MANCHE (2)

1) Partie d'habit entourant les bras. Ce modèle présente des manches insolites[5]. Mesdames, ces manches iront admirablement à vos bras. Le videur faisait des effets de manches. Giscard faisait des effets de manches devant son cher Paris. « Bidon ! » crièrent les avocats en agitant leurs manches. La fromagère a des manches qui sentent le brie. 2) Partie d'un

1. *AC.*
2. *AC.*
3. Contrepèterie d'un lecteur du *Canard.*
4. *AC.*
5. P.

balai. Un peu tapé et pompette, ce balayeur s'efforçait vainement de faire briller son manche. 3) Organe de pilotage. Cet aviateur en herbe qui présente son vœu et désire piloter a des mouvements de manches indécis. 4) Bras de mer entre France et Angleterre. Laffitte est de l'autre côté de la Manche. Thatcher et Chirac eurent plein d'amphis pour régler les problèmes de Manche. Oh ! ce grand bidet dans la Manche ! **13**

MANDER

Faire venir. Le capitaine nous a fait mander à bord [1]. La Grande Catherine en a fait mander plus d'un à sa botte ! Quoi ? je te fais mander et déjà tu te barres [2] ! La femme du chef d'orchestre a fait mander le basson [3]. La directrice a fait mander July qui passe son temps à *Libé*. Diane aux belles biches m'a fait mander. Et si une fille de cabaret vous faisait mander ? Elle fait la fine bouche mais finira par vous faire mander. Mais ne perdez pas la boule si elle vous fait mander… **9**

MANTE (2) – MENTHE (3)

MANTE – 1) Cape. *La Redoute* raconte qu'une pauvre fille a reçu toute la farine sur sa mante. La jouvencelle rêve d'une bonne finette pour sa mante. Mais sa mante est finie. Dès que le couturier a vu cette mante il est devenu fou. La mante garde constamment l'odeur de la foule. Ce souillon de Quimper a longtemps rêvé de la plus jolie mante de son Finistère. Cette mante cache un gros moche. 2) Insecte. Les viticultrices laissent traîner des mantes sur leurs bouchons. La mante peut devenir folle. Oh ! cette petite mante dans la fange ! La mante est bien fâchée. Ah ! ces sottes mantes [4] ! – MENTHE – Plante aromatique. Évitez la menthe forte [5] ! Cette menthe laisse un goût de fiel. Bizarre : l'affiche sent la menthe ! Madame, votre habit dégage une odeur prononcée de menthe. L'oncle sort un marc assez dur et le thé à la menthe [6]. La marchande de tisane

1. L. É.
2. *M.*
3. *R.*
4. *R.* On y trouve aussi : *Elle m'a menti, la sotte !*
5. *AC.*
6. *AC.*

qui a toujours la menthe à faire sait tout ce qui se fait dans la menthe. Elle a toujours eu plus de deux filaments dans la menthe. **22**

MAQUETTE (4)

1) Modèle réduit. Un terrible crachin a trempé cette maquette[1]. Il va falloir quêter pour ravoir la même maquette. Le chef de fabrication ne veut plus voir la maquette de cette petite crado ! Deux collègues se sont accrochés à propos de cette maquette. Le chef de chantier s'intéresse à la maquette du caisson[2]. Le travail des mines exige des maquettes. L'agente de voyages adore la maquette des îles. Elle désire très fort toutes sortes de maquettes. 2) Prototype, par exemple de la mise en page d'un journal. Le rédac' chef est ébloui par la maquette de cette belle chronique. La conceptrice a montré sa maquette à un crack. **10**

MARC [ON PRONONCE *MAR(D)*]

Fine qu'il ne faut pas, madame, déguster placide. L'auteur de *La Redoute* propose un petit marc très doux et Luc Étienne proclame que rien ne vaut un bon marc après la dînette. Le vœu analysé du vieux bouilleur de cru[3] : « Ne modifiez pas mon marc[4] ! » L'abus du marc rend pénible la diction[5]. C'est pas raisonnable de goûter le marc à dix mille[6] ! La jeune mariée exige un bon marc dans sa dot. Écartez le marc des douanes. Cette petite fade a fini par goûter le marc. Ma copine prend toujours la douche après avoir goûté mon marc. L'architecte ivre arrosait les dômes avec son marc. **13**

MAT – MATE – MATHS

MAT – 1) Nom : victoire aux échecs. Kasparov ne supporte pas l'échec et veut toujours plus de mats. 2) Adjectif : non brillant. Votre sol mat (*la solution n'est pas « votre sotte malle »*) a

1. *AC.*
2. *M.*
3. *R.*
4. *M.*
5. *AC.*
6. *AC.*

sali le bas de mon pouf. – MATE – 1) Adjectif : non brillante. Elle n'a pas l'air très fraîche cette sole mate. 2) Du verbe *mater*. Les méharistes empoignent les chamelles et les matent. Je n'arrive pas à mater ce poney ! – MATHS – Mathématiques en abrégé. Les potaches détestent les maths impossibles[1] ! Et la plupart s'affolent devant les maths. Ce surprenant pandore adore les maths. Il trouve souvent les maths au poil… **10**

MATIN (2)

Après l'aube. Les jouvenceaux se présentent bien cambrés au matin. Ah ! superbes matins sur lesquels nous comptions[2] ! Le turfiste se penche sur la cote au matin. Il se sent bien à la coule, au matin. Ce rouquin adorait les matins. C'est là où il trimait le plus, ce rouquin. Ce prêtre puriste s'épanouissait dans la moiteur des matins. Ces matins non sans fraîcheur ont fait sortir les pulls[3], ces matins embrumés qui si bien nous cachaient… **9**

MENSUEL

1) Nom : périodique sortant tous les mois. Cette journaliste pas très polie qui ne faisait que des piges parlait toujours de sales mensuels, et souvent repoussait sans traîner les mensuels au milieu des classeurs en affirmant que c'était le directeur de tous ces mensuels qui l'avait forcée. C'était une petite sotte qui n'aimait pas les mensuels. Mais était-ce vraiment des mensuels décents ? 2) Adjectif : l'attachée de cabinet s'occupe mensuellement des sinistres[4]. La dame pipi éponge mensuellement les salles. Son chef est un gros sac qui ne la contacte que mensuellement. Quand un clodo est saoul, c'est pas mensuel ! **11**

MESSE

Office catholique. Rabelais évoque les vieilles femmes folles de la messe et *La Redoute*, le curé qui met fin à la messe. Luc

1. *AC.*
2. *AC.*
3. La solution n'est évidemment pas : *Ces patins (…) ont fait sortir les mules*, ce qui n'a aucun sens.
4. *AC.*

Étienne évoque la défense de la messe ainsi que le cardinal Daniélou devenu fou entre deux messes. Il sortait toujours fortifié de la messe[1]. Tous savent bien ce qui se fait à la messe. La secrétaire du diocèse déballe ses fiches dès qu'on lui parle de messe. La sœur de charité parle de messe au café. Le recteur pratique les plus belles messes du Finistère. Le toujours fameux bouilleur de cru exhibe sa bonne fine au sortir de la messe. Les scouts ont des problèmes avec leurs ficelles en sortant de la messe. On a vu de beaux Finnois aller à la messe. Ah ! la messe effarante ! Cet explorateur avide de messes ne vient pas de safaris. Pas question pour ce petit cafard d'aller à la messe. Le tisserand fait une petite finette avant d'aller à la messe. Le jeune vicaire a encore la messe à faire... **18**

MEUTE (2)

Troupe de chiens. Les piqueurs connus ont des grosses meutes sur lesquelles il vaut mieux ne pas loucher. Les autres meutes vont couler leur bile. La marquise rêve qu'on cote sa meute. La Comtesse a des meutes pas tristes et ce n'est pas une petite molle. Les chasseurs mettent leurs pulls en caressant les meutes. Ils caressent les meutes en aimant leurs câlins. On peut voir dans le Grand Nord de gros Lettons et de superbes meutes. **8**

MICRO

1) Abréviation de *microphone*. *La Redoute* a immortalisé les pannes de micro. Pourquoi tant de tapes sur ce micro ? Les filles, passez pas trop près du micro ! Cette intrigante ne lâche jamais le micro. 2) Abréviation de *micro-ordinateur*. La vendeuse présentait un micro en raillant. Ce type un peu gras sait-il seulement ce que c'est, un micro ? **6**

MINE (2)

1) Gisement souterrain. La femme du porion a été ensevelie sous des piliers de mines[2]. L'étudiante veut passer les Mines[3] (l'école des Mines de Paris. Il ne faut pas hésiter entre les

1. *AC.*
2. *R.*
3. *R.*

Mines et les Ponts). Mais pas question de chevelus dans les Mines. De Luc Étienne : « Aux sites de Bologne je préfère les mines de Pompéi. » C'est petit, les mines de perles. 2) Bombe. Elle a fini désactivée, la mine du port[1]. On avait oublié de stipuler la mine. 3) Physionomie, allure. Ce pauvre monsieur a une mine piteuse[2]. Dans l'*Art du contrepet*, on évoque la pâle mine. Le contraire, c'est la mine de Pâques. Le crêpier a belle mine. T'as vu la belle mine de ton parrain[3] ? Ces groupes ont belle mine. Ces pauvres esclaves furent parqués à la mine[4] ! Le colonel a la mine partiale. Ah ! cette mine polie ! Ce palais a belle mine. L'Ouessantine cherche les plus belles mines de pollen[5]. Cette femme qui cherchait les gens à belle mine est épatante. Il est de Passy, ce type à belle mine. Oh ! les jolies mines appariées ! Ce rappeur a belle mine. **25**

MINOIS

Frimousse, joli visage. D'après Luc Étienne, Henri III avait un joli chignon qui lui allongeait le minois. En Tunisie, on voit de jolis minois plonger dans les chotts (et non des « logis nîmois », comme disait Luc Étienne). Voltaire avait, dit-on, un minois chenu, et Mirabeau un fâcheux minois[6]. Qu'il est chou, ce petit minois ! La méhariste est heureuse qu'un jeune au joli minois dorlote ses chamelles. Ce chaton n'a pas trop un vilain minois ! Faut voir le minois du mousse quand ça fraîchit ! **8**

MITE (3) – MYTHE

MITE – Insecte fin qui tombe sur l'étoffe parfois derrière un panneau. La teinturière de Luc Étienne a une boule antimites. Mais elle met ses bains sur les trous de mites. Pauvres biches assaillies par des mites ! La mite retomba sur deux sortes de menus belons. Oh ! un bulot qui grignote une mite ! Drôle de

1. *R.*
2. *R.*
3. *AC.*
4. *M.*
5. Molène : charmante petite île entre Le Conquet et Ouessant. La vieux pêcheur, dont la pêche a gardé l'odeur de Molène, dit que les ploms sont au Conquet (*2 contrepèteries*).
6. *AC.*

mite, baron ! La duchesse a une mite dans sa botte. Je vais vous parler de batailles de mites. Battez-moi ces mites ! Saint-Père, c'est dans votre robe que j'ai vu les plus grosses mites. Voici une escouade de mites il va falloir bâcher. La skippeuse qui tient des propos pathologiques [1] chasse les mites à bord. Le fripier troque en chassant les mites. La mycologue est gênée par une mite qui se frotte à ses bolets. Oh ! des mites attachées ! – MYTHE – Fiction, légende. Luc Étienne disait souvent qu'il ne fallait pas abolir les mythes. Arletty n'aimait pas les mythes boches. Ces cinéphiles nous agacent avec leur mythe de Gabin [2] ! Le vicaire parle un peu trop de mythes à l'abbesse. Quoi, je parle de mythes et déjà tu te barres ! **23**

MOB

Abréviation de *mobylette*. Jeunes gens, ne poussez pas vos mobs contre la bise ! Votre mob sent l'azote [3]. Connaissez-vous bien les méfaits de l'azote ? Il ne faudrait pas que ces jeunes qui poussent leurs mobs soient trop tôt casés. Quelle mob a ce grand Blaise ! La garagiste, qui s'occupe des essieux des mobs [4], astique les mobs après avoir brasé. Ils ont lâché leurs mobs, ils doivent être blasés. Ces jeunes agriculteurs ont un peu trop traîné leurs mobs dans les bouses. Ils devraient éloigner leurs mobs des alezans... Ces raseurs négligent leurs mobs. Pauvre Zagreb privé de mobs ! **12**

MODE (2)

Tendance souvent vestimentaire, engouement. Le retard est à la mode [5]. Hélas, chères amies, nos vergetures ne seront jamais à la mode ! Les modes ecclésiastiques, c'est pas des cathos... Au printemps sortent les modes de garces. Garez-vous, mes filles, de ces antiques modes ! Ils vont quand même pas nous imposer leurs modes ces gâteux ! Votre mode me fait plutôt penser à quelque gorille. Les couturiers gâtent leurs modèles qui se satisfont de leurs modes. **8**

---

1. *AC.*
2. *M.*
3. *AC.*
4. *AC.*
5. *M.*

MOKA

Café. *La Redoute* évoque un moka dans l'auto kabyle. Oh ! des traces de moka sur votre cab ! Ça sent le moka dans le quartier [1]. Tous ces mokas sont à cacher. **4**

MÔLE (3)

Embarcadère. Guettez-moi ces môles ! Ces môles sont remplis de sales gueules. Oh ! deux grosses gamelles sur votre môle ! Baronne, c'est un vieux meursault qui a coulé sur votre môle. Et votre môle a une forte odeur de tripoux. Les polytechniciennes se moquent des môles de ces vieux gâteux. Ces môles ont une odeur de gorilles. Oh ! ces vieilles goulues qui s'abattent sur nos môles ! **8**

MONOCOQUE

Bateau à une seule coque. Les monocoques se garent dans le port du Cap [2]. D'un marin macho : « Attention aux monocoques de garces ! » En plus d'avoir une grosse pinède, l'armateur goulu collectionnait les monocoques. **5**

MONT (2)

Montagne, sommet, éminence. *La Redoute* parle de la cote du mont. De Luc Étienne : « Le vieux marcheur veut courir sur le mont » et « Le trop grand nombre des monts empêche de les compter ». Par temps de nuages, on dirait que les monts sont casqués. En Corse, il est malséant de distinguer le mont des maquis. Un des petits rouquins contemplant le mont : « Le mont, c'est là, cool ! » On en a vu, des carrioles sur ce vieux mont ! Elles étaient quarante, ces vieilles alpinistes qui vantaient leur mont. Titre d'un journal : « Défiance sur le mont ». Pourtant, le mont était fiable… **11**

MOQUETTE (4)

Tapis couvrant la totalité d'une pièce. Le fossoyeur observe la moquette du Caire [3] (*voir aussi « Synonymes contrapétiques » dans les pages roses*). Le vendeur bien, il vérifie la cote des

---

1. *M.*
2. *AC.*
3. *AC.*

moquettes. Oh ! la jolie moquette crame ! Quelle moquette ! Le bedeau consciencieux essuie la moquette après la quête. Vu cette pub : « La moquette des idées ». **7**

MOUILLER

1) Humidifier. Le matelot mouille les cales. Il se présente bien cambré avant de mouiller. Dans *L'Art du contrepet* : « La pédicure qui mouille les corps déteste les ridicules. » Le fossoyeur maniaque mouille les corps (*attention : « mouille les cors » et « mouille les corps » ne sont pas deux contrepèteries identiques*). Le dentiste a mouillé la carie. Le sultan mouille les kirs [1]. Le cuisinier maniaque mouille les quiches. Le maître nageur mouille les grandes cool. Le charcutier du couvent mouille les couennes. Le cocher félon a mouillé bien des petites carrioles. 2) Accoster. Ulysse n'a jamais été mouiller au Caire [2]. Le Sarthois mouille en vue du camp. 3) Faire prendre des risques, compromettre. La Montespan prétendait qu'il fallait savoir se mouiller dans la Cour. Beaucoup se mouillèrent avant d'être obligés de se casser. **16**

MOUSSE (3)

1) Tapis végétal. La cyclotouriste a un cale-pied coincé dans la mousse : elle en a geint dans le vallon [3]. La voyageuse a une drôle de mousse au fond de sa malle. La belle aime la douceur de la mousse, sauf lorsque la mousse est saturée de grêle. On voit trembler ses reins dans la mousse. Oh, le linge est coincé dans la mousse ! D'ici on distingue quelque lueur sur la mousse. Les étudiants en agronomie quittent leurs labos pour se détendre sur quelque mousse. Ils voient alors plein de saules tomber mollement sur la mousse. Le chauffard fou a pilé dans la mousse. 2) Benjamin à bord d'un navire. L'amiral diabétique déteste que les mousses aient le goût du lucre. 3) Flan mousseux. Ne goûtez surtout pas à ces gamelles de mousse [4] ! Mesdames, savez-vous que nous sommes gâtées

1. *AC.*
2. *M.*
3. *M.*
4. *AC.*

par ces petites mousses ! Belle mousse de cailles[1] ! Ce gourmet adore goûter la mousse de l'hôtel[2]. Quelles riches mousses ! L'énorme musicienne râle car un ballon s'est planté dans sa mousse. **18**

MOUTON

1) Ovin. Lu dans *La Redoute* : « Le mouton bouillait avec un petit feu de poutre. » La place du mouton n'est pas entre les biches[3] ! La Comtesse caresse le mouton de sa bonniche. Mais le comte est un vrai buffle qui malmène ce pauvre mouton. 2) Viande de cet animal. Goûtez donc ces belons avant de déguster le mouton. Ce mouton avait goût de bulot ! La sœur cuisinière fait goûter son mouton à un barriste. L'ancien poilu n'a jamais goûté de mouton boche. 3) Cuir de cet animal. *La Redoute* évoque le mouton de la botte. Les filles de cabaret laissent tâter leur mouton. **11**

MULE

1) Mulet femelle. Le maquignon distingue bien le cou de la mule[4]. Cette pauvre vieille mule s'est encore fait encorner. La fermière a sa mule couverte de drôles de boules. Faut pas loucher sur sa mule[5]. Elle ne tolère aucun bisou sur sa mule. Le maquignon lui demande alors de relooker sa mule... Les Polonais se méfient des mules rousses. 2) Escarpins. Les chochottes crient lorsque des moufles tombent sur leurs mules. **8**

MUTIN – SE MUTINER

MUTIN – 1) Nom : révolté. De Luc Étienne complétant une contrepèterie de *La Redoute* : « Les mutins ont passé la berge du ravin. » Et d'ajouter qu'« il y avait des mutins pâles ». Ces mutins ont découvert quelques packs (des packs et quelques médocs). Une fois repentis, les mutins installés sont fiers de leurs pignons. On voit alors grandir les poules de ces mutins.

1. *AC.*
2. *AC.*
3. *AC.*
4. *AC.*
5. *AC.*

Regardez ces mutins compassés, ces mutins fiers de leurs potes ! Mais vous pouvez encore profiter des pains de ces mutins. 2) Adjectif : espiègle. Quel mutin, Paul ! – SE MUTINER – Se révolter. Des captives se mutinèrent en plein soleil. Elles s'étaient lassées avant de se mutiner. **13**

N

NANISME

État du nain. La journaliste médicale travaille l'écho sans bien connaître le nanisme. Elle parle de nanisme et d'obèses. Connaissant assez peu le nanisme, son rédac' chef n'a pas manqué d'opiner. Leur collègue japonais qui a une grande pratique du nô connaît bien le nanisme. **4**

NATTE

1) Tresse (*voir aussi ce mot*). La grande coiffeuse pratique la natte à la chaîne. La bonne tante garde sa natte pour ses cheveux[1]. La geisha laisse caresser sa natte pendant le show. 2) Lit sommaire. Le marin en bordée s'abattit sur une natte et se mit à chiquer. Il faut plein de nattes pour les Comores. Le jésuite ôta sa soutache et se vautra sur une natte. Pauvre natte tachée ! **7**

NEZ

Pif (*voir aussi ce mot*). Les Poilus mettaient vite le nez contre les Teutons[2]. Le clochard a un litron dans le nez. Le chef de gare cria : « Bezons ! » en se grattant le nez. Un nez pompeux ! Quel nez, monsieur[3] ! La marquise se plaint d'être servie par des hommes au gros nez[4]. Le golfeur l'air assez fat remue le nez quand il peutte[5]. Les gueux n'ont pas toujours le nez propre. Ce margoulin roule des Peuls en se grattant le nez. L'infirmier se lave le nez après avoir lavé les vieux. **11**

---

1. *AC.*
2. *AC.*
3. *AC.*
4. *M.*
5. *AC.*

NICHE (5) – NICHER

NICHE – 1) Maison du chien (dont c'est d'ailleurs l'anagramme). On vit émerger les niches de la brume[1]. On vit l'émeu cherchant à se fixer dans les niches. 2) Endroit pour se nicher, se lover. Le gabier montre ses niches dans la mâture[2]. La décoratrice cherchait de beaux manchons pour mettre entre ses niches. 3) Cavité. M. le Curé demande à la chaisière d'astiquer sa niche avant de faire la moquette. 4) Farce. Certains patrons se feraient volontiers d'énormes niches. – NICHER – 1) Loger. Où diable nicher cette petite Monique ? 2) Situer. Où se niche cette salle banale ? **8**

NID (2) – NID CHAUD

NID – Logis de l'oiseau et, par extension, d'autres animaux. Ce nid est plein de vers[3]. Au printemps, on voit pointer les nids sous les névés. Personne n'a jamais pu voir le nid d'un fauve. La biche de Laponie cherche un nid de rêve. 2) Logis d'amoureux. De Luc Étienne : « Le jeune marié expose son vœu : un joli nid. » Est-ce civique de proposer à une pauvre son propre nid ? Les Méridionaux parlent de nids d'une voix avisée. Ce ne sont pas des nids pour eux. – NID CHAUD – En Haïti (et ailleurs), les zombies se dressent devant des nids chauds. Il y a deux nids chauds de l'autre côté du pont. **10**

NIPPE – NIPPER (SE)

NIPPE – Harde, fripe. Est-ce que ça peut pourrir, une nippe[4] ? Ces belles pièces feront bien quelques nippes[5]. La gentille Mireille taille des nippes à tous les papets. Elle taille volontiers une nippe quand elle aime un peu… Elle arrose quelques poireaux après avoir taillé des nippes. Faut pas qu'elle se fasse piquer en taillant des nippes ! L'accessoiriste taillait volontiers des nippes à Poiret. La couturière taille des nippes et le décorateur met la main au papier. La lingère du pensionnat refuse de tailler des nippes aux gros pions. – SE NIPPER – S'habiller,

---

1. *AC.*
2. *M.*
3. *M.*
4. *M.*
5. *AC.*

se harnacher. Les sportifs regardent *L'Équipe* avant de se nipper. **10**

NOM (2)

1) Patronyme. Dans *La Redoute*, un boyard a sur le bout de la langue le nom de la Russe. Quel nom cocasse ! Des Grieux adorait le nom de Mâcon. Mais il ne connaissait pas le nom de Cana. La traiteuse donne son nom en tendant ses quiches, elle aime, ça l'émeut (*permutation circulaire de consonnes*). La starlette a donné son nom à un producteur cabot. 2) Substantif. L'instit a l'air d'être en cage dès qu'il explique ce qu'est un nom. 3) Célébrité. Rastignac a mis le paquet pour se faire un nom. Et s'étant fait un nom, il fit plein de coups bas (*d'un lecteur du* Canard). Les ambitieuses qui assurent leurs carrières en marchand sur des œufs rêvent d'avoir un nom bien coté. Cet intrigant en a bien cassé, des noms ! À Saint-Germain-des-Prés, on découvre plein de grands noms en se tapant des bocks. 4) Dénomination. Cet âne bâté connaît le nom du lieu mais pas le nom de la caisse. **15**

NOTE (3)

1) Indication. Hé ! pique pas mes notes[1] ! Le météorologue se note toutes les pluies et veut bien qu'on lui note les froids[2]. La zoologue met l'émeu dans sa note (elle aime bien assez l'émeu). 2) Libellé des sommes dues. L'hôtesse présente sa note aux chasseurs. 3) Son musical. La musicienne qui fait si bien vibrer sa note est émue. Le barde sentit émerger la note de la brume. Mais il sentit aussi un creux dans la note… **9**

NOUILLES

1) Pâtes alimentaires. Lu dans *La Redoute* : « Les nouilles cuisent au jus de cane et le cuisinier secoue les nouilles. » Avait-il un paquet plein de nouilles ? Et l'on rappelle qu'il ne faut pas couper les nouilles au sécateur… Luc Étienne avait coutume de demander : « Voulez-vous des nouilles encore ? » Ce taulard pété en a bien cassé, des nouilles ! Il craquait chaque fois qu'un maton lui bouffait les nouilles. Zola sait-il si

1. *AC.*
2. *M.*

l'on faisait goûter des nouilles à Cana ? Cette petite cocasse déteste les nouilles[1]. Cette Diane voulait déguster les nouilles des piqueurs. Aimez-vous les nouilles qui collent ? Quel âne a répandu ses nouilles devant la caisse ? 2) Nunuche. Pas moyen de faire des coups bas avec ces pauvres nouilles ! **15**

NYLONS

1) Textile artificiel. Déballez-moi ces nylons sans déchets. Le professeur parle de nylon d'une voix déchirante. 2) Bas faits de cette matière. Rodrigue ne put jamais distinguer les nylons de Chimène. Déballez donc les nylons de cette petite pochette[2]. Jadis, Loulou Gasté[3] convoitait les nylons de Chine. Et quand il avait bien caressé les nylons il prenait la mouche... Cette grosse moche a quand même de beaux nylons. **7**

96 CONTREPÈTERIES

1. *AC.*
2. *M.*
3. Mari de Line Renaud.

O

OBÈSE

Très gros. Ce carabin raffole des maths et étudie l'obèse. Il scrute la graisse et l'obèse. Le psychiatre prend le gnon de la folle et aussi l'obèse. Lu cette macabre conclusion : « Pas d'obèse dans le suaire. » **4**

OPINER

Approuver. Passant dans un concile, on a vu bien des pères opiner. Un endocrinologue a parlé de nanisme devant des collègues contents d'opiner ; mais on a vu peu de pédiatres opiner[1]. Quel rustre, si t'opines ! Cocteau disait qu'il fallait au moins un mot pour bien opiner. **6**

OUÏR

Entendre. L'étudiant ouït en cogitant. Un musicien d'orchestre alité : « J'aime l'ouïr quand je gémis ! » Accusée, le magistrat veut t'ouïr avant de juger. Le juge veut l'ouïr. Il va sûrement rager en l'ouïssant ! Son job, c'est toujours ouïr. L'astrologue conseille de bien ouïr aux Sagittaire. **7**

17 CONTREPÈTERIES

---

1. *AC.*

P

PANIQUER (3)

Angoisser. Ce gros dur a paniqué[1]. Dès que la chaisière lui tend sa calotte le vicaire panique. Dès qu'elle lui fait des lippes, il panique. Il prétendra ensuite au curé qu'il a fort paniqué. Les foules molles se forment en paniquant. Entrant dans sa première lutte, le militant panique. L'examinatrice parle au candidat de Linné et il panique. Dès qu'une cliente touche à ses roulettes, le croupier panique. La bibliophile parle de Courteline et le libraire panique. Le docteur dit à la malade que ce n'est pas le lieu pour paniquer. Ce jockey qui ne va qu'au trot a paniqué. À l'arrivée des CRS on a vu beaucoup plus de cent paniqués. Cet angoissé n'a plus assez de forces pour paniquer. On l'a vue paniquée, cette spécialiste des Pouilles (*faux ami*) ! César n'a jamais vu Nice paniquer. La Sicilienne ne sait pas si le Rhin peut paniquer. L'indigène a vu bien des poux paniquer. Le légionnaire panique les rats. Le rescapé a englouti force steaks avant d'encore paniquer. **20**

PANNE (2)

1) Arrêt, dysfonctionnement. Rappelons que *La Redoute* a immortalisé les pannes de micro. Luc Étienne évoque une panne de silo. J'ai fait le coup de la panne à Cécile. C'est maman qui s'occupe de la panne de papy[2]. La garagiste brille en découvrant les pannes. Elle ne s'enfuit pas devant les pannes. S'y connaître en pannes lui rapporte quelques briques. Le camé en manque de shit ne supporte pas la panne. Les

1. *AC.*
2. *AC.*

mécanos anglais friands de cricket (*on prononce criquette*) ne négligent pas leurs pannes. 2) Rôle minable. Ce cinéaste de science-fiction a proposé à des savants différentes pannes de miteux[1]. Ces pannes sont comparables, à leurs dires. Ils confrontent leurs pannes en riant… Il a aussi parlé de panne à un facteur. Parler ainsi de panne est bien futile… La script-girl débutante a reçu le baptême du feu en se penchant sur ces pannes. Elle et sa collègue se font des fiches en comparant les pannes. **16**

PAPIER (2)

1) Support pour l'écriture. Quel bon papier ! 2) Pour mettre en valeur un mur que l'on vient d'encoller. La décoratrice ponce en vue de fignoler ses papiers. Ce décorateur bien nourri met facilement la main au papier. Il n'est pas bien aidé pour mettre ainsi la main au papier… 3) Article de journal. Rapporté par Luc Étienne : « Dans vos petits papiers, que de délits, Comtesse ! » La journaliste culinaire m'a fait un excellent papier sur les grondins[2]. Le rédac' chef ne veut pas de votre papier, il est trop long. Léon fait de somptueux papiers. 4) Article de toilette. L'ecclésiastique demande quelque papier à la pompiste. 5) Documents administratifs. Le chef en fonction exige beaucoup trop de papiers. **11**

PART (2)

1) Endroit. *La Redoute* : « Tous les jours, cette petite poule pondait quelque part. » 2) Portion. Luc Étienne : « Comment peut-on dîner avec si maigre part ? » Cette grosse truie veut manger les parts de Médor ! Monsieur, ce danseur convoite votre part. Cette goulue convoite la part du chef[3]. Votre part seule vaut plusieurs dollars. Pas question de toucher aux parts de ces radins ! Tu veux ces parts, vieux Dédé ? Vu dans un livre d'histoire : « Départ de Dédale ». La notaire à l'héritier d'un camionneur : « Votre part, c'est le plus gros des Dafs. » 3) Participation. Les actionnaires majoritaires ont dévoilé la fonction effective de leurs parts. **11**

1. L. É.
2. *AC.*
3. *AC.*

PARTICULE

1) Corpuscule. Une écolo : « Il faudra bien qu'ils testent ces infâmes particules[1] ! » Conférence : « Particules, vie, vitesse ». 2) Dans un titre nobiliaire. Luc Étienne : « Oseriez-vous, manant, contester nos particules ? » Le Général avait un « de » qui n'était pas fort minable. La généalogiste sicilienne se penche sur les particules du Tessin. Regardez, Comtesse, nos particules ! Laissez nos particules, sale hôtesse ! **7**

PAS (3)

1) Cheminement. Luc Étienne : « Je vous emboîterai, madame, le pas avec conscience. » La promeneuse se demande pourquoi ce pandore lui emboîte le pas. C'est un homme assez gros qui lui a emboîté le pas. 2) Allure équestre L'écuyère fait admirer l'extension de son pas en chassant. 3) Degré, saut, difficulté. Mon ami m'a tiré d'un mauvais pas, il était content. 4) Figure de danse. Quel pas, joli, vif[2] ! Carnaval de Venise : que de jolis pas et quel beau canal ! **8**

PÂTE (3) – PÂTÉ – PATTE (2)

Pâte – 1) Nouille. On ne manque pas de pâtes en France[3]. Ici l'on goûte et l'échine et les pâtes[4]. Ouï au Vatican : « Quelles pâtes mon cher ! » Ce gros dur adore les pâtes. Ces conducteurs font la fine bouche devant les pâtes. 2) Fond de tarte. Le marmiton chauffe les croûtes et les pâtes. Mais sa chair a coulé sur la pâte de sa collègue, une pâte pleine de choux[5]. – Pâté – Terrine. Le cuisinier cherche des croûtes pour les pâtés[6]. – Patte – 1) Bras ou jambe des animaux. La randonneuse a mal à la patte depuis qu'elle a connu la Chine. 2) Marque d'un talent personnel. Le champion montre son coup de patte au billard. Bidochon dans un box : « Quelle patte, ce Binet ! » **13**

---

1. *AC.*
2. *M.*
3. *AC.*
4. *AC.*
5. *AC.*
6. *AC.*

PATIN (3)

Engin à roulettes pour faire des escapades[1] ou engin glissant adapté aux plans bien glacés[2]. Sachant bien ce qu'est la chute des patins, ce sportif a fini par accrocher ses patins. Les cathos ne sont pas à l'aise avec les patins. Le Cap n'attire guère les patins. L'entraîneuse recommande les patins de Cologne. La spécialiste de Canet ne recommande pas n'importe quels patins. « Vive l'équipe ! » hurlèrent les vainqueurs en embrassant leurs patins. Pour aider ceux qui ont des problèmes avec leurs patins, l'infirmière va se faire kiné. Les petits durs n'ont pas peur des patins. L'entraîneur a tenu des propos fumeux sur les patins. Ce vieux rupin s'y connaît drôlement en patins ! Il prône les patins synthétiques. **14**

PATROUILLE

Groupe d'éclaireurs. Luc Étienne : « Les pieds-noirs ont fait souche dans le Midi après avoir été repoussés par de petites patrouilles. » Henri IV surveillait les patrouilles des piqueurs. D'impétueuses patrouilles faisaient trembler les ponts. Ah ! ce grand punch (*prononcer « ponche »*) après les patrouilles ! **5**

PÉBROQUE

Parapluie. Ceux qui usent des pébroques sont souvent ludiques. Par cette sécheresse, monsieur le maire, votre Mende n'attire guère les pébroques ! Ah ! ces précieuses, quelles andouilles avec leurs histoires de pébroques ! **3**

PÊCHER (2)

1) Verbe : prendre du poisson. Luc Étienne déconseillait de pêcher dans l'étang. Il ne faut pas non plus pêcher sur le Tibre. Et quand on pêche énormément pourquoi pas lutter ? La pêche provoque parfois de drôles de luttes ! Le pêcheur au loin sèche les lottes. Après avoir bien sûr pêché ses lottes[3]. Quoi, l'aider, ce pêcheur ? 2) Trouver, glaner, dénicher. Où avez-vous été pêcher ces Courteline[4] ? 3) Nom : arbre qui pro-

1. L. É.
2. *AC.*
3. *M.*
4. *M.*

duit des pêches. Non, les pêchers n'ont pas de dattes[1]. Les lutins goûtent fort la pêche. L'arboriculteur qui a toujours planté beaucoup de pêchers dans le Doubs a proposé un très beau pêcher au général d'armée. **13**

PÉDALO (2)

Bateau à pédales. Ces pédalos sont sales. Il y a trop d'hommes sur ces pédalos. Monsieur le curé, regardez les pédalos derrière vos vitres ! Oh ! un pédalo tombé ! Oh ! d'autres pédalos derrière les cars ! **5**

PÉDANT (2)

Cuistre. Outre qu'il présentait souvent sa chair à l'épée[2] et qu'il faisait en sorte que quiconque moquait son pif se retrouvait trépané, Cyrano de Bergerac écrivit une pièce de théâtre : *Le Pédant joué*. Mais ce pédant ne lui fit jamais attraper de grosse tête... Va donc, hé, pédant affligé, pédant même pas affolé, pédant gourmé, pédant même pas épaté ! T'es un pédant dégoûté ! Ah ! tous ces pédants qui n'arrêtent pas de becqueter ! Ayant subi plus de deux sales pédants, la Comtesse ne veut aucun pédant à sa fête. D'ailleurs, aucun pédant n'est tenté. Et les pédantes fuient cette bonne fée... **14**

PEINE (2) – PEINER

Peine – 1) Chagrin. Lu dans *L'Art du contrepet* : « La peine des jeunes génisses, c'est de ne pas être un veau gris. » Luc Étienne, d'humeur lamartinienne : « Je tourne vainement ma peine vers mes livres. » La Goulue ressentait beaucoup de peine quand elle n'avait pas de réglisses. 2) Difficulté, effort. Lu dans *SaGesse n'est pas* F*olie* : « Ah ! madame, que vos fils sont durs à la peine ! » Luc Étienne : « Beaucoup ont peine à lire ! » Ah ! l'habile peine ! La cuisinière réchauffe les saucisses sans peine. Ce polémiste ne ménage ni sa bile ni sa peine. L'épouse du militant constate qu'il y a peu de leaders à la peine. 3) Sanction. Luc Étienne : « Il faut peu de délits pour allonger la peine. » Le pénitent qui connaît la pire des peines[3]

1. *M.*
2. *M.*
3. *AC.*

sent que sa peine le rapproche de l'abysse. Son confesseur confie : « Sa peine mitonne[1] ! » Il trie les peines… Ouï dans un établissement religieux : « Voyez ces grandes peines et nos petites hésitent ! » La masochiste est attirée par la plupart des peines. – PEINER – Être en difficulté. L'alpiniste qui peine ne craint pas la bise. L'architecte de l'abbaye peine avec la mire supérieure. Le tailleur des évêques peine pour les mitres. La cuisinière peine avec un maquereau pas frit. **21**

PENDARD

Vaurien. « Votre Green, quel pendard[2] ! » Il ne l'a pas volée cette grippe, ce pendard[3] ! La bonne dame est émue de voir grelotter ce pendard. Mais elle était triste de voir grincer ce pendard. Ce pendard en a provoqué de gros potins ! Titre d'un livre : *Graine de pendard*. Quel pendard, ce graveur ! La fille de joie ne manque pas de grâces pour les pendards. Le brave colonel n'est pas fâché que les pendards couvrent son tennis. Ce pendard adore les petits gris. Voici quelques pendards de Groix. Ces pendards ont fait éclater leurs gros talons. **12**

PÉNICHE (2)

Bateau pour le transport fluvial. Luc Étienne conseille aux dames de laisser les péniches. La fille du proviseur aime à voir décharger les péniches de potasse[4]. Elle court là où les péniches se massent. Pour ses liaisons, le ministre hésite entre la péniche et le motard[5]. Mais il se méfie des motos d'hier et s'arrête à une jolie péniche. Hélas, dans cette péniche, il s'est senti mordu ! Beaucoup de « miss » attendent les péniches. Monsieur, vous me prêtez votre péniche si je vous donne ce sou ? Ah ! vous sentez quand je viens sur votre péniche ? Vous n'avez pas peur de casser votre péniche ? Attention, votre péniche s'approche trop des Russes ! **11**

---

1. Clin d'œil à Jacques Antel dont la cuisinière confie : « *Sa bête n'a pas fini de mitonner.* »
2. *M.*
3. *M.*
4. *M.*
5. *M.*

PENTE (3)

1) Déclivité, inclinaison. La pente a brûlé[1]. Le plan du glacier n'est pas une pente marine[2]. Beaucoup de résidus ont coulé dans la pente. La montagnarde présente des traces de foudre dans la pente. Que de fous dans la pente ! Les femmes des moissonneurs les poussent à bien tenir leurs faux pour ne pas déraper dans la pente. 2) Inclination. Ce noctambule fuit les fêtards mais le voilà encore sur une mauvaise pente ! **8**

PERTURBATEUR (TRICE) – PERTURBATION – PERTURBER

PERTURBATEUR – Gêneur. Chef-d'œuvre de Luc Étienne : « Une masse de perturbateurs envahirent la salle et en un instant, tous les bancs furent vidés. » Un collégien a été perturbé par une jeune fille hommasse[3]. – PERTURBATION – Gêne. Annonce météo : « Perturbation sur le massif. » – PERTURBER – Gêner, déstabiliser, importuner. Le joueur de billard au massé s'est laissé perturber. L'infirmière a vu le grand mastiquer alors qu'elle le perturbait quelque peu. **6**

PESTER

Ronchonner. Le chef de bureau peste contre les péronnelles. Les patrons pestent même s'ils manquent de valeurs. Le plongeur peste contre son vieux couteau. Le vendangeur malingre peste contre les coteaux. **4**

PÉTALE (3)

Partie d'une fleur. D'ici, l'on distingue bien la mousse des pétales[4]. Vu, dans un journal de jardinage, des *rubriques pétales*. Le malade rêve de jolis pétales en se faisant mettre le drain. Ce grand raffole des pétales. Le botaniste en a séché des pétales ! La botaniste refuse de dater ces pétales. Le jardinier n'arrête pas de doucher des pétales. Le maître de ce basset apprécie les jolis pétales. **8**

---

1. *AC.*
2. *M.*
3. *M.*
4. *AC.*

PÈZE

Oseille, artiche, blé, grisbi, fraîche, etc. Angoulême : on manque de pèze mais pas de BD[1]. La Goulue, plus elle avait de pèze, plus elle bouffait. Le gargotier se fait des boulettes pour avoir plein de pèze. Mazarin brillait dès qu'il était question de pèze. Le fermier manque de pèze et sa grosse vache n'arrête pas de brouter. L'éboueur qui manque de pèze est toujours dans la benne. Mégret est miné par le pèze. **7**

PHARE

Projecteur de lumière. Luc Étienne racontait les malheurs d'un accidenté qui avait le phare en deux. La nuit, les marins ont droit au phare[2]. Depuis son accident, son phare est à Dreux[3]. Le gardien n'a plus que deux vieilles digues sous le phare[4]. Son épouse boude le phare. Le nouveau gardien tomba sur un soda en découvrant son phare. Ce vieux digne se souvient comment il récurait les phares. Les marins qui négligent leur phare doivent être damnés. Ceux qui négligent le phare ne méritent pas même une délation. La Franc-Comtoise se méfie du phare du Doubs. L'historienne en vacances pluvieuses et studieuses : « Et voilà le phare de douché ! » Pauvres bêtes attirées dans les phares de ces chasseuses ! **13**

PHLÉBITE

Maladie des veines. Lu sur un listing d'hôpital : « Phlébite, treize ans. » La spécialiste d'Egmont soigne ses phlébites. L'infirmière : « C'est pas ces phlébites qui me feront marrer ! » **3**

PIAF

Moineau. Vous ne voyez pas ce piaf, il crève pourtant les œufs[5] ! L'oncle fait voir un petit piaf à l'ânesse. En général, le piaf fuit la chasse[6]. L'experte en beaux logis se méfie des piafs. Si pointe un seul piaf, elle ne fait pas l'affaire. Mais elle aime

1. *AC.*
2. *M.*
3. *M.*
4. *AC.*
5. *AC.*
6. *M.*

les piafs au fond[1] et les gros piafs lui donnent envie de se marrer. Oh ! révérend, ce petit Serge, on dirait un piaf ! Certains crétins s'opposent à l'épanouissement des piafs. La marchande flatte le membre d'un clan à la grosse tête de piaf. L'innocente taquine les piafs sans défense. Le topographe montre le pauvre piaf qu'il a coincé contre son plan. Et le menuisier, le piaf coincé contre une visseuse. Ma mère, la vue de ce piaf m'a dégoûtée des vœux. Cette femme de Sens raffole des gros piafs. **15**

PIED (5)

1) Organe de locomotion. Luc Étienne a immortalisé le Général (le fakir, dans *La Redoute*) qui arrivait à pied par la Chine. Les longs pieds de Berthe donnaient à Charlemagne l'envie de paniquer. Un chimiste : « Quel pied avait la voisine[2] ! » Chéri, ton odeur de pieds ne me donne pas envie de me marrer. Pouah ! cette assiette dégage une horrible odeur de pieds ! Cette odeur de pieds vient du fond. Pouah ! cette odeur de pieds derrière le panneau ! Oh ! le chasseur à pied ! Je vois que vous êtes arrivé à pied, mon cher. Fuyez la Charente à pied. Oh ! ce pauvre type à pied près du charter ! Dur, le chott à pied ! Ces pieds ne sont pas les mains. Cette fille qui dégage une telle odeur de pieds ne fait pas l'affaire. La folle maraîchère frotte son pied contre un poireau. Ces grosses vaches écrasent les veaux avec leurs pieds. La folle châtelaine frotte son pied contre un jeune maraud. La pédicure se penche sur les pieds des jeunes Marines. Les géologues sont arrivés à pied sur les schistes. La céramiste se plaint qu'un gros carreau lui a fait mal au pied. Les fils des trekkeurs sont arrivés à pied près de la chute. Ah ! la chute épiée ! Ah ! les pieds de cet homme de Sens ! Les pieds d'Éraste ne trempent pas dans la marée. Il faudrait masquer l'odeur des pieds de la veille. 2) Socle, fondement. Le vieux Chamoniard qui aime bien les riches fait juger la Verte au pied du Grépon[3]. Le naturaliste observe le pied des rameaux. **30**

---

1. *AC.*
2. *M.*
3. « *Au pied du Grépon* » : permutation circulaire de syllabes (*AC*).

PIÈGE

Nasse, traquenard. Y en a marre de ces pièges à sous[1] ! Par grosses chaleurs, les pièges suent. Ne vous laissez pas prendre au piège de la sécheresse[2]. Le pêcheur dit que son piège est à la Seine. Ce piège porte des traces de roussettes. Cet accro des salles obscures qui a toujours rêve de ciné est pris au piège. **6**

PIF – PIFFER

PIF – 1) Nez. Chéri, ton pif est tout gras[3] ! Cyrano battait quiconque moquait son pif[4]. L'électricien a tapé son pif contre une manette. Son pif, c'est un gros pas long. La rescapée dit que c'est un homme au grand pif qui l'a trépanée. Ces politiciens débattent en se grattant le pif. Quel pif, ce pasteur ! Ce farceur se gratte le pif en raillant. Mais ce grand lugubre au tout petit pif, quel contraste ! Le vicaire se gratte le pif en rêvant de papes. – 2) Flair. Ces enquêteurs se battent avec leur pif. PIFFER – Apprécier. Le volailler ne peut pas piffer la marchande de noix. Madame la députée, le président ne peut pas piffer votre ville, Nantes. **13**

PIGE (3)

1) Prestation journalistique occasionnelle. Quelle pige nulle ! C'est une pige de trop ! La fille à la grande jupe fait de sacrées bonnes piges. Elle travaille d'autant mieux les piges qu'elle est bien au lit. Le rédac' chef bien nanti reçoit quantité de piges. La femme du notaire qui travaille à la pige frotte gentiment le nez au maître. Cette minette qui fait des piges a la langue râpeuse. Le mélomane aime bien ouïr pendant que sa femme travaille sa pige. La folle d'Ubu que plus d'un avait quittée faisait des piges à Paris. La nouvelle fait tellement de piges qu'elle va finir par percer. Elle a déjà comblé pas mal de types avec ses piges et ses piges rendent jalouses les filles de poids. La journaliste rurale confie que les piges lui ont rapporté quelque arpent. 2) Du verbe *piger* : comprendre. Le jeune

1. *AC.*
2. *AC.*
3. *AC.*
4. *AC.*

météorologue n'arrive pas à piger quand s'amplifie l'averse[1]. Il ne pige pas car il est hérissé… **16**

PILE (3) – PILER

PILE – 1) Empilement. *La Redoute* évoque des piles de boîtes. Ces piles ont une odeur d'époisses. Le mycologue a posé un bonnet sur sa pile. Le tailleur a une pile de navettes. 2) Support de pont. Un certain Phénicien a érigé une fameuse pile. Venu sur la pile, l'ingénieur présente son pont avec conviction[2]. Le chef de travaux crie : « À Vannes, la pile ! » En général, les pêcheurs ne sont pas contre les piles. 3) Générateur électrique. Luc Étienne parle de piles bienvenues. Cette vendeuse qui connaît les piles passait en proposant sempiternellement ses piles (2 *solutions*). Bizarre, cette butte couverte de piles ! 4) Raclée. Depuis qu'elle a pris cette mémorable pile, la pauvre fille serait presque cannée. – PILER – 1) Freiner sec. L'ancien colon avoue qu'il adorait piler dans la Négresse. L'éboueur a pilé dans une benne. 2) Réduire en poudre. La cuisinière pile en faisant dégorger sa mousse. **17**

PINASSE (4)

Barcasse. De Luc Étienne : « Le cotre a frôlé la pinasse. » Cette rade a vu passer bien des pinasses[3]. Le vieux marin qui s'est tapé la tête contre bien des pinasses aime à présenter toutes les pinasses qu'il connaît. Mais il n'avait que des pinasses décotées et jamais de coquettes pinasses. Son vieux Rex a gardé une bonne odeur de pinasse. Il n'arrêtait pas de grogner, vautré sur sa pinasse… Pourquoi péter cette vieille pinasse ? Cette pinasse a transporté tant de coton ! La marchande de pinasses a mal aux reins. L'infortuné pêcheur a écrasé sa barque contre une pinasse. **12**

PINÈDE (2)

Forêt de pins. Les nymphes pyromanes ont fait une belle braise avec cette pinède[4]. Je rêve d'une pinède, vous devriez

1. *AC.*
2. *M.*
3. *AC.*
4. *AC.*

m'en parler[1]. Elle valait pas cinq sous, la pinède de l'avare. Mireille se moque de la minuscule pinède de son cornard. Elle préfère de loin la pinède d'un Armand. Mais elle est imprudente d'évoquer sa pinède. Elle parle de pinèdes de façon pas trop logique. Au pépiniériste qui a présenté sa pinède à une hôtesse d'Arcueil[2], la Martine réclame son dû : cette Martine veut aussi une pinède. Il engage une rousse en lui proposant de s'occuper de pinèdes arborées et se paye un triporteur pour les transports concernant sa pinède. L'évêque de Bourg affirme que la Bresse n'a jamais eu de pinède. L'édile cherche quelque argent pour agrandir sa pinède. Rien de tel qu'une bonne brise pour vivifier la pinède… Je te trouve un air emporté quand tu t'occupes de ma pinède ! Attends-tu quelque service de ma pinède ? Belle pinède, mon cher Urbain ! **20**

PINOT (2)
Cépage et vin. Ce verre a le goût du pinot. Y a des traces de pinot sur le car. L'ancien soldat déporté n'apprécie même plus le pinot. Madame, votre part sent le pinot. Cette homme dégage une forte odeur de pinot. Titre d'un docte article : « Pinot et nanisme ». Il est question d'un pinot anormal[3]. L'ophtalmo trouve que cette cornée sent le pinot. Ce vieux bordeaux, Georges, avait-il le goût du pinot ? Il faut remplir le cabas une fois votre pinot bu ! Ces pochards cafouillent une fois leur pinot bu. **11**

PION (3)
1) Surveillant de collège. *La Redoute* raconte comment les enfants jouent dans les pièces du fond. Madame le principal, j'ai reconnu votre pion parmi ces fêtards[4]. Votre pion se délectait avec une petite fine[5]. Le censeur voulait reprocher quelques faits à votre pion. Mais les mouvements d'une petite foule l'ont écarté de votre pion. 2) Pièce d'échecs. Attention, un fou menace ton pion… 3) Pognon. Je vois, monsieur le landgrave,

1. *AC.*
2. *AC.*
3. *AC.*
4. *AC.*
5. *AC.*

que votre Kohl regorge de pions. Ces syndicalistes proclament que leur fédé ne manque pas de pions. **8**

PIQUE (3) – PIQUER (3) – PIQUETTE (3)

PIQUE – 1) Lance. De Luc Étienne : « Dans l'ivresse du triomphe, il jeta sa pique aux nues. » Les Suisses du Vatican ont longtemps traîné avec leurs piques[1]. De jolies piques pour les trocs… Le lancier prend le trot en secouant sa pique. 2) Couleur aux cartes. Le bridgeur note ses piques[2] en affirmant à une débutante qu'il faut donner son nom pour avoir des piques. 3) Vanne, taquinerie. Ces collégiennes qui paressent font des piques. Elles se font des piques en consommant leurs nouilles. – PIQUER – 1) Chiper. Des Suisses du Vatican ont piqué des nappes. Ce pauvre type n'arrête pas ont piqué depuis que sa femme le trompe. Le légionnaire pique depuis qu'il est trompette. À toujours piquer, il est complètement nourri. 2) Appréhender. La lingère s'est fait piquer alors qu'elle taillait une nippe[3]. À cette occasion, une pauvre nonne s'est aussi fait piquer. Ce malfrat est connu depuis qu'il s'est fait piquer. – PIQUETTE – 1) Mauvais vin. La piquette de l'adjudant sent le vieux képi (Luc Étienne) et depuis que des crâneurs ont refusé sa piquette[4], Madelon n'offre plus qu'une piquette crasseuse. Les consommatrices se plaignent que le gargotier lésine avec sa piquette. 2) Raclée. La régatière a pris une de ces piquettes au point qu'elle a raclé le quai. **20**

PIS (2)

Mamelle. Lu dans *La Redoute* et revu par Luc Étienne, qui l'avait découvert indépendamment : « Sous le pis de la vache, voyez les cailles qui boulottent. » Le veau s'approche du pis. Dans son extase, la pouliche s'évanouit au contact du pis. Une fois assouvie, elle abandonne le pis. La vétérinaire ressent la révulsion du pis. Son collègue complètement sinoque prend brutalement le pis. Alors leur professeur s'empare du pis dans un grand mouvement de toge. La bergère n'est pas en veine

1. *AC.*
2. *AC.*
3. *AC.*
4. *AC.*

de traire les pis. Elle vérifie que les verres sont bien sous les pis. **10**

PLAN – PLANT

PLAN – 1) Surface plane. Le plan du glacier n'est pas une pente marine[1]. 2) Dessin. Aménageant une contrepèterie de *La Redoute*, Luc Étienne rapporte que Newton fit couler une gomme sur son plan. 3) Organisation d'un dessein. De Gaulle a montré son plan à Lagaillarde[2], en lui disant : « Grand, mon plan ! » Solide plan mais mauvaise guerre. Mais il sortait son plan avec beaucoup de ganaches. L'évadé a sali son plan avec de la viande des Grisons. Et il avait un morceau de gâté à son plan. Pendant le tournage de *Cyrano*, Roxane se penchait souvent sur le plan de Ragueneau[3]. 4) Carte. Le touriste a coincé son plan dans un guichet[4]. La religieuse égarée cherche un plan de Gap[5]. Le frère cuisinier était en train de griller lorsqu'elle lui a demandé son plan. – PLANT – Plante fraîchement mise en terre. L'Esquimaude préfère les plants bien glacés[6]. La jeune botaniste de *La Redoute* observe un plant qui vient de la Guinée. C'était un plant guère vert. On trouve de solides plants dans la glèbe[7], mais peu de bons plants dans les galets. **18**

PLANTE

Végétal. Madame, si vous saviez ce que votre plante me fait[8] ! La vieille jardinière présente une plante bien refaite. Cette plante fait même un peu défi ! Oh ! ta plante, fils ! La doyenne ne souhaite pas avoir des plantes sur la fac. **5**

PLOMB

1) Métal. Luc Étienne parle d'un ouvrier qui cote le plomb. L'allergie au plomb provoque bien des quintes. 2) Poids mis avant de dîner pour tendre la gaule du pêcheur qui leste. Les

---

1. *M.*
2. *AC.*
3. *AC.*
4. *M.*
5. *AC.*
6. *AC.*
7. *M.*
8. *M.*

plombs sont au Conquet[1]. Je crois, ma chère, que vous cherchez à casser votre plomb ! 3) Balles d'arme à feu. Si t'as plein de plomb, tu cannes ! **7**

PNEU

Abréviation de *pneumatique*. 1) Boudin qui enveloppe les roues prêtes pour bosser. Le pharmacien tend son pneu à la réparatrice[2]. Voyez le pneu du résident dur à la valve[3]. Le curé tend son pneu en riant. Il y a toujours un pneu dans cette hutte. 2) Pli qu'on envoie dans une sorte de tube où l'on met la pression. Les postières qu'on aime bien au fond sont bien lassées à force de recevoir des pneus. **9**

POIRE (2)

1) Fruit. De Luc Étienne : « Cette poire a un goût de terrine. » Et : « Le serveur pèle des poires dans l'assiette. » Si vous voulez du jus de poire, glissez-la entre ces machines[4]. Il faut que la maraîchère soit louée pour ainsi tendre ses poires. Beaucoup de piscines dégagent une forte odeur de poire. L'amateur de claquettes raffole des poires. 2) Digestif. Fine à la poire. Le chef propose une poire qui a le goût du pinot[5]. Tous ne sont pas contents de la classe de ses poires. 3) Objet en forme de poire pour allumer ou se laver. Ma fille, ne prends pas cette poire de Line ! 4) Naïf, gogo. Chirac a peur de manquer de poires pour ses prochaines élections. **11**

POMME

Fruit. La Béguine aimait les grosses pommes[6]. La Goulue a pris les pommes de Catherine. Cette pomme sent le pinard[7]. Veux-tu goûter la pomme de Line ? **4**

1. *AC.*
2. *M.*
3. *M.*
4. *M.*
5. *M.*
6. *AC.*
7. *AC.*

POMPON (2)

Petite boule de laine qu'ont popularisée les bonnets des marins. L'épouse du fripier fait de splendides pompons[1]. La contractuelle a fait un pompon au policier[2]. Cette spécialiste des pompons a reçu trop de mariés. Le cavalier a lâché un étrier en rêvant de pompon. Le marin au pompon s'est fait boxer. Le mousse n'a pas réussi à ouvrir le pacson où son bonnet aurait enfin bénéficié d'un pompon, ce qui fait que le mousse est inquiet. **7**

PONCHO

Chaude mante que l'on fait beaucoup en Amérique du Sud et ailleurs. Fameuse pub qu'a relevée *L'Album de la Comtesse* sous l'égide de Luc Étienne : « Mesdames, tricotez votre poncho vous-mêmes. » Tu devrais lui céder ton poncho, à ce petit, il est court ! Ce poncho chauffe-t-il bien, taquine ? T'es malade de mettre ce coussin dans ton poncho ! Ce vieux poncho est bien râpé. Il paraît que Le Cap manque de ponchos. **7**

PONEY

Cheval nain. Ce pendard possède un ridicule poney. Il n'a pu rentrer son poney dans Lannion[3], son poney s'est affalé. Le poney n'a pu entrer au pas. Il a eu peur de faire craquer son poney. Le comportement de son poney est erratique. Le vieil Écossais a un poney facile. Il offre son poney à Karine. Le pape caresse un petit poney. **9**

PONT

1) Ouvrage d'art qui enjambe un fleuve, une route. *La Redoute* évoque le « coup du pont ». Le pape a traversé bien des ponts de Cologne (*d'après Luc Étienne*). Le Cap ne manque pas de ponts. Le frontalier prend son *Canard* en traversant un pont[4]. Ce pèlerin traverse les ponts en criant. Le pont part de l'autre côté du quai. Ce pont mérite le déclassement. 2) Plancher supérieur d'un bateau. La femme du yachtman a

---

1. *M.*
2. *AC.*
3. *AC.*
4. *AC.*

un coussin sur le pont. Le commandant observe le pont de la coupée[1]. 3) Jours de congé supplémentaires entre deux jours fériés proches. On parle de ponts et congés[2]. Les écoles de cathos ont souvent plus de ponts. Ce salarié qui disposait d'un pont a opté pour la Castille. Les boursicoteurs profitent des ponts pour se faire plein de coupons. **13**

POPE (2)

Prêtre orthodoxe. Mon fils, n'oublie pas ta calotte si tu vas chez les popes. Les popes font souvent de ces lippes[3] ! Les popes ont horreur des luttes. Vous ne devriez pas présenter votre Line à ces popes. Le métropolite est sensible aux résultats des popes qu'il suscite. Hé ! les popes, vous aimez le tennis ? Ces popes en ont roulé, des Latins ! À trop patiner (*contrepèterie interne au mot*), les popes usent leurs roulettes. **9**

POPULATION

Ensemble des habitants. *La Redoute* évoque les populations laborieuses du Cap. On a longtemps méprisé les populations de la Castille. Le Pape connaît bien les populations de Cologne. Les nihilistes voulaient voir comment se casse une population. Les rabbins rêvent de populations kasher. Sœur Emmanuelle crie après quelques populations. Le tsar cherchait une bonne population pour la Crimée. Souvent pénibles, les populations de certains cathos ! L'attachée du ministre chargée des populations envisage de se faire kiné. **9**

POTE (4)

Copain. Salut, les potes[4] ! Hé ! les filles, vos potes sont minables[5] ! Le capitaine fit raser les potes des mutins. La Camarguaise est dans la manade avec sa pote. Minaudant, elle laisse taquiner sa pote. Un gros rustre en veut à cette petite pote. À la soirée champagne, les potes ont manqué de bulles. La pote de la fermière a gardé une odeur de moisson. J'ai vu

---

1. *AC*. Entendu pendant la guerre : « *Encore un pont de coupé !* »
2. *AC*.
3. *AC*.
4. *AC*.
5. *AC*.

ta pote sortir une drôle de miss. Cet ancien naturiste radine avec sa pote et raconte comment il lavait l'habit de sa pote. **11**

POTIN (2)

1) Bruit. Y a trop de rustres et trop de potin. Qui fait autant de potin ? C'est un car ! 2) Ragot. Ce type endure trop de potins. Pas question d'assumer ces potins[1]. Le prof d'histoire nous a parlé de Carnot en allant jusqu'aux potins. Il se complaît dans les potins, c'est impur ! **6**

POUF (2)

Siège sans dossier recouvert d'étoffe. Oh ! vous avez taché mon pouf ! Ces poufs ont de drôles de toiles[2]. Mais ce pouf ne rentrera jamais dans cette petite malle ! Oh ! les jolies petites cailles sous votre pouf ! Le peintre en folie étale sa palette sur son pouf. Ôtez cette grosse pas belle de dessus votre pouf ! Alors, tu m'le passes, ce pouf ? La déménageuse a fait partir mon pouf sans retard. Quel drôle de pouf sur votre tennis ! Cette petite pâle serait bien sur votre pouf. Ah ! madame le peintre, quel bizarre pouf sur votre croûte ! Aïe ! un gros ballon vient de s'écraser sur mon pouf ! Un gros ratier cherche à s'abattre sur mon pouf ! Le décorateur de la place Beauvau rêve de mettre son pouf dans tous les palais. Laissez-moi poser cette bâche sur votre pouf. L'aumônier acculé emmène son pouf à la Trappe (*voir aussi « Thèmes à contrepèteries » : « décoration », dans les pages roses*). **17**

POULE (2)

1) Gallinacé femelle du coq. L'antique Médée avait horreur des poules. Luc Étienne évoque une fermière dont la poule mue. Aussi vit-elle aux champs. Mais sa poule est minable et elle fait picorer sa poule aux communs[3]. J'ai vu la poule de la crémière[4]. T'as vu ma poule, miss ? Hybride : la caille-poule. La garagiste a jeté une came sur sa poule. Le docteur voudrait voir votre poule au moins. Pas question d'offrir ma poule à ce

1. *AC.*
2. *AC.*
3. *AC.*
4. *AC.*

Maure ! La Corrézienne est venue présenter sa poule à Marie. La fermière minaudant laisse taquiner sa poule. Cette poule garde une forte odeur de moisson. Par temps froid, la mule est couverte de poules. 2) Petite femme. Ce vieux Manet en a connu, des poules[1] ! Le carabin rêve de voir sa poule kiné. Mince, ma poule ! Oh ! ta poule a ramassé un petit bout de métal ! Présente donc ta poule à cette aimable Macha ! **20**

POUSSE (3) – POUSSER

POUSSE – Plant. Cette jolie pousse vous donnera une belle carotte. Elle ment : cette pousse ne vient pas de la Guinée. Ces pousses démangent ces gus. La directrice du labo est garante de cette pousse. Le généticien a fait muter bien des pousses. Ces pétales n'ont rien à voir avec nos pousses. Ces pousses sont bien grisées ! Ces pousses ont de vilains goûts et je n'aime pas le côté guère vert de ces pousses. – POUSSER – Donner une bourrade. Luc Étienne : « L'armateur fit baisser le foc et glissa en poussant sur un pan gluant. » Ma femme me trompait, alors je l'ai poussée[2]. Elle avait déjà été poussée par un traiteur. Le lad a eu du mal à pousser sa grosse jument jusqu'au trot. J'ai de suite perçu l'odeur de latrines quand ce sale type m'a poussée. La bergère du Vatican s'est fait pousser par plus d'un pâtre. **17**

POUTRE (2)

1) Gros morceau de bois pour la charpente qu'on ne souhaite pas minée. Incontournable chef-d'œuvre lu dans *La Redoute* et peaufiné par Luc Étienne (*il disait souvent : « C'est notre joie, peaufiner ! »*) : « Le mouton bouillait avec un petit feu de poutres. » Et d'ajouter : « Dommage, j'étais en face de la poutre ! » Bizarre, cette faille sur votre poutre ! Oh ! une trace de foudre sur votre poutre ! Oh ! des traces de fine sur votre poutre ! Laisser ainsi débiter votre poutre est vraiment trop futile. Une pluie de poutres s'est abattue sur des fêtards. Des fêtards pour le moins importunés. Une pluie de poutres sur de pauvres infortunés… Comment fait ce magicien pour fondre tant de poutres ? Le bourreau se souvient de tous les marchands de poutres qu'il a fendus ! L'entrepreneur pense aux

1. *AC.*
2. *AC.*

poutres car il va flotter. Je n'aurais jamais cru que ce petit falot pouvait faire tant de poutres ! Faut qu'il ait un sacré filon pour sortir tant de poutres ! **17**

PRÊCHE – PRÊCHEUR (2)

PRÊCHE – Homélie. Mes frères, friand d'homélies historiques, le prieur voudrait mimer nos prêches et savoir où nous mènent les prêches. Mais il va nous laisser après nous avoir primés, il va nous laisser pour qu'on prêche encore mieux. – PRÊCHEUR – Prêtre, prédicateur. Par extension : donneur de leçons. Gardez-vous, mes frères, de certains prêcheurs délavés. Ces prêcheurs ne sont pas des cadeaux. Mais je suis sûr que ces prêcheurs vous feront vite tiquer et que vous ne vous courberez pas sous la baguette de ces prêcheurs. **9**

PREUX

Paladins. Après tant d'années, l'épouse du Croisé voyait enfin un nez de preux ! Il était choquant de voir quêter tant de preux. Ah ! les belles câlines qui soutenaient nos preux ! Dans ces contrées lointaines on vit bien des preux encaisser ! De belles Orientales se rendaient souvent au quai des preux... **5**

PRIX

1) Valeur. La religieuse connut bientôt le prix des vœux. « Comparez nos prix et venez ! [1] » La bouchère connaît bien le prix des veaux. Cette commissaire-priseuse qui ne manque pas de vestiges sait bien faire monter les prix. Ah ! madame, à peine entré dans la foule, j'ai reconnu votre mante : quel splendide vison de prix ! 2) Récompense. Maintes fois relevé par des lecteurs du *Canard* et repris par Jacques Antel dans *Le Contrepet quotidien (voir la « Bibliographie commentée » dans les pages roses)* : « Grand prix de tennis ». La religieuse convoite le grand prix du Vatican. La brocanteuse a convoité un vélum étendu sur la berge et pour l'avoir à vil prix. **10**

PUB

Abréviation de *publicité*. Ce littérateur a eu beaucoup de pub. Ces pubs lui ont donné du tonus. L'imprésario a vu une

---

1. *AC.*

pub pour truelles. La pub était tombée. Ce publiciste a besoin de beaucoup de tiers pour mettre en branle ses pubs. Cette pub était couverte de tags. Mes frères, même les athées apprécient nos pubs (les pubs qu'on propose aux cathos). Les légionnaires qui ont pas mal de tics ne s'embarrassent pas de pub. Ce marlou traque toutes les pubs. Ce vieil auditeur qui s'est tapé trop de pubs se fait malentendant. **11**

PUCE (2)

1) Insecte fin qui saute. Les meilleures puces sont celles aux longues pattes[1]. Cette puce est pleine de bile. La randonneuse a plein de pulls dans la mousse. 2) Élément d'ordinateur. Surveillez l'étain des puces[2]. Bizarre, la puce sent l'anis[3] ! Recyclage : lasse de tailler des nippes elle est passée à la puce, mais son patron n'aime pas les puces ratées. Lui se fait ses puces entre deux cuites mais ne tord pas souvent ses puces... Luc Étienne recommandait de passer la puce à la nomade. Ah ! la puce nette ! 3) Brocante. Las de se terrer aux Puces, l'antiquaire a quitté la brocante[4]. Les Puces, quelles fêtes ! Ce chineur qui n'arrive pas à trouver de pâte se préoccupe du tort des Puces. **17**

PULL (4)

Abréviation de *pull-over* : tricot, chandail. Quels bêtes pulls ! Oh ! votre pull mou ! (*La solution n'est pas : « Oh ! votre poule mue ! »*) Ces hippies balancent leurs pulls et s'encroûtent[5]. Oh ! ces misérables sans pull sur la caillasse[6] ! Le fripier qui a souvent pris des belles hôtesses connaît bien le coût de toutes sorte de pulls et touche beaucoup sur les pulls. Ces pulls sont remplis de miettes ! Ces petites laines pour chevelus, c'est des pulls de quoi ? Les vices de ces pulls sont détectables. Le vendeur présente ses pulls au petit matin. Ces chasseurs ont d'énormes pulls et talonnent leurs meutes. Ils ne manquent ni

1. *M.*
2. *AC.*
3. *AC.*
4. *M.*
5. *AC.*
6. *AC.*

de pulls ni de thunes. Charmant, mon cher, ce morceau de pull sur votre tennis. – EN PULL – Le couturier tricotait en pull. Le bedeau quêtait en pull. L'aventurier pratique l'équipée en pull. Il sillonne la Castille, et encore en pull. Il rêve de se faire kiné et toujours en pull… **20**

679 CONTREPÈTERIES

Q

QUAI

Bord d'une voie ferrée ou d'un port. Joyaux de *La Redoute* : « Le vent siffle dans la rue du quai », et : « Rien ne vaut un bidon au sortir du quai. » Luc Étienne évoque pour sa part (entre autres) : « Le barbu qui embrasse la Marion sur le quai » (*contrepèteries à solutions multiples, voir : « Contrepèteries à plusieurs solutions », « Factures contrapétiques », dans les pages roses*). Dans un ancien numéro de l'excellente revue de vulgarisation scientifique *Pour la science*, on trouve des petites phrases comme : « Sachant qu'on lui a laissé le Chaix pendant une minute sur le quai, trouver l'heure du voyage. » Il s'agissait d'un quai de bronze. Certains disent n'avoir jamais vu un quai aussi long[1]. Le touriste poussa sa conquête sur le quai[2]. La brave fille a ramassé un vieux pompon sur le quai. On voit souvent des gueux qui ronflent sur les quais[3]. Giscard hume sur le quai le vent de son cher Paris[4]. Le clochard cherche un quai pour s'allonger. Mais il supporte mal les quais déjà rouillés. Ce quai ne part évidemment pas des Pouilles. La buse s'est portée jusqu'au quai. Le chef de gare coince une sacrée bulle, vautré sur le quai. Le manutentionnaire ivre roule des pulls en s'accrochant au quai. Madame le chef de gare, vous avez un morceau de stuc sur le quai ! Au petit matin qui se levait sur sa terrasse, la joueuse montrait quelque brume sur le quai. **23**

---

1. *AC.*
2. *AC.*
3. *M.*
4. *AC.*

QUART

1) Moitié de moitié. L'héritière voudrait voir ajouter un quart à son dû[1]. Luc Étienne parle d'un quart de durée et du cosaque qui vide son quart dans le Don. 2) Gobelet, en particulier du soldat. Le bidasse est puni pour avoir vidé son quart sur un drapeau[2]. Pour œuvrer, la marquise dispose du quart du mardi. La Danoise s'abreuve au quart du docker. Il était endormi quand elle a rendu le quart. **7**

QUATRAIN

Strophe de quatre vers. Baudelaire bossait beaucoup sur ses quatrains. Il repassait sur ses quatrains de façon pathologique. Il devenait tout blanc lassé par ses quatrains. Joute poétique : « la Coupe des quatrains ». Un poète provençal évoque sa pinède dans les quatrains, et le chef d'orchestre de l'Opéra les mouvements de sa baguette dans les quatrains. Mais pour les quatrains, c'est pas des cadeaux. Et le président du jury est bien coulant sur les quatrains… **8**

QUERELLE (2)

Dispute. En hommage à son père spirituel, l'actuelle Comtesse évoque la querelle d'un certain duc… Montez donc sur la dune vider votre querelle. Les télécrates exposent des querelles pas très cathodiques[3]. Kohl parle de sa querelle à la demande. La chicaneuse se branche sur toutes les querelles. Lors de la cérémonie d'ouverture des JO, on a découvert les querelles de quelques danseurs. L'épouse embrasse la querelle de son mari sans mot dire. **7**

QUÊTE (LA) (4) – QUÊTEUR (EUSE)

Quête – 1) Appel d'argent. Lu dans *La Redoute* : « Combien vous a rapporté votre quête, ma petite Suzon ? » Les écoles libres appellent des fonds et font la quête. Les religieuses quémandent toujours plus de quêtes. De Luc Étienne : « Défense de quêter sur un pliant ! » Et il est imprudent de quêter sur un pont. C'est la fille au poncho qui quête. 2) Recherche. Ce pêcheur est

1. *R.*
2. L. É.
3. *AC.*

en quête de thons[1]. Conférence : « Quête des ivoires ». Les maris des chaisières proches de l'Hérault sont avides de la quête et vont en Crimée. – QUÊTEUR, QUÊTEUSE – Personnes qui collectent de l'argent. Cette quêteuse est pas récente. **11**

QUICHE

Tarte salée lorraine. Le cuisinier mouille les quiches[2]. Il ferait mieux de goûter les quiches au matin… La scoute proposait les plus belles quiches du Mans, et précisait aux arrivants qu'il fallait traverser le mont pour sentir ses quiches. Le serveur écarte les quiches de la moquette. **5**

QUILLE

1) Jeu. La mère Noël ajouta deux quilles au jeu de Noël (*coproduction La Redoute – L'Album de la Comtesse*). Je refuse de jouer avec les quilles de ce triste sourd. La myope distingue mal les quilles des boules. 2) Lest d'un navire. *La Redoute* présente le vieux marin qui lave le fond de sa quille. Luc Étienne précise : « avec un fer d'herminette ». Et l'on apprend dans *Le Manuel de contrepet, L'art de déCaler les Sons* qu'il a des traces de Lockheed sur la quille. Mais il évite de tremper ses quilles dans la soude[3]… *L'Album de la Comtesse* parle d'un sloop bi-quille. Le mousse connaît bien la manœuvre des quilles à la poupe[4]. L'architecte de marine pousse sur ses quilles. L'équipière s'occupe des boutes[5] et des quilles. Elle glousse en épongeant les quilles. 3) Jour de la libération d'un appelé. Le colonel vide ses troupes en jouant de la quille. Les femmes des libérés épongent les quilles de leurs époux. **15**

QUITTER (2)

Laisser, abandonner. De Luc Étienne : « Il est trop bon pour la quitter. » Et : « Quelle joie de se sentir quitte au but ! » Quand ils se quittèrent ils eurent chacun leur chambre[6]. Il bouillait

1. *AC.*
2. *R.*
3. *AC.*
4. Contrepèterie de l'actuelle Comtesse qui a oublié quand il l'a faite…
5. *Boute* : cordage d'un navire. La skippeuse tripote son cordage de façon incessante.
6. *M.*

quand il l'a quittée. Il l'a quittée en bafouillant[1]. Les hérétiques ont quitté le bateau. Le permissionnaire a enfin quitté sa base[2]. Ouï une bouquiniste : « Donnez votre Beckett et je vous tiens là, quitte. » La financière dit qu'un boursier vient de la quitter. La pauvre fille hoquette que c'est un grand nerveux qui l'a quittée. Lui prétend que c'est parce qu'elle était trop bonasse qu'il l'a quittée. Il précise qu'il bâillait quand il l'a quittée. Et elle le fait blâmer parce qu'il l'a quittée ! **13**

89 CONTREPÈTERIES

1. *AC.*
2. *M.*

R

RAIL

Sur quoi roule le train. Pendant la guerre, les occupants ne supportaient pas d'avoir leurs rails coupés. Le lampiste fou, qui ne supportait plus de voir découper ses rails[1], donnait des coups de couteau sur les rails. Il disait qu'il ne voulait pas avoir des rails en coude ! **4**

RAPACE

1) Oiseau de proie. Le tabou qu'il dissimule recouvre, si l'on ose dire, une dame de petite vertu, et parfois de grande rapacité, fréquentant certains estaminets qu'on appelle aussi *rades*. D'où l'appellation *radasse*, un tantinet méprisante, pour la brave arpenteuse de bitume. On peut arriver au même mot par la contrepèterie suivante, nettement plus scientifique : « Ces grandes masses, là-bas, ce sont des radômes. » Le camionneur ivre avoue qu'il a écrasé pas mal de rapaces sous son Daf. Il se rendait toujours où pondent les rapaces... Les rapaces sont perdus au milieu des dédales. 2) Avide. Le vieux Dédé méprise les rapaces. Cet amateur de Judée craignait trop les rapaces. Ce vieux radin évite les rapaces. Pas question de donner trop de dinars à ces rapaces. Ces rapaces n'ont jamais assez de dollars ! **9**

RAPIN

Peintre. Familier des rites de la Butte, il habitue sa femme à la vie de la Butte[2], ce rapin qui méprise les BD. Ce barbouilleur qui n'a pas bonne cote est un habitué des tables des

---

1. *AC.*
2. *R.*

rapins. Ce tapeur fréquente les rapins. Cet intellectuel goûte fort le ton de ces rapins. **7**

RAPINE (3)

Brigandage. Le rédacteur de *La Redoute* parle des sections de rapines. Les Daces ont toujours eu le goût des rapines. Polars : *Deux Rapines* et *Rapine sur le mont*. On parle de rapines à chaque élection[1]. De même, il est question de rapines dès qu'on parle de luttes. Ma compagne me demande s'il s'agit de rapine à chacun de mes coups de main : « C'est moi qui suis ta vie de rapines ! » L'enquêteur parle de porcs et de rapines. Ces mutins qui rapinent ont mal au dos. **11**

RAQUETTE

Engin pour taper au tennis. Belle caisse de raquettes[2] ! La championne confie que son vieux partenaire croule souvent sur sa raquette. Il prétend que sa raquette est inclassable. Pas question dans cette croisière que le steward astique les raquettes de tous ces idiots. **5**

RATE (2)

1) Organe qui se dilate quand on rit. Chicane pas quand tu ris et te démobilise pas si tu peux pas dilater ta rate ! Les chutes risquent de faire éclater la rate[3]. Le bon docteur soigne les rates chétives[4]. La militaire se dilatait la rate dans les champs. La bergère se dilate la rate en voyant le bûcheron trimbaler ses bûchettes. **6**

RITES (2)

Us et coutumes. Les us de la noce ont-ils à voir avec les rites de la Butte (*d'après* La Redoute *et Luc Étienne*) ? On ne prêche qu'aux rites[5]. Et voici les moines qui badinent avec leurs rites ! Les nonnes s'émeuvent au vu de leurs rites, mais elles apprécieraient mieux leurs rites s'ils supprimaient leurs abus. Les rites

1. *AC.*
2. *AC.*
3. *AC.*
4. *M.*
5. P.

sont un bien nécessaire[1]. Les beys ont toujours été sensibles aux rites, mais pas aux rites uniques ! Oh ! les rites bougent ! **10**

RIZ

Céréale, aliment de base pour beaucoup qui sont sans terre. Luc Étienne avait une boîte de riz. Ça fait du bien, une bonne ventrée de riz ! Kouchner a montré un riz bien visible[2]. Mais de mauvaises langues prétendent que son riz était plein de vides... **5**

ROBE

Vêtement de femme, de prêtre ou des gens de loi. Luc Étienne parle des hommes de robe. Les derviches tourneurs font admirer les évolutions de leurs robes[3]. Les communiants font voir leurs jolies robes, ils sont aux anges[4] et les communiantes se taisent en voyant leurs robes. Monseigneur, vous avez des traces de ciseaux sur votre robe[5] ! Et votre robe est remplie de glaise... Ne laissez pas traîner vos robes dans mon armoise[6]. Votre robe a gardé l'odeur de l'osier. Les moines bouddhistes ont des robes jaunes réservées au zen. **9**

ROUILLE – ROUILLÉ (E)

ROUILLE – 1) Oxyde de fer. L'accidenté a un morceau de rouille à cacher[7]. Il n'aurait pas dû faire décaper sa rouille. 2) Sauce. Le cuisinier du bord balance sa rouille dans le coulis[8]. Il a voulu faire coter sa rouille et maintenant sa rouille coule (il dit la même chose de sa bile, quel tangage !). – ROUILLÉ – Oxydé, mais aussi diminué, ankylosé. Les majorettes se sentent rouillées sans képi[9]. Ces vieux câbles sont bien trop rouillés[10]. Ce vieux cocker est très rouillé. **8**

---

1. *M.*
2. *AC.*
3. *M.*
4. Dans *SaGesse n'est pas Folie*, on parle de robes à losanges.
5. *AC.*
6. *AC.*
7. *M.*
8. *AC.*
9. *AC.*
10. *AC.*

ROULETTE

1) Petite roue. De Luc Étienne, qui parlait volontiers des patins à roulettes : « Cet engin à roulette est-il décapotable ? » Ah ! les escapades avec un engin à roulettes[1] ! Attention, docteur, les roulettes frôlent par terre ! La collégienne est surprise par les petites roulettes du pion. Quelles roulettes, peste ! Je ne veux pas qu'on me passe les roulettes. Voici de curieuses roulettes en poterie ! Comment user de ces roulettes sans pognon ? Pourquoi tu pouffes quand j'déballe mes roulettes ? 2) Jeu de casino. Ces popes ne manipulent aucune roulette. La joueuse est passive devant toutes les roulettes. **12**

ROUSSETTE

Poisson. De Luc Étienne, cette très mignonne contrepèterie : « La jeune fille agace les roussettes avec ses petits bouts de pain. » Ce ne sont pas des roussettes qui puent. Hé ! payez ces roussettes[2] ! Ce vieux requin s'est tapé une roussette. Concours de pêche près d'une centrale : « N'approchez pas vos roussettes trop près du podium ! » Comment ce vieux pêcheur, dont les roussettes sentent la pipe, arrive-t-il à faire grimper ainsi ses roussettes ? Mais ces roussettes sont à peine pêchées ! Ces roussettes sont bien pâles[3], mais ces roussettes ont l'air patinées ! Encore des roussettes de pourries ! Pub : « Pèse-roussettes ». Faut voir comment ces marins portent leurs roussettes ! On voit quelques vieux pâtir, manquant de roussettes. Oh ! une petite puce sur les roussettes ! La religieuse rêve parfois des roussettes de Paimpol[4]. Ces roussettes doivent bien aller avec une petite pinte… **17**

ROUSTE

Raclée. Pour se réchauffer, le berger met des roustes à ses mouflons[5]. Cette luronne, qui est au fond une bonne pâte, a fini par prendre des roustes à force de tirer des manchons. C'est dans ces cabanons qu'elle prend les roustes. **4**

---

1. *AC.*
2. *AC.*
3. *AC.*
4. *AC.*
5. *AC.*

ROUTE (5)

Voie, chemin. *La Redoute* : « De terribles tempêtes ont bien abîmé la vieille route. » Attention, ces routes sont bouchées ! L'égyptologue qui recherche de vestiges de fer rêve d'un bel Anubis au bout de sa route[1]. Le polytechnicien a vu plein de bicornes sur sa route. Napoléon vit bien des Russes en route. Les pèlerins se plaisent à faire plein de route ! **7**

RU – RUE

Ru – Ruisselet. Le ru coule[2] ! D'un poète : « Je l'aime, ce ru cause ! » Il avait vu une espèce de barbet dans cet aimable ru. – Rue – Voie. *La Redoute* évoque la célèbre rue du quai. Citons (comme un ballot) : rue de la Paix, rue des Pontes, rue du Bocage, rue de la Laine. De Luc Étienne : « Je te jette à la rue ! » Les téléspectateurs veulent des rues câblées. Les superstitieux se méfient du côté impair des rues. C'est à cette lanterne que l'on voir cesser la rue. **13**

RUBRIQUE

Thème d'articles. Qui ne connaît pas de rubrique « élection[3] » ? Vivent les bonnes rubriques pour nos luttes ! Les grimpeuses aiment les rubriques « dalles ». Les éleveurs qui raffolent du mouton et de labours veulent des rubriques « laine ». Il faut que toutes les rubriques soient plaisantes. **6**

133 CONTREPÈTERIES

1. *M.*
2. *AC.*
3. *AC.*

S

SABBAT

1) Fête de sorciers et de sorcières. Philémon ne laissait pas traîner sa vieille Baucis dans n'importe quel sabbat. La sorcière en chef s'occupe des débuts du sabbat. Un jeune lutin massif se trouve trop beau pour entrer dans le sabbat. Il y a trop de boulot pour ce seul sabbat. 2) Chahut, tumulte. Y a que des ballots dans ce sabbat ! Madame le maire, comment tolérez-vous ces amateurs de sabbat dans votre Bex (*voir ce mot aux « noms propres »*) ? Ils se font un de ces sabbats derrière votre balcon ! **8**

SAC (2)

1) Bagage. Scapin n'est pas sorti d'un sac en clinquant[1]. La tenancière a plein de clous dans son sac. 2) Réticule. Luc Étienne : « Depuis que son épouse n'a plus de réticule, il l'encense. » Et elle astique mensuellement son sac en frottant ses mains contre son sac. Elle met chaleureusement en valeur son sac qui est d'une belle forme. Hélas, son sac est de plus en plus mou !... 3) Pillage. La cruelle reine ne put être calmée que par plusieurs sacs. **9**

SALUCE (2)

Variété de moine. La nonne constate que le saluce est arrivé à ses fins. Ah ! ma mère, ce saluce me laisse le goût du fiel ! L'évêque observe qu'il y a trop de gros saluces dans la profession. Ce moine saluce s'est mis dans un mauvais cas. Ce gros saluce est tombé dans la nasse. On voit le saluce et Jacques hâlés. Ce moine saluce a consolé bien des canuts. Ce saluce

---

1. *M.*

pratique toutes sortes de patins. La sœur : « Ça, c'est un moine saluce. » Ce saluce est un peu falot. La religieuse tient des propos fameux sur les moines saluces. Elle dévoile ce qu'ont fondé les saluces. Plût au ciel que je fusse un saluce ! Ces saluces se font des petites feintes. Mais, Éminences, ces moines saluces tripotent vos barrettes ! Il faudrait plonger ces moines saluces dans vos cachots ! Pas de confession pour ces saluces ! **17**

SATIN (2)

Étoffe. Ces satins couvrent bien. On n'a plus à les décaler, ces satins. Ces satins sont cool. Les clients jettent des regards pudiques sur ces satins. L'hôtesse déplore l'impunité de ceux qui salissent ses satins. Monsieur l'hindou, ôtez donc ce carry de votre satin ! **6**

SAUCE – SAUCER (2)

SAUCE – Jus épais. Le marmiton lèche les grains de la sauce[1]. – SAUCER – 1) Napper d'une sauce. La cuisinière qui trouve des saucisses sans peine remue son thym quand elle sauce. Mais elle lance des grumeaux quand elle sauce et le chef la mate quand elle sauce. La Sarrasine sauçait les mûres. Le chef a une bonne formule pour saucer. 2) Lécher jusqu'au fond des assiettes. Faut qu'une belle chaise pour lécher son plat. Ce goinfre a tout saucé, c'est impur ! 2) Tremper (pour une pluie qui oblige à trotter). Luc Étienne parle d'une actrice qui s'est fait saucer au gala de l'Union. Elle a vu aussi saucer une espèce de gros rustre. La clocharde se fait souvent saucer entre deux cuites. La pauvrette s'est fait saucer. Elle s'est fait saucer à la fête. Elle s'est fait saucer alors qu'elle fuyait des sectes. **17**

SCÈNE (4)

1) Plateau de théâtre. Monseigneur ne supporte pas que l'on soit obscur à la scène. Quel luxe, cette scène[2] ! 2) Séquence d'une pièce de théâtre. La religieuse est émue par la scène des vœux[3]. Il faut reprendre la scène du grand pivert. 3) Querelle.

1. *M.*
2. *AC.*
3. *M.*

Quelle scène et quel boxeur ! Trop de scènes, ce peut être toxique ! **6**

SCIE – SCIER

Scie – 1) Outil pour couper. Hé ! Pépé, faut pas mettre votre scie à la cave ! Je vous trouve encore bien vaillant avec votre scie ! Mémé sera contente d'avoir revu votre scie. Mais ne posez pas votre scie sur mes vins. 2) Rengaine. Les vieux chanteurs de rue promènent leurs scies, ravis. – Scier – 1) Couper. Défense de scier sur les péniches. Le menuisier farceur se cache après avoir scié. 2) Déconsidérer, saquer. Le patron va nous faire scier si on le lâche. **8**

SCORPION

Arachnide venimeux à gros dard. C'est par milliers que montent les scorpions[1]. Le cuisinier vit des scorpions se répandre dans l'abîme[2]. Omar, vous avez des scorpions[3] ! Les scorpions attaquent pas mal[4]. Ah ! c'est l'amarre qui grouille de scorpions ! Les scorpions s'égaillent sous les mousses. Le docteur connaît bien les malades des scorpions mais les méfaits des scorpions n'inquiètent pas l'hématologue. **9**

SÉCHER (2)

1) Faire évaporer l'eau. Rapporté par Luc Étienne : « Le linge sèche en mouillant les cordes. » Et, dans *L'Album de la Comtesse* : « Le rouisseur en jute sèche les lins en branchant les colonnes. » Le botaniste sèche les pétales. Le client à la serge lavée sèche à l'hôtel. La blanchisseuse sèche pendant que son mari pétrit le pain. 2) Faire l'école buissonnière. Les élèves qui sèchent tombent dans le piège de la surveillante lourde qui n'aime pas qu'on sèche. Elle n'a jamais pensé qu'ils pussent quoi que ce soit en séchant… Sèche, Luce ! 3) Ignorer. Les potaches finissent par avoir quelque lueur à force de sécher. **14**

---

1. *R.*
2. *M.*
3. *AC.*
4. *AC.*

SEIZE (2)

Deux fois huit. Seize, ballot ! Seize bus ! Seize berges ! Seize sur la benne. Seize pour bâtir. Seize au balcon. Seize de Bex. Seize en babouches. Seize qui déballent. Le sénateur n'est pas resté beau en seize ans. Mais qu'est-ce qu'il a fait comme balades en seize ans ! Les musiciens bissent à seize. Le charcutier déballe sa tête de veau que sa cliente a suscitée et seize boudins. L'assureuse de Soustons a provoqué bien des malus en seize ans. **16**

SEMONCE

Remontrance. Le général a répandu sa semonce dans bien des camps[1]. Il tranchait avant de lâcher sa semonce et lâchait soudain sa semonce dans les rangs. Gare à la semonce du gitan ! Le Pen ne lâche sa semonce qu'entouré de Blancs. Ridicule, la semonce de ce gros barbant ! **6**

SIKH

Adepte du sikhisme, religion indienne. Ce petit bout de sikh est vraiment truculent ! **1**

SILO

Conteneur à grains. Luc Étienne conseillait de se méfier de la panne des silos. Quel bath de silo ! Cette pauvre Jeannette n'a qu'un petit silo et, en plus, ce silo n'est pas fait pour sa mâche. À Rome, on fait des papes mais où sont les silos ? **5**

SITE

1) Lieu, paysage. *La Redoute* signale des sites pour bâtir, sites qui entourent le balcon de la marquise (balcon qui saille dangereusement). Que de balades autour de ces sites[2] ! Luc Étienne précise que ce sont des sites de banlieue. L'urbaniste de province voit ces sites et les bus. Elle verrait bien de tels sites à son Bex. Mais elle vérifie d'abord le rebord des sites. La sultane rêve à de jolis sites en babouches. Comment la chaisière ne rêverait-elle pas au bonheur devant pareil site ? 2) Zone dans un serveur d'Internet. Les internautes déballent leurs sites. Une demi-douzaine s'occupent des sites à puces. **12**

---

1. *AC.*
2. Dans *SaGesse n'est pas* Folie, on évoque des balades autour des sources.

SKIN

Peau, en anglais (*on prononce « squine »*). Cette abréviation de *skinhead* (peau du crâne) désigne des voyous aux crânes rasés. La peau de leur crâne est pisseuse. Un certain borgne pataud connaît bien des skins. Il rêve même de palper des skins. La sociologue glaciale tient des propos polaires sur les *skins*. Molière n'a pas pu prévoir que Papin jouerait devant un parterre de skins. À Marseille, les skins ont l'odeur des rapaces. **6**

SODA

Boisson gazeuse. C'est terrible ces types qui chipent le soda. Faut pas forcément avoir des qualités pour attraper le soda. Certains se font piquer au trot! Pour d'autres, c'est à cause de la coquine qui leur colle à la peau. En tout cas, c'est pas avec un guide que cette routarde a découvert le soda. **5**

SON

1) Vibration de l'air que perçoit notre sens auditif. Le contrepet, c'est l'art de décaler les sons que débite notre bouche. Luc Étienne rappelle fort bien comment Vigny aimait le son du cor : le soir au fond des bois. Et il savait distinguer l'écho des sons. Nul n'ignore désormais que ce que Chirac aime dans le clip de Madonna, c'est le son. Le son couvre bien et c'est un son calé. Le maître de chapelle est ému par le son des chœurs et rêve au son des quintes. L'ingénieur augmente le son, de sa cabine. Son collègue, qui s'est tapé le pif dans sa cabane, en a coupé, des sons ! Les techniciennes bretonnes sortent de gros sons avec plein de câbles. Leurs concurrents restés sur le quai convoitent leurs sons pour les calquer. La colorature a un son qui est une sorte de record. 2) Résidu de céréale. Le boulanger coffre le son de la boulangère, un savoureux son, à côté[1]. La charitable fermière a donné son son en plusieurs packs. Mais des vauriens ont piqué dans ce son ! **21**

SONO (2)

Abréviation de *sonorisation*. Le guitariste se méfie des sonos. Il a trop de sono pour espérer toucher des gains. Un robuste infirmier a porté la marchande de sonos. **3**

1. *AC*.

SOTTE (2)

Niaise. Authentique propos de Mme de Maintenon : « Ces petites sottes seront difficiles à former. » *La Redoute* : « Elle m'a menti, la sotte ! » Lassé des petites sottes, le professeur se tape un rami. Il fuit les sottes sans remords. Quelle sotte matinée ! Voulez-vous m'ôter cette sotte ! On dirait que cette pauvre sotte est camée... Ah ! la sotte ministre ! L'obstétricien s'occupe mensuellement de quelques sottes. Hé ! l'jardinier, ta grosse sotte s'affale sur une de tes biquettes ! Pourquoi t'as secoué cette pauvre sotte avant de biner ? **11**

SOUDARD

Reître, soldat brutal. Quel gros lard, ce soudard ! Madelon montre le tif que lui emporté un gros soudard. Elle fuira les soudards à vie. La Grande Catherine a souvent touché des grands lots de soudards. Des soudards pas bien mis... De vaillantes Helvétiques ont piégé bien des soudards dans leurs pentes. Mon capitaine, vous les avez vues, ces grosses rient devant nos soudards ! Quel soudard, ce lieutenant ! **8**

SOUILLER – SOUILLON

SOUILLER – 1) Salir. Ne souillez pas cette cabine ! La pauvre fille s'est retrouvée souillée et salie ! L'abbesse folle de Fez leva des soudards[1] qui souillèrent les chœurs. – SOUILLON – Personne crasseuse, en loques. De temps en temps, la juge coffre un souillon. Ces souillons n'arrêtent pas de piquer. La plupart des souillons sont coulants. Il urge que ce souillon se décape ! Le brave fossoyeur s'occupe aussi du corps des souillons. Il a même lavé le clip d'un souillon... **11**

SOURCE

1) Lieu de jaillissement. Le critique d'art raffole du Degas des *Sources*. Ces sources réchauffent nos bains. Ah ! la fraîcheur des bois qui entourent vos sources ! 2) Origine. L'épicurien se plaît à rechercher les sources du bonheur[2]. Le caricaturiste ne débine jamais ses sources. L'universitaire déballe ses sources[3]. Ne plongez pas sur les sources de ces ballots. Ce

1. *AC.*
2. *R.*
3. *AC.*

vieux beau est incapable de dévoiler ses sources. L'hydrologue utilise les sources et l'urbaniste les bus. L'actrice aurait voulu connaître les vraies sources du bide[1]. Les traminots se ressourcent en épongeant leurs bus. Le pasteur ne parle jamais de ses sources sans bible. **12**

SUBITE

Soudaine. Luc Étienne, dont les poules n'étaient pas pleines de bière, disait souvent : « Ah ! la Gueuze, ta Mort subite ! » Délire de l'astronome : « Oh ! la grosse masse subite[2] ! » Le négociateur sortit sans hâte subite devant les canuts. **4**

215 CONTREPÈTERIES

1. *M.*
2. *M.*

T

TABAC

1) Plante qu'on propose pour vous faire fumer. La fumeuse aux grosses gamelles a une espèce de brique dans le tabac[1]. L'abus du tabac jaunit les bronches[2]. Le jardinier a des binettes qui sentent le tabac. Cet abbé abuse du tabac. 2) Office de vente de tabac où il y a parfois des bars. « Ça y est, j'ai le biquet ! » hurla le légionnaire en entrant dans le tabac[3]. La patronne râle contre les livreurs qui bouchent l'entrée de son tabac. Ces livreurs réservent leur Byrrh à ce tabac. Elle a une drôle de bouffe dans son tabac. L'Africaine a un truc de bambou dans son tabac. 3) Succès. Ce linguiste a fait un drôle de tabac mais quel sabir ! Voici que ces musicos qui parlaient de se faire un tabac de façon parfaitement banale se battent pour se faire le meilleur tabac. **16**

TABLE

Lieu pour manger. Ne ratez pas ces tables. Cette hôtelière est connue pour ses terrasses et son admirable table[4]. Pas question de goûter aux tables de tyrans. Il vaudrait mieux écarter votre table de ce tas de purin. L'hôtesse qui propose cette admirable table est marrante. Elle est pure et quelle table ! Ce médiocre loufiat en a raté, des tables ! **7**

TANTE – TENTE (2)

TANTE – Femme de l'oncle. Luc Étienne parle de la nièce qui s'use et du grand saphir à sa tante. Qu'est-ce qu'elle frime, sa tante ! La princesse jouait avec le bouffon de sa tante. Le miso-

---

1. *AC.*
2. *AC.*
3. *AC.*
4. *AC.*

gyne est choqué par l'effort de la tante. Le recruteur a biffé ma tante. Mon oncle boulanger taquine ma tante pendant sa fournée. – TENTE – Petite maison de toile. La secouriste débutante se demande s'il y a des bidons dans la tente[1]. Ces soudards en ont fracassé, des tentes ! Cette tente est pleine de fumeurs[2]. La campeuse n'en a jamais eu plus, de fraises, dans sa tente. Elle en a froid dans sa tente. Elle n'avait qu'à pas la monter de façon pas trop logique sa tente, c'est fou ! Sa tente dégage une forte odeur de fruits. **15**

TARD – TARE

TARD – 1) Après le moment habituel ou souhaité. La crêpière m'a fait goûter son mets tard. 2) Plus tard : après, dans le futur. La masseuse aurait dû s'occuper plus tard de votre dos. La petite bonne souhaite se mettre plus tard au plumeau. 3) Sur le tard : à la fin du jour ou à la fin d'une vie. Ce pauvre homme a attrapé une dermite sur le tard[3]. La vieille paléontologue s'est mise à mieux dater sur le tard. Ce vieux beau s'intéresse à la mode sur le tard. L'infirmière m'a posé le drain sur le tard. – TARE – 1) Défaut, imperfection. Votre bile est pleine de tares. Ce laiton est plein de tares. 2) Poids d'un emballage. On dirait que nos dînettes ont sali votre tare ! 3) Vice. Le censeur a peur du vide et dénonce les tares à la mode. **12**

TAS (3)

1) Amas, monticule. Suggéré par Luc Étienne : « Si vous voulez que je compte votre tas, secouez bien les urnes et tirez la bobinette. » Le magasinier brique entre deux tas. La femme du vigneron qui farfouille dans son tas pour saisir un joli bouchon : « Qui a taché mon tas ? » Un dégoûtant personnage avait déjà pêché dans le tas… – 2) Grande quantité. Il ne me chante guère ce gros tas d'aubergines qui s'est déjà répandu sur quelque piste. 3) Sur le tas : sur le lieu de travail. Tu fais la grève sur le tas, ma biche ? 4) Gros tas : personne de très forte corpulence. Pas d'excuse pour ce gros tas[4] ! Mais il est complètement bouché, ce gros tas ! **11**

1. *AC.*
2. *AC.*
3. *AC.*
4. *AC.*

TEMPÊTE

Orage, typhon, flots déchaînés gênant la pêche. Lu dans *La Redoute* : « De terribles tempêtes ont bien abîmé la vieille route. » La tempête, c'est la déroute. Jacques Antel dans *Le Contrepet quotidien* signale un livre au titre maintes fois repris sur les ondes par la météo marine : *Avis de tempête*. Ne vous laissez pas acculer par la tempête[1]. Pas question d'attendre cette tempête ! Que de vaillants marins lassés dans les tempêtes ! **7**

TENNIS

Sport où l'on tape sans loucher des balles que l'on a déboursées, avec des raquettes en criant. Une jeune fille, dans *La Redoute* où l'on évoque le tennis en pension : « Il m'a promis son tennis ! » De Luc Étienne : « La tapeuse de tennis a un coup trop lent. » Et de préciser qu'elle a la langue bien pendue dès qu'il s'agit de tennis. Lu un peu partout et judicieusement repris par Jacques Antel : « grand prix de tennis ». Entendu sur un court : « Voilà un tennis de pro ! » Mes sœurs, ne songez pas toujours au tennis du préau. Ce jeune Allemand a un tennis peu tonique[2]. La championne s'est laissé prendre sur le tennis, en pied[3] (*et non « sur le pénitencier »*). Vous avez vu, mon père, il a un bizarre portillon à son tennis[4] (un portillon de toile), le tennis du chapelain qui joue avec un vieux très las[5] et son curé précis ! Drôle de pouf sur ce tennis ! Ravissant, mon cher, ce bout de pull sur votre tennis ! Ce peut être inconfortable, le tennis dans la pente[6]. Nos élèves sont parés question tennis. C'est assez souvent mou, le tennis de nos pères. Le tennis est un produit. Ce président dont le tennis est bien propagé[7] parle de tennis sans probité. Vous avez vu, mon général, les pendards sur votre tennis ? Titre : « Le tennis paniqué ». Tapie manque de tennis. Cet actionnaire dissimule ses

---

1. *AC.*
2. *M.*
3. *AC.*
4. *M.*
5. Clin d'œil à Jean Pouzet et à son « *vieux prélat qui joue encore au tennis* ».
6. *AC.*
7. *M.*

parts de tennis. Il ne parle que de tennis et c'est un porc ! Oh ! chérie, ces pédants sur mon tennis ! Si vous avez, madame, des doutes sur mon tennis, il faut pester. Cette spécialiste du tennis travaille à la pige. Quelles pubs elle se fait avec nos tennis ! Quels pifs, ces fans de tennis ! Mais que font donc, mon cher, ces piques sur votre tennis ? Ce bel Italien a parfois des lapines sur son tennis. Les tennis savoyards sentent souvent la pomme. Ce pope modèle n'est pas fana de tennis. **39**

THÈSE

Travail de recherche. De Luc Étienne : « une belle thèse ». La thèse, ça donne un drôle de bonus[1]. Cette enseignante a de drôles d'habitudes face à la thèse[2], des attitudes aberrantes et des habitudes atterrantes : elle est aberrante devant la thèse. Elle a l'air rudement bouchée avant, pendant et après la thèse. Il faut dire qu'elle ne bronche pas pendant la thèse, qu'elle fait la bête à la fin de la thèse et débine la thèse pendant les bravos… Le gros entrepreneur cherche une bonne thèse sur le béton. Il a trouvé une thèse parfaitement banale. C'est la thèse d'un brigand. Ne vous battez pas trop longtemps avant la thèse. C'est beaucoup de bruits pour peu de thèses. Le recteur est consterné par la thèse de l'abbé. La botaniste africaine a fait une excellente thèse grâce à un certain bambou. Le gardien de l'université brique lui-même avant chaque thèse. **18**

THUNE (2)

Pièce de cinq francs. La thune n'a rien à voir avec le laiton. Ces vieux s'en sont payés, des pulls avec leurs thunes ! Et plein de câlins avec leurs thunes… Louche pas sur ma thune ! Il faut deux thunes pour cette compresse. **5**

TIQUER (2)

Être surpris, ciller. La jardinier tique en binant. Le cuisinier tique en braisant. Le mousse tique en voyant des creux. Horace confie que Sabine n'arrête pas de tiquer. Tous ces gens tiquent de façon pas trop logique. Et certains tiquent de manière imprudente. Pourquoi tu tiques dès que je t'en parle ?

---

1. *AC.*
2. *M.*

Cet angoissé tique dès qu'il voit un peinard. Pourquoi tu tiques, mon cher Urbain ? Mon bel Armand n'arrête pas de tiquer. M. le Curé tique devant les canaux. Le congressiste tique devant l'hôtesse d'Arcueil. Le livreur tique devant un superbe triporteur. L'évêque tique en pensant à la Bresse. Chéri, tu as l'air emporté dès que tu tiques… **15**

TISSER

Fabriquer une étoffe. Le vieux tailleur de *La Redoute* tisse en plusieurs passes. Il tisse en poussant et sa navette ne vaut pas un million. La squaw tisse dans la pente (il y a plein de tipis dans la pente). Elle lave ses nappes une fois qu'elle a tissé. Ce fou tissait sur une chape ! **7**

TOGE

Habit romain. Horace couvrit Sabine avec sa toge. Ce n'était pas une toge mastic. La styliste a de bonnes firmes pour les toges. Cet homme à la belle toge avait l'air assez gris. Ben Hur n'avait pas la toge à Misché. Le figurant s'est déjà pris la toge dans quelques prises. La jeune première est sensible au chic de la toge. Hé ! m'tire pas la toge ! **8**

TON (2) – THON

Ton – 1) Façon de parler. Cette étudiante a un ton bizarre depuis qu'on l'a cassée ! 2) Tonalité musicale. Jacques Antel parle du ton de la cantatrice et Luc Étienne recommande d'entrer dans le ton sans chromatisme. La musicienne a le goût du rare et travaille les douze tons. Le contrapuntiste au bel œil de braise travaille tous les tons et l'écriture. 3) Couleur. De *La Redoute* : « Votre rata prend du ton. » – Thon – Gros poisson. La poissonnière évite de cacher son thon. Méfiez-vous des thons un peu carrés. Chérie, veux-tu que je couvre le thon ? Oui, mais d'abord, couche délicatement le thon… **11**

TOUT (2)

Totalité. Lu dans *Le Tout de mon cru* : « Voulez-vous me reboucher le tout ? » Le chimiste a traité le tout. Le poseur de charades dévoile son tout sans broncher. L'agent d'assurances ne s'occupe plus du bonus du tout. L'architecte qui laisse plein de choix propose le tout de la brique, le tout du béton

ou le tout du bambou. Le magasinier soulève le tout avant de briquer et sa collègue soupèse le tout avant de déballer. **10**
(*Sans compter* Le Tout de mon cru.)

TRACAS
Luc Étienne plaignait sincèrement ceux qui ont du tracas jusqu'au cou. Le casseur est plein de tracas, le colonel du Génie a plein de tracas avec ses coupes (des coupes de troncs[1]). Le motard plein de tracas a en plus des problèmes de kick. Le coteur est plein de tracas. La musicienne à la grosse caisse est pleine de tracas. Le quêteur est plein de tracas. Le torero était plein de tracas quand il est passé à la cape. L'éleveur ne récolte que du tracas avec trop de petits cocons ! **11**

TRAQUER
Poursuivre, harceler. Rappel de Luc Étienne : « On a beau dire, il faut traquer ! » Le chasseur de prime se gratte le pif avant de traquer. Comment ils traquaient, ces pillards ! Ils traquaient en riant. **4**

TRESSE
Natte. Madame, vos tresses me cachent le football[2] (*exceptionnellement, on prononce « foud'balle »*). La fermière montre ses tresses derrière le facteur[3]. De pieux voiles cachent le bout de la tresse[4]. Titre : « Enfin des tresses ! » Elle est horrible la fausse tresse ! Les dames du club ne laissent pas toucher leurs tresses aux membres félons... **7**

TRICHER (3)
Biaiser, au fond. On ne peut pas tricher avec cette Monique[5]. Mais on peut tricher avec la fille aux gros Nikons. Comment il triche, ce casseur ! Tu triches drôlement, mon loup ! Ce type qui joute devant les gus triche en s'appuyant sur les ponts. Quand il triche, ça fait venir plein de foules. Ce culturiste fait

1. *AC.*
2. *AC.*
3. *M.*
4. *M.*
5. *AC.*

des pompes et finit par tricher. Et quand il ne peut plus tricher, il craque. **10**

TRICOTER

1) Réunir des mailles courantes pour se retrouver en pull et dans un bon tricot. Luc Étienne : « La Comtesse tricote si peu ! » Elle tricotait un peu tard. Pub bien connue : « Tricotez vous-même votre poncho. » On parle aussi beaucoup de tricoteuses des Pouilles. La dame pipi tricote au petit point[1]. Les sans-culottes se méfiaient de l'apparence des tricoteuses. Cette dame pourrait être bien placée comme tricoteuse. Elle tricote bien, ma copine. Elle tricote bien, la grosse Paulette ! L'Espagnole ne tricote jamais devant le Prado. La Savoyarde ne tricote jamais sur les pistes. Carmen refusait de tricoter devant les passeurs. 2) Courir très vite. Cette coureuse qui ne craint pas les chutes tricote drôlement pendant qu'on met les patins. La marathonienne tricote pendant que son collègue, lui, traverse le pont. Regardez-les s'approcher en tricotant ! **18**

TRIMARAN

Voilier à trois coques. Écartez le sloop, vous verrez le trimaran[2]. Le mousse a gloussé sur un trimaran. Ce trimaran regorge de boutes. La skippeuse à l'odeur de rapace lave son trimaran et commence par la poupe. **5**

TRIMER (2)

Bosser trop. Stakhanov faisait venir plein de foules dès qu'il trimait[3]. La patronne me fait trimer sans crainte de me faire courir. Si elle me fait trop trimer, je me casse. Tu vas voir comment on trime, l'aînée ! **5**

TRINQUER (2)

1) Boire à la santé. C'est bon de trinquer avec sa mie. Du cardinal Daniélou (fort à la messe) : « Ça mérite de trinquer[4] ! » Il avait l'air béni en trinquant. Comment il trinque,

1. *AC.*
2. *AC.*
3. *AC.*
4. *AC.*

ce pitre ! 2) Subir l'adversité, durement encaisser. Metternich fit souvent trinquer l'Aiglon[1]. Ce clochard alsacien dégage des relents de mystère dès qu'il trinque. Certains postiers trinquent au tri. Mais leur chef trinque aussi. Ah ! le petit vagit quand le grand trinque ! **10**

TRIPE (2)

Boyaux. La charcutière fait des tripes sans peiner. Et d'abord repousse gentiment ceux qui veulent des tripes. Ça n'existe pas, les tripes kasher. Cette quêteuse est friande de tripes. Une traiteuse du Vatican n'est pas peinée pour faire des tripes au pape. Mais le pape adore les tripes de Cologne. Les traiteuses de Munich savourent les pintes avant de faire les tripes. Ce piqueur adore les tripes. L'infirmière friande de tripes rêve de se faire kiné. **10**

TRIPORTEUR

Vélo utilitaire à trois roues. Le livreur tient ses roues prêtes pour bosser. Sa femme bosse aussi avec un triporteur, avec un triporteur depuis qu'elle ne prend plus de médicament. Quelle malle, ce triporteur ! Mireille activa son triporteur pour atteindre la pinède. Le triporteur est épatant… **6**

TROC (2)

Échange. Vu à Rennes : « Chic et troc ». L'Afrique sort du troc[2] et le troc tombe dès qu'on est en France. L'antiquaire a des qualités pour troquer. Les mousses défient l'amiral en troquant. Les clodos se font de drôles de lippes (*faux ami*) en troquant. Titres : « Les grandes milices face aux trocs » et « Les prix des trocs ». Ce vendeur veut boire le kir avant de troquer. Il a à peine troqué qu'il est déjà gris… Le maquignon veut tâter le pis avant de troquer. **11**

TROMPER (2)

1) Abuser, truander. La brocanteuse a été trompée par un chineur. La barmaid fait des chips aux jeunes qui ne cherchent pas à la tromper. La contrebandière a été trompée par un chas-

1. *M.*
2. *AC.*

seur. La paysanne a été trompée par un gars du châtelain. Ne cherchez pas à tromper nos novices, mon cher. Le chasseur a laissé tomber sa trompe sur un épi. 2) Commettre l'adultère. J'ai lâché mon type qui me trompait. La boulangère trompe son mari collé à son pain. **8**

TRONC (3)

Fût d'un arbre. Le randonneur tapa du nez dans le tronc. Il y avait trop de troncs pour qu'il puisse s'ébranler. 2) Entre la tête et les jambes. La blessée a mal au tronc, du coup. La musicienne à la grosse caisse a mal au tronc. Le médecin militaire soigne le tronc de Madelin. 3) Tirelire d'une église. Le curé de *La Redoute* cherche à faire sortir un écu de son tronc. La chaisière tend le tronc à l'organiste qui se complaît dans les quintes plutôt que de tendre le tronc au quêteur. **8**

TROTTINER

Avancer à pas menus ou courir à petites foulées. Ce petit léopard est fatigué d'avoir trottiné : il n'aurait pas dû trottiner dans cette pente[1] ! Ce vieux lapin a bien trottiné. Le rugbyman a bien trottiné et maintenant il pousse. Ce vieux prélat arrive encore à trottiner. Le prieur a trottiné avec des curés précis. Le tennisman ne fait que taper après avoir trottiné. Les collégiens en pension ont tendance à trottiner. Certains ont la langue bien pendue dès qu'ils ont trottiné. Papy a encore trottiné. **10**

TROUFION

Bidasse. L'adjudant inspecte les pieds des troufions[2]. Ce troufion est un vrai duc[3] ! Ce troufion préfère le vert. Ce troufion est un rouge : on voit en passant comment il rejette le kaki ! Cet autre troufion est un sale. **6**

TROUILLE

Peur. Quand les flics entrent[4], les cognes sont rouges et quelles trouilles ! La turfiste au teint blafard n'en a rien à cirer,

---

1. *AC.*
2. *M.*
3. *AC.*
4. *AC.*

de la trouille du coteur[1]. Ce malade a la trouille d'un kyste[2] ! L'apprenti fossoyeur a attrapé une grosse trouille à cause des caveaux. La commissaire a provoqué la trouille du casseur. Les scouts évacuent vite leur trouille la première fois qu'ils campent. **8**

TROUPE (2)

1) Armée. Écartez ces biques des troupes[3]. Général, faut-il couvrir la troupe ? Mon colonel, votre troupe est bien cachée. Votre troupe est pleine de crasse. Dans le train, les troupes manquent de crics. 2) Groupe, entre autres théâtral. Le débutant se verrait bien dans la troupe de cette cantatrice. Mais pas moyen d'entrer dans sa troupe en évitant le chromatisme. Luc Étienne évoque un drôle d'oiseleur qui exposait les plus belles cailles de sa troupe. Il avait une troupe de fortes cailles. Mais il se passionnait aussi pour les troupes de piverts. La groupie du gourou psalmodie que sa troupe est d'un Christ… **11**

TROUVER

Découvrir. Il faut trouver le *la* avant de retrouver le *si*[4]. Le bedeau a trouvé l'énorme cierge et l'agite entre les bigots[5]. Mes sœurs, je vous incite à vous trouver. Le ferrailleur fait briller la bagnole qu'il a trouvée à la casse. Le syndic averti n'a trouvé aucun concierge. Le prince a trouvé la bergère au fond du salon. **10**

TROUVÈRE (2)

Baladin. Les trouvères attrapaient souvent la rougeole[6]. Cette gueuse avait un père trouvère. Ce drôle de chantre devenait trouvère dès qu'il bossait. **3**

TRUC

1) Stratagème. Ces politiciens ont des trucs iniques. Ah ! les rites des illusionnistes quand ils dévoilent leurs trucs !

---

1. *M.*
2. *M.*
3. *AC.*
4. *T.*
5. *M.*
6. *AC.*

2) Machin. Ces débitants nous ont fait boire de ces trucs ! L'explorateur a ramené plein de trucs d'Autriche. Hé ! le fromager, votre brie a subi de drôles de trucs ! Les accidentés avaient de sales trucs remplis de bile. On gobe de ces trucs quand on est dépité ! **7**

TURNE

Piaule. Les étudiants n'arrivent pas à éponger leurs turnes sans broncher. Mais ils ne se battent jamais au niveau des turnes. Rastignac eut vite la turne d'un brigand. La chaisière n'épongera jamais les turnes des abbés. Les turnes de ce jardinier ont l'odeur de binettes. Les alcoolos ont des bars dans leurs turnes. Les étudiants africains ont des turnes de bambou[1]. Des farceuses ont bouché nos turnes. Drôle de bouffe au-dessus des turnes ! **9**

TYPE

1) Mec. Le rapin beloteur se plaint que trop de types lui donnent des piques[2]. Ce vieux prélat a bien accueilli ces types. 2) Catégorie, nature. La zoologue étudie les types de lapines. 3) Caractère typographique, police. La typographe qui raffole des belles bottes tape en travaillant ses types. **6**

364 CONTREPÈTERIES

1. *AC.*
2. *M.*

U

UNION

1) Alliance. Luc Étienne rappelle que la danseuse s'est fait saucer au gala de l'Union. Le pape rêve à l'union des Corées[1]. Ce grossier personnage rote dès qu'on lui parle d'union. Il est contre l'union, c'est un porc. Les petits ne devraient pas appréhender l'union des gros[2]. De nouveaux élus bretons aux belles bottes ont suscité « l'union des bateaux ». Thatcher : « J'ai mal à l'Union quand il ment, Kohl[3] ! » Elle ne refusait pourtant pas les boches dans l'union. On a vu une affiche sur l'union encollée. Les astrologues arabes célébrèrent l'union d'Oranie[4]. Les armateurs recherchent l'union des docks. Pasqua tient des propos osés sur l'union : il propose de mettre des bornes à l'union. Mais il ne peut plus recoller l'union[5]… 2) Mariage. Les jeunes savourent l'union de leurs potes[6], même si l'union mène à la noce. Les pique-assiettes distinguent vite l'écho des unions. C'est quand il y a plein de potins qu'ils collent aux unions… La cavalière bottée a refusé l'union. Le curé est favorable à l'union de ces grands gosses. **21**

---

1. *AC.*
2. *AC.*
3. *PC.*
4. *M.*
5. *AC.*
6. *AC.*

URNE

Coffret qui recueille les suffrages. Rappel de Luc Étienne : « Si vous voulez que je compte votre tas, secouez bien les urnes et tirez la bobinette. » L'assesseur veut bien un petit bébé entre les urnes. Mais il fait vider ses urnes par des badauds. Mobutu planquait ses urnes dans le Gabon. Cet éléphant du PS a deux urnes de Babar. Le président vide ses urnes, très balèze. La présidente parlera des élections de son mari toute ravie. Mais son bob cache les urnes[1] ! Boom sur les urnes ! Que de belles autour de ces urnes ! **11**

32 CONTREPÈTERIES

1. *M.*

V

VACCIN

Substance qui protège contre une maladie. Deux incontournables de *La Redoute* : « Mesdames, vérifiez l'âge de votre vaccin », et : « Tu ne peux te passer de vaccin dans les régions où tu es. » Le professeur est figé question vaccin : il a de beaux agents pour promouvoir le vaccin, considère la maîtrise du vaccin comme un beau sujet… Le bénéficiaire de ce vaccin était gitan. **6**

VAGIR

Pleurer, pour un bébé. Le rescapé perçut soudain un grand vagissement dans un ravin… Voyez-vous ce petit vagir entouré de satins ? Oh ! le bon gros vagit entouré de gens qui trinquent ! Le bon gros vagit, qui sent le vin… **4**

VALEUR (2)

1) Qualité. La comptable du diocèse (et de *La Redoute*) a mis les chèques en valeur. Mes sœurs, je voudrais tant connaître la valeur de vos chantres[1] ! 2) Prix, niveau. Comment arrivez-vous à sortir ces Proust sans valeur ? Mais l'absence de valeur ne vous interdit pas de pester… 3) Action en Bourse. Le financier préfère les valeurs bien remboursées[2]. Mais il lui a fallu un sacré piston pour faire monter ces valeurs. 4) Mesure d'une grandeur. Professeur, vous avez trouvé combien de valeurs pour votre spin[3] ? **7**

---

1. *AC.*
2. *AC.*
3. Spin : une des grandeurs caractéristiques d'une particule.

VALOCHE

Valise, en argot. La douanière veut boire ce qu'il y a dans mes valoches[1]. Le touriste a coincé ses valoches entre deux balises[2]. Une grosse bâche s'est abattue sur ses valoches. On force les recrues à éponger leurs valoches à la base. Hé ! pépé, elles sont en peau de bœuf, tes valoches ? Ce snob a fait bêtement briller ses valoches ! Écarte les valoches du balai ! **7**

VALVE

Luc Étienne mentionne une valve à fumée. Seuls les spécialistes arrivent à distinguer la chute de la valve. Il leur arrive de tenir des propos fumeux sur les valves. Ces propos sur les valves incitent à l'humour. Les puces ouvrent automatiquement la valve. Le docteur est pour procurer une valve à ce vieux rupin. L'aide-soignante distingue mal les valves des cutis. Passez-moi donc cette valve, Muriel. Cette valve est-elle curée ? **9**

VAN - VENT

VAN – Véhicule pour transporter les chevaux. Déjà en 1572, le sieur Tabourot des Accords (*voir la « Bibliographie commentée » dans les pages roses*) parlait de vans gris. L'auto-stoppeuse n'a pas bien vu le van qui l'a véhiculée. Pub cavalière : « L'Office des vans ». – VENT – 1) Déplacement d'air. Célébrissime de *La Redoute* : « Le vent siffle dans la rue du Quai. » La météorologue distingue les vents coulis des vents indécis[3]. Mais elle est plus sensible aux vents hardis. 2) Flatulence. Quel vent, mon ami[4] ! Ce vent colporte un parfum de vidange ! 3) Conjoncture. La Ligue a senti venir le vent[5]. **11**

VEAU (2)

Petit de la vache. De *La Redoute* peaufiné par Luc Étienne : « La peine des jeunes génisses, c'est de ne pas être un veau gris. » La jeune fermière voudrait connaître les prix des veaux.

---

1. *AC*.
2. *AC*.
3. *AC*.
4. *AC*. Également cité par Jean Pouzet.
5. *AC*.

Mais elle distingue déjà le veau du bidet. Le fermier lui montre comment le veau sent le pis et comment il faut le lâcher au moment de téter. Horace a proposé un gros veau à Sabine et lui montre les mouvements du veau qu'elle suscite. Ce n'est pas un veau infirme[1] et ce veau a des qualités. **10**

VÉHICULÉ(E)

Transporté. L'auto-stoppeuse raconte que le camionneur qui l'a véhiculée n'était pas spécialement grand : « Il n'avait pas l'air indécent quand il m'a véhiculée. Il avait même l'air marrant une fois qu'il m'a véhiculée... » Mais les gendarmes l'ont traitée de menteuse en relâchant le type qui l'a véhiculée. **4**

VENDEUR

Personne à qui l'on achète. La campagnarde se méfie des vendeurs débiles. C'est un de ces vendeurs qui l'a véhiculée. Ce vendeur avait souvent des balises sous les yeux. Ce vendeur l'avait promenée sur une vaste berge[2]... Pépé, t'avais un grand bi[3] quand t'étais vendeur ? **5**

VENTE (4)

1) Écoulement des produits. Enseigne chère à Luc Étienne : « Office des ventes ». Nos ventes sont-elles fiables[4] ? Ce PDG n'est à l'aise que dans les ventes fastes. Existe-t-il des ventes raffinées[5] ? Les ventes vont-elles souffrir[6] ? Pub : « Défis aux ventes ». 2) Cession contre de l'argent. L'historien s'intéresse aux ventes des Phéniciennes. Pub : « Vente de chapes ». 3) Réunion de personnes qui vendent ou achètent. Les dames de charité assurent la promotion des ventes de leurs fils et le chapelain à l'aise dans les ventes a déjà promis d'autres ventes. Il entre enfin dans les ventes. Il expose même un livre sur les popes et un guide pour être un produit dans les ventes. **14**

---

1. *AC.*
2. *AC.*
3. Ancêtre de la bicyclette muni d'une énorme roue avant. Un évêque cycliste donnait souvent son grand bi à laver.
4. *AC.*
5. *AC.*
6. *AC.*

VENTOUSE (2)

Organe ou appareil qui se fixe en faisant le vide. Le docteur ne veut pas que l'infirmière parte pendant les ventouses[1]. Pour lui, les ventouses ne sont donc pas bien tenues. Quoi, ce buteur réclame des ventouses ? Ah ! ces taches de ventouses ! Docteur, tirez pas ma ventouse, la ventouse n'est pas encore sertie, son verre se dévisse[2] ! Le bel interne qui préfère s'occuper des tempes plutôt que des ventouses a quand même fait sauter la ventouse. Oh ! des lettres sur cette ventouse ! Cette ventouse sent le thym. On dirait que cette vieille ventouse est tannée ! **12**

VERBE

1) Mot qui se conjugue. Les instituteurs qui promenaient leurs biques dans l'Atlas faisaient travailler leurs verbes aux bergères, mais ne proposaient pas de verbes aux petites joueuses. 2) Parole, expression de la pensée. Ah ! maître, que votre verbe est agile[3] et votre verbe m'agite ! Que votre verbe soit en joie[4] ! Mais alors, votre verbe, quel joyau ! **7**

VERGETURE

Lésion de la peau. La dermatologue va dater votre vergeture avant d'étaler sa pommade sur cette vergeture. Elle frottera ensuite la vergeture, cela va sans dire. Une vergeture, c'est le siège de bien des dures luttes… **4**

VERGUE

Partie de la mâture qui soutient les voiles d'un navire. Pour ces mutins pâles[5] ce fut la vergue et la geôle. Les uns subirent le joug de la vergue, les autres, le goût de la geôle. Les mousses parlent de vergue d'une voix joyeuse. **5**

VERRIÈRE (2)

Toit vitré. Luc Étienne évoque la bonne hôtesse qui abandonnait aux drilles son agréable verrière. Ceux qui ont sali ces

1. *SF.*
2. *M.*
3. *M.*
4. *M.*
5. L. É.

verrières doivent être damnés ! Ce pauvre Paul a des problèmes avec sa verrière. Ces rapins ont des verrières chaudes. **4**

VERTE

1) Couleur de l'herbe et de l'espérance. Le joaillier présente des jades vertes [1] et le jardinier une courge verte. 2) Écologiste féminine. Waechter et Lalonde, qui ont des vertes autos magiques [2], ne supportent plus de voir japper leurs Vertes. En général, leurs Vertes ragent. 3) Aiguille à Chamonix. Le vieux guide d'origine méridionale prétend : « Té, certains soirs, ma Verte, elle est jaune ! » Pub pour l'école de guides : « Le jour de la grande Verte ». **7**

VERVE

Vivacité, gouaille, esprit. Lu dans *La Redoute* peaufiné par Luc Étienne, qui savait tout sur les joies de la verve (il riait de la verve des sergents) : « Une sorte de rage lui tenait lieu de verve. » La grosse Berthe est vultueuse mais quelle verve [3] ! La gynécologue admet que les histoires d'ovules excitent sa verve car elle dit à son époux : « Oh ! votre pull chatouille jusqu'à mes ovaires ! » **6**

VICOMTE

Fils aîné du comte. De Rabelais soi-même (*Pantagruel, vers 1532*) : « À Beaumont-le-Vicomte. » On le voit, le vicomte montant. Oh ! ce vicomte sur la moquette, ce vicomte, il va la faire cramer ! Ah ! non. Ce vicomte, il va la mouiller… Voyez le vicomte au matin, le vicomte, il va trimer ! **7**

VIERGE

Avec un *V* majuscule, maman de Jésus-Christ. Avec un *v* minuscule, statue de la Vierge ou pucelle. *La Redoute* : « Le prêtre montrait sa vierge derrière le panneau. » Luc Étienne : « Murillo a peint une vierge entre deux ascètes. » Les Chouans en Vendée adorent la Vierge. Bien des gens aiment les vierges, au fond [4]… Le vieux montagnard a hissé sa vierge jusqu'au

1. *M.*
2. *M.*
3. *AC.*
4. *AC.*

sommet. La jeune choriste débite des fadaises en pensant à la Vierge[1]. Pendant la procession où il a bien bossé, M. le Curé a promené sa vierge et conçu un beau char. **8**

VIGNE

Arbuste donnant des raisins. Pendant les chaleurs, les vignes souffrent. Les vieux Bourguignons ont des vignes fastes, souvent même des vignes raffinées et insistent sur la fiabilité de leurs vignes. Titre : « Défi aux vignes ». Les chartreux nient qu'ils aient plein de défauts dans leurs vignes. **6**

VIN (2)

Produit de la précédente. Madelon incite à goûter son vin, un vin bien seyant. Honneur à celui qui tend son vin à l'ami. Je vois que votre Serge apprécie mes vins. Évitez de goûter au vin de ce pitre. Mademoiselle, j'apprécie vos vins et votre gentil concierge. Je suis comblé d'avoir reçu ces vins... Ce vin a comme un parfum de mystère. Le vin du matelot a coulé sur la digue. Les vignerons de la coopérative portent leurs vins au tri. Le nouveau, son vin est hérité (*et non : « son rein est évité »*). Je proposerais bien mon vin à cette petite Cathy. Diable ! le Mali aurait-il un bon vin ? Le clown a vidé tout son vin dans l'euphorie. **14**

VŒU (3)

1) Souhait, espoir. Le jeune marié de *L'Art du contrepet* présente son vœu : un joli nid et la militante hésite à combler le vœu du grand nervi. Ferdinand de Lesseps présenta son vœu, un vrai chenal[2]. Le récoltant en soie présente un vœu qui s'étend jusqu'aux chenilles. Des électroniciens présentent leurs vœux : de vrais racks. Doit-on confondre le vœu et l'acquis ? 2) Serment. Émouvante, la scène des vœux[3] ! La mère supérieure contemple la Vierge du Vœu. Ah ! nos vœux ! 3) Amabilités de Nouvel An. Les politiciens présentent leurs vœux de façon fort cynique[4]. Mesdames, nous vous présen-

1. *AC.*
2. *M.*
3. *M.*
4. *AC.*

tons nos vœux sous le nez[1]. Depuis le temps que ces pépés nous présentent leurs vœux ils doivent être canés ! La marquise a reçu les vœux de quelques quidams. Elle a reçu cent dix vœux. Des poivrots ont crié leurs vœux (*clin d'œil à « Hélas, de son amour elle m'a crié l'aveu ! »*). Des écolos ont présenté leurs vœux au Caire. Des cinéastes bretons se présentent leurs vœux à Cannes. Les Louisianais présentent leurs vœux aux Cajuns (*d'un lecteur du* Canard). Des Bretonnes s'envoient des vœux de Rennes[2]. La militante locale (on parle de Ferrières déçu) a refusé les vœux des colleurs. Les scouts présentent leurs vœux au camp. **22**

VOLER

1) Se mouvoir dans l'air. Ce pauvre petit piaf n'a jamais pu voler[3] ! On le voit à cette fiente, qu'il n'a pas volé. L'aviateur prétend qu'il a volé pour arriver à Béziers. 2) Dérober. Le gardien du temple a encore volé : c'est une tiare ! Le mécano a volé une bielle[4]. À force de biaiser, il a fini par voler. C'est vrai que certains Cajuns volent ? On ne vole pas plus à Gien. La pauvrette déclare que celui qui l'a volée n'a jamais été sien. Ce malandrin a volé un pieu. Ce chimiste a volé une fiole. Giscard n'a jamais volé de diams. Depuis que ce pauvre diable a été volé, il vit sans piété. Le grand saint Pierre interdit de voler. Pourtant, l'ermite a volé des assiettes. Les pillards ont pris nos lièvres et ils nous ont volées ! Ils nous ont volées avant qu'on n'ait pu prendre notre bien. Cette brute stupide a volé un gros liard. L'astrologue a senti que celui qui l'a volée était Lion. **19**

VU (2) – VUE

Vu – 1) Au vu : sous le regard. Massive et affalée, la Goulue cuvait son riz au vu du débitant[5]. C'est au vu du patron que la serveuse propose l'anis. 2) Vu : participe passé de voir. De Luc Étienne : « vu du camp ». Superbe, la petite forêt vue

1. *M.*
2. *AC.*
3. *AC.*
4. *AC.*
5. *M.*

d'Agen[1] ! Le vicaire a vu, c'est des cierges. – VUE – 1) Paysage visible. La femme du rapin s'habitue à la vie de la Butte[2]. L'Australienne s'est payé plein de vues d'Autriche. Quelle magnifique vue et quel bocage, hein[3] ! 2) Photo. Les régatiers offrent de splendides vues quand ils gîtent. 3) Opinion. Clinton est sensible à bien des vues mais s'intéresse surtout aux Cajuns. Ces vieux dépités ont de bien tristes vues. Il leur en faut, des rites, pour exposer leurs vues ! 4) Projet, point de vue. Ces promoteurs ont des vues iniques. Monsieur le conseiller général, votre Brie sera-t-elle sensible à nos vues ? Voulez-vous exposer votre vue, mon cher Gilles ? **17**

VULGAIRE

1) Commun. Luc Étienne n'appréciait pas toujours le « vous » vulgaire. 2) Trivial. Ces pauvres gens exhalent des relents vulgaires et parfois vaseux[4]. Ce vœu dégage un relent vulgaire. **3**

218 CONTREPÈTERIES

---

1. *AC.*
2. *R.*
3. *AC.*
4. *AC.*

W. Y. Z

WAGON

Rame de train. Voyez ce pauvre engin, c'est dans ce vieux wagon ! La touriste sud-américaine a pris quelque pâte à jeun dans le wagon. **2**

YEN

Monnaie japonaise. Les yens font grossir les cours. Le yen a subi des coupes claires. **2**

ZÉBU

Bœuf à bosse. Ce zébu sent l'anis. Les conseillères étudient l'élite des zébus et surtout les zébus dans la nasse, en caressant les cornes des zébus liés. La gardienne du zoo se penche sur les zébus d'Autriche en observant les rites de ces zébus. Elle s'est vite habituée à la vie des zébus… **7**

ZÉNITHAL

Qui a rapport avec la position la plus haute d'un corps céleste, le zénith. L'astrologue plonge avec son job dans les profondeurs zénithales. **1**

ZIZANIE

Brouille de caves. Ces zizanies sont pourries. Steffie raffole des zizanies. Fi ! tu aimes les zizanies ? Les Turcs en ont provoqué, des zizanies de roumis. Cette désaxée, c'est l'amie des zizanies. Cette folle de zizanies est piquée ! **7**

ZOMBIE

Fantôme antillais. Oh ! les beaux zombies ! Les vibrations des zombies provoquent l'écho. Ce zombie a goûté le rôt. **3**

ZUT

Juron. De Luc Étienne : « Zut ! mon vieux Job ! » Zut ! vieux rageur ! **2**

24 CONTREPÈTERIES

Pages roses

Rendues célèbres par notre illustre confrère, le *Petit Larousse*, les pages roses d'un dictionnaire prennent traditionnellement place entre les noms communs et les noms propres. Dans ce *Dico*, les pages roses sont une manière de brocante où peut se plonger le collectionneur impénitent qui veut remplir son cabas. On y trouve, pêle-mêle, mais dans l'ordre alphabétique : contrepets sur le monde romain, en clin d'œil aux citations latines du *Petit Larousse* (mais pas de contrepèteries en latin, quoique des contrepèteries comme « Ma sœur, je verrais bien votre prieur a posteriori » ou encore : « La thèse donne un sacré bonus » comportent chacune un mot latin) ; bibliographie détaillée et commentée des ouvrages consacrés à la contrepèterie, alexandrins contrepétés, devinettes, jeux contrapétiques, contrepets de salon (sans mots tabous), et deux grosses rubriques, vases d'élection, *dixit* la Comtesse, dans lesquelles le lecteur aura sans doute maintes fois l'occasion de se plonger : les différentes factures contrapétiques (consonnes, voyelles, syllabes, etc.) ; 800 contrepèteries « à thème », véritable livre dans le livre.

Les lecteurs particulièrement attentifs ne manqueront pas de déceler dans certains textes de présentation quelques contrepets non signalés, que l'auteur a sans doute glissés par réflexe quasi pavlovien. Mais ils sont traduits en fin d'ouvrage au même titre que les autres.

Bonnes courses… **5**

Alexandrins en contrepets

(Sauf indication contraire, une contrepèterie par ligne écrite en italique.)

Le chef-d'œuvre absolu dans ce genre ô combien délicat est le tout du cru d'un professeur d'université, grand angliciste spécialiste entre autres de Shakespeare, poète et contrepéteur. Cette magnifique élégie a pour titre « Les plaintes d'une femme déçue ». On peut la lire dans le premier « Album de la Comtesse » que l'on doit à Luc Étienne, paru en 1967 chez Pauvert et réédité en Livre de poche. En voici la fin :

LES PLAINTES D'UNE FEMME DÉÇUE

(…) D'un don coûteux je sus la cruelle misère :
Aux mythes pour le bien je renonçai tantôt.
Mais que te mine un jour ta peine sur ces rives :
Ton cri restera vain ; ta voix clamant tes mots,
Pour ce mal que tu fis à l'amante naïve
Ne trouvera de mont qu'attendrisse l'écho !

Autres exemples, dont certains sont dus à Luc Étienne :

De maigrir, ne crains rien, ô ma folle maîtresse,
Je t'aimerai sans fin, je t'aimerai sans cesse !
Hélas, de son amour elle m'a crié l'aveu !
Je tourne vainement ma peine vers mes livres
(attribué parfois à Lamartine)
Ah ! superbes matins sur lesquels je comptais !
La femme a dans la peau un grain de fantaisie
Marquise, qu'il m'émeut, votre faucon brisé !
Ces matins embrumés et tendres nous cachaient…
Ah ! la comète coule sur l'abîme habité (2 cp)

Dans son savoureux ouvrage *Le Contrepet quotidien*, Jacques Antel, également l'auteur du tout aussi goûteux *Le Tout de mon cru* (*voir la « Bibliographie commentée » ci-dessous*) a patiemment et avec humour glané dans la littérature de savoureux exemples d'alexandrins (in)volontairement (?) contrepétés. En voici quelques-uns :

Enfin mon pied crispé touche au bord de l'abîme	(Lamartine)
Ils n'ont de leur défaite accusé que mon bras	(Racine)
Et la paille qui sert aux bêtes de litière	(Victor Hugo)
Tout le camp même encore est trompé comme vous	(Racine)
À grands coups de chaleur dans l'été de ta soif	(Éluard)

Bibliographie commentée
(*Les sources du bonheur*[1])

Les premières contrepèteries remontent sans doute à la nuit des temps, quand les femmes de Cro-Magnon élevaient leurs fils vers les Eyzies[2] et les peintres rupestres ravissaient leurs rétines avec des petits mammouths. Maints exemples en témoignent. Car, plus tard, Zeus fera fauter un cygne, des morfales feront la fête avec son gros Bacchus, Persée se raidira comme un dieu en lâchant Pégase et Cyrus confiera : « Les Mèdes m'ont rendu riche. » Mais les pâtres grecs ne donneront jamais leurs génisses aux Perses. Des baigneurs descendront dans le fond de l'Érèbe. On en verra plus d'un lutter contre Janus. Le baudet de Midas aura un bât d'or. Narcisse adorera les plaisirs, l'eau, Cythère… Homère chantera les filiations dans l'Hellade et, méprisant les fêtes antiques, quelque trente Pénélope suivront la voie d'Ulysse. Socrate recherchera l'ascèse avec l'éphèbe. Un tribun assez gris à la longue toge graissera la patte au consul. De pieux Romains à voiles offriront leurs Lares aux dieux. Les Pline ne manqueront pas de femmes. Redoutant l'épée des Vandales, des Francs fuiront les meutes des Goths. Les Huns enduiront leurs vergetures de confit. Clotilde aura été mouillée par quelques Sicambres. Les Vénitiennes subiront de moins en moins la domination des Lombards. Et Gargantua soulèvera son plat jusqu'au bouffon…

1. *R.*
2. *M.*

Cette vaste fresque historico-contrapétique (elle en contient 27, dont 26 inédites) vient de nous mener *via* la Grèce historique (et hop ! une vingt-huitième) à l'immortel Alcofribas Nasier, plus connu sous son pseudonyme de **François Rabelais**. C'est à ce grand médecin, écrivain, curé de Meudon que l'on doit cette essentielle information, pêchée dans son ***Pantagruel*** (vers **1532**) : « *Les vieilles femmes sont folles de la messe.* » À *Beaumont-le-Vicomte*, naturellement. Ces *antistrophes* ou *équivoques*[1] sont peut-être les plus anciennes contrepèteries du patrimoine de l'humanité. Mais certains érudits pensent qu'il s'en cache dans des traités sur l'amour courtois datant pour certains du XIIe siècle. Le Contrepet est un art bientôt millénaire…

En **1572** paraît ***Les Bigarrures et Touches du seigneur des Accords*** du sieur **Tabourot des Accords**. Un chapitre de cet estimable ouvrage est consacré à la contrepèterie, mot qui apparaît pour la première fois dans la littérature. Citons :

Goustez-moi cette farce
Les bons Cordeliers
Les voyageurs criant du fond
Les lieurs de chardons
Les jeunes filles doutent de leur foi

À la connaissance de l'auteur, aucun recueil de contrepèteries ne paraîtra avant le XXe siècle. Au chapitre « Le Contrepet et les Lettres » de son *Art du contrepet* (*voir plus loin et aux noms propres, à la lettre* A *du Dico*), Luc Étienne cite maints exemples isolés mais savoureux d'auteurs des XVIIe, XVIIIe et XIXe siècles, exemples que le lecteur est vivement incité à découvrir par lui-même. Citons, mais pas comme un ballot, ce très beau contrepet de l'abbé de Poult de Joye, un patronyme trop beau pour être parfaitement catholique (surprit-on jamais l'abbé Poult de Joye dégustant une fine ?) :

Les lièvres n'aiment guère la chasse

Nous voici donc au XXe siècle. Le XVIIIe fut le siècle des Lumières. Notre siècle sera sans nul doute celui du Contrepet.

---

1. Rabelais n'usait pas du substantif *contrepèterie* qui sera inventé quarante ans plus tard mais du verbe *contre-petter* qui veut dire substituer, mettre à la place de, rendre un son pour un autre…

Outre une abondante littérature entièrement consacrée à cet art merveilleux dont les vertus cathartiques et jubilatoires ne sont plus à démontrer, littérature que l'on va détailler dans la suite de cette très sérieuse compilation, l'on découvre au détour de tel ou tel roman des joyaux comme :

Le vent siffle dans la rue du Quai[1] (2 cp)

ainsi que des allusions à la célèbre *berge du ravin* dans *Les Hommes de bonne volonté* de Jules Romains (relevé par Luc Étienne). Dans *Ripopée*[2], Désiré Viardot cite de superbes exemples :

Hébé relève de la mythologie
Admirables folles, il ne vous manque que la paresse[3]
Plus elles mentent et plus elles souillent

N'oublions pas le colonel de La Rocque, à qui Luc Étienne décerne un brevet de contrepéteur d'honneur pour la magnifique trouvaille qu'est l'appellation (on ne parlera pas de *fine*) de sa phalange, créée en 1927 et dissoute en 1936 :

Les Croix-de-Feu

Dès **1909**, paraît de **Jacques Oncial** le ***Trésor des équivoques, antistrophes ou contrepèteries, mirifique parangon du beau et honnête langage***. Hélas introuvable, ce recueil offre de grandes classiques que reprendra plus tard Louis Perceau.

1934 : coup de tonnerre dans le ciel contrapétique. **Louis Perceau** publie chez C. Briffaut, collection « Le Coffret du bibliophile illustré », ce que chaque contrepéteur reconnaît aujourd'hui

1. Pêché par Luc Étienne dans *Capitaine Conan* de Roger Vercel et mentionné dans *La Redoute*.

2. *Ripopée*, Éditions Phantômas, Bruxelles, 1956 (information pêchée dans *L'Art du contrepet*).

3. Un recueil de contrepets est paru il y a quelques années qui portait ce titre. Las, il n'y avait pas que le titre emprunté. Il s'agissait en fait d'un pur recopiage, sans aucune indication d'origine, de contrepèteries de *La Redoute des contrepèteries* et de *L'Art du contrepet*. N'ayant aucun goût pour la délation des personnes qui versent dans le faux, piqueurs connus, l'auteur ne citera pas les plagiaires.

comme son bréviaire : ***La Redoute des contrepèteries***. Ce petit bouquin superbement illustré par J. Touchet (patronyme prometteur) renferme les trésors du patrimoine, polis par le limon des siècles, comme le dit si joliment Luc Étienne. Louis Perceau les a patiemment recueillis, triés, mis en forme et classés par technique de fabrication. Il a sans nul doute ajouté d'autres joyaux provenant du tout de son cru (admirable contrepet connu de longue date). On peut juste déplorer qu'après la mort de Perceau des rééditions aient « emprunté » sans indication d'origine des contrepèteries publiées par Luc Étienne à partir de 1957. Cette absence de scrupules de ses continuateurs n'ôte rien à l'œuvre de Perceau. Citons, entre autres merveilles :

Les nouilles cuisent au jus de cane (2 cp)
Il m'a promis son tennis
Elle a reçu toute la farine sur sa mante
Le curé est devenu fou entre deux messes
Rien ne vaut un bon coup de marc après la dînette
Le petit vieux vend de la serge
Les laborieuses populations du Cap
Ma cousine joue au tennis en pension
Un petit feu de poutre
Essuie ça vite et bien
La reine avait à la main une pierre fine
L'antiquaire emporte dans ses caisses le produit de mes fouilles
(des fouilles curieuses...)
L'épicurien se plaît à rechercher les sources du bonheur

Le reste est de la même eau. Ruez-vous, lecteur, sur cette mine de perles.

1957 : deuxième coup de tonnerre ! Cette fois, ce n'est pas le bréviaire, mais la Bible qui paraît aux yeux éblouis de la confrérie des contrepétulants. **Luc Étienne** vient de publier chez Jean-Jacques Pauvert ***L'Art du contrepet***, modestement sous-titré (pas question de biffer le sous-titre) : *Petit Traité à l'usage des Amateurs pour résoudre les contrepèteries proposées et en inventer de nouvelles* (*voir aussi aux noms propres, à la lettre* A).

Prodigieux bouquin ! Luc Étienne que ce volume consacre comme Pape incontesté du contrepet est *illico* intronisé Comtesse de l'« Album » du *Canard enchaîné*, rubrique régulière de contrepèteries fondée en 1951 par Yvan Audouard. Membre du Collège de pataphysique créé par Alfred Jarry, Luc Étienne y sera un merveilleux régent de la chaire de contrepet. Il rejoindra aussi les rangs de l'OULIPO (OUvroir de LIttérature POtentielle), véritable laboratoire de la langue créé par Raymond Queneau et Georges Perec. Comtesse pendant vingt-sept ans, il formera des cohortes de contrepéteurs. Sous son comtessat, la rubrique de contrepèteries du célèbre hebdomadaire satirique paraissant le mercredi est devenue un véritable conservatoire du contrepet. Il est vrai que *L'Art du contrepet* de ce fin musicien, violoniste, altiste et compositeur est tout à la fois traité de solfège (on y trouve les bases de l'édifice contrapétique), traité d'harmonie et de contrep… oint (on y apprend à les agencer en textes ou poèmes), et partitions (y figurent plus de 600 contrepèteries inédites, toutes excellentes). Mais ce traité est aussi un livre d'histoire de la littérature contrapétique et un traité de psycholinguistique car on y dégage les souterraines correspondances entre le lapsus plus ou moins volontaire qu'est la contrepèterie et les recoins du moi profond.

Ce livre est un incontournable chef-d'œuvre.

Voici quelques gemmes tirées de ce fabuleux écrin, le tout du cru de Luc :

Mlle Beulemans aime les vers belges
Plus d'un enfant des Pouilles est mort dans la Castille
La gendarmerie a recours aux adjudants du Var
Si vous voulez qu'on se taise, baillez-moi donc une plume !
N'approchez pas vos mains de la piste de l'égoïne
La cuisinière aime les frites biseautées
Les miss béent devant les péniches
Couds-le au fond !
Le vieux marcheur veut courir sur le mont (2 cp)
Quelle joie de se sentir quitte au but !
Défense de quêter sur un pliant
L'école de Saumur exhibe ses bons côtés
Il est trop bon pour la quitter
Garçon, où fourre-t-on les billes ?
Quel dommage de laver pareil le robe à l'usine !
Hélas, mon fils, c'est votre peine qui vous mine !
L'école des Mines de Paris
Une belle thèse

C'est LE livre de chevet.

L'Album de la Comtesse – En 1951, le *Canard enchaîné* va gaillardement sur ses trente-six printemps. *Gaillardement* est le mot car Yvan Audouard a l'idée de génie d'introduire, si l'on ose dire, une rubrique bien plaisante, rubrique témoignant à sa manière des luttes du journal. Luttes jamais passives, bien sûr. À la satire, le calembour, la dérision, l'ironie le pastiche va s'ajouter la contrepèterie. Chaque semaine, il distillera une ou deux contrepèteries, si possible en rapport avec l'actualité de la semaine. Yvan cherche un titre : ces feuillets hebdomadaires portant leurs énigmatiques petits messages semblent sortis tout droit d'une manière de journal intime, d'un album.

Notre rabelaisien tendance Pagnol connaît à l'époque une authentique comtesse. Cette belle aristocrate est en train de divorcer d'avec son comte de mari, comte Maxime de La Falaise. Pour enquiquiner son époux, la belle qui n'est pas cocasse autorise Yvan à user de son nom. La rubrique liante s'appellera donc : « *Sur l'album de la comtesse Maxime de La Falaise* ». Par la suite, la famille de La Falaise demandera de ne plus figurer dans le titre. Restera « la comtesse M. de la F. ». Pour certains exégètes, les initiales « M. de la F. » seraient un clin d'œil à Rabelais et ses vieilles dames « folles de la messe ». Ce que dément vigoureusement la Comtesse, qui, par la plume de Luc Étienne (devenu la Comtesse en 1957), affirme « se défendre encore fort bien de ce côté-là ».

Bref, le titre de la rubrique devient « Sur l'Album de la Comtesse » et le demeure. Titre garanti sans contrepet. Quoique, en cherchant bien... Mais on ne trouve que des salmigondis de phonèmes, bien trop compliqués pour mériter le nom de contrepèteries (*voir les « Solutions figurées »*). Comme le disait Luc Étienne, la contrepèterie est fille naturelle du lapsus. Et le lapsus doit rester plausible.

En **1967**, la Comtesse va sur ses seize ans et les feuillets sont assez nombreux pour être édités en recueil. Ce que fait Luc Étienne chez Jean-Jacques Pauvert. Le livre s'intitule bien sûr ***L'Album de la Comtesse***, avec le sous-titre suivant : *Recueils de contrepets curieux et délectables parus dans* Le Canard enchaîné *entre la Deuxième et la Troisième Guerre mondiale*. Il est illustré d'adorable façon par de charmantes vignettes d'Henri Monier, qui dessinait – et contrepétait, *dixit* Luc – comme il respirait. Il n'aura, hélas, pas le temps de savourer le merveilleux contrepoint que ses dessins apportent au contrepet.

Ce recueil contient de purs joyaux, devenus d'incontournables classiques :

Le général est arrivé à pied par la Chine
Les cardinaux jettent l'habit rouge aux orties
Les paysans vont aux champs en bande
en caressant le cou de leurs bœufs
Aucun homme n'est jamais assez fort pour ce calcul
Le facteur est voué au tri
La magistrature assise ment debout
Le jeune séminariste rêve de se voir
en curé avec une calotte…
… afin de confesser ses tantes
J'aime vachement votre frangin
La vamp enfla son cri alors que le chignon
allongeait son minois (2 cp)

Luc Étienne ne s'est naturellement pas contenté d'engranger à la file les mots passables qu'il avait déjà vu mettre au *Canard*. Il les a regroupés et appareillés pour dévider de ravissantes historiettes en contrepets, comme celle-ci, dont voici quelques extraits :

INSPECTION PRIMAIRE

Trouvant la maîtresse laissant faire, l'inspecteur demande à voir les bons cahiers et s'afflige d'un ton couvert. Il exige que les garçons aillent vite aux bancs et veut leur faire compter les monts (…). « Taisez-vous tous en bas ! » (…) La maîtresse montre un plant qui vient de la Guinée et son visiteur inspecte le germe. (…) « Je vois que vos élèves ont appris à calculer en cent leçons et qu'ils voudraient tous avoir un dix à leur composition… » (10 cp)

L'Album de la Comtesse regorge de telles historiettes.

Deux autres recueils verront le jour, en 1979 et 1988. Nous y reviendrons dans la suite de cette bibliographie qui s'efforce de suivre la chronologie.

1973 : deux anciens des Beaux-Arts (dont *La Redoute des contrepèteries* nous apprend qu'ils sont un plaisir des dieux), **Ahmédée** et **Lharidelle**, l'un dessinateur, l'autre contrepéteur, tous deux ayant musiqué dans la célèbre fanfare, publient chez Pierre Horay un délicieux petit cahier au titre génial : ***SaGesse n'est pas Folie.*** Les contrepets sont délectables, les dessins le sont tout autant. De plus, un astucieux système de pages pliées change le chaste dessin illustrant le sens premier de chaque contrepèterie en un autre dessin, un peu plus canaille, suggérant délicatement le sens caché. Comme le disent les auteurs : « Un geste donne la solution des pages. » Citons :

Ciel ! l'abbesse flanche !
La cantatrice qui mettait sans cesse des potions
avait peur que sa mue la perde !
Splendide rousse, permettez-moi de vous offrir ces festons
Ce misérable a fait un carton sur l'avocat !
Aux messes nordiques, les époux adorent leurs patrons (2 cp)
L'épée de Vidocq
Le Suisse sortait sa pique au milieu des beatniks
Le plongeur rêve de Pouilles enfin calmées
Ne laissez pas traîner vos robes dans mon oseille !
Ah ! madame, que vos fils sont durs à la peine

Bijoux à découvrir absolument dans leur superbe écrin graphique.

1975 est aussi un très bon millésime avec la parution de deux recueils.

De **Jean Pouzet**, ***800 Contrepèteries inédites***, à La Pensée moderne. L'auteur, dessinateur professionnel, entre autres à *Pilote*, illustre lui-même ses trouvailles d'un trait élégant mais qui, à notre goût, anticipe un peu trop sur le sens caché. Certaines contrepèteries ne sont pas inédites, mais la chose est inévitable. L'auteur de ce *Dico* en sait quelque chose qui découvre de temps à autres, en relisant ses confrères, des trouvailles qu'il avait crues siennes[1]. C'est aussi arrivé à Luc Étienne[2], cela arrive de temps en temps aux lecteurs du *Canard* qui retrouvent en toute bonne foi – les mots étant à tout le monde – des contrepèteries du répertoire. Jean Pouzet est évidemment dans ce cas. Mais il aurait peut-être pu vérifier un peu plus activement le caractère inédit de ses productions. Il n'empêche que Jean Pouzet possède un beau talent de contrepéteur. Jugez-en :

1. Par exemple, « une bath missive » d'un certain Jean Pouzet…
2. Il se désola en découvrant que « le pis de la vache » avait déjà été découvert.

Il est à la fois gourmet et pédant
Quoi de plus sublime que l'affection d'un père ?
Qu'est-ce qui couine derrière mon fût ?
Ce vieux prélat joue encore au tennis
La pâtissière moule des quiches
On bouffe très mal dans ces forteresses
Ce modèle présente des manches insolites

Ce recueil comporte aussi quelques contrepets de salon sous forme de proverbes ou dictons :

Qui ne maudit son camp ?
On ne prêche qu'aux rites…

La même année, paraît ***Le Tout de mon cru***. Cette contrepèterie mythique a enfin le retentissement qu'elle mérite en étant choisie par **Jacques Antel** comme titre de son excellent recueil de 500 contrepèteries inédites. « Seul, le tout de mon cru n'est pas de mon cru », explique l'auteur avec une belle honnêteté. Précédée d'une préface de Luc Étienne malicieusement intitulée « Introuduction de la Comtesse », ce recueil recèle des joyaux dignes des grands classiques. Il faut dire que pendant des années Jacques Antel sera pour la Comtesse Luc Étienne une manière de coadjuteur. Ses trouvailles, groupées par thèmes, sont superbes :

Il faut trouver le la *avant de retrouver le* si (2 cp)
La cantatrice donne volontiers le ton
Ces sectaires qui se prennent pour des sphinx
La belle excitante s'affiche entre deux maires (2 cp)
La plus belle partie de vos iambes,
Jacinthe, gagne à être lue en vers
La jeune Berbère a un nom bien kabyle
Le ministre sec, long et cassant (2 cp)
J'évite l'abus
La nonne subit l'ascète
Les religieuses se lèvent au couchant
et se passent de pain jusqu'aux matines
La violoniste aux ré *singuliers a un* la *déchirant* (2 cp)
Le membre du jury est-il assez matheux ?
Joseph a roulé un matin à Paris

Comme aurait pu le chanter Brassens : « Tout est bon chez lui, y a rien à jeter. »

En **1978**, Jean Pouzet récidive avec ***500 Nouvelles Contrepèteries*** chez Jacques Granger. Citons de cet ouvrage :

Tous les gens du châtelain lui avaient emboîté le pas
Continuez tranquillement à pied, mon cher !
Les mousses se satisfont aisément de leurs gains
Ce vieux concierge est bien ravi !

1979 : le *Canard* a soixante-quatre ans, la Comtesse en a vingt-huit. C'est le moment de faire le point. Luc Étienne récidive en publiant chez Stock ***Le Nouvel Album de la Comtesse*** qu'il signe non plus « la comtesse M. de la F. » mais « la Comtesse du *Canard* ». Le recueil s'ouvre sur un avertissement très canardesque :

> (...) Les articulets constituant cette rubrique (« *Sur l'Album de la Comtesse* ») parurent (...) dans *Le Canard enchaîné* entre la Deuxième et la Troisième Guerre mondiale. La Troisième Guerre mondiale n'ayant pas encore eu lieu – sans doute parce que les hommes d'État et de gouvernement, qui d'ordinaire disposent si allègrement de la vie de leurs semblables, ont pour eux-mêmes la crainte salutaire d'un conflit inévitablement atomique – il est devenu nécessaire de publier un *Nouvel Album de la Comtesse*...

Ce recueil rassemble donc les quelque 1 000 contrepèteries parues dans l'« Album » entre 1967 et 1979. Il est agrémenté d'un avant-propos : « Pour comprendre l'Album de la Comtesse » où l'on trouve de pertinentes indications destinées à guider le néophyte dans les dessous de ladite Comtesse. Ce recueil s'achève sur un savoureux glossaire contenant « *les mots argotiques, les locutions vulgaires ou obscènes, les noms de ministres et autres vocables déplaisants* »... Luc Étienne confiait volontiers que ce recueil devait aussi beaucoup à Jacques Antel. Voici quelques perles de cet ouvrage, qui débute justement par deux contrepets que le lecteur Jacques Antel avait envoyés à la Comtesse et qui figurent tout naturellement dans *Le Tout de mon cru* :

Avant de mettre mon ampoule à la douille,
j'ai d'abord voulu brancher son culot
Quand les Français vont-ils enfin voter avec rigueur
contre les godillots aux mille bottes ?
Refusant de se mettre au goût de La Baule,
Irma la Douce se contente du passage de Gois
(contrepet sis à Noirmoutier)
Joseph a maculé Henri
Le séminariste rêve de l'union des Corées[1]
Après avoir été repoussé par de petites patrouilles,
le pied-noir a fait souche dans le Midi
La pianiste russe joue du Cui
Henri III admirait le don de ce petit mignard
Les étudiantes sont poussées aux traducs
L'athlète qui sue du corps
ne veut pas rester plus longtemps dans ces douches miteuses

1986 : l'auteur de ce *Dico* a succédé comme Comtesse à Luc Étienne, parti fin 1984 au Nirvana des maîtres contrepétulants. Le destin n'a pas voulu que le père spirituel connaisse le premier bouquin d'un de ses disciples. Mais il a de son vivant connu, apprécié et avalisé comme inédit le (sous-)titre dudit bouquin : ***Manuel de contrepet, L'art de déCaler les Sons**...* que débite notre bouche. Ce livre paraît chez Albin Michel en février 1986. L'auteur ne tient pas à trop faire l'article pour son bébé préfacé par Yvan Audouard et illustré par Cabu. Il se contentera de signaler le complément hautement scientifique dudit bébé : « Précis de pataphysique du solide », qui expose une méthode cristallographique pour composer des contrepèteries. Il est question de supercubes... Voici quelques exemples, parmi les quelque 2 200 contrepèteries inédites du recueil, groupées par thèmes :

On ne peut à la fois être Mède et roux
Le plan du glacier n'est pas une pente marine (2 cp)
Bécaud, puis-je vous présenter Magritte ?
Est-ce que t'as mis tes bols ?
Victor Hugo n'avait pas l'entrain de Javert
Le cyclotouriste a coincé ses galoches dans son bidon

1. Le roi Midas (qui changeait en or tout ce qu'il touchait) a-t-il connu les deux Corées ?

La cyclotouriste a un cale-pied coincé dans la mousse,
elle en a geint dans le vallon
Cette menthe a goût de fiel
Ces deux Normands font partie des rares désignés (2 cp)
Les luxations répétées mènent à la fêlure
Les filles de Troyes offrent leurs deux joues
Le révérend arrive à la pièce remplie de Mormons
La fille du proviseur aime à voir décharger les péniches de potasse
Virginie prend les bols

Signalons que la même année, **Claude Gagnière**, bien connu dans la république des Lettres puisque, dans le cadre de ses fonctions de directeur littéraire d'un grand club de ventes (fastes) de livres, il donna à maints bouquins la chance d'une seconde carrière, occupe ses loisirs en France à l'élaboration d'un petit bijou de compilation souriante : ***Tout sur tout***. Ce petit dictionnaire qui s'ouvre sur un « Éloge du sourire » contient un excellent article sur la contrepèterie, discipline que l'auteur pratique lui-même avec bonheur. Entre autres exemples bien choisis et gloses pertinentes, il donne les trois règles d'une pratique honnête et de bon goût de l'art du Contrepet :

- Le contrepet est un art oral.
- La contrepèterie est le masque décent d'une phrase gaillarde.
- La contrepèterie ne doit jamais être traduite.

Et l'auteur rappelle cette incontournable maxime : « Il faut savoir prendre les choses en riant. »

Gagnière récidivera dans deux superbes ouvrages édités chez Laffont : ***Au bonheur des mots* (1989)** puis ***Des mots et merveilles* (1994)**, dont les articles sur la contrepèterie (et les autres) valent le détour. Ouvrages réédités en 1997 et en un volume : ***Pour tout l'or des mots*** (Laffont, coll. « Bouquins »)

1988 : la Comtesse a trente-sept ans, mais elle en paraît toujours vingt-cinq, âge auquel, d'après Luc Étienne, elle a décidé de se tenir une fois pour toutes. Depuis 1979, l'« Album » a continué son bonhomme de chemin. Mais 1984 est une année terrible : la Comtesse des comtesses donne son dernier papier qui paraîtra le 27 novembre, la veille de sa mort, après vingt-sept années de talent sans faille. Trois semaines auparavant, l'auteur de ces lignes, qui alimentait régulièrement l'« Album » depuis trois ans et que Luc honorait de son amitié profonde, contrepétillante bien sûr, mais aussi musicale, avait reçu de Reims le dernier coup de téléphone de son père spirituel, annonçant avec la tranquille force d'un courage exemplaire qu'il était arrivé au bout du chemin. Ce fut en quelque sorte un passage de témoin à distance, pathétique mais encore empreint du lumineux humour qui ne quitta jamais Luc Étienne.

L'« Album » a donc continué, en grande partie grâce à la merveilleuse complicité des lecteurs et l'accueil royal qu'ont voulu ces messieurs du *Canard*, avec le souci constant de l'inédit et de l'adéquation à l'actualité.

Et la Comtesse a pris un peu d'embonpoint. De cinq ou six contrepèteries hebdomadaires, on est passé d'un coup à une bonne douzaine, et plus. L'histoire vaut la peine d'être contée. Fin 1984 : rumeurs de remaniement ministériel. Le ministre des Affaires étrangères de l'époque, Claude Cheysson[1] serait dit-on remplacé par Roland Dumas. Mais on ne devait le savoir que le lundi, alors que l'« Album » devait être envoyé le vendredi précédent pour arriver avant le bouclage (il n'y avait pas encore de fax dans le secteur). En l'occurrence, l'alternative était la suivante : garder Cheysson aux bourdes bien-pensantes ou bien choisir Dumas... Deux feuillets furent alors envoyés au journal, l'un cheyssonesque, l'autre dumassien, à charge pour les copains typos, une fois au parfum de l'exact titulaire, de choisir le bon feuillet. Ils mirent les deux, doublant ainsi d'un coup les volumes de la Comtesse. À tort ou à raison, la nouvelle comtesse prit cela pour une invite à désormais tenir ce rythme, ce qui fut fait...

Si bien qu'en 1988, les contrepets s'étant accumulés en strates épaisses (les couches commençaient à se tailler...), il devint urgent de les publier en un troisième recueil. Ce fut, chez Albin Michel, ***Sur l'Album de la Comtesse*** regroupant les quelque 2300 contrepèteries parues dans le *Canard* entre 1979 et 1987. Suivant la saine tradition établie par Luc Étienne, ce recueil s'agrémenta d'une introduction pédagogico-technique destinée à aider le lecteur à se perfectionner dans l'art de classer, traduire, inventer, élaborer et enchaîner les contrepèteries. Des notes en bas de page rappelaient – contrepets inédits à l'appui – certains événements tombés dans les oubliettes de l'histoire. En fin de recueil furent incorporés des textes et des discours écrits ou prononcés par l'actuelle

1. Sous le premier ministrat d'Édith Cresson, la Comtesse susurra : « Cheysson, tu nous fais crier ! »

comtesse lors de manifestations culturelles et autres beuveries musicales, le tout de son cru et à haute densité contrapétique. Environ 500 contrepets nouveaux s'ajoutèrent ainsi à la moisson de ces neuf années d'« Album ». L'auteur a signé de son nom ce recueil, vu qu'il a produit les trois quarts des 2 800 contrepèteries. Mais il tient ici à rendre à César ce qui est à Luc et à Jacques (Antel), ce dernier, plus que tout autre lecteur, ayant apporté une contribution essentielle à l'« Album » jusque vers 1981-1982. Et un grand merci aux autres lecteurs…

Ce recueil reçut le renfort décisif d'une préface d'Yvan Audouard, de plus de 70 savoureux dessins de tous les dessinateurs du *Canard* de l'époque : Cabu, Cardon, Delambre, Escaro Guiraud, Kerleroux, Pancho et Wozniak, et d'un superbe chapitre psychanalytique d'Alain Grandremy : « La Comtesse visitée par l'âme de Lacan ».

Quelques citations :

1979
Heredia aimait les vers fignolés
La Comtesse se méfie des poisons qui tuent
La religieuse sert humblement aux tables des novices
1980
Khomeyni ne veut pas de fellahs dans les factions
L'évêque n'arrive pas à encaisser la bulle
Le garçon coiffeur redoute les sottes mèches
1981
Ôtez ces buvettes de ma rue !
La vacancière s'intéresse à la tonte des brebis
mais le fou d'étrilles rejette les crabes z'osseux (2 cp)
1982
La femme du fripier fait de splendides pompons
Au Figaro, *on a vu Hernu toussant*
Ce Mauroy, quelle bouille et quelle candeur !
1983
L'Irak n'a qu'une toute petite chance
L'hôtesse présente sa note au chasseur
Plaquez bien les mains sur votre sari
et laissez votre natte choir contre lui
1984
Le président s'use ou il baisse ?
Le Pen racole des fonds
Ce vaste chalet n'a pas de chambre mauve (2 cp)

1985
Giscard saute allégrement de la chasse aux fêtes
Les pêchers n'ont pas de dattes
Pour ses liaisons le ministre hésite entre la péniche et le motard
1986
Ce Barre n'est pas un donneur ; pas d'excuse pour ce gros tas (2 cp)
Le pauvre Chaban a dérapé au tennis
Ce jeune léopard est fatigué d'avoir trottiné
1987
Chirac s'appuie sur ses seuls ministres
Ciel ! voici la chaisière et le bedeau minaudant et compassés
Cette carotte a goût de pomme.

Extrait d'un discours de remerciement de la Comtesse à l'Académie gauloise en 1987 :

> *(...) Vous avez dû beaucoup rire avant votre élection. Et voici que vous proclamez : « Admirez nos prix, et venez ! » (...) Ces membres, il faut les voir voter quand ils sont déployés. Jamais soumis aux clans comme certains Goncourt, vous n'aimez pas sentir ces bêtes de prix qui pensent vous acculer et repoussez les chroniqueurs qui n'exhibent que de tristes gueux. Mesdames, vous ne courbez jamais l'échine en tendant la patte. Messieurs, vous refusez de vous assouplir en votant, n'ayant jamais l'urne basse. Cela provoque l'affliction de bien des Grands. Vous avez dû en quitter, des feuilles aux relents vulgaires et vaseux qui faisaient couler la bile des échotiers...* (14 cp).

En avril de la même année **1988**, paraît chez Nigel Gauvin un recueil de 1 000 contrepèteries, dont beaucoup sont inédites : ***Sabine et ses potes***, de **Robert Meslé** et **Walter Olivotto**. Chacun des deux auteurs chante et met en valeur Sabine qui ainsi ne manque pas à l'appel et confie en début d'ouvrage que sa belle a dû attendre que « Sabine l'apaise ». Sabine est omniprésente tout au long des cinq « sagas de Sabine » du recueil. D'autres contrepèteries sont groupées par thèmes. Citons :

Ginette n'apprécie pas la panne
Ah ! ce vent si fort !
Ce Bach, quel mythe !
Fanny s'amuse de la flemme du vieux Panisse
Patrick a trottiné

Le chat maugrée : « Encore deux roussettes de pourries ! »
Oh ! la puce nue !
Sous l'Occupation, Sabine défonçait les poches
Sous la lune, Sabine priait

On trouvera d'autres jolies contrepèteries sabinesques de ces auteurs, écrites en italique au mot « SABINE » (*voir aux noms propres*).

1990 : **Jacques Antel** publie chez Ramsay-Pauvert ***Le Contrepet quotidien***, *1 500 contrepèteries involontaires* (?[1]) *et sataniques recueillies chez nos plus grands auteurs comme chez nos plus grands zorateurs*. C'est un travail de bénédictin que d'avoir traqué ces *contrepèteries du hasard* dans la littérature, la pub ou encore les discours officiels. Signalons qu'Olivier Guichard a confié à des journalistes sous le sceau du non-secret qu'il s'ingéniait à glisser un contrepet dans chacun de ses discours. Le brave homme !

Le résultat est un régal. Enseignes, films, alexandrins illustres, rien n'échappe à l'œil de lynx du contrapétiste virtuose qu'est Jacques Antel. Voici un petit échantillon (*voir aussi « Alexandrins en contrepets »*) :

Le long sera court
La colline des bottes
Grand prix de tennis
Cinquante feux en Corse
Exposition de pierres fines
Chèques en écus
Borg, l'amour fou
L'Afrique est tombée sur la tête
Amputer une jambe
Salle annexe
Tant d'autres nuits sous l'étoile passées (Lamartine)

Un tout léger reproche confraternel. On lit sur la quatrième de couverture : « Bien des spécialistes se torturent les méninges pour

1. Le point d'interrogation est de l'auteur de ce *Dico*, tant fleurissent dans les titres de journaux les « fouilles curieuses » et autres « poids de la Chine ». Cela n'enlève rien à la qualité de ces contrepets ni au travail de Jacques Antel. La plupart des contrepèteries relevées sont selon toute vraisemblance comme les perles des cancres : authentiques. Mais d'autres, vu leur nombre, semblent plutôt des perles de culture…

en fabriquer (*des contrepèteries*). » L'auteur de ces lignes qui en a composé plus de 30 000 à l'heure qu'il est (dont quelque 5 000 pour ce seul *Dico*) peut assurer qu'il n'a jamais souffert aucune torture et qu'au contraire la composition contrepétante a toujours été pour lui un jaillissement jubilatoire et une rigolade permanente. Il en est de même pour bien des lecteurs du *Canard* qui lui font l'amitié d'envoyer leurs trouvailles : leur plume en tressaille d'allégresse. L'on doute fortement que Jacques Antel lui-même ait souffert une seule seconde en pondant ses contrepets. Mais après tout, c'est peut-être un autre qui a écrit cette phrase, laquelle témoignerait de sa moindre aisance dans la discipline…

1992 : l'actuelle Comtesse publie aux Presses de la Cité (collection « Hors collection ») ***Le Contrepêtisier***, sur une idée de Claude Gagnière : une sorte de Bottin mondain ou de Who's Who en contrepets. L'auteur choisit 250 personnalités de la politique, du sport, du show-biz, etc., et « travaille » leur patronyme, en commençant par s'appliquer à lui-même ces mauvais traitements. Joël Martin devient : « Mains aux jarr'telles » (Freud, quand tu nous tiens…). Le résultat : 750 contrepèteries (en majorité inédites, les autres, du même auteur, parues peu auparavant dans l'« Album » hebdomadaire), sur quelques plus ou moins grands de ce monde. Voici des contrepèteries de ce recueil parues dans le *Canard* :

Barre-Édith
Le long Jacquou
Longuet en pull Lacoste
Barzach savait qu'un jour l'Irak chavirerait
Jean-Paul, le pape hautain
Giesbert a changé de canard
Mme Bourges apprécie la verve d'Hergé
Cette grande Callas, quel son !
Mme Chevènement caresse le jars de Dampierre
Delors se fait pompeux en parlant d'écu

C'est un échantillon des célébrités qui se sont faufilées dans les Presses…

1997 : quand sera paru ce *Dico*, sera également paru le quatrième tome de l'« Album ». Mais vu l'abondance de la production entre 1988 et mars 1997 – sans doute pas loin de 8 000 contrepèteries, la Comtesse assure de sa vive gratitude quiconque fera le compte – un recueil exhaustif, dont la typographie forcément plus aérée que celle d'un dictionnaire renforce l'épaisseur, pèserait plus lourd qu'un annuaire téléphonique. Alors, pour ne fâcher aucun lecteur (comme on dit dans l'« Album »), et n'être responsable d'aucun tour de reins, l'auteur s'est voué au tri (comme on dit dans *La Redoute*). Et il a cherché à renouveler complètement la formule classique du recueil. Aussi, *L'Album de la Comtesse* est-il devenu ***L'Album de la contesTe***.

Pourquoi ce substantif-néologisme : *conteste* ? Il est suffisamment proche du mot *contestation* pour que son sens apparaisse clairement, et sa musique sonne comme celle de *comtesse*. En outre, il convient bien à l'esprit *Canard*, protestataire, contestataire, vigilant. Aussi l'idée est-elle venue de regrouper les contrepèteries par thèmes et de bâtir avec ce matériau de véritables lettres de contestation ou d'appel en direction des administrations, des corps constitués, des personnages plus ou moins puissants de ce monde, bref, des « clients » habituels du *Canard*. Mais aussi, car au *Canard* nous sommes de bons vivants, des lettres gastronomiques, ou encore des lettres de vacances, voire d'amour.

Il s'agit donc d'un florilège de 69 (nombre invariant par retournement et qui possède bien d'autres vertus) lettres, dont le sens premier est parfaitement cohérent et qui se révèlent, après décryptage, de véritables kalachnikovs à contrepets. Contrepets qui viennent pour moitié d'une partie de l'apport personnel de la Comtesse à l'« Album » de 1988 à 1997 (à quelques exceptions près), et pour moitié d'inédits (environ 1 600) spécialement composés pour cet *Album de la contesTe*.

Et comme nos lecteurs sont très souvent de fins lettrés amoureux des jeux de langage, la dernière lettre est un hommage à Raymond Queneau et ses *Exercices de style*. Une des variations sur le thème de l'algarade autobussesque de ce génie du verbe nous a particulièrement plu. Elle s'appelle en effet « Contre-petteries ». Il s'agit de contrepets volontairement faux, Queneau s'étant surtout attaché à l'étude des sonorités. C'est superbe ! Alors l'idée a germé de relever le gant et de tenter cette gageure : écrire une variation apocryphe collant étroitement au texte de Queneau dans le sens premier, mais avec de vraies contrepèteries.

L'ouvrage n'est pas encore paru (chez Albin Michel) à l'heure où s'écrivent ces lignes. On ne dévoilera donc aucune citation. Le lecteur est invité à les découvrir lui-même. L'auteur a souhaité faire en sorte que le nouvel *Album* complète le *Dico* et réciproquement. Une anthologie fait toujours bon ménage avec un dictionnaire. D'autant que, sauf horreur ou émission, comme le disait Luc Étienne, et à part une poignée de « grands classiques », aucune contrepèterie de l'un des ouvrages ne figure dans l'autre. L'un dans l'autre, l'ensemble des deux offre pas loin de 10 000 contrepèteries inédites en recueil dont plus de la moitié totalement nouvelles. Un ensemble unique dans l'histoire du contrepet.

Comme le dirait la Comtesse, cela ne fait pas de mal, une petite touche de pub...

Contrepèteries « belges »

Belges entre guillemets, bien sûr, car les exemples qui vont suivre sont peut-être baptisés « français » outre-Quiévrain... Il s'agit de contrepets extrêmement difficiles à résoudre. Chacun connaît l'archétype de la contrepèterie « belge » dont, hélas, nul ne connaît le génial auteur :

Il fait beau et chaud

qu'après d'intenses et douloureuses cogitations, l'on parvient à traduire :

*Il fait **baud** et **cheau***

Mais, curieusement, le répertoire se limite à cet exemple illustre. Le jeu consiste donc à en inventer d'autres, ou encore à en détecter dans des expressions courantes, à la manière de Jacques Antel dans son *Contrepet quotidien* (*voir la « Bibliographie commentée »*) :

Il faut que ça passe ou que ça casse !

Nous pensons tout le monde apte à traduire cette difficile contrepèterie aussi bien que tout un chacun, et réciproquement (forte sentence inspirée de Pierre Dac).

Voici d'autres exemples, à commencer par un conte (et un film) illustre :

La Belle et la Bête
Cette femme est une vraie dame
Ce parrain est un excellent marin
Cette pierre a une odeur de bière
Les popes sont près des chopes
Mon argent m'a rapporté quelque arpent

Ce jeu est inoffensif. Ça détend…

D'infâmes mauvaises langues insinuent que les Wallons trouvent de tels contrepets encore trop difficiles pour les Flamands. Nous n'en croyons rien, naturellement. Néanmoins, car on ne sait jamais, on est toujours le « Flamand » de quelqu'un, voici un exemple-type de contrepet flamand :

*Le **b**ouche-à-**b**ouche*
qu'il faut, bien sûr, pratiquer
***d**are-**d**are*

Attention toutefois aux croisements inconsidérés entre ces deux contrepèteries. Un Gaulois sommeille en chaque Flamand… Autres exemples :

Lulu
Baba
Tonton
Mimi
Coucou
Grigri
Béri-béri
Pousse-pousse
Couscous
Tartare
Baden-Baden
Pilou-pilou, etc.

Ces contrepets flamands sont plus sophistiqués qu'il n'y paraît car ils possèdent plusieurs solutions. Exemples :

***B**aden-**B**aden*
*B**a**den-B**a**den*
*Ba**d**en-Ba**d**en*
*Bad**en**-Bad**en***

Un dernier contrepet « flamand » in(?)volontaire est dû à Claude Gagnière : c'est le titre de son petit recueil (*voir la « Bibliographie commentée »*) :

Tout sur tout

À vous de jouer, chère lectrice, cher lecteur. Les lectrices peuvent aider les lecteurs (contrepèterie « belge »)…

Contrepets « de salon »

Ce sont des contrepèteries convenables où ne se cache aucun mot « tabou ». On peut donc sans crainte les traduire dans les salons. Il est même nécessaire de les traduire car l'auditeur n'est plus guidé par ces véritables mots-phares que sont les contrepétogènes. Sans phare, sans délation, sans bouilles et sans cabas, l'infortuné qui vogue sur la vague des mots a besoin qu'on lui dévoile l'énigme sémantique. Les exemples illustres ne manquent pas. Dans *L'Art du contrepet* (*voir la « Bibliographie commentée »*), Luc Étienne en donne à foison :

• De Robert Desnos dans la série « Rrose Sélavy »

Rrose Sélavy inscrira-t-elle longtemps au cadran
des astres le cadastre des ans ?
Les jeux de fous qui mettent le feu aux joues
Le déchet des calices marqué au cachet des délices
Chants de guerre, gants de chair…
Faux roi des eaux, forêt d'oiseaux…

et ce superbe exemple aux lisières du leste :

Nul ne connaîtrait la magie des boules sans la bougie des mâles

• Attribué à Louise de Vilmorin, ce génial quatrain :

On se veut,
On s'enlace.

On se lasse,
On s'en veut.

• Magnifique exemple de Jacques Prévert qu'il n'est pas besoin de traduire :

Martyre, c'est pourrir un peu…

La géographie offre des contrepets :

Lima n'est pas au Mali
Qoumrâne n'est pas au Cameroun
Draguignan est loin de Gradignan
Partis deux cents de Sedan,
Nous fîmes silence à Senlis

Ainsi que la médecine et la religion : c'est Dieu qui a guéri…

Ta colique
Néphrétique,
Catholique
Frénétique.
Et tes vraies nausées,
Névrosé !

Voici une authentique réaction chimique où l'échange d'électrons s'accompagne de l'échange de phonèmes. Cela prouve, s'il en était besoin, le caractère hautement scientifique de la contrepèterie, cette savoureuse alchimie sonore…

*Ion cuivr**eux** + ion ferr**ique***
donne *ion cuivr**ique** + ion ferr**eux***

Autres exemples hautement scientifiques :

La certitude de l'univers passe par la servitude de l'unitaire
L'experte en bore est fluette, celle en fluor est bête
L'experte en gallium a plein de talent,
celle en thallium a plein de galants
Le car est plein de brome, le bar est plein de chrome

Ne pas confondre :

Les champs de Dirac et *les dents de Chirac*
L'influence des sages et *l'affluence des singes*
Les gens théologiques et *les temps géologiques*
Le mot « chimie » et *le chaud mimi*
Du sodium dans le radeau et *du radium dans le seau d'eau*
La fission des éléments et *la mission des éléphants*[1]
(les éléments fous et *les éléphants mous)*
Un bateau plein de baryum et *un baba plein de thorium*
La température et *la tenture râpée*
Tremper son dé dans l'Yonne et *son nez dans l'iode*[2]
Des bœufs pleins de noyaux et *des boyaux pleins de nœuds*
Un tas de seiches et *un chat de Sète*
Les yeux des veaux et *les os des vieux*
Un monde bistre et *un bide monstre*
Un pâtre d'Albi et *un pis d'albâtre*
Les bébés-éprouvettes et *les bêbêtes éprouvées*
Un poussin sur le pont et *un poupon sur le sein*
Une coque d'épave et *une cave d'époque*
Un chapon maraud, un chapeau marron
et un chameau pas rond
Les chaînes de cailloux, les choux de Cayenne
et les cailles de chez nous

Devinettes

Qu'a bu *le fils cadet du musicien* ? (Le muscadet du physicien)
Qui a conçu *ce processeur fou* ? (Ce professeur saoul)
Qu'est-ce qui fait *ces liaisons* ? (C'est les ions)
Qui se cache dans *ce labo de Phénix* ? (Ce nabot de Félix)
Quelle est la différence entre la religion et la science ?
(On ne peut fiancer l'ascète, mais on peut fêter la science)
Que ne boira jamais *l'avocat du budget* ? (La vodka du Bugey)
Que désigne le *doigt finaud du Dauphinois* ? (Un faux nid d'oies)
Et que dit-il ? (« Faut dix noix »)
Qu'ont mangé ces *bœufs violets* ? (Des vieux bolets)

1. À rapprocher de « la fiction des éléments » que cite *La Redoute*.
2. Ne pas non plus tremper ses doigts dans l'Yonne…

Voici encore quelques échantillons :

Jean Tiberi n'est pas du Ghana, Jean Tigana n'est pas du Berry
On vend des bols peu chers chez Paul Beuscher
Les nippes de Poiret ont gardé l'odeur des pipes de Noiret

Des foies de bœufs cuisent au feu de bois
Le pédicure fait des piqûres
Les moustiques sont partis, les mystiques sont partout
Et de ces gens de choix montent des chants de joie
Après le repas des hommes, avant le repos des âmes,
L'abbé du comte repu pratique l'abus du contrepet
Les sœurs sont bourrées, les sourds sont beurrés
Le gars froid mange le foie gras

Le fripier a cinquante ans, le tripier a cinq enfants
Les bègues des colloques boivent les bocks des collègues
Gilles est député, Jules est dépité
Ce député roux est réputé doux
Le maire chauve a la chair mauve
On voit le vieux ridé bouder bien que bourré d'idées
Théodore m'adule, Théodule m'adore[1]

Jeanne
Nage
Jonathan
Nage autant

Le Lapon tend
Pas longtemps
Un pantalon
Pas tant long

Quel génie, Gene Kelly !

1. Encore, Théodule…

Cours de latin

En clin d'œil aux célèbres pages roses du *Petit Larousse* où fleurissent de latines citations, voici quelques contrepèteries, connues et inédites, ayant rapport avec Rome et la latinité.

Les latins des curés[1]
Les patins à roulettes[2]
Les hommes de robe[3]
Le vieux Sénèque défile, dit de belles choses[4] (2 cp)
et son Néron se bat
Quel pif, Juvénal !
César, votre Pompée dilate son œil de braise
Les actrices dévoilent leurs scènes en vue de Vespasien
Horace tâte le pouls de Sabine
et on a vu Tacite en babouches
Pénible Horace
Le Tibre bien chaud
Oh ! un bouchon sur le Tibre !
Probité, c'est du latinisme
Quel zombie, Poppée !
Enserré par le Janicule,
le touriste a parlé de police au capitaine
Cléopâtre ne se penchait pas sur les arpions de ses morts
Ah ! le falot de Titus !
Les Romains rêvaient de Pouilles et de Carthage
Quels vers, Virgile !
Il y a des amateurs de Pétrarque dans les bus
Ah ! les gueux que le gros Néron prisait en bouffant ! (2 cp)
Il en a prisé des bêtasses !
Pluton, quel cas !
Jupiter supportait mal que Saturne soit bouché

1. *AC.*
2. *AC.*
3. *AC.*
4. Contrepèterie d'un lecteur du *Canard*.

Factures contrapétiques

Le mot « facture » est à prendre dans son sens artisanal de fabrication, comme la facture d'instruments de musique. Il convient donc fort bien à l'art essentiellement musical du Contrepet.

Il existe différentes techniques pour forger des contrepèteries. Ce *Dico* propose une classification fortement inspirée de celle de Louis Perceau, l'auteur de *La Redoute des contrepèteries* (*voir la « Bibliographie commentée »*). Mais pour chaque technique, l'auteur se fait un plaisir de donner des exemples inédits tirés de ce *Dico* ou puisés dans ses réserves secrètes. Chacun de ces exemples est « traduit » à la manière de Luc Étienne : *les lettres à permuter aux risques et périls du lecteur sont indiqués en caractères gras ;* lorsque la contrepèterie entraîne des changements d'orthographe, la solution les indique (*pour plus de précisions, voir l'avant-dernier paragraphe de l'Avertissement*). Ce procédé est étendu à la traduction de toutes les contrepèteries du *Dico* à la fin de celui-ci. Voici donc les différentes permutations possibles :

Consonnes simples placées au début des mots

Le marin radine dans la baie	Le marin **r**adine dans la **b**aie
Cette baigneuse a une forte odeur de tabac	Cette **b**eigneuse a une forte odeur de **t**aba
Le sourcier aime à découvrir des bains	Le **s**oursier aime à découvrir des **b**eins
Je vais finir par te priser, bêtasse !	Je vais finir par te **p**riser, **b**étasse !
La vase de la berge	La **v**ase de la **b**erge
Une brique de treize	Une **b**rique de **t**raise
Pèze et butin	**p**aise et **B**utains
Une cote montante	Une **c**otte **m**ontente
Courses de bateaux	**c**ourses de **B**athos
Madelon donnait le quart	Madelon **d**onnaît le **c**ard

Consonnes simples au début et à l'intérieur des mots

La marinière chasse les bêcheurs de son barlu	La marinière chasse les **b**écheurs de son barlu
Une bêtasse appétissante	Une **b**étasse a**p**êtissante
Deux rennes	**d**œuds rai**N**es

Consonnes simples à l'intérieur et au début des mots

Le maçon trouvera bientôt le béton	Le maçon trouvera bien **t**eau le **b**éton
L'hépatologue minable	L'hé**p**atologue **m**inable
Les tricoteuses paressent	Les tricoteuses **p**aressent
Un confluent grisé	Un con **fl**uant **gr**isé
Des locaux de Latins	Des locos de **l**atins

Consonnes simples à l'intérieur des mots

Cette fille est bête à te faire couler la bile	Cette fille est be**t**e à te faire couler la bi**ll**e
Une bonne matière pour biner	Une bonne ma**t**ière pour bi**n**er
Des bis ratés	Des bi**c**es ra**t**ées
Faire le boutre c'est un problème de chiffre	Faire le **b**outre c'est un problème de chi**f**re
Égaré dans un confluent	E**g**aré dans un con **ff**luant
Cocasse et connue	Cocasse et co**nn**ue

Consonnes doubles ou simples au début des mots

Le légionnaire a une bique tricolore	Le légionnaire a une **bi**que **tr**icolore
Ce fromager a peur qu'on voie son brie	Ce fromager a peur qu'on **v**oie son **br**it
Ces brouilles, quel casier !	Ces **br**ouilles, quel **c**asier !
La chute du patelin	La **ch**ute du **p**âtelain

Consonne doubles ou simples au début et à l'intérieur des mots

L'éleveur tend deux caprins	L'éleveur tend deux caprins
Alors mon loup, tu t'branches ?	Alors mon lou, tu t'branches ?
L'internaute lit en se branchant	L'internaute lie en se branchant

Consonnes doubles ou simples à l'intérieur et au début des mots

Oh ! un bouchon sur le Tibre !	Oh ! un bouchon sur le tibre !
Le curé peine en chiquant	Le curé pène en chiquant
Le cycliste a déjanté en chutant	Le cycliste a déjanté en chutant

Consonnes doubles ou simples à l'intérieur des mots

Faut pas lutter, ma biche	Faut paluter ma biche
Bizarre : cette chape sent la lotte	Bizarre : cette chape sent la lotte
Labiche, c'est coton !	La biche, c'est coton !

Voyelles simples

Quel pif, Juvénal	Quel pif juvénale
Pluton, quel cas !	Pluton, quel cal !
Des bornes usées	Des bornes usées
Les maçons passent en déballant leurs briques	Les maçons passent en déballant leurs briques
Une butte pour la Brie	Une bute pour la bri
Le cas de Muriel	Le cal de Murielle
Des carrosses hérétiques	Des carosses éretiques

Voyelles « doubles »

César, votre Pompée dilate son œil de braise	César, votre ponpée dilate son œil de bréze

Le croupier roula sur un bidon	Le croupi**et** roula sur un bid**on**
Une semonce dans le camp	Une sem**on**ce dans le c**en**
Ah ! se faire tondre dans le camp !	Ah ! se faire t**on**dre dans le c**en** !
Les zombies cherchent des nids chauds	Les z**on**bis cherchent des nich**os**

Voyelles simples et « doubles »

Acculée par un mauvais Chouan	**a**culée par un mauvais chou**En** (*oua = oix*)
Des traces de Lockheed dans cette bile	Des traces de l**ou**quide dans cette b**i**le
Acculé, il se rend	**a**culé il ser**En**
Des bovins sur des tapis	Des beaux v**in**s sur des tap**its**
Deux nids sous une boîte	Deux n**i**x sous une b**oi**te
Pas question de Byrrh dans la boîte	Pas question de b**i**re dans la b**oi**te
Lâche mon chai	L**a**che mon ch**è**t
Des milliers de conquêtes	Des milli**é**s de qu**on**quettes

Syllabes

Méfiez-vous des manieurs de becquerels	Méfiez-vous des **mag**neurs de **bai**querelles
Des bêtes puantes	Des **bé**tes **pu**antes
La bergère crâne en montrant sa biquette	La bergère **cra**ne en montrant sa **bi**quette
Les condés corses profitent aux clans	Les **con**dés corses profitent aux **clans**
Un emballeur de Cuba	Un en**ba**leur de **cu**ba

Portions de mots ou mots entiers

Des bâtisses remplies de peinards	Des bât**iss** remplis de pén**ard**
Des tantes convergent	Des **tentes** con**verges**
La gorge débite	La **gorge** dé**bite**

Cette Marielle fait une sacrée macreuse	Cette mari**elle** fait une sacrée maquer**euse**

Portions de mots et voyelles simples ou « doubles »

Que fait ce planton au boxeur ?	Que fait ce plant**on** au box**eur**
Un car allumé	Un c**ar**l à l'**u**mée (al**u**mé)
Cocasse et connue	Coc**asse** et conn**ue**
Une coquette bien drapée	Une c**o**quette bien d**ra**pée
Un globe en scène	Un gl**ob** **and**scène
Tapé et pompette	Tap**é** et pomp**ette**

Contrepèteries où l'un des sons décalés est une liaison (*les z'obsèques*)

Des bœufs bien allants	Des **b**œuds bien **n**allants
Ces (z')hommes bouillent	Ces zo**m**s **b**ouillent
Des bêcheurs irakiens	Des bai**ch**eurs **s**iraquiens
La maquette des îles	La **mâ**quette des **zi**les
Les méfaits de l'azote	Les **m**effets de la **z**'otte

Contrepèteries comprenant en plus une homophonie

Le mont c'est là, cool !	Le **m**on, c'est la **c**oule

Déplacements de consonnes
(Un « / » marque la destination de l'élément *gras* déplacé)

Ce cuisinier braise tôt	Ce cuisinier b**r**aise t/op
Baudelaire bossait fort ses quatrains	Baudelaire b/ossait fort ses ca**tr**ins
La pinède de l'armateur	La pine /aide de l'a**r**mateur
Le pas du shérif	Le pa/ du chéri**f**

Déplacement de voyelles

Iago possédait quelque sens pour biaiser	Iago possédait quelque sc/ence pour b**i**aiser
Un grand bain sodiumisé	Un grand b/en sod**i**omisé
Un mot pour bien opiner	Un h/mo pour bien **o**piner

Déplacement de syllabes

Une pinasse fade	Une pin**asse** fad/e
Manœuvres dilatoires contre une Tamoule	Manœuvres dila/toires contre une **ta**moule
Ce box est plein de cruchons	Ce box/ est plein de cruch**on**es
Un cocon dans une nasse	Un **co**con dans une /nnasse
La vicomtesse aime les gros	La **vi**comtesse aime les gros /ts

Déplacement de bouts de mots

Cette rade est pleine de godasses	Cette rad/e est pleine de god**asses**
Ce profane a des problèmes avec son orgue	Ce prof**ane** a des problèmes avec son org/

Facture « irrégulière »

Permutation circulaire

L'effet de serre	Les **f**[(2)]aies de **ss**[(3)]**er**[(1)]es[1]

Son **ég**[(3)]ection l'a mené droit au **r**[(1)]**av**[(2)]in

La traiteuse donne son **n**[(3)]on en tendant ses **c**[(1)]iches, elle aime, ça les **m**[(2)]œuds

Au **pier**[(3)] du **gré**[(1)] **pom**[(2)] *(permutation circulaire de syllabes)*

Contrepèteries à l'intérieur des mots

Bardot, bijouterie *(2 solutions)*, caleçon, cochon, comté, cervidé, Denard, document, fascicule, Gershwin (*on prononce « guère chouine »*), (les z')omnibus, Longjumeau, métropolitain, pénitencier, sanglier, Salomon *(2 solutions)*, Viroflay, Zénobie… et la célébrissime philanthropie de l'ouvrier charpentier (*voir les solutions à la fin du* Dico).

1. Le *r* prend la place du *f*, lequel chasse le *s* doublé qui s'installe à la place laissée libre par le *r*. *Idem* pour les trois consonnes *j*, *r*, et *v* de la contrepèterie suivante, etc.

Contrepèteries enchevêtrées

Illustrissime exemple :

L'aspirant habite Javel
(*prononcer dans l'ordre inverse :*
Javel-habite-en-spir-al)

Autre exemple :

L'accessoiriste peint les tuniques
« <u>**p**</u>$^{(3)}$ <u>**ains**</u>$^{(6)}$ <u>**les**</u>$^{(2)}$ <u>**t**</u>$^{(5)}$ <u>**u**</u>$^{(4)}$ <u>**nique**</u>$^{(1)}$ »
(*prononcer dans l'ordre des chiffres croissants*)

Contrepèteries entraînant des restructurations de mots

Soudure de mots

La base qu'est piteuse	La b**a**se c**ai**piteuse
Ce sax t'étonne	Ce s**â**xe t**e**tonne
Une bêtasse pas lourde	Une **b**étasse **p**alourde
Sots dominés par des infos	Sodomi**n**és par des **s**ymphos (*avec en prime une liaison partie prenante*)
La bise l'été	La bi**s**e lé**t**ée
Les bries de l'hiver	Les **br**its de li**v**aires
Butte et cap Horn	Bu**t**es et capo**rn**es
L'écriteau long	Les c**r**ito(ris) **l**onds
Ce bras khmer-là	Ce braquem**ai**rt l**a**d
Ici, les flûtes ont peu ri	Ici, les **fl**utes ont **p**euri
L'habit rouge du tôlier	La birou**g**e du **t**eôlier
Le gueux s'ébranle	Le g**e** s**ay** branle (*à la fois soudure et cassure*)

Cassure(s) de mots

Une bêtasse empotée	Une **b**étasse en **p**eauté
Sabine l'apaise	Sa **b**ine la **p**aise

L'abbesse défile	La **b**esse défile
Une luge pour Saverne	Une lu**ge** pour sa ver**n**e
Des bovins au tri	Des beaux v**ain**ts au **tri**
Un canut assidu	Un c**a**l nu à sid**u**
Groupe de chroniqueurs	**g**roupe de **C**ros niqueurs
Saindoux dans la fève	**ss**in doux dans la fè**V**e
Des chars pour Léda	Des **ch**ards pour les **d**ats
Les forteresses de Foccart	Les fortes **R**esses de **f**ocard
La messe effarante	La **m**esse est **f**arrante

Contrepèteries à plusieurs solutions

Le barbu embrasse la Marion sur le quai	1) Le barbu embrasse la mari**on** sur le c**ée** 2) Le barb**u**(3) embrasse la mari**on**(1) sur le c**ée**(2)l 3) Le barb**ul** embrasse la Marion sur le c**et**
Les gardes-chasse matent les biches	1) Les gardes-chasse mâ**t**ent les bi**ch**es 2) Les gardes-chasse **m**attent les **b**iches
Ce gantier déteste les rousses	1) Ce routier déteste les ganses 2) Ce rentier déteste les g…
Sol mat	1) Sotte malle 2) S**o**le m**a**tte
Mouille les corps	1) **M**ouille les **C**aures 2) M**ouille** les c**or**ds
Lâcher l'épine	1) La**ch**er l'é**p**ine 2) L**a**cher l**é** pine

Hybrides

C'est un petit jeu zoologique inspiré du jeu des hybrides animaux qui sont autant d'homophonies (deux expressions d'orthographe différente donnant le même son), comme :

Pie-panthère (pipe en terre)
Vipère-ver (décemment intraduisible)
Braque-marmotte (*idem*, de Luc Étienne)

Il s'agit donc d'accoupler deux espèces d'animaux de façon à ce que leur rejeton hybride dont le nom est formé par accolement des noms des deux parents forme une contrepèterie. Exemples :

L'ibis-mante
L'alouette-mouche

La caille-poule
(de Dominique Durand du *Canard enchaîné*)

Le lion-faon
Le piaf-élan
La lotte-mante
L'abeille-moule
Le grondin-rat
Les génisses-poux
Mulet-encornet
Blatte-faucon
Puce-cerf
Poulpe-caille

Lectrices et lecteurs, à vous de jouer pour d'autres accouplements et mutations félines… Mais consultez le comité d'éthique (vos droits peuvent se télescoper avec l'éthique) avant de faire les clones avec vos poux ou encore vos biches et vos moutons. À propos de clones et de moutons, voici un exemple possible :

Dolly-jars

Mais fuyez les labos où les canards sentent le coca, humez plutôt le parfum aigrelet de l'*aigle-raie* et travaillez sur les liaisons de type *bique-thon*.

Jeu de la chaîne contrapétique
(on est bien nantis avec les jeux)

Le jeu consiste d'abord à convenir d'une transformation contrapétique donnée, par exemple, le déplacement de la consonne *r*. Le premier joueur (qui est fana pas trop logique de foot et se plaint d'une baisse de fréquentation des stades) propose une première contrepèterie : « Cette année, il y a des creux dans la Coupe. » Un joueur s'empare de la Coupe pour contrepéter avec déplacement d'*r* : « La Coupe souffre d'un manque de tracts. » Un troisième enchaîne : « Manque de tract et trop de foot ». Le suivant n'est pas en reste : « Trop de foot, c'est pas trop logique », etc. Le premier qui se démobilise en ratant a perdu. On peut, dans cet exemple user de *cru tout troublant foc gratter cote braise*, etc. Si l'on choisit ensuite la permutation des voyelles *o* et *ê* (*è*, *é*, *ai*). on pourra faire appel à *paix, historique, hérétique, coquette, naine, panneau, fermes, fosses, Arménie, potasse, (re) coquette, harmonie*, etc. Si l'on préfère les permutations de consonnes, voici un autre exemple de chaîne : *saoule, main, classeurs, se taper un rami, sinistre, dément, sotte, former, salle, mensuel*, etc. Lecteurs, à vous de jouer...

L'habile détecteur
(devinette)

Un fabricant de logiciels vient d'annoncer la réalisation après plus de dix ans de recherches, du logiciel sémantique qu'attendaient tous les spécialistes de la linguistique combinatoire : le « *Détecteur d'Antistrophes Rabelaisiennes Dissimulées* », autrement dit, le premier détecteur informatique de contrepèteries. Présentant son DARD, le géniteur résume : « C'est un projet net qui a d'abord exigé un vieux VAX 1 pour y faire prélever nos puces car nos Bull n'étaient pas bien dans le coup. » Racontant comment il avait un jour été disturbé alors qu'il travaillait sur masque, il parle de « micros pleins de failles », de « petites lettres qui tenaient mal », avant de conclure : « Nous sommes arrivés au bout en treize ans. » Devinette : trouver combien de contrepets détecterait le DARD dans ce texte[1].

Solutions multiples

Certaines expressions possèdent plusieurs possibilités de transformations contrapétiques, honnêtes ou non. Exemple :

La mode aussi
L'ami d'Ossau
L'assaut maudit
Seau d'eau mis là
La dîme aux sots
La sod...

À vous de deviner une autre solution que la décence interdit d'écrire en clair, puis de chercher d'autres exemples. (*Voir aussi « Contrepèteries à plusieurs solutions ».*)

Synonymes contrapétiques

Une des plus célèbres contrepèteries de *La Redoute* est un tantinet macabre : c'est « la mine du port ». Fin 1989, la Comtesse proposa aux lecteurs de son « Album » hebdomadaire le jeu des « synonymes contrapétiques ». Il s'agissait tout simplement de trouver d'autres expressions qui, une fois décryptées, désignaient feu le même organe... Luc Étienne avait déjà trouvé « *la déroute du biffin* » et l'auteur de ces lignes « *le phare du dédain* » et

1. Ce texte fut élaboré par l'auteur pour un numéro de 1er avril de l'excellente revue de vulgarisation scientifique *Pour la science*. Les scientifiques aussi aiment le canular...

« *la paix de ma cabine* ». Merveilleux lecteurs ! Voici la moisson après quelques semaines de pratique canardesque de ce « jeu de Noël » :

La moquette du Caire
(la solution n'est pas « *la coquette du maire* »...)
La paix de ma cabine
La sculptrice a fait une grosse bise au gitan
Le phare du dédain
Le malus des forts
Les ors des mobs
Une bête décidée
La pisse du trépané
L'écart des damnés
La butte du Pandhi
La marotte du cor
les phares sont deux
L'écrevisse peinée
Les bottes d'émirs (les toges d'émirs) (2 cp)
Porte-mine
La dette du biffin
Dévots sentant la myrrhe
Des baths kinés

Ce délicat sujet a même suscité des phrases entières :

Voici deux bornes au pied d'un mur où l'on bine dans les pierres
et l'on mouille les corps (2 solutions)

On voit les défilés sans fin des fantôme
qui se taisent loin des bombes, opinent dans leurs suaires (2 cp)
et emportent des malles, leur canne coincée dans le pivot. (2 cp)
Il serait surprenant qu'ils pussent à nouveau décéder...

Devenus morbides sur le tard, voyez, les grands cessent d'excéder (2 cp)

Les dames ont eu moins de succès que les messieurs. Citons :

Une menthe forte
Une natte cachée

On peut renouer avec le jeu dans le domaine gastronomiquement zoologique :

Le bar des Daudet
Deux canes
Un quart de bourride

Ou encore celui des nombres :

Deux et quart
(Bob hésite)

Le tourisme :

Deux falots sous le prunus
Deux digues sous le phare
Deux cailles sous le pouf
Deux roues bêtes sous la pire route

Thèmes à contrepèteries[1]

On trouvera ici des contrepèteries, sauf erreur toutes inédites, regroupées par thèmes ou activités : tourisme, politique, histoire, musique, religion, sciences, lettres, médecine, etc. En tête de chaque série figurent des mots-clés, contrepétogènes adaptés au sujet. Une lecture attentive de chaque liste des mots-clés révèle que deux contrepétogènes qui se suivent peuvent éventuellement s'accoupler. Exemples touristiques célébrissimes : « rue-quai » et « Chine-Nippons ». Ça marche aussi pour « Anjou-train de Bâle », « chott-Lannion » et autre « site-balcon ». Mais il y a bien d'autres exemples. On a choisi vingt thèmes, et pour chacun, quarante contrepèteries.

Ce *Dico* offre donc en prime, sans augmentation de prix, un deuxième livre à l'intérieur du premier : un recueil de 800 contrepèteries inédites. Vous tenez entre vos mains le premier dico gigogne !

1. Contrepèterie « belge » très difficile : la solution est « *Contrepèteries à thème* ».

Conseil aux lecteurs particulièrement pieux : ruez-vous sur le thème « Religion », vous y trouverez une rubrique qui doit être louée. Les contrepets évoquent ce qui se fait à la messe. Savourez longuement les quarante de la messe…

Animaux

Mots-clés : pis, la vache, bique, thon, génisse, python, biche, mite, patte, mule, piaf, fond, belon, calmar, l'ibis, mante, l'alouette, mouche, l'émeu, niche, braque, marmotte, etc.

Méfiez-vous de ces dogues goutteux
La souris trotte et remue sous les plinthes
La marquise fait admirer le bond de son faucon
Ce serpent n'est pas joli et envoûte plein de proies (2 cp)
L'apprenti vétérinaire distingue mal les maux des poules
De célèbres ornithologues présentent leurs pies connues
Ce petit veau est déjà bien ridé
Lâche donc ce bête pou, bêtasse ! (2 cp)
Dès que les poules pondent, les coqs se pressent
L'étalon se cabra sur le champ
Ce bon vieux jars était ridé
Voulez-vous l'aimer, ma chamelle ?
L'abeille salie asservit les poux (2 cp)
Une folle bernique
Cette grosse fourmi se traîne sur les bûches
Ce vieux paon boudait
Le méhariste tire sa flemme en caressant les chamelles
Ce jeune cavalier a peur de faire craquer son poney
Ce dessinateur d'oiseaux trace deux piverts
Voici une troupe de fortes cailles
(contrepèterie par consonnes au début des mots)
Ah ! bon, vous goûtez les fouines ?
Cette rousse a une bien jolie mule
Ah ! le beau têtard appâté !
Cette grosse vache a provoqué le dépit de bien des veaux
Ce cochon a plein de graines sur les soies
L'illustrateur animalier vient de se faire une babine passable
Oh ! la mite butine !
Cette petite bête est salie
Gare ! la raie vole !

L'étudiante en zoologie admire la panse du lion
La souris se cache sous un pouf
Cette mouche sent le loup
Que font vos deux moufles sur ma mule ?
Ce corbeau est bien sage
Ce poney est trop bas
Ce sourd distingue mal la mule de la mouette
Cette bête est bien molle

Armée

Mots-clés : pièce, feu, coup, gnon, camp, semonce, Teutons, quai, champ, acculé, douilles, quart, culasse, entêté, traits, panique, etc.

Ce guerrier a pénétré le fond de bien des forteresses
Les Boers réservaient leurs coups aux Peuls
(ils trouvaient les Peuls minables)
L'adjudant prévient que si vous tripotez ses douilles,
il va vous en cuire (1 cp pour 2 lignes)
Bien fêtée pour ses collations,
Madelon offre ses vins au sicaire
Ce son sort du camp
La lingère offre un joli drap au troupier
La cantinière garde son cœur pour les clairons
Les bidasses pointent, moulus, devant les gamelles
Le légionnaire a coincé Sabine contre un piquet
Ce patrouilleur en voulait à son pain
Le soudard a saisi les bêches d'un ermite
Mam'zelle Victoire attirait les sapeurs
Cet uhlan s'est retrouvé encagé,
acculé par deux braves sans peur
Encagez-les profond, ces gueux !
Le major a tâté le pouls du patrouilleur
Le stratège examine l'effet des lanciers
Ce général perd trop de monde
Laissez tomber les joutes et tâchez de fuir
La verve du sergent agitait le colon (2 cp)
Général, votre troupe est couverte
et le quart est endormi
Madelon offre son cœur au planton
et voit la douleur de son quart

Le vieil adjudant a des douilles collantes
N'exposez pas ces carnes si près des butins
L'espion se masque avant la mission.
Il rentre doucement dans le camp car il est prévenu
Les paras planquent souvent leurs tenues
L'artilleur pèse des boulets
Les bidasses méprisent les ragots
Le planton éméché a pris sa veille
et répandu sa bière dans une guérite
Je vois des joues qui bleuissent
et des hommes violets dans les rangs
Il faut compter les gars
La générale a mis un chapeau sur son drap

Commerce, industrie, artisanat

Mots-clés : boîte, prix, bar, tabac, maquette, crèche, vente, fiabilité, maillon, courant, butin, pèze, caisse, forcer, emprunt, joute, houille, clicher, brique, taloche, gond, coût, etc.

Quel coup de patte a ce mineur
qui sort sa houille en criant !
Au Luxembourg, les bars prospèrent grâce aux pratiques ducales
La tenancière offrit son bras au chasseur
Pub : « Brut de pêche »
Attention : chaux vive
Pub : « Art des salles d'eau »
N'emballez pas ces vieux pots
Alors, tu la sers cette coquette ?
L'antiquaire a une boîte pour chaque cire
L'apprenti tripier démêle la barde
Tendez-moi cette brique
La teinturière a mis un manteau noir dans sa note
Ces grossistes réservent leurs ventes à leurs amis
Votre glu sent
Le dessinateur déploie la page et met la main au vernier
La marchande de jouets vend de menues péniches en plus
Oh ! le joli lion en fer !
Ce gantier déteste les rousses
(ou « *Le routier déteste les ganses* »)
Ce gond me déroute

Le commissaire-priseur a l'air fané en sortant de cette vente
Madame, votre trop-plein coule !
Alors mon vieux, paraît qu'ta pile déconne encore ?
Ce vieux vendait des bas
Éloignez vos bœufs de nos cocons
Ce gond est plein de crasse
Hé ! l'apprentie, fais-la, la finition !
La bijoutière présente l'agate à ses chalands
La menuisière fait tressauter son pin quand elle ponce
Ma fille, tu éponges les briques de façon atterrante
Ils sentent fort, ces pots de grès !
Cette antiquaire douée a le goût du rare
Y m'a pas payé et en plus y louche !
La fripière qui trotte a un grand choix de bas, (2 cp)
elle tricote au petit point la socquette du caissier (2 cp)
La nouvelle se montre hardie aux ventes
Oh ! le sinistre mastic !
Le patron sort sans hâte subite en disant qu'il faut pas lâcher

Décoration, arts plastiques, photo

Mots-clés : jatte, Chardin, berge, Watteau, Magritte, bath, Beaux-Arts, BD, Bonnard, deux, butte, Sisley, couche, touiller, pouf, toiles, vitres, chambres, Manet, parent, etc.

Quelles poses, mon cher !
Oh ! la sotte malle !
Ce vieux radin rêve de Prague
Rachel taquine les poules du rabbin
Dégoûtant, ce vieux qui crachouille sur votre maquette !
Ne cherchez surtout pas à abaisser Magritte !
Le décorateur ivre plongea son pouf dans une barrique
Ce rapin rêvait d'être Bayard
Dali a-t-il peint un peu en noir ?
Horace proposa Sabine au beau Bonnard
Rodin aura touché bien des gains avec son ciseau
Ce palais est bien jauni
L'ancien légionnaire se tourne vers les poses de briquettes
Pas moyen de soulever le pouf de ce gros lard !
J'préfère manipuler les poufs de toile ! (2 cp)
Madame, faut-il couvrir ce lumignon ?

Le marchand qui a découvert Magritte est forban
Le photographe n'a pas envie d'exposer ses poses à un chineur
Le peintre tient des propos bien dosés sur son art
La décoratrice cherche un pouf à son gars
Paraît qu'la vue de Magritte donne envie d'bâiller !
Voici un art bien dément
Jacob a trempé son pouf dans le jardin
Cet antiquaire propose un jaunet pâli
Votre pâte, quelle patine !
Vous devriez surveiller votre verrière, Paul
Le décorateur négligent présente un pouf bâclé
Pauvre tapis que percèrent tant de talons !
Gauguin vient d'enfiler un nouveau pagne
M. Valadon supportait mal cette vieille butte de Cézanne
Oh ! ces lithos crissent !
Ce vieux rapin devrait éviter les dédales
Sa modèle refusa toujours que Monet lui emboîte le pas, ne voulant pas être gâtée par le vieux peintre
Quel beau vase, hein, mon vieux Job !
Mme Vigée-Lebrun[1] *est en train de peindre sa croûte* (2 cp)
Le céramiste expose son pot derrière les carafes
La sculptrice rêve de biseaux nets
Quoi, votre Angèle peint !
Le photographe amuse la nymphe en prenant ses biches

Gastronomie

Mots-clés : mangue, lotte, pommard, chambré, croquette, cane, pois, dîner, thon, carte, soupe, sucre, braiser, thym, croûte, pâté, caille, chou, buvettes, riz, vin, jarre, soda, mouton, bouillant, nouille, canard, feu, quiches, mouillées, fèves, saindoux, roussettes, pain, menthe, filaments, marc, dînette, porto, bibine, etc.

Battez le tout !
La confiseuse montre une légère couche rose sur sa pâte
Le vigneron n'arrête pas de briquer sa tonne
Tous, dévorez-les !
Retirez ce bas, mon convive !
Sens-moi le thym !

---

1. Célèbre contrepèterie de *La Redoute*.

Oh ! la bath fricassée !
Le chef fait des plats impeccables
Je vois que ta piaule regorge de morgon
Ton beauf' n'a pas de pâté
C'est des quoi vos nouilles ?
La confiseuse sèche chaque poire
Quelle cave, bru !
Votre mélasse sent la vieille semoule
Fondue au camp : on pose sa mie sur le vin (2 cp)
Nous ne mouillerons pas nos Byrrh de sitôt
Laitue séchée
Bécassine a été échaudée par un far
Chef, comment braiser une fois que j'ai éteint ?
Chéri, t'as du pinard sur le dos !
J'goûterais bien aux tasses de ces pécores !
J'adore ta crêpe, ma poupée !
Mon fiston raffole des pignes
Quelle vilaine poire, Fred !
Le chef s'inquiète du dégoût que provoquent ses cailles
Dès qu'elle est chaude, le traiteur emballe sa potée
Prends pas trop de mousse, ça rend lourd !
L'ouvrière invita le soupeur à dîner
Cette bonniche sent le vieux calmar
Chef, vous me tentez avec votre mâche !
Ce bouchon est plein de terre
Oh ! la bisque est teintée !
La cuisinière s'éclate dans les mets délicieux
Oh ! le mouton bout !
Ce bouchon a gardé l'odeur de votre menthe
Chef, y a plein d'pâtes dans la cuve !
Oh ! la pâte a fumé !
La patronne propose sa laie au riz
Cette petite boîte sent l'anisette

Histoire

Mots-clés : preux, causes, hérétique, historique, Tacite, Baucis, date, char, bouffon, tente, droit, l'Attique, cotte de mailles, etc.

Jupiter a-t-il lutté contre Janus ?
Narcisse adorait les plaisirs, l'eau, Cythère…

Ces trente Pénélope suivaient la voie d'Ulysse (2 cp)
Les amazones étaient masquées mais on voyait leurs cottes
Fuyons ces temps sanglants !
Dès que les Perses se disputèrent,
l'Attique cessa de crouler
C'était souvent truculent, les sycophantes…
Ne provoquez pas Rome en lutte
Et derrière l'Étrusque se profilait l'Afrique
Le tribun a graissé la patte au consul.
Il est gris mais quelle toge !
Sainte Geneviève ignorait l'existence de Huns convertis
Tous les Goths ne sont pas hérétiques
Les religieuses d'Antioche connurent le prix des vœux
On vit la châtelaine chez les lépreux
La femme du Croisé fut emballée par un paladin
Les preux se vautraient dans le stuc
La reine capricieuse voulait qu'on fasse la tête à son bouffon
Henri III mouillait ses quignons
Le mignon évaluait le don du roi
Mme Paré goûtait assez peu le cru d'Amboise
Henri IV guettait les fausses hérétiques
Le bouffon est dans l'attente
La Grande Mademoiselle s'appuyait sur le flanc des grondeurs
Les mousquetaires fonçaient sur les gardes
Les sœurs de Napoléon s'envoyaient des saphirs à la tête
L'historienne montre sa hâte à l'archiviste
qui tripote les sceaux de l'impératrice
L'archiviste a plein de lettres à Fouché
Les rois sont dans la peine
Mme Bugeaud partait à l'entrée du Dey
Ce dey n'était pas complaisant
Grant a beaucoup fustigé le néant des Sudistes
Les marins yankees visaient aux carènes des sudistes
Ah ! que de mythes boches en ce Verdun magique (2 cp)
On parle toujours de Pétain dans la Prusse
Les maquisards cachaient leurs tenues

Justice

Mots-clés : brute, pends-les, juger, entauler, humilité, dèche, fric, l'atoll, butin, pèze, palais, navette, voler, trépigner, léser, débecter, acculer, menteur, frauder, querelle, pendard, grâce, fou, délation, etc.

Le marquis de Sade était obsédé par les « nains de la justice »
Fuyez ces brutes paillardes
Lâche-moi la patte !
La témoin semblait écœurée devant ces gars-là
Elle a vu Paul et Karine et aussi Paul et Violette (2 cp)
Sa copine était une vraie piqueuse
Sabine est pleine de peur
Madame, j'ai enquêté c'est nul :
votre Borniche quel drôle de modèle !
Cette peine est obsolète
Oh ! les bandits rudes !
Je vengerai bien votre mie
Les pyromanes ont le feu en eux
Cet infirmier a volé une fiole
Le douanier a fouillé la coureuse
Ce ballot savait…
Cette pillarde n'est même plus trépanable
Il y avait des vandales derrière le parapet
Ce bourreau sadique souhaitait leur fin
Le maton lorgne les piétons de sa taule
Cette folle voulait noyer tous les chevelus
M'sieur l'juge, ces flics agaçaient mes trotteurs !
Ce syndic est un homme à femmes
Vous pouviez lutter sans tout ravager
Qu'ouïs-je quand tu mens, Jules ?
Votre semonce était d'un marrant !
Ce sale type m'a dit : « T'as déjà connu des creux, ne nie pas ! »
Ce baron m'a lésée
La délation ça me rend fort
C'est bien ce pompier qui m'a sauvée dans la toiture !
C'est cet homme à la tronche enluminée qui m'a véhiculée
Le bas-neveu gisait dans le béton (2 cp)
C'est un facteur qui l'a dénoncée
La détenue offre son cœur au maton
La voleuse va se damner
L'inspecteur a pisté l'anar
Le pyromane semblait étonné du feu
Ces petites tapageuses étaient-elles mineures ?

Littérature

Mots-clés : Panisse, délaissé, courage, Beckett, émotion, Ibsen, larmes, Chimène, Baucis, sabbat, khâgneuse, Goncourt, Proust, valeur, etc.

Rousseau méprisait les bonniches d'Émile
Elle valait pas cinq sous, la pinède de l'avare
Quelle émotion, Ibsen !
On n'a jamais vu de khâgneuses au Goncourt
« Agréable Rostand ! » pensait la bibliothécaire hépatique
Voilà le bouquin du mardi (joli don, ce bouquin) (2 cp)
Horace faisait souvent pouffer Sabine
Voulez-vous Labiche pour l'été ?
Je vais vous parler du courage de Beckett !
Baudelaire bossait fort ses quatrains
Lady Chatterley trompait son piqueur
La comédienne adorait donner L'Ode aux Grognards
L'éditrice râle car un spécialiste d'Ubu l'a quittée
La correctrice s'ennuierait si on ne la faisait pas relire
Il a fallu bien des valeurs pour sortir de tels Proust
Impossible d'être enchantés par ces dignes fées
On parle beaucoup de Babel dans ce Bordas
*Ce petit éditeur met son vœu dans l'*Émile
Lacan a bien trimé (Lacan s'expliquait sur le « Ça ») (2 cp)
La femme de lettres a passé un bon roman avec de grands mondains
L'helléniste ressent un manque de fortes digressions
Ce critique est fou et manque de lettres !
Ne croyez-vous pas qu'il faudrait un code pour ces Goncourt ?
La libraire n'est pas passive devant les Courteline
Un jaloux : « Quel porc, Queneau ! »
Ah ! les vers bien peu lus que ce pépé pondait ! (2 cp)
Ces bouts rimés feront de pauvres éditions
Escartefigue regrette son vieux Panisse
Oh ! votre Gide rigole !
Parlons de verve à Gide !
Marguerite a fait fauter le vieux juste
Peu têtu pour ses derniers ouvrages,
cet auteur connaît le pilon
Sherlock fonçait dès qu'il avait déduit
Lattès n'a rien d'un bouffon
La femme de Vincent a écrasé un scorpion à moto
Il paraît, mon frère, que des Beurs étudient Tacite

Médecine

Mots-clés : ventouse, tempe, boursouflé, crampe, vergeture, drain, bile, tare, cou, bloc, trépaner, pif, rétine, teint, la nuque, ultrason, etc.

Le carabin vit dans les trachées
Le comte tenait la compresse
« Voyez, dit le radiologue, ce truc oblique c'est votre tronc. »
Cette petite pâle est inerte
Ah ! ce ventricule en loques !
Belle mine, ma cocotte !
La pauvre fille s'est tapé la rétine
Le chirurgien a sauvé la tempe
Le gynécologue va monter pour examiner votre cas
J'ai mal, sans doute quelque part dans le dos
Ces ventouses ne sont pas bien tenues
L'infirmière m'a accordé ses soins avant que je la pinte
Mon rhumatisme m'empêche de trotter
Attention à ces médicaments importants
La directrice s'occupe de l'état mensuel des salles
Cette petite pâle va débuter ses soins aux mains (2 cp)
Est-ce encore d'époque
de parler du ratage des ventouses ?
Le dentiste a plombé la rentière
Attention, vos croûtes collent !
Votre bile est piteuse
Ma pauvre pote est amputée
Cette jouvencelle claque des quenottes
dès qu'elle est mouillée (1 cp pour 2 lignes)
L'excitation de ce grand sombre est masquée
par un fort calmant (1 cp pour 2 lignes)
Derrière leurs calvaires on devine les songes
Essayez de laisser votre peine partir
Suer n'est pas un délice
Ce vieux assez bouché se fait malentendant
La kiné m'a soulagé dès qu'elle sut masser
Bizarre, votre pull est rempli de calcaire !
L'infirmière hésite à éponger la bile des gâteux
Vous avez belle mine, c'est pas niable
Papy a trépané maman
Ce gros trapu ne craint pas de montrer son kyste

Ce vieillard présente un flanc grêle
Ce vieux pépé odieux supporte mal les carences de sa tête (2 cp)
Tu m'ouïs, Ginette ?
Je gémis sans râler

Mer et pêche

Mots-clés : pêcheur, lieu, roussette, pèse, pinasse, rade, thon, crique, trempette, catamaran, crique, sloop, trimaran, quille, fond, cale, souillé, môle, gamelles, boutre, chiffre, péniche, sas, barlu, caboter, pêche, flot, boute, glisser, creux, foc, vergue, geôle, phare, digue, etc.

Vous pêchez trop, Céline !
Le sonar décalé et souillé détecte les bancs de truites (3 cp)
Ce pêcheur ludique fait grimper ses roussettes (2 cp)
Quels docks mastards !
On reconnaît les mousses de Bretagne à leur lenteur
Le vrai marin aime quand la mer fraîchit
Le barreur a enfoncé son hameçon : il est bien ancré dans le thon (2 cp)
Oh ! les loches balourdes !
Portez-moi ces roussettes
Le jeune époux qui pêche au lieu tire les siens de la marée (2 cp)
La marinière se lasse de la vue des berges
Le naufrageur piquait derrière l'étrave
Cette rade est pleine de godasses
Ce boutre est plein de faucons
Quel marin fade !
Le pêcheur a vidé ses roussettes en plein sur la poupe
Ah ! la coquette pinasse !
Patrick a gardé l'odeur des roussettes !
L'écueil ballottait sous les coups des marins en lutte (2 cp)
Le matelot se sent mieux dans les vapes que dans la tempête
Après s'être mutinés, les marins se lassèrent
Les mousses se taisent à bord
Mâtez-les tous !
Chantant d'une voix joyeuse, le mousse empoigna sa vergue
Méfiez-vous des mousses qui pilotent !
Oh ! le phare drôle !
La navigatrice faisait changer son mât dès que le vent décidait (2 cp)
La marinière veille sur la barge

Retirez vite votre copine de cette nasse !
Beau gars, ce rombier !
Les mariniers en grève ont cassé leurs péniches
Les mutins qui refusaient la pêche
durent choisir entre la geôle et la vergue
Quel flair, quelle pêche !

Mode

Mots-clés : toi à la mode, branché, nylons, poncho, tricoter, maille, couchée, polos, longs pieds, natte, chevelu, crème, jaquette, pouf, bas, chaise, robe, finette, mante, serge, inlavable, etc.

Mire ma botte !
Oh ! votre pull, Ondine !
Ce beau châle vous allonge le minois
La grosse mercière a dû cacher ses nylons
Les goûts s'en vont, restent les modes
Le perruquier a mis une natte en chantier
Drôle de pouf de toile !
Cette gentille lingère a toujours drapé quelque gueux
Que fait votre robe sur ma chaise ?
Propose-lui quelques choix avant de l'aider
La petite main travaille les festons et fait l'épilation
Mes filles, exaltez la tâche du meilleur
L'ancienne modèle trotte sur un tapis noir
Vous guettez vraiment n'importe quelle mode !
Le photographe prend les shorts de face
Superbe, l'habit rouge de tulle !
En maison, on peigne les filles
Le coiffeur s'occupe habilement des nattes
Ces vestons dégagent une odeur de roussi
Cette ganse s'accorde bien avec mon marbre
La reine m'a pas payé la mouche !
Horreur ! Cette socquette est pleine de crasse !
Ces couturiers présentent des robes osées
Oh ! votre pull est rempli de calcaire !
La jeune fille en nattes épongeait l'habit rouge
Ces tisserands s'encroûtent en faisant de gros pulls
Oh ! t'as taché mon pouf !
Ta botte, Émile !

Ce gantier a horreur des rousses
L'amant de cette top qui fait couler sa bile
cherche un guide pour la beauté
La couturière a bien redressé le dos du costard
La couturière a bien vu, c'est une serge.
Elle avait fini par la retrouver, cette serge…
Dès qu'elle sort un peu, c'est pour tailler une nippe
L'accessoiriste peint des tuniques (contrepèterie enchevêtrée)
La petite main a fait un pompon au fripier
Le couturier brode de façon incessante
Ce mannequin a l'air embêtée quand elle pose
Quelle ligne, mon grand fou !

Musique

Mots-clés : Bizet, Jolivet, Cui, joue, Couperin, dîner, *do*, bécarre, son, calé, un art, des doigts, jeu, bien ouïr, chante, *fa*, jaquettes, crack, sax, enjoué, chant, glas, Mozart, ronde, etc.

Notre époux joue de nuit
Cette colorature a un son qui est une sorte de record
La débutante est épatée par les grands sax
La groupie des Beatles pensait toujours à l'aîné des chevelus
L'attachée musicale a montré sa verve au consul
Mireille montre les beautés du chant au conteur
Le ténor poussa la chanteuse à l'intérieur du mas
Je vais vous montrer la belle couleur ronde de Mozart
Et voici la scène du Rhin
Ce jazzman peut vous apprendre l'air du sax
Dis donc, il tâte, ton pépère !
Ce contrapuntiste fripé
travaille tous les tons et l'écriture
Le Kappelmeister agite sa baguette en rêvant de processions
Attention, mes frères : le Chat noir *est en* ut *!*
Ah ! ma mère, votre fa *m'enchanta*
Le baryton pousse son la *devant la vivandière*
Enflez le si *quand vous pouvez*
La basse va sortir son do *plus tard*
Le claveciniste helvétique a bissé sa suite
Ce profane a des problèmes avec son orgue
Oh ! les grands luths !

La soliste appuie son basson contre une niche
Ce petit rat a le pas assez beau
Ce sujet est un bien grand danseur
Cette jolie danseuse laisse bien voir son entrechat
L'imprésario goûte les collations de l'affairiste
Dis, la belle, tu sais qu't'as un mégot dans ton sax !
Callas parlait de Bizet de façon fort scénique
Cette pianiste est douce et raffole des gammes
Ah ! j'ai bien ouï, quelles joies !
Et les chants se firent légers
Syrinx a provoqué le dépit du pipeau
Ce petit doué ne remplacera jamais un bon sax
Cette trompette a crevé l'écran !
Que de grosses failles dans votre clique !
Ces danseuses ont montré leurs claquettes au crack
Beaucoup de gros pèze à la Bastille !
Voilà Boris en ut *devant la Russe*
Le chef a fait mander le batteur[1]

Plantes

Mots-clés : mousse, pétale, sécher, lin, baie rouge, pousse, carotte, pêcher, datte, plant, guère vert, menthe, filaments, courge, verte, coupe, tronc, boiser, pelles, etc.

Doit-on sécher ces pétales ?
Mais votre riz est plein de vides !
Commandant, ces pousses sont minables
La mycologue a un gros mollet dans sa botte
Admirez le riz de cette jolie pousse
Ce maraîcher a un peu de noix
Ma fille, prends bien soin des rangs d'églantiers
Prends cet épi, c'est un vieux
Ce bougon sent la menthe
Touche pas à la pomme de Line !
Le guérisseur se fait aux plantes
Quel mou bolet !
Désolée, ma menthe est finie

1. Clin d'œil au basson que l'on fait mander dans *La Redoute*.

Ce gui est trop vrillé
et les boules n'ont rien à faire dans les branchettes
Ces pins ont l'odeur de résine
Ce veinard a récolté une belle corolle
Oh ! ce gros pissenlit !
Il faut au moins treize ans pour apprendre à boiser
Mon ami, portez donc votre mâche au champ
Cette bêche est pleine de fleurs
Ces joncs-là ne piquent pas
La jardinière a lâché l'épine (et non « *lapé l'échine* »)
Le cultivateur boude dans le champ
Il y a quelque chose de raffiné dans votre vigne
Cette tige est bien peu verte
Mais non, madame, nos mangues ne se broutent pas !
La chineuse bouffe une grosse pomme
T'es pas obligé de te doucher en arrosant ces pétales !
Le bûcheron louchait sur un gros tronc
L'agronome est formelle dès qu'elle parle de labour
Quel vieux radis !
Ces maraîchères proposent des prunes délavées
et leurs mains sentent le cerisier (2 cp)
La mycologue présente deux vesses raffinées
Le jardinier a une pelle pleine de poires
Les botanistes saouls trempèrent leurs bractées dans du marc
(prononcer : « *braque'thé* » et « *mart* »)
La botaniste a perdu sa flore à cause d'un sacré meursault !
Le jardinier créole tape la mélisse
L'ancien marin sent comme deux melons sous sa bêche

Politique

Mots-clés : se mouiller, se contrer, cachot, consul, élection, roué, chambres, maire, luttes, rubriques, etc.

Messieurs, vous avez des vues iniques !
Le chancelier est troublé par les frondeurs de la Hesse
Le préfet lassé a gagné la Corse (2 cp)
Ce magouilleurs ont vraiment des trucs iniques !
Ce maire breton observe les luttes, sceptique
Oh ! la ministre saoule !
Mylène vote !

Que vient faire votre Mantes dans ces histoires de Toulouse ?
Attention à ces colonnes de gauchistes !
Herriot buvait souvent devant des canuts
Jusqu'à quand Chaban aura-t-il fait primer son tennis ?
M'sieur l'député, j'pense à vot' cité !
L'édile se déchaîne dans sa mairie
Je vois, monsieur le maire, que votre ville est nue
Le ministre en créa, des cultures !
Je savoure l'opinion des personnes bien nées
Sur quoi baser ce congrès ?
Pour celles que trop d'emprunts gênent,
il faut faire progresser la restitution
Le président a fait applaudir son nom au Perreux
L'Irak a pris maladroitement la mouche
Hé ! le Serbe, on a vu le fameux classeur de Tito !
Titre : « Le gros Kohl dérouille »
Quel culot, cette gauchiste !
La passionaria n'a pu combler le vœu des anars
Je peux vous faire muter car vous êtes à jour
L'énarque déduit de façon incessante
Ils sont bien tristounets les hebdos politiques
Monsieur le maire, un grand feu ravage votre Nyons !
Madame le maire, votre Toul frôle l'abîme !
Le député sorti n'avait pas senti venir le vent
Le Pen parle trop de chute de races, de Pétain…
Quoi ! T'aimes les fachos, Luce ?
A Mme le Maire, l'adjoint demande de la beauté pour la cité
Il ne faudrait pas que Lannion devienne trop gros
Les édiles à Nemours font tristement la moue
Le maire a soulagé sa peine dans une belle idylle
Mme Claude en aura vu passer, des gros bonnets !
Le CRS fut ému par les larmes de la jeune gauchiste

Potaches

Mots-clés : prof, fac, Grévy, historique, bosser, pas trop logique, brouillon, manqué, sotte, former, mythe, bachot, etc.

Le prof a quitté l'étudiante en sortant du bourg
Toi, t'as besoin d'une bonne raclée !
Cette cancre prend des cours en faisant la moue

Le prof emboîte le pas aux taupins
Quand cet étudiant bosse, c'est pas un crado
Je vois, mesdemoiselles, vos faces pleines de flemme
L'institutrice montre sa faute au grand
La jeune prof parle de Kant avec une certaine pudeur
La candidate s'est retrouvée en philo
après quelques propos hérétiques (1 cp pour 2 lignes)
Cette khâgneuse est pleine de grâce
Savourez, chers disciples, les prêches de vos maîtres
J'ai vu ce dégoûtant licencié de Fécamp
Votre Serge, quel sot vice !
Cette petite Berthe est pleine de vie
Voyez cette grosse potasse sur un Grévy
Cette étudiante est trop saugrenue
Vous avez vu l'acquis des deux recteurs ?
Alors, elle est sue, cette morale ?
Ce censeur adore les petits pains
On ne peut être à la fois ludique et passif
La secrétaire générale appréhende les factions des recteurs
Pas moyen de piger quand on est hérissé !
L'étudiante a donné son cœur à un bossu
L'écolier épongea bravement ses galoches
Ce Mathieu a un bon fond
Cet étudiant à l'air nigaud est un bosseur,
mais il bosse de façon pas trop logique
Les potaches braillent après avoir bossé
et reposent leurs ballons dans le box
Hé ! Lucien, t'as peur des grands ?
Ils ont souvent de grandes bouches les petits malins…
Ces petits durs sont pas sots
En général les pontes n'aiment guère les barbus
Souvent les sursitaires se retrouvent acculés
par la faute des parents (1 cp pour 2 lignes)
Ces copies sont minables
Cette prof a l'air massive et calée
Regardez ces grosses batifoler !
L'élève a su mettre le c
Luce sèche !

Quotidien

Mots-clés : concierge, vin, lard, doucher, sabbat, début, tabac, bouffe, matin, la cour, mouiller, casser, malle, pouf, la noce, rustre, sotte, matinée, Cedex, jeu, nanti, etc.

L'amante en fut réduite à la pudicité
Je trouve, marquise, votre compère bien vert !
Ce gros tas ne me chante guère
C'est magnifique, l'onirisme !
Je veux bien te lâcher mais alors tu te lèves
Il eut un léger sourire en arrivant à ses fins
J'ai vu votre père, Aline
Ce pédant fatigué avait le front rigide (2 cp)
Le receveur propose des posters à Béziers
Cette vieille moquette n'a rien à faire dans la cour
Grand-père ! J'ai vu dans l'escalier votre paon perdu !
Mais ces jeunes jouent aux dés sans licence !
Ce croupier rejette toute injonction
Ce croupier ne pense qu'à s'allonger
Chéri, ça me dégoûte quand tu ronfles
Quelle petite mine, parente !
Cette manchote me choque :
elle fouille sans mains !
Par vos agaceries le gros béat rougit
Cet âne noie sa peine dans l'anis
Surtout n'éveillez pas cet épouvantable Serge !
J'veux pas d'vos œufs, j'ai mes courses !
La bonne est couchée
Ma fille, arrête de basculer ce pouf,
ton coussin va finir par s'user !
Ce membre est un peu nabot
Cette féministe méprise parfaitement les types
La grosse, j'ai vu son pognon, elle est bien nourrie !
Ce vieillard aviné, le voilà assoupi
Gare à la pression du guet !
Où c'est qu'y crèche, cet Hippolyte ?
Mais vous ne faites que penser, mon ami !
Je suis comblée d'avoir revu votre admirable Serge
Vous savez, il se voûte encore, votre vieux Guy
Ça se pèse toujours, les vieux beaux !
Quel pif infâme, le pif de papa ! (2 cp)

Chéri, tes coups de dent m'ont marquée
Cette vieille coquette est terrible !
Le jeune marié prend son pain

Religion

Mots-clés : don, cure, barrettes, chute, saluce, la fête, souiller, chœur, Taizé, abbé, curé précis, trottiner, coquette, homélie, etc.

Oh ! les Mormons piochent !
Ces briques, c'est pour Taizé
Il faut mettre la main à la pâte, mon cher !
Ces pèlerins prudes font timidement leur route
Salut, les popes !
La sœur cuisinière propose ses quiches à la mûre
(une mûre est tombée sur le quai…)
Mais ma fille, vous avez du pain sur vos voiles !
Défense de tousser dans l'évêché
L'abbé a vu trottiner ce curé précis
La nonne sent que le saluce est bien près de pouffer
Il était défendu aux bénédictins d'illuminer leur chambre
Une fois son vœu analysé, le novice le refit à la messe (2 cp)
Le sicaire a trouvé la nonne hérétique (2 cp)
La parpaillote repoussa le trappiste
Ce cynique botté se bidonne devant son péché (2 cp)
À tant pécher, Céline,
vous finirez pleine de tares, damnée
Ce pénitent croit-il que les péchés l'aident ?
Il menait sa prêtresse à l'enfer raviné (2 cp)
Nos popes sont dans la liesse
Pas question que les popes se livrent à quelque lutte
Le nonce dévoile volontiers les trucs des conciles
Quel joli parvis bleu !
Le pape se dresse contre les fêtards
Monseigneur, est-ce que les minettes pensent ?
Méfiez-vous du confesseur déçu
Monsieur le curé, votre calotte est pleine de poires !
Ah ! dévots gris !
Le bretteur s'excitait devant la jeune soutane
Le grand inquisiteur rêvait de la pire des peines
La nonne lassée du glas ne veut plus y penser

Puisque vous le voulez, mon père, je vous le concède
Cette coquette raffolait des homélies
Oh ! monsieur le curé, votre biquette s'allonge sur mes rosaires !
Escartefigue, ton Panisse est à la messe
Le prélat égyptien dit qu'il y a beaucoup de vicaires aux cieux

Sciences

Mots-clés : germe, spath, Uranus, être, aimant, face, latitude, l'abysse, brancher, nylon, maths, chimie, verre, l'amide[1], fibre, touche, puces, pattes, etc.

L'opticienne a crevé la loupe
L'abysse, ça peut tuer
T'as vu, ce vieux bout d'aimant !
Le paléontologue hésite en datant cette tortue
Voici une meulière bienvenue
Professeur, faut-il cuire le produit de vos fouilles ?
Le surveillant des fusées va chaque jour à la messe
Le radariste tripote son faisceau en rêvant de morse
Cette mazette connaît mal les pectines
L'archéologue bredouille se sentit éculé sans amphore
La géologue a découvert une merveilleuse pierre dans l'alumine
Que de failles empilées !
Cette navette ne vaut pas un million
Un aimant lui a écrasé les doigts
Le laborantin a encore encrassé ma loupe
en lavant sa cornue, il est penaud !
La chef du labo ne supporte pas de voir tasser les pipettes
Cette grosse Berthe sent l'amide
Le vieux plongeur n'a plus rien à tirer de l'abysse
Je voudrais publier les pollutions de mazout
On dirait que votre pile peine !
Le gus a planté l'anode
Voulant déchlorer les fonds,
l'écolo s'est retrouvé nitré jusqu'au cou !
Il se méfiera des grands bains sodiumisés
La bibliothécaire se penche sur la piste des chimères

---

1. Amide : substance chimique (comme dans sulfamide).

THÈSES ET PUBS
« Trou-fermion excité : le rôle du spin »
« Saba sans bible : des vestiges de fer » (2 cp)
« Le Sabir, thèse »

COMMISSIONS ET COLLOQUES
« Les congrès des facs »
« Les méfaits de l'azote »
« Peut-on pratiquer la fécondation sans l'homme ? »
« Un super PC » (calculer, est-ce sensé ?) (2 cp)
« Particules, vie, vitesse »
« Des infos sur les neurones »
(les hommes avisés font examiner leurs neurones)

Sport

Mots-clés : tennis, taper, foot, imprudent, trottiner, pente, perche, dos, lob, casé, crampe, bouder, bond, course, chute, patin, flip, peur, botte, tir, pédalier, pompe, etc.

Attention aux pentes qui tuent !
Le débutant ripe pendant les flexions
Alors, pépé, vous le vendez ce grand « bi » ?
Cette batte est bien lisse
La photographe du bowling a pris les quilles en groupe
Ce poney est trop gras : il faudra un petit repas à ce poney (2 cp)
Une cavalière a été gâtée par un petit trot,
une autre a l'air bourrée après chaque chute
Qu'il est empâté, ce cavalier avec son petit poney !
La plongeuse a perdu sa peur en faisant force flips
Que fait ce chapon sur mon tennis ?
Lève donc ceci !
On trouve de solides tendons dans un boxeur
Quelles bouilles, ces vieux cracks !
Les culbutes tendues font mal aux pattes
Oh ! la flèche est manquée !
Ce joggeur est plein de crasse à force de trotter
La riche filleule réserve ses terrasses au patin
L'amateur de patin vient de la kiné
J'aime bien le foot et qu'on m'en parle

Les femmes de footballeurs racontent
comment elles vivaient leurs buts (1 cp pour 2 lignes)
Quelle passe bêtasse !
(Nom de club) « Javelots et tritons »
Ce bouliste a de sacrées pompes !
Le joueur de polo cherche des mules pour jouter :
Ce cavalier prend de ces peurs !
Les schuss (on prononce « *chousses* »), *ça repose pas !*
Le champion qui enfile ses patins en buvant
a ses roulettes qui coupent
Le catcheur picore après chaque lutte
Quels flips et quelle pêche !
Pigeon nul !
Le vieux guide évoque les prises qu'il a tamponnées
Le curé montagnard lave sa vierge dans un névé
Titre d'un journal de sports de combat : « Bottes et prises »
Il faudrait une bonne lessive à ce paddock
Les anciennes judokas ont des prises bien rodées
Cette danseuse de poids déteste les gros lards
Oh, la grosse pouffe sur le tennis !

Tourisme et nature

Mots-clés **:** Anjou, train de Bâle, rue, quai, gîte, bois, Chine, Nippons, phare, digue, chambre, Paris, pente, foule, crique, trempette, butte, dépité, sente, fin, dune, querelle, site, balcon, valoches, balises, Faverges, tente, berge, verte, Car, Doubs, poncho, Canet, chott, Lannion, sécheresse, piège, etc.

Ce bois va-t-il jusqu'au Doubs ?
Ne lisez jamais dans un beffroi
La campeuse lave ses gamelles à la mare
Greta a fait glisser le type d'Oslo
Cette benne sent le vieux pinard
Ma femme me pousse au bain
Cet éphèbe bien cambré aime à être en mulet
Ce jeune fermier a eu des poules brimées
Berger, votre génisse me donne envie de peindre
Les jeunes gens courent dans les foins
La fille de ferme s'occupe des biques dès treize heures
La bergère s'appuie sur le flanc du glaneur

Le fermier a juré devant la Thibaude
Ces bergers assez penauds font des bêtises avec leurs génisses
Il y avait naguère plein de purin devant le pilotis
Aïe ! tu coinces mon seau contre le pommier !
Je trouve ce pâtre légèrement siphonné
Ne prenez surtout pas la mâche de ce silo !
La manchote goûte aux sources du bourg
Chéri, veux-tu cette tente pour Faverges ?
La nageuse s'est tordu les mains en brassant
La Lyonnaise contemple la guitoune d'un bonze
Ces camps ne manquent pas de grondeurs
Oh ! des éphèbes sans pull devant des jeunes filles au Caire !
Enfin ! La butte à Paris
Cette vieille bique se paie encore des trempettes
Bien, ces turnes !
La randonneuse se massait les reins devant le sentier
Oh ! ce fou sent encore la braise !
La fluxion de l'ânesse
m'oblige à me mettre en route avec la mule
Les snobinardes évitent le bar des Douze Œufs
Les Japonais raffolent des longs sakés
(la solution n'est pas « *des sons calés* »)
Les gosses n'ont rien à faire dans la foule
Les Japonaises déballent leurs Nikons et prennent des chevelus
Y a pas de péniches dans la Sambre
Cette belle Toinon rêve de Pise
L'ancienne résistante rêva longtemps
de la plus belle pinède du marquis
Madame, ma berge est à vous
Quel vent, Marie !

NOMS PROPRES

A

ADOUR

Fleuve du sud-ouest de la France. Madame, depuis que j'ai fait l'Adour avec votre maire, hier, je me sens mûr pour refaire l'Adour avec vous. Monsieur, je veux bien faire l'Adour avec vous si vous m'offrez votre marc. Mais avant que nous fassions l'Adour, faites-moi un peu sentir l'émoi. Je suis accueillante comme une chaumière dès qu'on me parle d'Adour... **5**

AFRIQUE (L')

C'est un continent. Coproduction *La Redoute*-Luc Étienne : « L'Afrique est bonne hôtesse mais ses canicules ne m'ont pas emballé. » L'Afrique arrive enfin à sortir du troc[1]. La belle ethnologue est surtout sensible à l'Afrique des contraires[2]. Par-delà l'Étrusque on devine l'Afrique. L'Afrique manque à ma tante mais j'ai peur que l'Afrique ne la tracasse. La jeune automobiliste traîne en pensant à l'Afrique. La navigatrice au long cours[3] n'hésite plus entre l'atoll et l'Afrique. **10**

ALBUM DE LA COMTESSE (SUR L')

(VOIR AUSSI LA « BIBLIOGRAPHIE COMMENTÉE » DANS LES PAGES ROSES)

Rubrique du *Canard enchaîné* qui incite aux luttes. Elle fut introduite dans le célèbre hebdomadaire en 1951 par Yvan Audouard, désireux de compléter par le contrepet iconoclaste autant que subversif la panoplie humoristique du malicieux volatile : satire, pastiche, dérision, ironie, etc.

---

1. *AC.*
2. *M.*
3. *SF.*

Aimant les petits signes il fonda cette rubrique utile avant toute élection, écrite en tout petits caractères et discrètement lovée semaine après semaine dans un recoin chaque fois différent du journal. D'aucuns, dont quelques fins limiers de la DST, crurent d'abord à des messages codés façon BBC sous l'Occupation. En l'occurrence, ces messieurs firent montre d'un art discutable dans leur façon de décoder et les canetons rirent fort de voir se planter ces modernes Vidocq avides de paix qui, obsédés par leur guerre froide, dressaient leurs drôles de plans. Yvan transmit le flambeau d'abord au dessinateur Henri Monier puis à Luc Étienne, pape du Contrepet, membre de l'OULIPO (OUvroir de LIttérature POtentielle) et grand pataphysicien. Malicieux, inventif et fécond, Luc Étienne fut jusqu'à sa disparition fin 1984 une prodigieuse Comtesse et suscita de multiples vocations parmi les lecteurs du *Canard* dont l'auteur de ces lignes qui s'efforce d'assumer dignement sa succession. Précisons à la demande de nombreux exégètes qui ont pu déceler[1] une altesse dans le titre de la rubrique, que, même si l'on y détecte quelques appétissantes sonorités, « Sur l'Album de la Comtesse » n'est pas une contrepèterie. Néanmoins, la belle Comtesse présente souvent un bien beau hâle… **8**

ART DU CONTREPET (L')

(VOIR AUSSI LA « BIBLIOGRAPHIE COMMENTÉE » DANS LES PAGES ROSES)

Chef-d'œuvre de Luc Étienne, bible du contrepéteur, ce magistral traité enseigne aussi bien l'art de décrypter les contrepèteries que celui d'en inventer de nouvelles. Pour cet art indispensable à l'honnête homme du XXe siècle et de ceux à venir, Luc Étienne a inventé ce joli mot qui fuse : *Contrepet*. Paru en 1957 chez Jean-Jacques Pauvert et maintes fois réédité, en particulier au Livre de poche en 1972, cet ouvrage de référence offre en prime l'histoire de la contrepèterie à travers les âges et livre plus de 600 exemples inédits qui sont autant de bijoux. Quels joyaux et quel verbe ! Citons :

1. Contrepèteries de Jacques Antel.

Quelle jolie bête qu'un faucon !
Gélatine panée
Les joueurs de Harlem ont des corps arsouilles
Voulez-vous que je vous envoie dans la Culture ?
Le jeune marié propose son vœu : un joli nid **6**

ATTIQUE (L')

La Grèce historique[1]. Lysistrata[2] défendait les droits sur l'Attique. Le vigneron grec affirme que l'Attique se met aux grands crus. L'helléniste pense à l'Attique de façon pas trop logique et parle imprudemment de l'Attique. Il déclare à ses étudiantes : « Si vous aimez l'Attique, il faut que je vous en parle. » Mais il est emporté dès qu'il évoque l'Attique. **7**

36 CONTREPÈTERIES

---

1. *AC.*
2. Grecque qui organisa avec ses compatriotes une grève du repos du guerrier en représailles contre les absences répétées de leurs militaires de maris.

B

BÂLE (TRAIN DE)

Ville suisse. Le train de Bâle est prévu pour l'Anjou. Ce cheminot ivre veut absolument pousser ce train de Bâle ! Il rêve aux dessous des femmes en lorgnant le train de Bâle et veut sauter souplement sur le train de Bâle. **4**

BANDOL

Commune du Var. Luc Étienne raconte comment le jeune marié est arrivé à Bandol. Précisons qu'il est arrivé pimpant à Bandol… Ce conteur qui fuit les monts est arrivé à Bandol avec une grande fée. **4**

BARRE

Ancien Premier ministre. Madame fait de drôles de dînettes devant ce gros Barre[1]. Ce gros Barre radote… « Ce gros Barre, vous dites ? » Ce gros Barre n'a pas toujours été adoré ! Madame comble son gros Barre, c'est un don… **5**

BÉLARUS

Ancienne Biélorussie. Le président présente son Bélarus, quel honneur ! Quel beau nom, ce Bélarus ! Ce Bélarus constitue-t-il une bannière ? On a vu des luttes de grands nageurs dans ce Bélarus. Tous ceux qui voulaient ce Bélarus ont eu leur nation. Bien des musiciens se sont retrouvés en *ut* dans ce Bélarus. Il y a beaucoup de niches dans le Bélarus. **8**

---

1. *M.*

BELGE – BELGIQUE

BELGE – Habitant de la Belgique. De Luc Étienne : « Mlle Beulemans aime les vers belges. » Quels vertiges parfois ces Belges ! – BELGIQUE – Royaume d'Europe où l'on trouve de belles pochettes de Bruxelles. Sire, votre Belgique, quel entrain[1] ! Vous avez raison : quel entrain magique ! Nom d'un club de natation : « la Belgique des tritons ». Pub pour le turf : « La Belgique du grand trot ». Victor Hugo n'a jamais parlé de la Belgique de travers. **8**

BELVÈS

Ville de Dordogne. Jacques Antel conseille : « Venez foire de Belvès. » On a vu bien des fils de Belvès. Des marginaux parlent de « Belvès officieux ». Des édiles affirment que leur Belvès c'est la bonne foi. Quelques opposantes dévoilent l'enfer de leur Belvès, et précisent que parfois leur Belvès souffre, qu'on ne peut pas vraiment parler de Belvès raffiné mais de Belvès faste, et se demandent si des visiteurs ne vont pas entrer enfin dans leur Belvès. **9**

BERD

Acronyme de la Banque Européenne pour la Reconstruction et le Développement. Titre : « Un gros malaise dans la BERD, Attali, l'abysse ». Les gens de Rome ne traînent pas dans la BERD. De drôles de mythes collent à la BERD. Peu de grands hommes se sont risqués dans la BERD. Les germanophobes parlent de BERD moche. Il vaut mieux écarter ses amis de la BERD. Parlez-leur de la BERD, ils se marrent. Ne les faites jamais mander dans la BERD ! **9**

BERNE

Capitale de la Suisse. L'architecte expose d'anciens modules de Berne où il est inscrit : « rues de Berne » (il devient rude en parlant de Berne). Puis il coince une bulle en cessant de parler de Berne et reparle de Berne pendant une minute. Il raconte à sa collègue d'autres histoires de Berne et l'abuse. Le coiffeur fait humer son parfum de Berne. Voyant de gentes demoiselles, on peut parler de « pures de Berne ». **8**

---

1. *M.*

BEX

Commune suisse du canton de Vaud. Ce spécialiste de Bex dévoile ses sources. Votre Bex, madame, attira bien des seigneurs. Mais ils ne descendaient guère en vue de votre Bex… C'est qui, chéri, cette spécialiste de Bex que j'ai vue étudier Tacite ? La vieille édile cherche en vain quelques sous pour son Bex. Elle n'a jamais fait prospérer son Bex en seize ans et regrette que nul n'ait rien suscité dans son Bex. Le maire confie que son Bex manque de sel. Livre : *Le sonneur de Bex.* Connaissez-vous, madame, ces six routes qui se dirigent vers votre Bex ? **10**

BEYROUTH

Capitale du Liban. Lu dans *La Redoute* : « Votre Beyrouth est riche ! » Luc Étienne parle de grives de Beyrouth. Pas question de parler de Beyrouth en Syrie. Ah ! l'habile Beyrouth ! Kadhafi parle de Beyrouth et ce n'est pas Tripoli[1]. Cette Beyrouth m'a laissé le souvenir d'une bonne bise. Votre Beyrouth a une bizarre odeur de cidre. Le Libanais est heureux de voir des livres sur sa chère Beyrouth. Hé ! l'ânier, ta Beyrouth sent l'anis ! Mon général, puis-je rapprocher mes fils de votre Beyrouth ? Y a-t-il des nouvelles friches sur leur Beyrouth ? Les agronomes qui voient trop de sigles sur leur Beyrouth évoquent les problèmes de Beyrouth dans leurs firmes. Cette spécialiste de Beyrouth est à l'âge de l'arthrite (*clin d'œil à la célèbre bête de Luc Étienne qui ne sera jamais à l'âge de l'arthrite*). Avez-vous présenté votre Beyrouth à Jean-Marie ? Voici de beaux volumes sur votre Beyrouth à lire. Il faut peu de délits pour affoler votre Beyrouth. Le président ne ménage ni sa bile, ni sa Beyrouth. Sa Beyrouth est sans leaders, pourtant sa Beyrouth est attirante. Le prélat libanais sent sa Beyrouth proche de l'abysse. Qui fait couler notre Beyrouth, ce sont les pires ! Mon cher, votre Beyrouth n'a pas fini de mitonner (*inspiré de Jacques Antel « cette bête n'a pas fini de mitonner »*) ! Tristes devant cette immense Beyrouth, nos petites hésitent ! Elles observent assises cette affolante Beyrouth. **25**

---

1. *AC.* Également relevé par Jacques Antel dans *Le Contrepet quotidien.*

BÉZIERS

Sous-préfecture de l'Hérault. Madame la chef de gare, quel sens pour Béziers[1]?! Le voyageur était arrivé à Béziers la veille[2]. La Corse cherche des clans à Béziers. Depuis qu'elle est arrivée à Béziers, elle ne fait plus l'affaire… On ne pense plus à la chasse quand on arrive à Béziers. Beaucoup adorent Béziers au fond[3]! Il y a de superbes posters à Béziers[4]! L'ébéniste a enfin amené sa visseuse à Béziers. Ce fou volant arrivera-t-il à Béziers? Ce crétin n'arriva jamais à Béziers. L'auto-stoppeuse sans défense s'est laissé entraîner à Béziers. Le pêcheur est arrivé à Béziers avec la marée. La chaisière est arrivée à Béziers avec ce beau Serge. Cette experte en beaux logis est arrivée à Béziers. Honteux : l'oncle a entraîné l'ânesse à Béziers! Ma mère, ces vœux m'ont dégoûtée de Béziers. Vous me trouverez bien un peu à Béziers. Ces grandes moches arriveront-elles à Béziers? Le vieux, pompé, a de la peine à Béziers. Grand Saint Père, êtes-vous jamais arrivé à Béziers? La choriste qui débite tant de fadaises est enfin arrivée à Béziers. Le directeur de la féria a conçu un beau char en arrivant à Béziers. La conservatrice exige un Milon pour Béziers. Cette baigneuse est une fille de gazier. Elle est arrivée à Béziers pour son bain. Ça gaze du côté des filles de Béziers… **26**

BIZET (2)

Compositeur français (1838-1875), auteur entres autres de *L'Arlésienne* et de *Carmen* (où après avoir roulé des sèches entre ses mains, l'héroïne propose sa dot au matamore et fait danser don José pendant la contrebande[5]). Luc Étienne aimait Bizet assez. Cette éditrice multimédia avide de BD est très à l'aise dans le Bizet. Elle a même relevé : « une conquête de Bizet ». La dame de la SPA adore Bizet, les grosses bêtes… Ce grand romantique rêvait de Bizet pour soulager sa peine. Ah! Bizet apparaît! Si on parle tant de Bizet, c'est qu'on l'aime. **10**

---

1. *M.*
2. *AC.*
3. *AC.*
4. *AC.*
5. *M.*

BLAISE

Prénom, entre autres, de Pascal et Cendrars. Ne prenez pas ce médicament, Cendrars ! Voyez ce grand Blaise et avec quel gant ! Oh ! Cendrars, avec un gros, dîne ! Ah ! la bonne potée, Blaise[1] ! Ce grand cuisinier, Blaise, voyez comme il pane ! Je l'ai vu, ce boursicoteur, Blaise, à corps perdu dans le CAC ! **6**

BOBINO

Music-hall parisien. J'irai plus tard dans ce célèbre Bobino. Les Cathares n'ont jamais fréquenté un quelconque Bobino. Ces barbares ont été privés de Bobino. Ce Bobino sent le pinard. On en rencontre des vieux bars, près de ce célèbre Bobino ! **5**

BORDEAUX

1) Capitale de l'Aquitaine, préfecture de la Gironde. *La Redoute* rappelle que les propriétaires de Bordeaux ont de magnifiques hôtels. Luc Étienne signale les cocktails de Bordeaux. Étape souhaitée par Jacques Antel : « Vittel-Bordeaux ». Et pourquoi pas Chelles-Bordeaux ou Châtel-Bordeaux ? Le maire cherche un panel pour son grand Bordeaux. L'herboriste connaît bien les prêles de Bordeaux. Cet Abel minable rêve encore de Bordeaux. 2) Vin de la région. Le général Marcel s'éclatait au bordeaux. Ce vieux Claudel a goûté volontiers du bordeaux. Ces pucelles voudraient bien connaître le bordeaux. Cet amateur de mirabelle s'éclatait souvent au bordeaux. Dommage, il y avait plein de sel dans ce bordeaux ! Cette aimable Adèle s'éclate au bordeaux. **14**

BRANLY (3)

Édouard, physicien français (1844-1940), un des inventeurs de la radio. Lu dans *La Redoute* : « Ils habitaient des gîtes sordides, quai Branly. » Ah ! ces mauvais élèves qui donnèrent tant de peine à Branly ! Ce Branly a toujours été un sacré tapeur ! L'épouse de ce vieux Branly n'a jamais senti venir le vent. Ce vieux branlant était un piètre ami. Ce Branly ne s'est jamais laissé bouffer. **7**

---

1. *M.*

BRESSE

Région de l'Ain. Rabelais savait sans doute qu'il y a beaucoup de faons dans la Bresse. Les recteurs de Bourg voudraient plein de facs dans leur Bresse. « En face, la Bresse ! » hurla au touriste la fonctionnaire qui ne pouvait rien retenir dans son cas. L'évêque de Bourg convoite la Coupe de la Bresse. La jeune écologiste se rit des fils de Bresse. **6**

164 CONTREPÈTERIES

C

CASTILLE

Province d'Espagne. Le bel historien déplore la prise de la Castille et les Cordeliers, la prise de la Bastille (*permutation circulaire de consonnes initiales*). Certains fils de Pologne apprécient la Castille. Voyez cet amateur de la Castille en pull… Ce pèlerin a dégusté pas mal de purée dans la Castille. L'édile dont la Castille est très fréquentée s'est assis sur un poussin ! Oh ! ce gros paniqué dans la Castille ! Les amateurs de patin fréquentent peu la Castille. Les Jésuites entrent dans la Castille en priant. **9**

CÉNOBITES (LES)

Moines qui vivent en communauté (le contraire d'anachorètes). Ces fils de Garches veulent les Cénobites. Les gens du chantier veulent aussi les Cénobites. Et leurs épouses abandonneraient bien leurs péniches pour les Cénobites ! Dès que Giscard dit qu'il veut les Cénobites, il chuinte. L'aède chantait après les Cénobites. La timide devant les Cénobites s'est cachée. La perverse a voulu les Cénobites pour mieux les lâcher. **7**

CHINE (2)

Immense pays d'Asie. Les incontournables de *La Redoute* : « La Chine se dresse devant les Nippons » ; « La Chine aime le Pakistan ». Les incontournables de Luc Étienne : « Mettre la Chine au pas, n'est-ce pas mettre le feu à l'Annam ? » et l'immortelle : « Le général est arrivé à pied par la Chine. » Avec lui, il n'était pas question que la Chine paume. Pas question non plus de laisser toujours tromper la Chine.

La vieille militante regrette l'époque de la Chine de Mao[1]. Roman : *Les Passeuses de Chine*. Pubs restées fameuses : « Crêpes de Chine » et « Mettez la Chine à votre porte ». Restaurant en vogue : « le Palais de Chine ». L'ethnologue parle de Chine et d'Hébreux. On ne parle plus de la Chine de papa. Parlez-moi donc de la Chine, mon père. Catastrophe : la Chine est entièrement trempée. L'acupuncteur a d'abord pris le pouls de cette folle de Chine. Marco Polo n'a jamais manqué de piques en découvrant la Chine. L'exportatrice de jambons porte ses Parme jusqu'à la Chine et ses collègues qui veulent que les Pékinois se fassent des nouilles encore[2] réservent leurs pâtes pour la Chine. Les photographes fous de Chine font voir leurs poses. Vous pouvez parler de la Chine aux filles de ce patelin. L'écrivain maniaque a mis « la Chine » entre deux parenthèses. Dans certains parterres d'immigrés on parle beaucoup de la Chine. Ainsi donc, ma sœur, ce pépé vous a fait connaître la Chine ! Le minéralogiste a pris plein de pistes en découvrant la Chine. Titres relevés par beaucoup de lecteurs du *Canard* : « Le poids de la Chine » et « Chirac parie sur la Chine ». Lu dans un livre d'histoire : « La Chine part nue. » Hong Kong : des gros paniqués par la Chine... **31**

CHOTT (3)

Lac salé tunisien. L'agence vous donne le choix entre Lannion et les chotts. Mais attention : certains prétendent que les chotts sont source de malheurs[3]. On voit beaucoup de piafs du côté des chotts. Pas question de manoirs trop près des chotts. Les touristes déçus par les chotts eurent envie de Béziers. Après le « Dakar », plein de bielles traînaient derrière les chotts. Plonger dans les chotts fait partie des plaisirs de la mer. Las des bains de fuel, l'émir retourne aux chotts. Hé ! l'archéologue, tu peux faire le tour des chotts, il n'y a pas de vierges. Il faut rentrer dans le car pour découvrir le charme des chotts mais les Tunisiennes n'ont pas envie de montrer leurs chotts aux pendards. Ce dermatologue était sensible à l'appât des chotts. Ce spécialiste des maths peut aussi, bien

1. *M.*
2. *AC.*
3. *M.*

sûr, vous parler des chotts. Les intégristes se moquent de voir des chotts. **14**

CONDÉ (2)

1) Prince français (1621-1686), grand général vainqueur de Rocroi et Frondeur. Au menu de *La Redoute :* « Riz Condé ». Mazarin ne distingua jamais l'épée des Condé et le cardinal de Retz a toujours trouvé ce Condé pestant. 2) Flic. Ce condé dut se retirer sous une avalanche de pommes (ce condé était d'abord resté coincé en pleine Rome). Le condé s'était mis dans un grand pétrin ! **6**

CORDELIER

1) Moine. *La Redoute* reprend les informations de Tabourot de Accords sur les bons Cordeliers. Ce Cordelier cherche des Beckett. Ces Cordeliers ont de bonnes bouilles. Admirez les baskets de ces Cordeliers ! Ces Cordeliers taquinent gentiment quelques bœufs. Ce Cordelier cherche un bon cierge. 2) Pendant la Révolution française, membre d'un club de tendance jacobine. Ce Cordelier bafouille. Ces Cordeliers étaient très mal bottés. Ce Cordelier en voulait à l'abbesse. Elle puait, la bouche des Cordeliers. On distinguait mal le but des Cordeliers. Mais les Cordeliers ont ouvert plus d'une brèche. Il y avait parfois des Cordeliers dans les bateaux. Certains Cordeliers ont pris de sacrés bouillons ! Par grand froid, les Cordeliers bâillaient. De nos jours les Cordeliers feraient la chasse aux boursiers. Mais les Cordeliers seraient tendres aux Blacks. **17**

CORÉE

Pays d'Asie. Magnifique contrepèterie à double croisement de voyelles due à Robert Scipion : « Ce cas de Corée me turlupine. » Titre en or massif : « Les deux Corées ». On évoque l'union des Corées... Théodule a été en Corée. Le détective a emmené un pendule en Corée. Le prince consul a été en Corée. Le député sultan a été en Corée[1]. Trois cents athlètes ont été en Corée, c'est un recul[2]. Le routard trimballait un

1. *AC.*
2. *AC.*

gros pull en Corée. Il a été en Corée à mulet[1]. Il a bu plein de bulles d'eau après avoir été en Corée. Titre : « Chirac encore à Tulle ». **12**

COUPERIN

Famille de compositeurs, organistes et clavecinistes : Le plus célèbre est François, dit le Grand (1668-1733). Maître, je vous montrerai mon Couperin pendant que vous dînerez[2]. Le professeur apprit à sa jeune élève le travail du doigt dans le Couperin. Le jeune Dédé travaille son Couperin. Il travaille son Couperin avec un vieux radin. Le camionneur a entendu parler de Couperin en astiquant son Daf. L'arrangeuse parlait de Couperin aux amoureux de la musique qu'elle pondait. Ah ! ces organistes qui séduisent avec leur Couperin ! **7**

COURTELINE

Nom de plume de Georges Moinaux (1858-1929), génial auteur de comédies. Cette bouquiniste en a pêché des Courteline[3] ! Comment pouvez-vous rester passive devant ces Courteline ? Que pouvait faire votre Courteline sans pognon ? **3**

CUBA – CUBAIN

CUBA – La plus grande île des Caraïbes. Qui ne connaît les fameux emballeurs de Cuba ? Au Maroc, on parle des rachos de Cuba. Fidel Castro a montré son Cuba à un barde. Le marquis taquine le baron en rêvant de Cuba. – CUBAIN – Habitant de Cuba. Ce moine a été enrôlé par un Cubain des bois[4]. Ce Cubain a un gros rat. **6**

112 CONTREPÈTERIES

1. Moret, charmante localité sur le Loing. On y met des luttes au point.
2. *AC.*
3. *M.*
4. *SF.*

D

DAF (2)

Marque d'autos et de camions. Le camionneur promène son Daf dans le Perche[1]. Il mène son Daf raide comme un pieu. Il a emballé une fille assez harpie qui voulait voir son Daf. C'était une fille de preux impressionnée par son Daf. Sacré capot, ce Daf ! Ces jeunes camionneurs s'épuisent avec leurs Dafs. On se paie de belles pauses avec ces Dafs. Certains travaillent dans la purée avec leur Daf. La garagiste a un pont pour soulever les Dafs. Ce camionneur un peu gras qui brique son Daf, c'est un pur. Il astique son Daf en rêvant de Prague. Une petite rappeuse chante grimpée sur son Daf. Un pépé lorgne son Daf ! Pas question de prêter nos Dafs à ces vieux rapins. Les routiers ont sorti leurs bancs et se sont mis quelque part sans avoir ménagé leurs Dafs. Il faut être peu pour bien profiter du Daf... **18**

DANTE

Poète italien (1265-1321), auteur de *La Divine Comédie*. Béatrice n'avait besoin que d'un Dante à la fois[2]. Fuyez le confesseur qui vous parle de Dante. Cet amateur de Ferrières parle de Dante. Mme Tallien donna son admirable Dante à Fouché. Il était question d'un enfer peu viable et d'un immense phare dans cet admirable Dante. Cet incroyable Dante est rempli de vieux fossiles. Le poète ivre a la voix qui ferraille dès qu'il parle de Dante. Rêver de Dante, c'est fou. **9**

---

1. *AC.*
2. *M.*

DÉDÉ (2)

Surnom d'André. Ce jeune Dédé ne fait pas de crépi[1]. Ne donnez pas votre part à ce Dédé[2]. Ce Dédé-ci est un rapin. Un autre Dédé est dans la pêche. Ce Dédé-là est un pur et ils sont peu à aimer ce Dédé. La fiancée confie que sa pote n'intéresse pas ce Dédé. Ce petit Dédé craint les rapaces. Ce Dédé rêve du Perche. Pas question de se taper le même concert avec Dédé ! **10**

DIGNE

Préfecture des Alpes-de-Haute-Provence. Un maire à un autre : « Quoi ! vous osez comparer votre Digne à mon Ferrières ! » Gare aux confesseurs qui vous parlent de Digne ! Monsieur le maire, votre adjoint s'est enfui avec des produits de votre Digne ! Il paraît que vous avez des problèmes de phares dans votre Digne. Faut-il fouiller beaucoup pour découvrir votre admirable Digne ? Il convient de rester froid dans votre Digne. Il est fou de rêver de Digne. **7**

DOUBS (2)

Affluent de la Saône et département. Baron, votre bois va-t-il jusqu'au Doubs[3] ? Je vous ai vus plonger tous les trois dans le Doubs[4]. La marinière observe le grand phare du Doubs. Elle promène ses bancs sur le Doubs. Cet ivrogne voit le Doubs trouble. Le préfet cherche à préserver le Doubs des trams. **6**

DRUT

Guy Drut, champion olympique et ancien ministre. Dix sportifs veulent à tout prix Guy Drut. Ils restent cois devant ce Drut. Pas question de came avec ce Drut. **3**

53 CONTREPÈTERIES

1. *M.*
2. *M.*
3. *M.*
4. *AC.*

F

FAVERGES

Commune de Haute-Savoie. Mes frères, Faverges manque de messes. Messieurs les assureurs, nous manquons de malus au vu des seuls résultats de Faverges. La chef d'agence doit reprendre en main Faverges. On parle beaucoup de Faverges dans le ministère. Ah ! Faverges est marrante ! Le maire sortant qui tient mal Faverges bat la semelle. Il a déploré les résultats de Faverges en soirée. Chéri, veux-tu ma tante à Faverges ? Elle est un peu molle et adore Faverges. Chérie, veux-tu voir une belle moto de Faverges ? Pub délirante : « Faverges en métro ». Faverges est mortifiée… **12**

FAYARD

Éditeur. « On ne peut être à la fois Payot et Fayard[1] », se dit la grosse libraire qui examine les dépôts de Fayard. La magasinière a mis plein de Fayard sur le plan. Ces intrigants ont placé leurs pions chez ce Fayard. La bibliophile examine un gros volume de Fayard et se dit qu'elle peut se le permettre. **5**

FÉNELON

François. Littérateur français (1651-1715). La bibliophile bossue recherche un Fénelon. **1**

FERRIÈRES

Commune de l'Ariège. Ah ! madame le maire, c'est doux comme vous présentez votre Ferrières, alors que l'opposition insinue que votre Ferrières n'est pas droit, que vous êtes prête

---

1. *M.*

à livrer votre Ferrières à prix d'or. Peu de gens s'en doutent, de ce qu'on dit de votre Ferrières. Laissez tomber les délations pour ne vous occuper que de votre Ferrières. On vous voit déçue quand vous montrez l'action de votre Ferrières... Le président parle de Ferrières, de Dol. Dès qu'il s'occupe de Ferrières, on le voit adhérer. **8**

FEZ (2)

Ville du Maroc. L'étudiante a présenté sa tante au boursier de Fez. Pub de joailliers : « Brillants de Fez ». Autre pub : « Grande baisse de Fez ». Les marchands de Fez ne manquent pas de bœufs. Ce ballot ne devrait pas tant rêver de Fez. L'abbesse rêve de Fez. Les déçus de Fez cherchent à se casser. Cet amateur de Fez est brisé. Cet amateur de Fez fait un peu trop la bête. Les vrais amateurs de Fez ne manquent pas de billes. Cette marchande de Fez fait elle-même la bière. **11**

FORBACH

Sous-préfecture de la Moselle. Il y a trop de malus à Forbach[1]. Il y a trop de messes à Forbach[2]. Il y a trop de menthe à Forbach. Ah ! cette histoire de Forbach est marrante ! On parle beaucoup de Forbach dans le ministère. Les socialistes du coin se méfient de certains éléments à Forbach... Regardez ces superbes motos de Forbach ! Et ces vues de Forbach mauves... **8**

45 CONTREPÈTERIES

1. *AC* (d'un lecteur du *Canard*).
2. *AC*.

G

GARCHES

Commune des Hauts-de-Seine. Les fils de Garches laissent les pains de Puteaux. C'est là où se massent d'autres fils de Garches. Mais ces fils de Garches refusent de se casser. Ils sont sots, ces fils de Garches... Monsieur le maire, votre Garches manque de sous et trop de potasses ont sali votre Garches. Le chef du personnel fait scier tous les fils de Garches. Dès qu'il voit une fille de Garches, il a envie de tousser. Le directeur du concours de beauté recherche les plus belles « miss » de Garches. Ce jardinier fils de Garches se livre aux plaisirs de la serre. **11**

GARD

Affluent du Rhône et département. La préfète qui, d'après Luc Étienne, passait des Landes au Gard, distingue bien le Doubs du Gard[1] : le Gard a une forte odeur de drogue ! Cette Diane pas trop malheureuse quand elle chasse se fait quelques daims en parcourant le Gard. **5**

GEX

Commune de l'Ain. Madame le maire, votre Gex ruisselle sous l'averse ! Et votre Gex a une odeur de sauce. Cette radicale fustige le Gex des centristes ! Cette battante préférerait un Gex hérissé ! Une militante rousse rêve aussi de Gex. Il est doux de parcourir leur Gex, en soi... **6**

GONCOURT

Deux frères, Edmond (1822-1896) et Jules (1830-1870). Écrivains français. Bien connus par le prix littéraire que fonda

---

1. *M.*

Edmond et dont ils ont l'honneur de porter le nom. Entendu un lauréat Renaudot (le prix concurrent) : « Comparez nos prix et venez ! » Tous les chroniqueurs rêvent de Goncourt. Maître, comment ce Goncourt vous a-t-il classé ? Un présumé battu : « Ah ! ce Goncourt s'encrasse ! » Et : « Je ne pense pas que cette vieille cagneuse ait le Goncourt. » **6**

GUINÉE

Pays d'Afrique. La botaniste observe un plant qui vient de la Guinée[1]. Mais les petites pousses ne peuvent venir de la Guinée. L'ethnologue parle de Guinée et des Peuls. La marinière dit que son palan vient de la Guinée. L'informaticienne dit que ces puces viennent de la Guinée. Le voyagiste empressé parle à sa cliente de la Guinée. Le beau diplomate rêve de Guinée avec plein de paix. Ce PDG très pris ne rêve plus de Guinée. Plus question de Guinée pour ces paniqués ! L'entraîneuse, dont le président parle souvent de foot et qui l'abrite, dévoile que ce Paul vient de la Guinée. Le vieil explorateur annonce d'une voix pâteuse qu'il revient de Guinée. **12**

GUY

Prénom. Une joyeuse bibliophile de Lourdes qui s'est envoyé un Maupassant dans la grotte : « Ce Guy en a fait des vagues ! » Monsieur, votre petit Guy a le goût de Valentine[2]. Ce petit Guy s'aventure imprudemment sous cette grande verrière. Ce Guy a gardé une forte odeur de vase. La dame de charité a comblé le vœu de ce grand Guy. Papa Maupassant présentait son Guy à l'envi… **7**

47 CONTREPÈTERIES

1. *R.*
2. *M.*

J, K

JOB

Personnage biblique. Luc Étienne : « Ce vieux Job est plein de zèle. » Jézabel se pencha sur des lésions de Job. « Qu'il est raseur, ce Job-là ! » Et soudain, ce brave Job se sentit tout lésé[1]. Alors, tu as ouï, mon vieux Job ? Le général bizarre parle souvent de Job. La bonne Samaritaine aurait bien proposé une case à ce vieux Job. Ce vieux Job avait besoin d'être prothésé. **8**

KANT (3)

Philosophe allemand. Les vendangeuses rhénanes vident leurs fûts en parlant de Kant. Hé ! la philosophe, si vous voulez qu'on fouille votre Kant, faut un peu vous affoler pour nous présenter votre Kant ! Votre Kant ne manque pas de feu et nous rêvons furieusement de votre Kant. Mais votre Kant est fourbe et les arguments de votre Kant paraissent forcés ! Drôle : ces amateurs de Kant se sont retrouvés dans la même troupe. Ces philosophes en herbe touchent drôlement depuis qu'ils sont familiers de Kant. Les grosses libraires ne se fâchent pas quand on plonge dans leur Kant. Mais l'étudiant timide parle de Kant avec pudeur… **11**

KOHL (3)

Chancelier d'Allemagne lors de la réunification. Pour mémoire, Margaret Thatcher : « J'ai mal à l'Union quand il ment, Kohl[2] ! Il ment, Kohl, quel rustre ! » D'un germanophobe : « Cet énorme Kohl est hostile au fond. » Le vigneron rhénan

---

1. *M.*
2. *AC.*

n'ose pas tendre son fût à cet énorme Kohl. Hé ! les Allemands, la négociatrice américaine prétend « verrouiller » votre Kohl… Un eurocrate italien : « Votre Kohl fait souvent la navette. Votre Kohl a entendu parler de Vérone ? Quoi, votre Kohl s'est laissé fouiller ? ! » **8**

KURDE (2)

Habitant du Kurdistan, région déchirée entre la Turquie, l'Irak et l'Iran. L'Irlandaise a été emballée par un Kurde[1]. Un diplomate cynique : « On ne s'en mêle pas, il y a trop de Kurdes. » Des voyageurs se méfient des Kurdes saouls. Le touriste se plaint que les mets ont une odeur de Kurde. Un cardinal indigné : « Quoi ! onze cents Kurdes dans la mairie ! ? » **5**

32 CONTREPÈTERIES

1. *AC.*

L

LABICHE (2)

Eugène (1815-1888). Auteur de comédies. Labiche, c'est bon pour l'été. Labiche, c'est bientôt. Labiche ne fait pas la grève sur le tas. Ça vous tente, Labiche ? Pour cette actrice, Labiche c'est tout. Cette intello à tendance matheuse était contre Labiche. Il faut dire que Labiche c'est parfois coton. Mais les saillies de Labiche l'ont poussée à pas lutter. Le metteur en scène a monté Labiche un beau matin. Il a écarté ses amis pour que tout le monde puisse voir Labiche. Mais sa collègue a craint qu'il ne l'amuse en touchant à Labiche. Elle a fait mander les critiques qui voulaient voir Labiche. Elle se croit formelle dès qu'elle présente Labiche. Mais elle est pataude pour faire monter Labiche. Aïe ! Labiche a raté ! Si la directrice du pensionnat a découvert Labiche, c'est pour l'aimer. Avec sa mise en scène au milieu des robes, cet ancien détenu n'était pas un crado quand il montait Labiche devant les cathos. Le producteur italien montre le Tibre en proposant de monter Labiche. Ton oncle a montré une vue de Labiche à ta tante. La vieille photographe a pris Labiche dans le temps. Monter Labiche fait partie des plaisirs de la terre. **23**

LAFFITTE (2)

Célèbre banquier du siècle dernier. Ne vous trempez pas, Laffitte, dans le Bosphore[1] ! L'épouse du banquier fait la bête avec Laffitte. Laffitte taquine l'abbesse. Laffitte est de l'autre côté de la Manche. Laffitte a senti venir le vent. Laffitte fait plein de boutres. Vous avez vu, cette grosse Blanche contre Laffitte

1. *M.*

(il ne fallait pas qu'elle renoue avec le jeu [1]). Se vendent au plus offrant les bols de Laffitte. Laffitte ne manque pas de bœufs. Laffitte a provoqué bien des baisses. Oh ! Laffitte bine ! Ces bringues cachent malencontreusement Laffitte. Laffitte sent la braise. Ce jeune armateur a gagné beaucoup de bricks avec Laffitte. **15**

LANNION

Sous-préfecture des Côtes-d'Armor. Pour mémoire, le directeur d'agence laisse plein de choix entre les chotts et Lannion. Lannion, ce n'est pas impossible... Quel beau canal dans Lannion ! J'ai trouvé Lannion au poil. Ce représentant à une potion pour Lannion [2]. Ces informaticiens sont venus à Lannion en écartant les consoles. La gentille Corinne m'a présenté Lannion. Hé ! la cuisinière, ta croquette a gardé l'odeur de Lannion [3] ! Ce pandore est entré brutalement dans Lannion. Heureusement qu'il n'avait qu'un petit poney pour entrer dans Lannion [4] ! Il s'est d'ailleurs affolé dans Lannion. Il faut savoir reconnaître les torts de Lannion. **13**

LETTON (2)

Habitant de Lettonie. Ce gros Letton est plein de tares. Ce gros potard balte s'appuie sur deux Lettons. Oh ! ce beau Letton est tancé ! Ce Russe en a tapé, des Lettons ! Cet amateur de Letton manque de thunes. Ce bookmaker parle de Loto dès qu'il voit des Lettons. La jeune maman balte ne sait pas encore que ses petits Lettons vont coûter. Oh ! ce Letton bout ! **8**

LIBANAIS

Habitant du Liban. Que fait Natacha au Libanais ? Ces pauvres chassés de Beyrouth sont de vrais Libanais. Le menuisier a livré une chatière au Libanais. **3**

---

1. *M.*
2. *AC.*
3. *AC.*
4. *AC.*

LINNÉ (2)

Carl von (1707-1778). Naturaliste suédois. Ces popes un peu médecins rêvent de Linné. Certains se grattent la panse en parlant de Linné. Voyez ce carabin ému ne pensant qu'à Linné ! Ce pêcheur rêve aussi de Linné. Ce médecin de Mantes ne pense qu'à Linné. Quoi ! Linné sans pognon ! La femme du toubib voit que son mari panique dès qu'elle lui parle de Linné. Elle a un air étrangement passif dès qu'il s'agit de Linné… **8**

LYON

Troisième ville de France, préfecture du Rhône. Le primat des Gaules doit avoir des problèmes avec son Lyon car il s'est fait fustiger. On dirait, monsieur le maire, que votre Lyon se refâche ! Il ne veut pas de ce gros phare, votre Lyon ! Madame : « Tu convoites encore ce Lyon, mon grand fou ? » On lui refuse ce Lyon, c'est bien fait ! Pub : « Lyon-affaires ». **6**

76 CONTREPÈTERIES

M

MANDELA

Nelson (né en 1918). Président de l'Afrique du Sud après avoir croupi pendant presque trois décennies dans les geôles de l'Apartheid. Thatcher dément lui avoir enjoint : « Venez, Mandela, à ma botte ! » Il n'est jamais venu, Mandela, pour la biser. S'il était venu, Mandela, il se serait barré... Un journaliste : « Et si on faisait venir Nelson Mandela pour *Libé* ? » Le jardinier de la présidence astique sa bêche pour Mandela. On a vu le président Mandela entre deux biches ! **6**

MANET

Édouard (1832-1883). Grand peintre. Ce vieux Manet en a connu, des poules[1] ! La conservatrice maniaque stipule les Manet et voudrait bien parquer tous les Manet. Ce Manet a brossé bien des jolis pignons mais la collectionneuse a cherché en vain des piliers de Manet. « Et pourtant, dit-elle, j'ai vu bien des Manet dans Pompéi ! » Ne posez donc pas vos pains sur ce respectable Manet ! Ce Manet s'accommode bien de cette patine. Ce Manet n'est pas pâle. Ce Manet est très pur. Ce Manet n'a rien de piteux ! Écartez cette croûte profanée et passez-moi le Manet. **13**

MAUD

Prénom féminin. Voulez-vous toucher ces chamelles, Maud ? Cette petite Maud est bien chiche. Cette petite Maud supporte très bien l'échec. Cette vieille Maud est chenue. Cette fille, Maud, raffole des chignons. Cette grosse Maud aime les grands

---

1. *M.*

châles. Cette grande Maud est ravie d'avoir enfin touché son chèque. **7**

MÉDOC

Région et vin de Bordeaux. Chaîne de magasins bien connue : « Paris-Médoc » Ce médoc est bien pâle ! Ce médoc n'est pas assez pur. Hou ! Je n'ai pas assez de pain pour goûter ce médoc ! Ma si ! on a trouvé des médocs dans Pompéi ! Le sommelier stipule tous les médocs. Ce médoc est assez piteux. Prenez donc un peu de crêpes avant de vous taper ce médoc... **8**

MER D'ARAL

Mer intérieure russe en voie d'assèchement. Boris a fait plonger l'ambassadeur dans sa mer d'Aral, quel honneur ! Le linguiste ignore de quel nom vient la mer d'Aral. Beaucoup de petits manants fuient la mer d'Aral, voyant les technocrates l'assécher sans douleur. Beaucoup d'imprudents sont sortis de la mer d'Aral en nageant. **5**

MOABITE

Descendant de Moab, fils de Lot. Vu dans *La Redoute* : « L'anneau du Moabite ». L'Asie de Lot était pleine de Moabites. Conférence : « Nanisme de Moabite ». Les antiques montagnards mangeaient des chats de Moabites. L'archéologue : « Mon assistante a extrait plein de malles de Moabites et tiré plein de pals de Moabites ! » **6**

MONIQUE

Prénom féminin. Difficile de tricher avec cette sèche Monique[1]... Le jardinier a tiré quelques choux avec une jolie Monique. Il avait découvert cette Monique en pleine Champagne. Il s'est rapidement attaché à cette belle Monique. Il est comblé par cette Monique, lui qui aime tant les châtains ! Mais pas question de mâche pour cette Monique... **6**

---

1. *AC.*

MONTBARD

Sous-préfecture de la Côte-d'Or. Le maire : « Ces campeuses près du pont ont fait une charmante dînette devant Montbard. Je leur ai expliqué que Montbard c'était un don et qu'elles pouvaient poser leur douche le plus près possible de Montbard. Et j'ai montré à leurs compagnons francs-comtois que Montbard n'avait rien de commun avec leur petit Doubs. » Plus tard : « Pas question de livrer Montbard aux radins ! » **6**

MONTCUQ

Commune du Lot. Mme le Maire : « Pas question qu'un seul mât se plante dans Montcuq ! Et aucun type de Matra ne s'installera dans Montcuq. J'accepte toutefois que les postiers rapprochent leur tri de Montcuq et je goûterais volontiers de bons petits mets dans Montcuq. » **4**

MORDELLES

Commune d'Ille-et-Vilaine. Y a pas une seule botte valable dans ce Mordelles ! Y a pas une seule fille de cabaret dans ce Mordelles ! Y a pas une seule bonniche dans ce Mordelles ! Vous avez perdu la boule dans ce Mordelles ? Vous nous abusez avec votre Mordelles. Y manque plus que la BERD dans votre Mordelles. Si c'est ça, votre Mordelles, on se barre ! Ah ! tout de même : une restauratrice de Mordelles nous propose ses biches… **8**

MORGON

Localité et vin du Beaujolais. Ce pierrier est plein de morgon. **1**

MORMON

Membre d'une Église de Salt Lake City (Utah, États-Unis) admettant la polygamie et possédant des microfiches sur le monde entier. Eux aussi examinent les fiches en sortant de la messe. Le révérend arrive à la pièce remplie de Mormons[1]. Il dit : « Ah ! le monde est fiches ! » Mais il cache ses Mormons dès qu'il se croit épié. **4**

---

1. *M.*

MOUGINS

Commune des Alpes-Maritimes. Haut lieu gastronomique. La Comtesse parle souvent de « val de Mougins ». On entend aussi parler de lavage du moulin... Madame la fermière, il y a beaucoup de vaches dans votre Mougins ! Ah ! madame le maire, il n'y a que votre Mougins qui vaille... **4**

MU

Continent mythique ou disparu. Cet énorme Mu est sans doute bien caché. Combien de marins sont partis, bien cambrés, pour conquérir ce Mu ? Des Amazones aussi rêvaient de vaste Mu, elles étaient bien quarante. Certains rêvaient déjà de courir sur le Mu. Mais ils n'étaient seulement pas capables de distinguer la cote du Mu. Et ce mythique Mu n'accueillit que des corps... **6**

84 CONTREPÈTERIES

N.O

NEMOURS

Commune de Seine-et-Marne. Ces types à Nemours font tristement la moue ! **1**

NÉPALAIS

Habitant du Népal, État entre le Tibet et l'Inde. Il faut voir comment les Népalais se garent ! La routarde qui aimait les jolis festons se mut rapidement à la vue d'un Népalais. Cette soixante-huitarde rêvait de Népalais en se battant. Des Népalais se dressèrent-ils contre des Teutons ? « Bezons ! » cria le chef de train au Népalais. Un Népalais pompeux... **7**

NEVERS

Préfecture de la Nièvre. Ce type de Nevers attrape souvent la rougeole. **1**

NICE

Préfecture des Alpes-Maritimes où se promènent des Anglais. Son maire actuel (en 1997) est connu sous l'appellation de « Peyrat de Nice[1] » Il affirme que son Nice est rarement dans le pétrin. Mais que son Nice a horreur des pédants. Des jeunes filles à Nice qui rêvent de jolies pénates[2] mais ne veulent pas de pécores dans leur Nice parlent de « Grand-Nice de pépère ». Quelle jolie baie, Nice et quelles belles poules ! **7**

---

1. *AC.*
2. *M.*

NIPPON

Japonais. Chacun sait grâce à *La Redoute* que la Chine s'est toujours dressée devant les Nippons. Les GI trouvèrent des Nippons sans chaîne. La restauratrice de Tokyo (*« Tokyo » est contrepet de « Kyoto »*) propose une belle chère de Nippons. Nippons de choix… Le client se laisse prendre aux achats des Nippons. Le couvreur propose ses chaumes aux Nippons. Ce n'est pas le moment de lâcher les Nippons. Voici deux Nippons chevelus. Ne parlez jamais de chute aux gros Nippons ! Le pilote doit s'occuper d'un sacré charter de Nippons. La contrebandière présenta deux avenants Nippons au chasseur. **11**

ODER (2)

Fleuve frontière entre l'Allemagne et la Pologne. Évidemment, le Var ne se déverse pas directement dans l'Oder[1]. Et Venise n'a pas de problème d'Oder. Ach ! l'Oder des Teutons ! Ces Allemandes se demandent si les crues de leur Oder vont tremper leurs verrières ! **4**

31 CONTREPÈTERIES

1. *M.*

P

PAIMPOL

Commune des Côtes-d'Armor. Lieu pour la pêche. Luc Étienne parle d'une vacancière qui portait ses seaux à Paimpol. Ne pouvant se lasser de la pêche, cette catho ne pouvait se passer de Paimpol. Jumelage : « Paimpol-Puteaux ». **5**

PAKISTAN

Partie ouest de l'Inde, indépendante depuis 1947. Chacun sait grâce à Luc Étienne que la Chine soutient le Pakistan. Titre : « Gandhi aurait-il lâché le Pakistan ? » Le bon cuisinier offrait une excellente chère à ce vieux Pakistanais. Mais ce Pakistanais refusait les chopes. Je suis sûr que vous rêvez de Pakistan, mon cher ! L'exportateur est sensible aux achats du Pakistan. Ce Cochinchinois rêve du Pakistan. **7**

PANISSE (2)

Personnage de Pagnol. Pagnol ne regrettait pas souvent son Panisse. Son Panisse n'avait rien d'inepte. Ce Panisse n'avait rien d'hépatique. Ce Panisse savait ce qu'est un chai. Ce Panisse était rarement à la messe. Le metteur en scène a un Panisse qu'est piteux. Mais il a découvert deux belles que cachait ce Panisse. Ce vieux directeur de théâtre hésite à mettre son Panisse à la caisse. Mais son Panisse dégage un tel parfum de paix (*la solution n'est pas « son papet dégage un tel parfum de Nice »*)... Sa partenaire observe un certain Panisse, quelle tête ! Joseph n'a vu aucun Panisse en mairie. **11**

PANTIN (2)

Commune de la Seine-Saint-Denis. Monsieur le maire, nous sommes impressionnés par les talus de votre Pantin. Mais vous brûlez toujours quelque chose dans votre Pantin ! Il y a trop de résidus dans votre Pantin, beaucoup de glu dans votre Pantin, et souvent ça pue dans votre Pantin. Mais nous admirons les élus de votre Pantin. Monsieur l'employé de mairie, y a-t-il déjà eu beaucoup de Luce dans votre Pantin ? Combien de cadors ont sali votre Pantin ? **8**

PAPEETE (2)

Ville de Tahiti. Les roupillons de Papeete sont des courts sommeils[1]. Le navigateur solitaire ajuste son lof en direction de Papeete et se prépare à montrer son beau rouf à Papeete. Le maître-voilier tisse en rêvant de Papeete. Tapie rêve de Papeete. Ce vieux fan de Papeete arrive encore à trottiner. Voici de superbes toiles de Papeete ! Gauguin ne méprisait pas les croûtes de Papeete. Ah ! les types de Papeete… **10**

PAPIN (2)

Footballeur. Tapie a longtemps rêvé de Papin. Le médecin se penche sur les croûtes de Papin. Mais il embête cet infortuné Papin, c'est un tort : il exige que cet admirable Papin lutte. Cet aimable Papin s'y connaît en tennis. Ce vieux très las rêve encore de Papin. Titre : « L'étau de Papin ». **7**

PATRICK

Prénom masculin. On dirait que Patrick veut jouer au tennis[2] ! Patrick mue, Patrick ne tue pas, Patrick sue[3]. Voyez les roulettes de Patrick. Patrick, autant dire Line. Patrick pense à Linné. Patrick grandit beaucoup à treize ans. Laisse, Patrick frissonne ! Patrick ne craint pas les luttes (ni les lutins). Patrick ne méprise pas les petites minables. Patrick n'est pas porté sur le médoc. Patrick porte deux roussettes. Cette jeune fille trouve Patrick sale. L'examinatrice a fait sécher Patrick. Le châtelain en veut à Patrick. Sa fille tança Patrick. Patrick rêve de Toul. La clown fait des lippes à Patrick. Je vois, chéri, que Patrick ne craint pas ces types ! La bonne dame a réchauffé Patrick sans laine. Aïe ! Patrick a perdu sa calotte ! **22**

---

1. *M.*
2. *M.*
3. *AC.*

PERCHE

Région à l'ouest de l'Ile-de-France. Le camionneur qui dîne dans le Perche[1] promène souvent son Daf dans le Perche. Ce danseur raffole du Perche. L'adipeuse de Nogent agite bien le Perche. Cette célèbre poule remuait le Perche chaque fois qu'elle pondait. Ce jeune Dédé veut rester dans le Perche. Faut-il beaucoup de dollars pour faire son trou dans le Perche? On ne veut pas de radins dans le Perche. **8**

PERNOD

Boisson anisée. Ce gros porc adore le Pernod. C'est horrible comme il aime le Pernod. Il aime le Pernod de façon historique. La candidate qui aimait tant le Pernod s'est retrouvée en philo. Madame, votre rôt a des relents de Pernod. La préparatrice a un potard qui a le goût du Pernod. Le chimiste trouve que ce Pernod sent l'amide. Ces fosses ont un fort relent de Pernod. L'évêque de Chartres n'aime guère que des marchands de Pernod fréquentent la Beauce. Cette vieille botte a visiblement trempé dans le Pernod. **10**

PÉTAIN (2)

Philippe. Vainqueur de Verdun en 1916, « Maréchal nous voilà » vingt-quatre ans plus tard. Un certain blond Aryen qui a du mal à relever le gant et sensible aux mythes boches mettrait bien partout des rues de Pétain. Sa femme ne se demande même plus si ce fils de Pétain l'abuse : cet enfant de Pétain ne lui accorde que de trop rares minutes et ne lui parle que de Pétain en partant... **6**

PINOCHET (2)

Dictateur chilien de 1974 à 1990. Beaucoup d'adeptes de Pinochet étaient nuls à la base. Ce vieux Chilien apathique rêve encore de Pinochet, mais son épouse à la face triste ne veut plus entendre parler de Pinochet : « Plus question de Pinochet, lâche-moi ! » L'ambassadrice de Taiwan sensible aux liens des Chinois parle souvent de Pinochet en même temps que de Saxe. La gourmande rêve de Pinochet en dégustant son curry (cette ancienne fan de Pinochet est bien en cure). **8**

1. *R.*

PITT (3)

William père (1708-1778) et fils (1759-1806), Premiers ministres britanniques. Les Anglais ont bissé avec leurs Pitt. Leurs Pitt furent d'abord députés. Ces Pitt furent avides de butin. Les jardiniers royaux binaient en glorifiant leurs Pitt (2 *solutions*). Est-il vrai, sire, que votre Pitt déteste les vieux beaux ? L'historien s'occupe de Pitt de façon trop banale. Quoi ! Cette archiviste bêtasse n'aurait jamais entendu parler de Pitt ? La Butte n'a pas subi l'assaut des Pitt (2 *solutions*). Les Écossais ignorent le culte des Pitt, Pitt qui s'opposèrent à leurs vues. **10**

PLINE

L'oncle et son neveu et fils adoptif, l'Ancien (23-79) et le Jeune (61-114 ?), écrivains latins. Il n'était pas bon que les Pline s'assoupissent. La belle libraire de Luc Étienne a fait souvent exposer les Pline. Elle en fait, des Pline. Ses confrères relèvent le gant en déballant leurs propres Pline. L'inspecteur casse les élèves qui parlent plus ou moins bien de Pline. Quelques Pline traînent dans les facs. Sortez donc vos Pline à la page (*Luc Étienne*) ! Mettre en valeur les Pline ça paie ! **8**

PORNIC

Station balnéaire de la Loire-Atlantique. Votre Pornic attire les flots[1]. Le vicaire fou de Pornic parle toujours de Noé. Slogan d'un voyagiste japonais : « Pornic et nô ». Des légionnaires ont quitté les Baux pour s'occuper de Pornic. **4**

PORTO

Ville et vin du Portugal. Le vieux jardinier a besoin de porto pour se mettre à biner[2]. Faut voir comment ce mercanti débine le porto ! Ces marchands de porto s'occupent aussi des canins. Il faut voir où ces marchands de porto les mènent ! Cet amateur de porto a détourné un canot. Horace dévoile que Sabine a le goût du porto. Il faut voir comment cette folle de porto le tanne... Ce petit peinard a le goût du porto. Le chef de l'ENA raffole du porto. **9**

1. *AC.*
2. *M.*

POUILLES

Région du sud de l'Italie, capitale : Bari. Horace emmène Sabine à Paris. La folle des Pouilles prend son canard, titré : « L'écho de mes Pouilles ». Dans *SaGesse n'est pas Folie* on rêve des Pouilles enfin calmées. *La Redoute* évoque la Calabre à propos des Pouilles. Mais pas besoin de Calabre pour la population. La Comtesse tricote en rêvant de Pouilles. Un rabbin de Paris déclare que le produit des Pouilles, c'est kasher. Le Cap ne connaît pas grand-chose des Pouilles. La fille un peu fada des Pouilles va se faire kiné. Un *tifoso* : « Pourvu que l'équipe fasse vibrer les Pouilles ! » Y a-t-il beaucoup de curés dans les Pouilles ? Titre : « La Butte à Paris » (*2 solutions*). Le pape déconseille aux habitantes de Cologne de s'aventurer du côté des Pouilles. Venant de biner à Paris, le jardinier en vacances a pris un coup dans les Pouilles. La marathonienne courait, hâlée, jusqu'aux Pouilles. La nonne cria en atteignant les Pouilles. Le bedeau quête en parlant de ses Pouilles. Ces cathos ont des problèmes avec leurs Pouilles. Ces demoiselles s'accrochent dès qu'il est question des Pouilles. Elles ne tarderont pas à découvrir les Pouilles de leurs coquins. Roman : *Les Quatre des Pouilles*. Slogan de voyagiste : « Pouilles-Crimée ». Pub pour vacanciers : « Pouilles et congés ». **27**

PUNIQUE (2)

Carthaginois. Pub du Club Med : « Pouilles et Carthage ». Chéri, je t'annonce, après ces types puniques. Ah ! ces deux fortes puniques ! Lu dans un article sur Carthage : « les satins puniques » et « l'étain punique ». **5**

PUTEAUX

Commune des Hauts-de-Seine. Ce gourmet raffole des pains de Puteaux[1]. Pub : « Synthés à Puteaux » (*contrepèterie enchevêtrée*). Variante, une étape : « Saintes-Puteaux ». D'un commentateur sportif : « Sacrée feinte de Puteaux ». Ces petites châtains rêvent de Puteaux. **5**

170 CONTREPÈTERIES

1. *AC.*

Q. R

QUEEN

Reine en anglais (*on prononce « couine »*). Luc Étienne indique que la Queen a horreur des gueux. La Queen rêve de Goncourt. L'historienne rêve de groupes de Queens. À Lourdes, on n'a jamais vu de Queen dans la grotte. Un anglophobe : « Cette Queen, quel mauvais goût ! » **5**

RABAT

Capitale du Maroc. *La Redoute* évoque la baie de Rabat. Le touriste n'avait jamais goûté un Rabat aussi beau. Ce gros badin rêve de Rabat. Ah ! votre Rabat bouge ! L'édile se demande si un grand bois doit cacher son Rabat. Le directeur du port a pris un grand bateau dans son Rabat. Pub : « Bennes de Rabat ». Concours de boules : le champion Fez banni ! Qu'il est bon, ce Rabat ! Pas question qu'on batte ce grand Rabat… **10**

REX

Nom de salles de cinéma. Luc Étienne parle de la scène du Rex. Une étudiante cherche le Rex du secteur. Et une Landaise obèse, le Rex à Soustons. Il y a des traces de sable dans cet ancien Rex. Cette cinéphile tient des propos acides sur le Rex. Une autre a parlé de Rex toute sa vie. La marchande de porto flâne et songe du côté du Rex. Cet urbaniste est en train de casser le Rex dans la rue du Conquérant. Le Rex cède… **12**

RUSSE (3)

Habitant(e) de la Russie. *La Redoute* évoque le nom de la Russe et le gastronome qui s'est tapé un caneton à la russe. Luc Étienne se réjouit de voir les Russes en fête. Truman se méfiait des coups des Russes. On distingue bien d'ici la Russe de la naine[1]. Boris a embrassé Bill à la russe, quel honneur[2] ! Ça se dit comment « secte » en russe ? La Russe est en nage. Boris se met en route avec une belle Russe. Il chevauche la mule d'une belle rousse... Mais non, la Russe n'est pas cannée ! La patineuse (*contrepèterie interne au mot*) refuse la notation de la Russe. **13**

40 CONTREPÈTERIES

1. *M.*
2. *AC.*

S

SABINE (2)

Prénom féminin. Luc Étienne confie que Sabine manque à l'appel. Horace tâtait avec inquiétude le pouls de Sabine[1]. Sabine était couverte de pulls[2]. *Sabine épelle. Sabine est prisée. Sabine brûle les planches. Sabine manque de terres. Le vieux marinier observe le palan de Sabine. Ne laisse pas Sabine tempêter. Sabine a pris un pain. Sabine nous fait rêver de Chypre. Horace a acheté un poney pour Sabine. Sabine est couverte d'emprunts. Le paysan pêche avec Sabine*[3]. Ah ! Sabine pâlotte ! Le paladin a découvert Sabine. Sabine plaît au maître du palais. Sabine est sans peur. Le géant confie que Sabine goûte fort l'aneth. Sabine pèse. Sabine a deux poules. Ce jour-là, Sabine était particulièrement empotée. Horace demande à Sabine d'astiquer sa botte. Sabine a le goût du porto. Sabine préfère les brutes. Le spéculateur a plongé dans la cote avec Sabine. Sabine, quel sex-appeal[4] ! Le directeur de conscience admet que Sabine est bien dans la note. Horace faisait volontiers pouffer Sabine. Le vicaire demande un peu d'eau pour Sabine. Sabine a tiqué... **31**

SAVERNE

Sous-préfecture du Bas-Rhin. Luc Étienne : « Allez à Saverne, c'est un jeu d'enfant ! » Le petit Alsacien se lève et voit s'abattre

---

1. *AC.*
2. *M.*
3. Toutes les contrepèteries en italique se trouvent dans *Sabine et ses potes*, de Robert Meslé et Walter Olivotto, Nigel Cauvin, 1988 (*voir la « Bibliographie commentée » dans les pages roses*).
4. *AC.*

une drôle de neige sur Saverne[1]. Le maire cherche des luges pour Saverne[2]. Il confie que Saverne est joueuse. Ce vieux Jules a encore sali Saverne ! L'astrologue présente Saverne aux Sagittaire. Ce clerc de notaire cherche à écarter le géomètre de Saverne. La femme du maire déclare que ce Béjart avantage bien Saverne. **8**

SAX

1) Adolphe Sax (1814-1894), inventeur du saxophone. Ce Sax n'avait rien d'inepte. La fabricante espérait bien un message de Sax. Ce Sax ne manquait pas de graisse. Ce Sax n'avait rien d'hépatique. 2) Abréviation de *saxophone*. Ce gros sax est sacrément étendu ! Cette musicienne a un sax qu'est piteux. Ce vieil instrumentiste regrette son sax. Voyez comment on lève le sax. Ce débutant tète drôlement son sax. Ah ! mesdames, quel sax ! La virtuose cambodgienne ne confie pas son sax à n'importe quels bras khmers ! Le directeur du Conservatoire rêve d'un collège de sax. En attendant, il peint de drôles de fresques de sax. Madame la vendeuse, mettez-moi donc ce sax. Ce jazzman connaît bien l'air du sax. La femme du vigneron a trouvé un vieux sax dans son chai ! Elle aurait sans doute préféré un magot dans son chai. Madame, c'est un vrai mégot que vous avez dans votre sax ! Joseph ne veut pas de sax dans la mairie. **19**

SCEAUX

Commune des Hauts-de-Seine. Il pleuvait à flots quand la pauvrette perdit sa sœur. Madame le maire, cette pelle sort de votre Sceaux. Un automobiliste toqué par trop de bouchons : « Ah ! madame le maire, quel piège, votre Sceaux ! » Un touriste : « J'adore votre Sceaux et j'adore ces pins ! » **5**

SÉCU

Abréviation de *Sécurité sociale*. Ce sauteur de jupons devrait surveiller le trou de Sécu. Le ministre au bel œil de braise qui parle de conquêtes ferait mieux de parler de conquêtes pour

1. *M.*
2. *AC.*

combler le trou de Sécu... On a envie de le voir foncer dès qu'il parle de Sécu. À Épinal on entend souvent parler de gros gains à propos de Sécu... **5**

SERGE

1) Prénom masculin. On dirait que votre Serge apprécie les fèves[1]. Votre Serge apprécie également mes vins... Cette touriste égarée a vraiment été sauvée par votre Serge ! C'est dans le vallon que votre Serge l'a ramenée, ce fut horrible ! Votre Serge fait trop de grèves. Mais j'aime le côté vaillant de votre Serge. 2) Étoffe. Le fameux petit vieux de *La Redoute* vend de la serge. Et Luc Étienne se demande combien il a de reste sur les boutons. Cette serge est-elle vraiment lavée ? Le vieux tisserand (qui tissait en plusieurs passes[2] et s'en allait avec sa cuvette[3]) faisait drôlement pivoter sa serge. **13**

SOUSTONS

Commune des Landes. L'assureuse de Soustons est curieuse mais se fâche dès que son époux parle de rapine à Soustons. Présentation : la grande Olga, Russe de Soustons. On se marre dès qu'elle parle de Soustons. **5**

86 CONTREPÈTERIES

1. *AC.*
2. *R.*
3. *SF.*

T

TACITE

Historien latin (55 ?-120 ?). Philémon, Tacite est comme cette vieille Baucis : l'éphèbe fuit Tacite. Mais que fait Tacite sur ce balcon ? Tacite réchauffe les bains. *La Redoute* : « Tacite se promène en babouches. » Je n'aime pas Tacite, hé ! ballot ! Ainsi, collègue, tu as fait aimer Tacite aux Beurs ! **7**

TAIZÉ

Commune de Saône-et-Loire où se trouve une œcuménique communauté religieuse. L'évêque confie que Taizé lui a donné un sacré bonus... On prend vite de bonnes habitudes quand on arrive à Taizé. Le frère menuisier prend son banc pour Taizé[1]. Le pêcheur montre de belles ablettes préparées à Taizé. Il y a peu de béton à Taizé. On trouve surtout des briques à Taizé... Les intégristes se battent à propos de Taizé. Un jour ils parlent de Taizé de manière parfaitement banale, un autre jour ils parlent de Taizé de façon aberrante. Mais comment peuvent-ils parler de Taizé sans broncher ? Dès qu'il s'agit de Taizé, ils font la bête. Il faut être rudement bouché pour ne pas rêver de Taizé... Il y a de beaux bruns à Taizé. Et aussi beaucoup de bruit à Taizé. **14**

TAPIE

Bernard, homme d'affaires. Cet incroyable papy ne peut plus jouer au tennis et ne peut plus trinquer : faute de Tapie. Plus de vin pour l'infortuné Tapie. Bernard, on ne verra plus beaucoup Tapie dans l'arène... **4**

---

1. *AC.*

THALÈS

Mathématicien grec (v. 625-v. 547 av. J.-C.) auteur du théorème dont il a l'honneur de porter le nom et qu'il aurait démontré en se servant de l'ombre portée par le phare d'Alexandrie, une des merveilles du monde. Ah ! ma chère, le phare de Thalès ! Le prof s'est refâché sur Thalès. Il s'épuise car Thalès est toujours à faire. **3**

TIBRE

Fleuve qui coule à Rome. D'un lecteur du *Canard* : « La pêcheuse râleuse pêche le long du Tibre. » Le Tibre transporte bien des bouchons. La photographe prend ce Tibre après quelques biches. La captive regarde couler le Tibre du cachot. Les Romaines branchées et lassées évoquent les riches du Tibre. Le jardinier a une grosse bêche qu'il trempe avec le Tibre. **8**

TITICACA

Lac frontière entre la Bolivie et le Pérou. Il paraît que votre papy se plaît dans le Titicaca (*double croisement de consonnes*) ! Cette vieille dame folle de Titicaca a eu un jour de gros pépins (*double croisement de consonnes*). **2**

TITO

De son vrai nom, Josip Broz (1892-1980). Maréchal fondateur de l'ex-Yougoslavie, qu'il dirigea de 1953 à sa mort. Luc Étienne évoque l'anneau de Titus. La petite nonne qui a des Serbes sous les yeux tient des propos éclairés sur son Tito. Elle explique qu'on n'était pas si mal sous la botte de Tito. La bibliothécaire est en train de rajeunir l'éclat de son Tito. L'archiviste qui vient de classer un gros Tito confie qu'il a découvert de superbes Tito derrière quelques cloisons. Pendant l'inondation on entendit clapoter quelques Tito. **8**

TONTON

1) Nom familier de l'oncle. Tatie apprécie la thèse de bon ton[1]. La fille au gros tonton présente un gros croupier. Ce n'est pas un croupier fripon et c'est un tonton fripé. La fille au gros

1. *AC.*

tonton a un bel œil de braise. Tatie observe le tennis du ponton. 2) Surnom donné à François Mitterrand par ses gardes du corps, et que le *Canard* a rendu célèbre. Ce coureur de Juppé rêve encore de Tonton. **7**

TROYES

Préfecture de l'Aube. Les filles de Troyes offrent leurs deux joues[1]. Les filles de Troyes ne pratiquent pas le javelot. Cette espèce de barbare au dos voûté, comment il jette les filles de Troyes ! On voit beaucoup de filles de Troyes gênées. **5**

58 CONTREPÈTERIES

1. *M.*

U, V

URANUS
Dieu et planète. Des astrophysiciennes : « Notre bel Uranus est vierge de tout être[1] ! » Ouï dans un film de science-fiction : « Gens : évacuez notre Uranus ! » **2**

USSEL
Sous-préfecture de la Corrèze. Le botaniste dorlote ces pousses d'Ussel[2]. Les garagistes proposent de jolis petits pneus pour Ussel. Offrez donc vos parts à ces jeunes d'Ussel ! Une jeune d'Ussel se méfie des rapins. Ces jeunes d'Ussel ne sont pas à l'aise dans la pêche. Cette jeune d'Ussel est pure. Cette jeune d'Ussel n'a pas de potes. Ces jeunes d'Ussel n'ont rien de rapaces. Cette jeune d'Ussel ne prend que des petits pois. Ces jeunes d'Ussel n'ont pas peur des pépés. Cette jeune d'Ussel a pris la pose. Ces jeunes d'Ussel ne sont pas harpies. Quelques jeunes d'Ussel sont de futures rappeuses. Cet animateur rêve du Perche, des jeunes d'Ussel… **14**

VAISON-LA-ROMAINE
Commune du Vaucluse. Habitant(e)s : les Vaisonnais(es). Un touriste italien : « Splendide berge, Vaison-la-Romaine ! » On y trouve des ruines supportant mal les moindres gouttes et des peintures de robes de Vaisonnaises. **3**

VAR
Fleuve et département français. Luc Étienne évoque l'adjudant du Var. Le préfet met le Var à l'étude[3]. Celles qui pol-

---

1. *AC.*
2. *M.*
3. *M.*

luent abondamment le Var doivent être damnées. Les folles du Var parlent dudit sur lequel elles s'abattent effectivement. Cette spécialiste du Var a l'air assez vide. Elle est arrivée toute ridée au Var. Elle a reçu un autre spécialiste du Var à dîner. Il parle du Var comme un dieu... **9**

VAVIN

Station du métro parisien. Un cafetier proposerait de superbes « jus de Vavin ». Titre : « Les joyeuses de Vavin ». « Ainsi, madame la chef de station, ces bidasses à peine sortis de votre Vavin se sont aussitôt remis en joue ! – Oui, et j'ai ressenti quelque rage dans mon Vavin. Et j'ai crié à l'un : "Joue dans mon Vavin !" » Colette a-t-elle parlé de Vavin à Gide ? **6**

VENDÉE (3)

Région de l'ouest de la France. Ces belles en Vendée recherchent des gros piafs. Cette fille ne fait plus la fière depuis qu'elle est en Vendée. Le touriste découvre une jolie berge et parle de Vendée : « Plus question de Vendée, déclare l'héritière rapace. Plus question de Vendée si je n'ai pas plus de parts ! » Titre : « Radieuse en Vendée ». **6**

VÉRONE

Ville du nord de l'Italie. Avant de traverser le pont en faisant trembler la caillasse, Roméo a montré à Juliette une jolie pile sans se préoccuper des rumeurs de Vérone. Celle qui parlait si bien de Vérone est élue. Il y a encore beaucoup de palais à Vérone. **4**

VEXIN

Région séparant la Normandie de l'Ile-de-France. Cet antique Vexin abrita tant de sages[1] ! La députée sent que son Vexin s'agite. **2**

VÉZELAY

Commune de l'Yonne, célèbre pour sa basilique. Une touriste à une autre : « Oh ! les superbes berges, Vézelay ! » **1**

1. *M.*

VICHY (3)

Station thermale et anciennement maréchaliste, sous-préfecture de l'Allier. Le clergé de Vichy fréquente le verger de Clichy (*contrepèterie exceptionnellement convenable*). On peut voir les plus belles mitres de Vichy. *La Redoute* évoque une panne à Vichy. Film sur la Résistance : *Traque à Vichy*. Certains collabos à Vichy ont fini par se faire lier. On y voit bien des colonnes, à Vichy. Le joueur de base-ball a fait astiquer sa batte à Vichy. On voit quelques vieilles bagnoles à Vichy. L'électricien fait reluire des manettes à Vichy. Des bigots à Vichy rêvent souvent de papes. On ne manque pas de chic à Vitry. Le Pen s'est fait contrôler à Vichy. Ces deux grosses moches rêvent de Vichy. **12**

VIDOCQ

Truand repenti devenu policier (1775-1857). Dans *SaGesse n'est pas* Folie, on évoque l'épée de Vidocq. Oh ! ce Vidocq a peiné ! **2**

VOUILLÉ

Commune de la Vienne. Il paraît qu'il y a beaucoup de Cajuns à Vouillé. Étape pour les coureurs : « Calais-Vouillé ». Les filles, vous pouvez camper, on est loin de Vouillé. Ceux qui viennent de Vouillé sont à moitié canés. Ce quidam vient de Vouillé. **5**

66 CONTREPÈTERIES

W. X. Y. Z

WATTEAU

Antoine, peintre français (1684-1721). Ce Watteau a-t-il connu des Cajuns ? **1**

XANTHE

Nom francisé d'une ancienne ville d'Asie Mineure. Ah ! ce réfugié est filé jusque dans cette antique Xanthe ! **1**

YVES – YVONNE

Prénom. Ah ! les fils d'Ève ! Ce coiffeur s'occupe des mèches d'Yves. Le dompteur présente une grosse bête à Yves. Il paraît qu'Ève a toujours aimé Bizet. Yves en a beaucoup joué. Ne me parlez pas de cette quête d'Yvonne ! **6**

ZAMBÈZE

Fleuve et région d'Afrique. Immortelle de *La Redoute* : « Au Zambèze, les filles sont jolies et gentilles ! » Dès qu'on évoque des chutes et des cas exceptionnels, le reporter crie « Zambèze ! » et présente son job. **3**

ZAMBIE

État du sud de l'Afrique. On ne connaît rien sur les camps de zombies. Votre Zambie ne craint aucune faute. L'ONU ne craint pas la semonce de Zambie. **3**

ZEN

École philosophique bouddhique. Voyez comment ces gentils bouddhas pensent ! (*Double déplacement de consonnes.*) Les fidèles ont de magnifiques robes pour la joie de leur zen. Le détracteur expose son job sans zen. **3**

ZÉNOBIE (2)

Reine orientale au IIIe siècle. Elle recèle en son sein une contrepèterie (*inversion des deux premières syllabes à l'intérieur du nom*). Nobles dames, admirez Zénobie ! Les sœurs présentèrent leur Zénobie. Votre Zénobie n'a pas réussi à notre terre ! **3**

ZOLA

Émile, écrivain français (1840-1902). Allez, les stances des Rougons me rappellent ce Zola banni ! (Les Rougons de Zola étaient remplis de stress[1]...) Nul bled n'a connu ce Zola. Ce vieux Zola n'est pas si blanc ! Et parfois même quelle brute ce Zola ! **6**

26 CONTREPÈTERIES

1. *M.*

INDEX INSOLENT POUR LES « MOTS COPAINS »

*Les « **mots copains** » ne sont autres que les contrepétophiles, les acolytes des contrepétogènes, aptes à leur « vendre leurs lettres », ou plutôt à les échanger en vue d'engendrer des contrepèteries. Chaque contrepétogène est accompagné des contrepétophiles utilisés dans les définitions du* Dico, *mais aussi des contrepétophiles correspondant à des grands classiques non repris dans ce* Dico, *et des contrepétophiles supplémentaires à l'usage des lecteurs qui composent eux-mêmes des contrepèteries, afin de les aider à faire leurs gammes. Avec le souhait que les gammes ne les laissent pas sur le flanc…*

Noms communs

A

ABATS – (l')apaiser, effectif, pèse, pote, pou(ls), poule.
ABBESSE (L') – affaissée, brillant, chiffres, citer, défile, emphase, falote, faucon, faux, feu, flairer, flanc, flanche, fonds, fou, fouillis, foules, frisée, fruit, grandeur, Laffitte, mythe, niaise, Sapho, (s')user.
ABUSE (L') – conquérant, jette, paie, (enfant de) Pétain, quai.
ABYSSE (L') – bête, cuite, fête, latitude, mater, tueur, tu sais, moi, typhon.
ACCULER – (l')ampoule, angora, antique, antre, branque, encordé, (s')en fiche, engeance, entendre, envie, environ, financer, manque, ment, pension, planquer, stand, tancer, tant pis, tempête, temps, tenter.
ADIPEUSE (L') – appelle, capot, câpres, crapaud, (s')épuisent, part, perche, poids, rapin, rapine, répons, soupeur.
AFFAISSER – (l')affiche, bord, colle, fiche, folle, de Guiche, Médor, terre.
AFFICHE (L') – colle, (se) gourer, maire, met, miel, menthe, messe, Milou, molle, mouille, musée.
AGENT – boum, charmer, démentait, (l')émoi, foi, mémère, mollit, mou, mouvance, mûr, muter.
ÂNESSE – (l')abuse, concurrent, (s')enfuit, farine, feu, foire, minute, rude, rue.
ANETH – Airbus, bœufs, bus, Byrrh, puce, six gars russes.
ANIS – abus, autruche, bulle, buter, débutant, député, des opulents, la puce, salue, truc, unique, vues.
ANNONCE – barbu, bubon, (l')écu, lu, rude, truqué.
APAISER (L') – Bayard, bercer, bêtasse, billard, biner, bouffe, buter, butin, butte, Sabine.

APPELLATION (L') – feinter, fêter, fine, fiston.
ARRIÈRE – début, dégressif, dément, démoli, départements, dépôt, dériver, déteindre, détendre.
ASCÈSE (L') – babouche, baigneur, bain, balcon, ballot, Bex, bonheur, boursier, débuts.
ASSOUPIR – aviner, la vache, PV, veine, verre (vers, vert), vingt ans, visser.
ASTUCE – (l')anar, (bien) attique, aubergine, canard (cane), égoïne, féminine, gène (gêne), indigène, nage, nation, veine.
AVERSE (L') – est gelée, géant, geint, gérer, Gex, jaillir, joie, jolie loque, jolie terre, joue, jour, joyeuse, jumeaux, orage, (l')orange, piger, sauge, sujet.

B

BAC – classe, (la) clé, cloche, clone, cloque, clou, déclinent, (s')éclatent, formelle, mander, mythe.
BAIE – gaze, Rabat, racine, radeau, radiner, rater, rendez-vous, ride, rites, robot, roche, roue, rouge, ruche, vitrification.
BAIGNER (SE), BAIGNEUR, BAIGNEUSE – bazar, gazer, gazouiller, Lise, malentendant, un naseau, osons, Paule, (se) poser, tabac, turne.
BAIN – citer, dessaler, descendez, dessous, frite, mite, rite, sans goût, site, sources, Tacite.
BALCON – (l')ascète, cinoche, citer, rosse, saille, salade, salon, saoul, seize, selle, Sénart, site, sonnet, sonneur, source.
BALLOT – dèche, descendait, salade, selle, seize heures, sonneur, source, suscité, Tacite.
BANC – border, bouder, élite, glace, glaise, glander, glisser, globe, glouton, onze chaises, souffler, taisez-vous, truites.
BAR – chardon, Dey, dînette, doigt, don, dot, Doubs, douche, tabac.
BARDE – (l')Amérique, mélo, mer (mère), messe, Messine, mettre, Metz.
BARDER – bande, camp, dent, Dinan, manquer, mante (menthe), Soudan, tant.
BARGE – calvaire, court vêtue, dé, vélo, vénal, vériste, verre, veto.

BASE – aire, chai, collège, fresques, guetté, mairie, message, (qu'est) piteuse, pouf, quitter.
BÊCHE, BÊCHER, BÊCHEUR, BÊCHEUSE – allée, les armes, barlu, bouse, caser, désarmantes, désirer, les Irakiens, mander, mille, mise, pèze, Pitt, pouffer, poule, vase.
BECQUEREL – amasser, mal, malle, manieurs, maths.
BERGE – des villes, dévaler, ravin, Rover, vague, valoches, vase, veau, vélum, Vendée, verser, vêtement, vin, viser, vite, vivre, voir, vœux.
BÊTASSE – appétissante, empotée, emprunt, pâlotte, pas chic, pas lourde, passe, pêcheuse, pèze, pouls, poules, pruneau, pouffer, pouls.
BÊTE – (l')arthrite, bile, bise, chaton, fils, firme, (l')habile, Jean-Marie, livre, office, puante.
BÉTON – athée, atterrant, caille, catho, foule à Sion, (d')intrigant, malentendant, mouche, peu, tabac, tag, Taizé, taloche, talon, tel, tendez, tête, thèse, tic (ticket tique), tombe(r), tonne, tôt, touche(r), touffe, traque, travaux, treize, turne.
BIAISER – (l')affaire, clan, défense, fond, marée, (un) névé, poncer, veille, visons, visseuse, volant, voler (*voir aussi* **PIAF** et **VIERGE**).
BIBLE – caté, conter, fort emblème, redoubler, routard, la santé, site, terreau, Thérèse.
BICHE – allaiter, amis, amuser, ballote, bientôt, bouter, calmar, Camaret, catho, coton, cravater, (pour l')été, étoffer, formelle, lotte, mante (menthe), mater, matin, melon, mite, mouton, mulot, (pas) lutter, tas, terre, toute (*voir aussi* **BONNICHE**, **BOTTE** et **BOULE**).
BIDON – box, conquête, croupier, manches, niche, quai, tente.
BIFFER – (l')atoll, atterré, la belle, fric, hôtesse, pâte (patte), Platon, proton, sous-titre, tante, tour, tout, train, traîner, transe, troc.
BILE – bête, coûter, détectable, (l')étoupe, Lockheed, loucher, matin, meute, mouche, pousser, taper, thunes, toucher, troupe (*voir aussi* **PULL**).
BINER – cote, empotée, (l')été, matière, pain, paladin, pelle, peu d'eau, planche, pois, polder, porto, potes, pouffer, pouls, proche, serpe.
BINETTE – (les z')hommes, mouche, tabac.
BIQUE – (l')Atlas, chantre, poutrelle, routine, tenue, thon,

touiller, trace, train, treize, triceps, tricolore, troupe, tube, viticole.

BIQUET – tabac.

BIQUETTE – crâneur, (les z')Houches, (les z')ourlets, quête, (les z')urnes, zoom.

BISE – bête, boute, été, jouait, PEP, rater, taureau.

BISQUE – bath, est teintée, mater, patois, rite, tanner, tête.

BIS, BISSER – (l')apaise, atterré, latitude, pouffer, pupitre, raté.

BLANC – degré, en guettant, galant, galoches, galonné, gadin, garde, gaver, goulot, goulotte, goût, grave(s), griser, grive, guide.

BOB – (très z')à l'aise, (les z')as, baisers, rosaire, roseau, zen, zoom, (les z')Houches, (les z')urnes, (les z')ourlets.

BŒUFS – bien n'allants, bocaux, braiser, cabas, cadeau, cailler, caisse, (d'un) canal, canine, car, Carmen, carreau, case, Cathares (catarhe), catho, clamer, col, collet, cœur, connu, cordelier, cote, cou, coucher, coup, courent, coup (coût) cour(t), cramer, cuvette, fournir, kir, noueux, que d'eau, Quercy, quitter.

BOÎTE – (l')amitié, ampli, Byrrh, crie, empire, épice, fileuse, habits, mine, mouton, nid, pile, pisseux, prix, riz, signer, tripot, vire.

BON(D) – accès, accuser, acquitter, ancolie, cabas, cadeau, la caisse, canal, Cathares, Comanche, coucher, course, coursier, crème, elle est écœurée, encrassé, kit, pistou, plaider, quitter, tucard.

BONNICHE – amis, amuser, calmar, Camaret, formelle, mater, melon, mite, mouton, mule, mulot.

BORNE – dures, formule, mur, rustre, union, usé.

BOTTE – (l')amiral, antique, chic, cire, citerne, colline, des qualités, guide, hiver, kil, kir, malade, malaise, marron, miroute, Mishé, mouche, mouton, mythologie, persil, salie, Sabine, silex, susciter.

BOUCHON – bientôt, colle, coton, (d')ébonite, entier, (pour l')été, haleter, Mandela, mander, se marrer, mater, mythe, Nick, patauds, terre, thèse, Tibre, tôt.

BOUDER – banc, banquet, camp, crampe, genre, lent, menton, rance, tancer.

BOUILLE, BOUILLON – (des) accusés, cabas, coursier, coût, cuvette, incroyable, mouton, quitter.

BOULE – achromatique, amis, amuser, antimites, calmar, formelle, (les z')hommes, marron, melon, mite, mouche, mouton, mulot, mythologie.
BOUTRE – chiffre, confluent de la Garonne, enflammant, falot, fête, Fez, fiche, fière, flanc, foc, fraise, Laffitte, phoque.
BRAISE(R) – baguette, bosser, cadeau, caquette, conquête, couler, coupe, foncier, (l')habitude, hautain, pathologique, phoque, pinède, ponter, tasse, tendron, tiquer, tôt, tout blanc.
BRAISE (ŒIL DE) – allonger, conteur, bidon, conquête, félon, foncé, foncier, jupon, pont(er), tonton.
BRANCHÉ, BRANCHER, BRANCHETTE – bêler, boule, bulle, calé, colon(ne), congélo, délai, délirer, (l')Émile, (l')Irak, lardons, latte, liasse, loi, loup, malin, mille, molle, nylon, salez, (la) virer, Walkyrie.
BRIE (BRIS) – avis, délavé, (l')hiver, quitter, veuvage, visé, vivent, voyez, vue.
BRIQUE – atterrante, bosse, panne, passer, pasteur, tailler, tonne, traquer, treize (*voir aussi* **BÉTON**).
BROUILLE, BROUILLON – arc, cas, casier, casseur, cave, chic, en casser, (l')écoute, (l')écoutille, Kid, manqué, saquer, tic.
BRU – casier, chic, galoches.
BRÛLER – camp, censeur, denrée, essence, ganse, gens, Pantin, pend, pente, recenser, rente, résident, Samson, sensé.
BUTIN – palourde, pèze, plaid, planches, pouffer, poule.
BUTTE – Autriche, Barbie, Brie, cap Horn, crépie, débitant, dépitée, habit, inique, pierre, polder, pou(ls), poule, Rabat, radine, râteau, rite, tout timide, vie.
BUVETTE – barrer, cas, hériter, Marie, rampe(r), reine, relu, René, rentrée, Rhin, risible, riz, rue.

C

CABAS – bafouiller, banal, Beckett, bon, boule, bouillon, brème, brise, bulot, cafouiller, chute, colle, courage, embrasser, Puces, quitter, Toubon, les zébus.
CAILLE – bouille, bouillon, boulet, boulotter, bourbon, brouillard, brouiller, chou, coupable, débrouiller, découper, groupe, goûter, jour, louper, lourd, mousse, Papou, pouf,

poubelle, retour, roussi, sa troupe, sous l'eau.

CAISSE – bon(d), bouille, farine, fête, fiche, flaque, foin, fouille, fond, forcée, foule, fourbe, frotter, fuite, furieux, fût, plaquette, rafler, raquette.

CALISSON – capot, deux, gueuse, vœu.

CALOTTE – bar, chute, décapotable, dur, en curé, escapade, panique, pêche, pope, peste, rapine, rubrique.

CAMP – (l')Aiglon, amont, battu, bleu, blond, bru, brûler, compagne, cru, don, élu, galon, glu, marron, ombré, résidu, ronger, semonce, talus, tondre – **CAMPUS** – dessine, pré.

CANARD – coca, dû, feu, pandore, paresser, pataud, patin, pif, Pologne, poncho, poney, pont, population, Pouilles, punch, show, trappeur, tripe.

CANUT – assidus, bulles, car, chute, conducteur, dur, réducteur.

CAR, QUART – allumé, ânon, Barbades, barbon, barbu, bâton, battu, bison, bouillon, cardan, damer, deux, dock (six), dolente, don, donne, douche(r), douille, Douillet, douteux, drame, drapeau, dû, dure, durée, endormi, fond, fût, mardi.

CARROSSE – (l')ascète, coquette, cuite, ferme, fête, hérétique, piteuse, quémander, teint, thym.

CAS – bulle, châtain, chute, conducteur, cure, curé, des cutis, dur, fonctionnaire, fumeux, Muriel, nicher, paniqué, pompiste, purin, réducteur, réguler, rumeur, rupin, uni – châtain, tricher, vilain.

CASQUETTE – béton, coquet, mec, met, paie, quête.

CAUCHEMARD – braqué, Nicot, Nil.

CHAI – base, lâcher, magot, Panisse, regratter, sax, tâter.

CHAISE – bahut, banc, baron, bas, bateau, batterie, battez, beau, blatte, bois, bras, hâte, pâte, robe.

CHAMBRE – Agassi, (l')aimer, ami, bidon, cafouiller, Cathares, chimie, cidre, course, embrasser, indécis, insolite, malheur, matelas, Maud, menteur, mignon, mineur, minois, mot, mois, quitter, titan, turne, véhiculer, vitre.

CHANTRE – béton, caté, couvert, pub, se lève, valeur, vibre, vie.

CHAPE – croûte, latte, lotte, Pigalle, piton, tennis.

CHAR – (d')Armand, (d')armée, bourride, date, des dragées, dîne, doux (d'août), table, Thibaude, tordez.

CHASSE – Béziers, biaiser, cuite, diam, fête, fiole, la bête, à Gien, latitude, mater, pied, piété, piteuse, prêter, ratée, sien, standard, talon, turf, vierge.
CHÂTAIN – casseur, cocon, Monique, Nikon, pupitre, tronquer.
CHEVELU – abandonner, binette, canine, canne, crâne(r), (l')ENA, manoir, mine, natte, neveu, tanner, vannerie.
CHIC, CHIQUE, CHIQUER – binette, botte, brouillon, canette, canine, canné, entraîne, lettrés, loutre, maître, naine, natte, nerf, neveu, nous, peine, tanner, traceur, traîne, trappe, tricot, troc, vanne, vannerie.
CHIFFRE – (l')abbesse, bâcher, baisse, ballot, basson, bête, biche, bout, blouse, boutre, semble.
CHRONIQUEUR – gâteux, goûter, grotte, groupe.
CHUTE, CHUTER – à pied, balle, barrette, bien habile, bouge, bras, ça c'est, cachot, calibre, capot, carreau, corps, cour (cours, court), déjanter, fameuse, gras, impie, jatte, jouant, la nasse, latte, léger, marin, masquée, Nippons, paniquée, parier, passer, pâte, patelin, patin, peine, père, poids, potage, rate, sacrée, valve.
CLAQUETTES – baron, grand, hésitante, peiner, présente, rond, rubrique, russe.
CLAN – bac, gâchette, galeux, Gard, gazer, Goncourt, grotte, groupe, gueux, Irak, plaque.
CLICHÉ – à moto, catho, (l')étau, raquettes.
CLIP – bossu, classe(r), masse, pack, pâmer, papoter, père, place, pochard, satin, son, sonar, sou, souillon.
COCA – bulle, canard, chute, dur, Luce, lutin, purin, puce, réducteur.
COCON – barbet, barbu, bubon, engraisser, graisse, groin, grogner, gros labo, grouiller, grue, nasse, pain, tricher.
COMTESSE – (l')habit, fable, hâle.
CONCIERGE – avidité, devin, laver, trouver, vain, vaine, vante, veau, veule, vin doux.
CONDIMENT – batte, gras, mâche, paner, panne, passer.
CONFESSER – belle hôtesse, des Pâques, plaisant, temps, train.
CONFLUENT – blanc-Garonne, égaré, élégant, engoncé, garder, gourer, goût, grisé, guigne, Guinness.
CONNU – barbare, cause, cocasse, formule, morasse, mur, pi,

piqueur, pur, rusé, rustre, tucard, union, usé.
CONQUÊTE – alléger, ballet, basset, blé, céder, cocher, Crassus, croupier, fêlé, Juppé, laid, legs, œil de braise, pépée, quai.
CONSENSUS – Bruel, cas, cibler, fin (faim, feint), trêve.
CONSUL – barrette, calibre, (la) nasse, pâte, patin, sale temps.
CONVERGE – (l')affaire, (l')attente, (l')averse, part, plaise, science, table, temple, tente, vol.
COQUETTE – Amélie, désirer, drapée, hémophile, hérétique, (l')ascète, minable, naine, quémander, terrible.
COT(T)E – amuser, braise, biner, clamer, cramer, cru, débile, droir, maille, marine, Marne, marotte, matin, meursault, mont, montante, moquette, moucher, mouiller, moulante, mue, nouille, pro, Sabine, trimer, trouille.
COU – bison, bizuth, bon, bouille, bulle, bulot, châtain, citrouille, embrasser, gus, intrus, malotru, mule, puce, ronce, tronc.
COUP – bar, bizuth, bon, chuter, est ému, Russe.
COUPE – (l')abriter, Arcueil, bise, brailler, braiser, (la) Bresse, crado, cru, Davis rieuse, frange, froncer, front, gratter, imprudent, païen, paille, pas trop logique, pro, railler, tailler.
COURGE – (l')averse, bouillon, (l')évêché, payer, veille, vêler, vert, verte, veto.
COURSE – bâtard, bateau, bœufs, bouillon, brème, cabas, galant, gars, gâteau, payer, (la) veille.
COÛT – bafouille, bouillon.
CRAMPE – bouder, boursouflé, douceur, foot, outré, shooter, toute, vache, voter.
CREUX – bain, banc, bise, cadeau, caquette, coter, coupe, éteindre, foc, foi(e), hautain, impudent, noter, Pise, teint (thym), tout.
CRIQUE – brailler, catamaran, tenues, toucher, touiller, trempette.
CROQUETTE – baisser, erratique, gai, Lannion, pas.
CROSSE – fête.
CROUPIER – bronze, conquête, félon, foncier, jupon, pompe, ponter.
CRU – cadeau, cote, gâter, tout.
CYGNE – falot, fauter, fiel, fil, fin, fusse.

D

DAIM – docile, incessante, partait, saoul, sonner, souche, sûr, trouble.
DATE, DATER, DATTE – cachot, chant, char, chaud (show), chemin, cher hier, choix, choper, corps, marin, marrer, pêcher, tard, terrasse, vergetures.
DÉBITANT(E), DÉBITER – bande, border, chêne, charge, coupe, gage, gorge, goutte, marc, temps, test, vue.
DÉLATION – Corfou, faon, far (phare), femme, Ferrières, festin, fine, foc (phoque), foot, fossile, fou, fouiller froid.
DÉROUTE – biffin, Bizerte, habile, (l')habitante, mobile.
DERME – chamelle, respire, roi spécieux, sans spasme, spéculer, spiromètre, sport, sprat.
DEUX – banque(r), cadet, car (quart), carton, collante, couleur, coûteuse, crapaud, (s')entraîner, incolore, normand, noter, parti, (reines) rennes.
DÎNER – (l')adipeuse, crépi, décapant, écharpe, harpe, harpie, Juppé, part, pâte, paume, peau, pêche, penser, pépé, Perche, peu, pieu, pinard, pingre, pire, (mes) porcs, pousse, Prague, pressé, preux, pu, pur, purée, rapace, rapin, rappeuse.
DIRE(S) – Anna, batte, déballe, débat, Manet, manette, panne, papa, pape, passer, radeau, railler, trappe, traquer.
DON – banque, barbare, cadet, came, car (quart), connaît, harki, mère cocue, nasillard, rockeur.
DOS – Barnum, Capet, carton, marche, Marthe, pandit, part, partez, pépé, plumard, poids, pu, Sarthe, tard (*voir aussi* **DÎNER**).
DOT, DOTER – chaumière, croix, (l')émoi, maire hier, moyenne, mûr, part, plaisir.
DOUILLE(S) – banquer, bique, camp, Cannois, car (quart), carcan, connaît, couleur, coûteuse, crapaud, crin, incolore.
DUNE – (l')Allemande, ballot, cadet, crapaud, lame, lard, louche, merle, pire, querelle, salique.
DUR – ballot, ça, calibre, cas, c'est, gras, la nasse, pâte, patin, rapin, sas, trac (traque), valve.

E

ÉBRANLER (S') – Bezons, gueux, neutron, peu tard, peutter, pieu, pompeux, se battent, se garer, se pencher, Teuton.

ÉCOUTE (L') – brouiller, cahier, conscience, païen, paille, railler, tailler.

ÉCRITEAU (L') – a cloché, (l')affole, blanc, blême, calé, clame(r), claquettes, classe, cool, élection, flotte, glace, lisse, long, lutte, plaisant, pèle, pétale, pli, siffloter, souffle.

ÉCULÉ (ER) – affligeants, Atlante, banqueter, carence, dégoûtant, empiler, finance, gourmand, manches, mentent, Pantin, pédant, sanction, sent, tenter.

ÉJECTION – (l')arène (la reine), enroué, raquettes, ravin, régnant, rigolo, Riton, roi, rouisseur, route.

ÉLECTION – Barre, barreau (Barrot), garant(e), grand, grotte, la ronge, poire, rance, roué, rubrique.

EMBALLER – canicules, Cubain, curiste, défi, filoche, filou, fissile, Kurde, pelle, pendaison, planche.

EMPÂTER – France, fric, laiton, Letton, loucher.

EMPILER – cabane, éculé, fer, fine, gras, manette, panne, trépaner.

ENCOLLER – finasse, grumeaux, mur, rustre, usé.

ÉPINE (L') – abat, cran, face, lancé, (la) norme, sax, toile, tronc.

ÉPHÈBE (L') – avili, cité, descendez, salade, site, sonneur, sotte, souche, source.

ÉQUIPE (L') – copain (ine), (ce) Coppola, inculquer, pâlotte, paresse(r), pas récente, passe, pataud, patin, peu, poncho, populations, Pouilles, prier, (en) pull, tasser, touiller, tripe, type.

ERRATIQUE – bord, chott, cloques, coca, pandore, poney.

EXOTIQUE – ériger, est rossé, ravier.

F

FACE – air, bête, béton, bras khmers, chai, collège, éteinte, étendre, fresque, graisse, hépatique, inepte, lève, mesdames, message, Pinochet, qu'est piteu(x)se, regretter, spécieuse, tester.

FAFS – choper, dépôt, empiler, Paule, pente, perm, pigne, pion, placide, plan, planche(r), poire, prêche(ur), prennent, pris, priser, prix cassé.
FAUCON – biche, bourré, bourreau, bourg, boutre, brisé, graisse, gras.
FAX – Cécile, cède, malus, séché, secteur.
FERME – coquette, espacé, (l')espèce, (l')espoir, historique, (l')espion, spasmes, spéculant, spinal, sport.
FESTONS – mérou, rouerie, roulé, rouleau, rousse, routard, roux.
FÊTE – (l')abysse, atlantique, baisse, banqueter, bisser, boutre, chasse, craquante, crosse, jeunesse, masseuse, motard, pauvresse, promotion, puces, se serrer, tancer.
FEU – accoler, (l')ânesse, (l')Annam, caisse, came, canard, Corse, côte, cou(p), courbe, croix, curieux, dénoncer, ennui, fait, naît, narine, nettoie, norme, noyer, panne, poutre.
FÈVE – aussi, casse, centre, certes, concierge, (l')ESSEC, graisse, laisse, lasser, rassis, saillante, salon, scène, scie, seau, sent, sente, Serge.
FIBRE – boucher, chair, chante, Chinois, enchantement, touche.
FICHE – chômeur, culot, élément, (en) main, malus, marine, (est) marrante, Maures, mauves, menthe, messe, met, miel, Milou, mini, ministère, molle, moto, moutons, musée, (m')use.
FICTION, *voir* **FICHE**.
FIENTE – beau logis, chasse, fond, marée (marrer), panneau, serge, teint, vison.
FIN – cesse, en soirée, saluce, sente.
FINE – (l')appellation, (l')épaisse, empiler, paie, paille, pain, Paule, (se) permettre, pierre, piger, pigne, pilou, pion, plan, point, poire, poule, pourrait, poutre, prenne, prix cassés (*voir aussi* **FAFS**).
FINETTE – maillot, malus, mante (menthe), (des) mecs, messe, met, mièvre, moirée, molle, moto.
FIOLE – bateau, bête, fond, meute, pion, piton, potard, Saint Père, taper, tare, teint (*voir* **FIENTE** *et* **PULL**).
FLAN, FLANC – égaré, élégant, engoncé, gardé, glapit, gone, gourer, goût, griser, guerre, guetter, guigne, Guinness, poutre.
FLÛTE – (trop) acide, pack, Pan, paon, papy, pêche, perce, perd, peut rire, picaillon, Poppée, pote, puait, pus.
FOND, FONDS – Béziers, biaiser, caisse, canal, canette, clair,

coin, colis, colle, corsé, coureur, crawler, Creuse, curieux, déchlorer, fiente, fiole, la fière, piano, pièce, quête, sodiumisé, trépigner, vierge.

FOOT – (l')abriter, braise, (la) Bresse, contrer, cricket, cru, front, gras, pas trop logique, penser, rugueux, triporteur, voyant.

FORTERESSE – baffe, bouffer (bouffon), chef, défaille, effectif(ve), est figé, facho, faim (fin), fait, fasciste, fève, fiche, fief, fillettes, Foccart, fond, foule(r), fût, pif.

FOUDRE – entêté, (l')étang, rate, tancer, tard, termite, terre hier, thym, tir, toit, toucher, tout, vergeture.

FOUILLE(R) – accolées, cachée, caisses, came, Camille, cantine, clan, Corse, côte, courbe, courre, cours, (à) creux, curieuses, (l')échec, (l')écurie, malus, mante, mess(e), quête, sous clé.

FOUINE – égaré, élégant, gourer, grisée, guetter, guigne.

FOULE – baisse, bar, Beaune (Bône), bœufs, boutre, éléments, est marrante, malus, trac, traquer, tricher, trimer, tronc.

FRIC – (l')atoll, atterrée, hôtesse, pâte, tante, toucher, tour, tournée, train, traîner, transe, troc.

FRICHE – bête, main, maire, masque, maternel, Meuse, mimer, miser, (m')ôter.

FRIPE – paternel, (est) payante, père, pétillante, piqué, poids.

FRITE – bain, base, basque, bêcheur, bedaine, belle, biseautée, bock, bolée, botter, (d')Hubert, veau.

FÛT – accoler, cacher, caisse, canon, coin, colle, couiner, courbe, (à) creux, curie, curieux.

G

GAMELLE – feu, mare, mater, matheux, môle, monocoque, morille, mousse.

GANT – assouplir, Blaise, blocage, blondir, clou, déplacer, exploser, (un) Flamand, flamme, (la) glace, plage, plaine, pleut, Pline, plisser, renfloue.

GÉNISSE – arpent, peine, peler, percer, piton (python), poids, pou, pull, pus, type.

GERME – (l')espion, inspecter, prospection, vote (PC).

GESTICULER – ortie, Thorez, titan, tôlier.

GLAS – champ, envie, étang, menteur, planquer, pensionné, stand, tancer, tant pis, tempête, temps, tentacule (le gros).

GLOBE – les (z')airs, les (z')Andes, les (z')as, en scène.
GNON – bien futile, cafard, (s')enfuient, (en) faction, factionnaire (un), feu, fiche, pif (piffer).
GOND – case, (a) cassé, chroniqueur, clan, coûter, crier, Queen.
GOÛT – bas, batterie, Bayard, blanc, bras, brille, brin (brun), bru, bruyère, des abrégés.
GRAISSE – bouffe, facile, Fanny, fausse, femme, fendard, foin, fonder, fûts, historique, potard, potée.
GRAND – brûler, calé, classe, déçu, élection, lutte, pèle, pétale, plaisant, russe, siffloter, souffle.
GRANDEUR – abaissée, (l')abbesse, beau, bâille (bâiller, bâillon), bain, bas(se), (se) battent, bave, Beauce, belle, bise (bisé), (l')étendard (*voir aussi le mot suivant pour la substitution* ***gr-t***)
GRAPPIN – boute, (l')étendard, (l')étoupe, net, tailler, tape, tas, tasse, taux, temps, tendeur, thym (teint), touiller, tympan.
GRATIN – collabos, Comanches, cocon, commissionnaires.
GRATTER – contenu, (l')étendard, tailler, tasse, taux, teck, temps, tondeur, tympan, toupies.
GRIPPE – patiné, (Le) Pecq, pendard, pimpant.
GROTTE – case, catho, chroniqueur, clan, coût, (Le) Mans, masse, mater, (La) Mecque, menue, meunier, mince.
GROUILLER – casse, Causses, cocon, cogner, collabo, Comanche, commissionnaire, coupe, kangourou.
GROUPE – (à) casser, cathos, chroniqueurs, clan, coûter.
GUERRIÈRE – brousse-ludique, dais, dent, départ, Dôle, douce, douter, drain, drap, drogue, redouter.
GUEUX – cas, Cathares, catho, chroniqueurs, quai-ronfle, Queen, renard.
GUIGNE – afficher, effaré, fâcher, falot, famine, fauché, flan(c), fouine.

H

HABITER – (l')abbesse, (l')abîme, (l')école, gîte, mare, morse, Nîmes, rose, satyre, trappe, triste.
HÉRÉTIQUE – cocotte, coquette, en philo, historique, panneau, potasse.

HISTORIQUE – coquette, grès, Grévy, hérétique.
HOMME – obèse, opiner, pédalo, pinot – **(LES Z')HOMMES** – botte, boule, robe.
HUTTE – pâte, place(r), plaine, plan, plateau, plomb, pneu, ponte, préparatrice, président, priant, privé, puer.

I

INCUNABLE – empiler, pivert.
INOCULER – encens, Pan, rangs c'est rosse.

J

JACQUEMART – abriter, braise, briscard, brouet, brouter, Bruges, brute, sabre.
JANTE – bouffer, enfouie, faon, fan(e), Fanny, filet, foehn, foi, folie, fouir, pub, tôlier.
JARS – Adam, bouder, cadeau, Dampierre, Dany, datte, démis, dînette, doigt, Dolly, doux, dupé, saccades.
JATTE – bouche(r), c'est riche, chaîne, champ (chant), Chardin, cher homme, chou, chouan, chuter, déchanter, mâche, mère aux vingt chiennes, potache, Sachem.
JAVELOT – entrain, traîner, trois, trône, trouer, Troyes (fille de).
JEU – curé, Mac, manquer, naît, nô, Noël, nul, questionnaire, renouer, Saverne, Verne.
JOUTE – prestation, projo, puissance.
JOUTER – bulle, gus, intrus, malotru, mule.
JUMELLES – Mado, mal, marrer, marron, mater.
JUP(P)ETTES – rouerie, rouge, rouleau, roux.
JUS – cabot, cane, coud, curry, (l')écoute, en quête, kummel, Lacan, quand, questionnaire.

K

KÉPI – houille, piquette, pisteur, rouillées.
KINÉ – en pull, paresser, poncho, Pouilles.

L

LAISSER – bâche, Chaix, chuinter, hacher, lâcher, mâcher, péniche, sax.
LAITON – bateau, fripier, meute, policier, potard, taper, tare, thune, toucher.
LARD – dame, dèche, déchet, (la) demande, dope, dune, humidité, maudire, nudité, radis, sans mot dire, vice-roi, visqueux.
LATIN – Alex, came, (en) casser, cours de, des curés, évacuer, exposer, expulsion, extérieur, externe, locaux, pommard, punique (*voir aussi les pages roses*).
LÉSER – bas, bêcheurs, bouffer, cabine, cacher, chiraquien(ne), ébéniste, les Beurs, sabot.
LIN – attraper, basset, basson, citron, mousse, sac, sécher, soie, sueur, tricher.
LIT – avoué, (se) brancher, cavité, chaire, Chimène, déchirant, envers, (l')évêché, (en) vert, (des) vicieux, vitre.
LOB(E) – (et j')accuse, aisé, Bazaine, Bazoches, Béziers, caser, désir, Meuse, raseur, visage, zapper.
LOTTE – amère, chape, chapeau, consommer, cumin, éméché, ensommeillée, mangue, marron, massive, moraine, mouche, mutiner, pêcher, ramer, Sacha.
LOUCHE – amer, bête, bison, chape, château, compter, crêpe, dune, (l')émir, (la) mer, mais restons, pépée, semelle, taper, tasser, tisse, trait, tronc – **PAS LOUCHER** – gus, malotru, mule, (la) mûre, Russe.
LOUTRE – affaire, fâcher, femme, ficher, fond, fustiger, phalène, phoque.
LUTIN – décapoter, paniquer, panse, papet, passante, passif(ve), pêcher, pêcheuse, pièce, pognon, pope, pouffer, pudique.
LUTTE – bibine, bouge, gym, manière, ogives, présent – **DURE LUTTE** – tard (tare), toit, (en) tort, tous, trois, vergeture – **PAS LUTTER** – bouchon, bûcheuse, cachot (*voir aussi* **ÉLECTION** *et* **LUTIN**).

M

MACREUSE – (la) frêle, Marielle, soupe.

MAIN – classeurs, fiche, salade, saline, satin, sauve, serre, ses, sinistre, sorte, sotte, souiller, sous, soviet, triche.

MALLE – boudin, bouillait, boulot, goûter, louche, pouf, pousser, retour, sotte, sourdine, toucher.

MALOTRU – caveaux, (en) coulée, (du) coup, coupe, (l')équipe, jouter, kick, kyste, pas loucher, rousse, route.

MALUS – chauffeur, défense, enfin, fac, faf, fait, faraud, farine, Faverges, fiches, fiction, filament, finette, fini, Finistère, Forbach, fort, fou, foule, les finances, photo.

MANCHE – ami, bidon, bras, brie, brillant, coulis, en deux, gris, indécis, insolite, paon, pari (Paris), sortis, (l'a) véhiculé, vider, videur.

MANDER – basson, biche, bord, botte, bouchon, boule, cabaret, se barres.

MANTE, MENTHE – biche, fâché, (à) faire, fait, fange, farine, fiche (l'affiche), fiel, filament, finette, finie, Finistère, forte, fou, foule, habit, *Libé*, moche, sotte, thé.

MAQUETTE – accrocher, (Le) Caire, caisse, caisson, chronique, cracher, crachin, crack, crado, crèche, désirer, (des z')îles, mines, quêter.

MARC – à dix mille, aider, darne, diction, dînette, dit, Dolly, dôme, dot, douane, douche, doux, doyen, dur, fac, fade, Madelon, modifier.

MAT, MATE, MATHS – (s')affaler, chamelle, chèque (cheik, l'échec), Chine, chott, impossible, pandore, (au) poil, poney, sol(e).

MATIN – cacher, cambré, colle, compter, cot(t)e, coule, maquis, pull, puriste, rouquin.

MENSUEL – abysse, casse, classeurs, décent, forcer, sac, sale (salle), saoul, sinistre, sole, sotte, sou, sûr.

MESSE – barde, cafard, café, la Défense, effarante, (à) faire, fait, ficelle, fiche, fin, fine, finette, fini, Finistère, Finnois, folle, fortifié, fou, foule, safari.

MEUTE – bile, câlin, coter, gras, laiton, Letton, loucher, molle, pull.

MICRO – bath, lâcher, panne, passe(r), raillant, tape, traque(ur), vallon.
MINE – appariées, compassée, crêpe, est épatante, groupe, pack (Pâques), palais, Paris, parquer, parrain, partiale, passer, Passy, perles, pignon, pilier, piteuse, polie, pollen, Pompéi, ponts, pote, potion, poule, rappeur, stipuler, (petit) tapis.
MINOIS – chamelles, châtain, chaton, chenu, chignon, chott, chou, fâcheux, fraîchit.
MITE, MYTHE – (l')abbesse, abolir, bâcher, bain, baron, (se) barrer, battez, belon, biche, boche, bois, boîte, bol, bolet, bord, botte, boule, bulot, Gabin, robe, troquer.
MOB – alezan, (l')azote, (la) bise, Blaise, blasé, bouse, braser, briser, casé, (pour l')Élysée, (les) essieux, lisait, raseur, Zagreb.
MODE – agacer, cathos, gamelle, garce, (se) garer, gâter, gâteux, gorille, goulu, guettez, guignon, retard, vergetures.
MOKA – à cacher, cab, caniche, carne, Kabyle, quartier.
MÔLE – benêt, gâteux, gorille, goulue, guettez, gueule, meursault, pote, ramener, tripoux.
MONOCOQUE – garce, (se) garer, goulu.
MONT – cambré, carriole, casque, compter, cool, cote, courir, défiance, fiable, maquis, quarante, rouquin.
MOQUETTE – (Le) Caire, crame, cote, des idées, quelle, quête.
MOUILLER – cacher, (au) Caire, cale, cambré, camp, carie, carne, carriole, carte, casser, catch, cool, cor (corps), cote, cou, couenne, coule, la Cour, les kirs, quiche.
MOUSSE – ballon, caille, cale-pied, douceur, gamelle, gâter, grêle, hôtel, la belle, labo, lac, ligne, lin, linge, lucre, lueur, mâle (malle), perler, pétale, piler, poêlon, rein, riche, saule.
MOUTON – bain, banc, barriste, battez, belon, biche, boche, bonniche, botte, bouillait, boule, buffle, bulot, cabaret, habit.
MULE – bisou, boulot, cou(p), encorner, moufle, pas loucher, relooker, rousse, route.
MUTIN, (SE) MUTINER – compassé, copain, pack (Pâques), pâle, pain, passer, Paul, pignon, pote, poule, soleil.

N

NANISME (LE) – (l')écho, obèse, opiner, nô.
NATTE – chaîne, chevelu, cheveu, chiquer, Comores, mâchoire, Momo, show, soutache, taché, (les) vieux.
NEZ – Bezons, (se) gare, gueux, litron, monsieur, neutron, Peul, peutter, pieu, pompeux, servie, Teuton.
NICHE – banale, brume, (l')émeu, manchon, mâture, Monique, moquette, patron.
NID – avivé, civique, fauve, moquette, nerveux, névé, pour eux, rêve, vers, vœu – **NID CHAUD** – zombie.
NIPPE(R) – (l')équipe, papet, papier, peu, pièce, (gros) pion, piquer, poire, poireau, Poiret, pourrir.
NOM – cabot, (un) cadeau, cage, (la) caisse, Cana, (bien) cassé, (je) cause pas, cocasse, coté, coup bas, Kabyle, lieu, Mâcon, meute, paquet, piquer, quiche-l'émeut, (la) Russe.
NOTE – brume, chasseur, comique, creux, (l')émeu, (est) émue, froid, piquer, pluie, qui colle.
NOUILLE – (la) caisse, Cana, (bien) casser, cocasse, coter, coups bas, cuire, encore, paquet, piqueur, sécateur, secouer.
NYLON(S) – biche, brancher, cacher, charme, Chimène, Chine, déchet, déchirer, moche, mouche, pochette.

O

OBÈSE – bal, dette, (le) gnon, graisse, maths, mot (maux), nanisme, racle, suaire.
OPINER – mot, nanisme, pédiatre, père, rustre.
OUÏR – cogiter, gémis, gentil, gérant, jatte, jeu, job, joie, juge, juger, Juppé, orge, page, pige, rager, sagittaire.

P

PANIQUER – calotte, cent, Courteline, dur, force(r), former, fort, liesse, lieu, Line, Linné, lippe, lisse, loup, lourde, ludique, lutin, lutte, lycée, maline (Malines), Nice, papouilles, pou, rat, Rhin, roulettes, steak, tronc, trot.

PANNE – à Cécile, briller, brique, chit, chiite, cricket, dire, empiler, (s')enfuit, facteur, feu, fiches, futile, gris, micro, miteux, papy, riant, silo.
PAPIER – (bien n')aidé, bon, combine, condensé, délit-comtesse, fonction(naire), grondin, honte, Léon, long, nippe, nourri, Papon, pompiste, poncer, tonton.
PART – (l')adipeuse, cabinet, chef, Daf, danse(u)r, Dédale, Dédé, dinar, dîner, dollar, doux, dû, effective, Line, lippe, Médor, pondait, pou, radin, séduisent.
PARTICULES – aux vitesses, comtesse, contester, sale hôtesse, Tessin, test.
PAS – beau canal, chasser, chaume, cher, Chine, cloque, compas, conscience, (était) content, drogue, gros, pandore, poney, vif, la voleuse.
PÂTE, PATTE, PÂTÉ, PÂTÉE – billard, Binet, chair(e), cher, Chine, chou, conducteur, croûte, dur, (l')échine, éclairer, France, fripe, tennis.
PATIN – accrocher, Calabre, Canet, (Le) Cap, catho, chute, Cologne, court, dur, (l')équipe, fumeux, kasher, kiné, rupin, synthétique.
PATROUILLE – les ponts, pique(u)r, punch, repousser.
PÉBROQUE – andouille, damer, dèche, disons, douille, ludique, mandé, Mende, Sade.
PÊCHER – (l')aider, (d')armée, calotte, Courteline, datte, Doubs, (l')étang, (l')été, lieu, Line, lotte, lutin, lutte, Malines, roulettes, Tibre.
PÉDALO – homme, sale, tombé, vitre.
PÉDANT – affligé, affolé, becqueter, dégoûté, éculé, épaté, fée, fête, gourmé, joué, négligé, sale, tenté, (grosse) tête.
PEINE, PÊNE – abysse, attiré, bile, bise, délice, délit, fils, frit, génisse, leader, (l')habile, (nos petites ou grandes) (z')hésitent, lire, livre, mire, mitonne, mitre, pire, réglisse, saucisse, trie.
PENDARD – grâces, graine, graveur, green (Greene), grelotter, grincer, grippe, gris, Groix, gros, gros potin, gros talon.
PÉNICHE – casser, laisser, masser, miss, mordre, motard, motos d'hier, mousse, potasse, rosse, Russes, sentez, sentier, Sèvres, sou.
PENTE – brûler, faux, fêtard, fine, foire, fou, foudre, marine, résidus.

PERTURBATION – hommasse, masse, (au) massé, massif, mastiquer.
PESTER – comique, contente, coteau, couteau, malin, péronnelles, valeur.
PÉTALE – basset, basson, casser, dater, doucher, drain, firme, grand, mousse, rubrique, sécher.
PÈZE – BD, benne, bêtasse, bouffer, boule, boulette, briller, brouter, miner.
PHARE – à Dreux, bouder, chasseuses, damné, délation, destin, deux, digne, digue, Doubs (doux), douché, droit, pion, placide, soda.
PHLÉBITE – Egmont, marre, six chants, treize ans.
PIAF – (l')affaire, (l')ânesse, beau logis, champ (chant), chasse, clan, crétins, défense, fer, fond, marrer, (les) œufs, plan, Sens, Serge, vison, visseuse, vœux, voler.
PIED – (l')affaire, assiette, carreau, Charente, charter, chasseur, chaud, cher, Chine, chott, chute, épiée, fond, Grépon, mains, maraud, marée (marrer), marine, paniquer (les longs pieds), panneau, poireau, rameaux, schiste, Sens, (les) veaux, veille, (la) voisine.
PIÈGE – ciné, roussettes, satiné, scène (Seine), sécheresse, sou, suer.
PIF – batte(z), cabane, contraste, débat(tent), (l')évasion, gras, manette, panne, pape, pas long, pasteur, railleur, tape, trépanée – **PIFFER** – Nantes, noix.
PIGE(R) – arpent, (l')averse, (bien n')au lit, capot, hérisser, jupe, Juppé, nanti, (le) nez au maître, nul, (bien n')ouïr, Pâques, Paris, perce(r), poids, poli, râpeuse, type.
PILE – benne, boîte, bonnet, butte, cannée, connaît, époisse, mousse, navette, (la) Négresse, passer, pêcher, Phénicien, Phénix, piteuse, piton, râper, thune, (à) Vannes, (bien)venu.
PINASSE – barque, cœur, colon, connaît, coquette, coton, cotre, décoter, péter, rade, rein, Rex, tête.
PINÈDE – (l')aorte, arborée, Arcueil, ardent, argent, (l')armagnac, Armand, Armor, Arnaud, (l')avare, bardeau (Bardot), borne, braise, (la) Bresse, brise, char, charmant, cierge, cornard, corne, crouler, emporter, en parler, importante, imprudent, Martine, pas trop logique, porte, prêter, roues prêtes, service, tarte, triporteur, troquée, (cher) Urbain.

PINOT – anormal, bordeaux, cabernet, car, cornée, déporter, homme, nanisme, part, verre – **PINOT BU** – cabas, cafouiller.
PION – faille, fait, Fédés, fêtard, fine, foncer, fondre, fou, foule, Kohl.
PIQUE – binette, connu, latrines, nippe, nom, noter, nouilles, Renault, trace, traînard, traîner, travaux, troc, tronche, trot.
PIQUER – connu, nappe, nourri, tromper, trompette.
PIQUETTE – crâneur, crasseuse, képi, lésiner, quai.
PIS – assouvi, (l')aviner, évanoui, révulsion, sinoque, toge, (la) vache, valeur, veau, veine, verre.
PLAN – (la) gaillard(e), ganache, Gap, gâté, glacier, gomme, goût, grand, griller, gris, Grisons, gros (moteur, viseur), guerre, guichet, Ragueneau.
PLANT – galets, glacé, glèbe, guère vert, Guinée.
PLANTE – acculer, défi, fac, faire, fauter, fier, fils, fond, refaite.
PLOMB – canner, casser, Conquet, coter, quinte.
PNEU – hutte, lasser, réparatrice, résident, riant.
POIRE – ciné, claquettes, classe, coulisse, élection, fine, Line, louée, machine, pèle, pinot, piscine, terrine.
POMME – Béguine, Catherine, Line, pinard, pinot.
POMPON – boxer, étrier, fripier, inquiet, marié, policier.
PONEY – (s')affoler, ballet, bas, craquer, erratique, facile, gras, Karine, mater, pape, pas, pâté, pendard, race.
PONT – cabot, casser, Castille, catho, classe, Cologne, coupé, coupon, coussin, crier, (l')équipe, kiné, quête.
PONCHO – (Le) Cap, cour(t), coussin, râpé, taquine, tricoter.
POPE – calotte, latin, Line, lippe, lutte, maline (Malines), roulette, susciter, tennis.
POPULATION – Canet, (Le) Cap, casser, Castille, cathos, Cologne, crier, Crimée, kasher, kiné.
POTE – bulle, (l')habit, manade, Manet, marque, Maure, minable, minaudant, mine, miss, moisson, mot, mousse, mule, mutin, radiner, rustre, salut.
POTIN – assumer, car, Carnot, dur, endure, formule, impur, mûr, pur, rustre, union.
POUF – bâche, ballon, barrique, bas, cacher, caille, croûte, gars, jardin, lard, malle, palais, pâle, palette, pas belle, passer, ratier, retard, tacher, tennis, toile, trappe.

POULE – caille, came, communs, crémière, kiné, Macha, Manet, Marie, Maure, Médée, métal, minable, minaudant, mince, miss, moins, moisson, muer, mule.
POUSSE – carotte, garant, goût, grisées, guère vert, Guinée, gus, muter, pétale – **POUSSER** – glisser, latrines, pâtre, traiteur, tromper, trot.
POUTRE – face, faille, falot, fendre, fêtards, feu, fier, filon, fine, flotter, fondre, foudre, futile, infortuné.
PRÊCHE – laisser, mimer.
PRÊCHEUR – baguette, cadeau, délavé, lier, lime, tiquer.
PREUX – cadeau, câline, cause, coton, doute, encaisser, Internet, joute, kaki, nez, (au) quai, quêter.
PRIX – tennis, van (vent), Vatican, veau, vendre, vessie, vestige, (à) vil, vison, vœu, voûte.
PUB – athées, cathos, littérateur, malentendant, tabac, tag, tic, tiers, tombé, tonus, traquer, truelle.
PUCE – (l')anis, bile, cuite, dépité, (l')étain, fête, inique, nette, nomade, nippe, pâte (patte), ratée, talon, terrer, tord.
PULL – bête, caillasse, cou (coup, coût), détectable, encroûter, matin, meute, miettes, mou, quoi, roulettes, route, taper, tennis, thune, toucher – **EN PULL** – Castille, Cologne, (l')équipe, kiné, quêter, tricoter.

Q

QUAI – (l')abuser, (s')allonger, barbon, barbu, barbu-Marion, bidon, bronze, brume, bulle, buse, conquête, gueux-ronfler, humer, long, minute, pont, Pouilles, pull, rouillé, rue, stuc.
QUART – docker, Don, drapeau, dû, durée, endormi, mardi.
QUATRAIN – baguette, bas, bosser, cadeau, casse, coulant, coupe, faire (fer), foot, impudent, Léda, pathologique, pinède, teint (thym), tout blanc.
QUERELLE – branché(er), cathodique, chute, danse(eur), dèche, (la) demande, Doubs (doux), duc, dune, humidité, machine, sans mot dire.
QUÊTE – fonds, (des) ivoires, quémander, rire, Suzon, thon – **LA QUÊTE** – Crimée.
QUÊTER – en pull, paresser, pas récente, pliant, prier, poncho, pont, Pouilles.

QUICHE – mâcher, (Le) Mans, matin, mon(t), moquette, mouiller.
QUILLE – ajouter, boules, boute, époux, fond, fouiller, fût, glousser, Lockheed, poupe, pousser, sloop, soude, sourd, tour, tousser, troupe.
QUITTER – bâiller, bafouiller, bar, base, basse, bateau, Beckett, blâmer, bon, bonasse, Bonnard, botte, brocante, bonté, bouille, bouillon, boursier, brève, brouter, but, chambre, feuille, nerveux, vœu.

R

RAIL – coude, couper, couteau, décaper, dédale, dinar, dollar, pondent, radin.
RAPACE – Daf, dîner, dos, Judée, masse, pierre, radin.
RAPIN – (l')ascète, bouter, lotte, matin, paupiette, table, tapeur, ton.
RAPINE – (l')affole, cocasse, coup de main, Daces, daim, deux, dos, élection, laide, les sections, lutte, masse, ma vie (sa vie, ta vie), moche, mont, passant(e), pierre, port (porc), quête, Soustons, table, tard (tare), thé, vie, vin.
RAQUETTE – caisse, crado, craie, crouler, (les) idiots, inclassable, quai, quêter.
RATE – bûchette, champ, chétive, chose, choupette, chute, démobiliser.
RITE – abus, aussi beau, badiner, baie (bey), bien, bon, bouge, botter, butte, député, prêcher, unique, vu.
RIZ – boîte, buvette, dévider, lave, vent, ventrée, vide, vin, visible, vital.
ROBE – armoise, aux anges, base, ciseau, (les z')évolutions, glaise, (les z')hommes, losange, maso, oseille, (l')osier, (se) taisent, zen.
ROUILLE – à cacher, caddy, came, cape, cassée, cocker, coter, couler, coulis, décaper.
ROUILLÉ – câble, cocker, képi.
ROULETTE – Céline, décapotable, escapade, panne, par terre, passer, passive, patin, peste, pion, pognon, pope (ah, ça), poterie, pouffer.
ROUSSETTE – grimper, happé, Paimpol, pain, pâle, patinée,

pâtir, Paul, payantes, (hé) payez, pêche(r), (au goût de), peine, pèse, pinte(r), pipe, podium, portent, pourri(s), puce, puer, pures, purin, râpées, taper.
ROUSTE – ballon, bâton, cabanon, manchons, mouflon.
ROUTE – Anubis, bicorne, bidon, Bigeard, bouché, gus, malotru, mule, Russe, tempête.
RU – barbet, cause, couler.
RUE – bocage, câblé, cesser, conquérant, impair, jette, laine, Paix, Pontes, quai.
RUBRIQUE – (l')âge, bal, ballot, dalle, élection, laine, lin, lire, long, louée, lutte.

S

SABBAT – bain, balade, balcon, ballot, Baucis, beau, Bex, bonheur, boulot, bus, début.
SAC – calmer, classeur, Clermont, clinquant, clou, main, mensuellement, ministre, mou.
SALUCE – barrettes, ça c'est, cachot, calibre, canut, cas, confession, et Jacques hâlé, falot, fameux, fauter, feinte, fiel, fin, fonder, fusse, la nasse, patin, profession, valve.
SATIN – cabine, carry, cool, couvrir, décaler, impunité, Lacan, pudique, pull.
SAUCE – grains.
SAUCER – butée, cuite, fête, formule, grumeaux, impur, mater, mûres, pauvrette, rater, rustre, secte, thym, union.
SCÈNE, SEINE – box(eur), luxe, obscur, pinacle, pivert, taxé, toxique, vœux.
SCIE – cave, revu, vaillant, vin.
SCIER – (se) cacher, chantant, lâcher.
SCORPION – (l')abîme, (l')amarre, (l')hématologue, (les) malades, moelle, monter, mouise, mousse, Omar, pas mal.
SÉCHER – hôtel, lin, linge, lourde, Luce, lueur, pain, pétale, piège, puce (pussent).
SEIZE – babouche, balade, balcon, ballot, bâtir, beau, benne, berge, bisser, boudin, bus, déballent, malus.
SEMONCE – barbant, Blanc, camp(agne), galant, gitan, pandore, pendre, rang, trancher.
SIKH – pitre, troupe, truculent.

SILO – bath, Jeannette, mâche, manette, panne, papes.
SITE – babouches, baigneur, bailli, bain, balades, balcon, ballot, banlieue, bâtir, Bex, bonheur, boulot, bourbier, bus, déballer, puce, rebord.
SKIN – ma parade, mes pains, palper, Papin, parole, pataud, pathologique, polaire, potiche, port, rapace, riper.
SODA – chiper, des qualités, gris, guide(r).
SON – cabine, câble, cale(é), calot, calquer, canton, chœur, clip, coffre, condé, cor, côté, cou, coule(r), couper, couvrir, daim, décaler, décaper, (l')écho, Lacan, pack, piquer, quinte, record, roc(k), (les) trains.
SONO – gain, guitar(ist)e, porter.
SOTTE – binette, biquette, camée, calmer, clameur, former, matinée, mensuel, mentir, ministre, mou, mûre, rami.
SOUDARD – (l')âge, flan, lard, lever, lieutenant, lot, mis(e), pape, pente, pierre, pire, ris (rient), tanné, tif, (à) vie.
SOUILLÉ, SOUILLER, SOUILLON – cabine, campeur, chœur, clip, coffre, corps, coulant, décaper, piquer, salie, suc.
SOURCE – bain, balle, ballon, ballot, beau, (sans) bible, bide, bois, bonheur, boule, bus, buse, déballer, débiner, Degas.
SUBITE – canut, masse, Ta mort.

T

TABAC – abbé, bambou, banal, binette, biquet, boucher, bouffe, bravo, (un) brigand, brin (brun), brique(r), bronche(r), Byrrh, pub, sabir, se battent.
TABLE – Byrrh, marante, marrer, pur(e), purin, rare, rater, roc, roue, roupie, terrain, terrasse, tyran.
TANTE – biffer, bouffon, (l')effort, fournée, frimer, saphir. – **TENTE** – bidon, biffer, fou, fracasser, fraise, froid, fruit, fumeur.
TARD – dater, denté, dermite, dos, douche(r), drain, plumeau.
TARE – bile, dînette, laiton, mode.
TAS – biche, bouché, bouchon, briquer, cachot, chanter, compter, excuse, pêcher, tacher.
TEMPÊTE – acculé, attendre, avis, déroute, étape, glas, lassé, orage, route, stade, tas.
TENNIS – à présent, chapelain, compromis, curé précis, (d')É-

tampes, expansion, lapin, nos pères, paniqué, paré, part, pédants, (les) pendards, pendue, pension, pente, pester, peu tonique, (en) pied, pierre, pif, pige, pique, pomme, pope modèle, porc, portillon, pouf, préau, prélat, primé, prix, pro, probité, (un) produit, promis, propagé, pub, pull, taper, Tapie.

THÈSE – abbé, aberrant, bambou, (parfaitement ou tout à fait) banale, battez, belle, bête, béton, bonus, boucher, bravo, (un) brigand, briquer, broncher, bruit, habitude.

THUNE – câlin, laiton (Letton), lard, loucher, pull.

TIQUE(R) – Arcueil, Armand, biner, braiser, (la) Bresse, briquet, brise, canaux, cher Urbain, crado, creux, emporté, en parler, imprudent, pas trop logique, peinard, pro, Sabine, triporteur, un nègre.

TISSER – chape, nappe, palan, passe, pente, pousser.

TOGE – chic, firme, gris, guide, infirme, mastic, (à) Mishé, pire, prise, Sabine, susciter, tire.

TON – caché, cantatrice, casser, chromatisme, (l')écriture, rare, rata. – **THON** – à Cachan, carré, coucher, couvrir.

TOUT – bambou, béton, bonus, braise, brique(r), broncher, cru, déballer, droit, gratter, pro, reboucher, traiter.

TRACAS – caisse, cape, cas, casse(u)r, cocon, coq, coteur, cou(p), coupe, kick, kyste, (l'é)quipe, quêteur.

TRAQUE(R) – Byrrh, dire, en riant, kir, pif, pillard, se mirer, silo.

TRESSE – bout, enfin, facteur, (la) fausse, félon, fin, fou, football, la bique.

TRICHE(R) – casseur, craquer, foule, lime, lippe, loup, maîtresse, Mick, mime, Monique, Nikon, pompes, (les) ponts, tronquer.

TRICOTER – (l')apparence, approcher, copine, en pull, paresser, passeur, patin, Paulette, Prado, peu, (un) peu tard, piste, placée, point, poncho, pont, Pouilles.

TRIMARAN – boute, glousser, pousser, sloop, troupe.

TRIMER – carrier, carte, casser, caté, chorale, colle, cot(t)e, courir, foule, quiche.

TRINQUER – aussi, béni, mérite, mie, mystère, pitre, tri, vagit.

TRIPE – Cologne, kasher, kiné, pape, peiner, (les) pintes, pique(ur), pouls, quêteuse, repousser.

TRIPORTEUR – bosser, est épatant, malle, Martine, Mède, médicament, pinède, roues prêtes.

TROC – (l')Afrique, (l')amiral, affairé, chique, des qualités, France, gris, guide, kir, lippe, milice, pis, prix, saphir.

TROMPE(R) – chasseur, château, châtelain, chaud (show), cher, chic, Chine, chine(u)r, chip, chômer, épi, lâcher, pain, piquer, pousser, repousser.

TRONC – caisse, cou(p), écu, Madelin, quêteur, (les) quintes – **LE TRONC** – (s')ébranler, nez.

TROTTINER – curé précis, lapin, léopard, papy, pendu, pension, pente, pousser, prélat, taper.

TROUFION – duc, pied, rouge, sale, vert.

TROUILLE – cailles, camper, cape, casseur, caveaux, christ, cogne, coteur, cou(p), couvert, kyste, macaque, paniquer, pique, pivert.

TROUPE – bique, (à) cacher, caté, cantatrice, Christ, chromatisme, cor(ps), coucher, couvrir, crasse, cric, crin, kilt, kir, questeur, rouquine, tank.

TROUVER – casse, cent (sang), cierge, cil, concierge, inciter, *la*, salon, santé, Serge, si (scie).

TROUVÈRE – bosser, père, rougeole.

TRUC – ah, c'est dire !, Autriche, bile, Brie, -ci, débitant, dépités, les habits, iniques, rite.

TURNE – abbés, bambou, bar(barre), battent, binette, boucher, bouffe, brigand, broncher.

TYPE – lapine, pique, prélat, taper.

U

UNION – Boche, borne, botté, docks, (l')écho, encoller, gosse, gros, ment Kohl, (la) noce, Oranie, osé, pote, potin, recoller, saucer.

URNES (LES Z') – (très) balèze, bébé, belles, bob, bobinette, boom (boum).

V

VACCIN – âge, agent, agit, Beaujon, dans, (l')étage, était gitan, figer, la neige, mage, magie, projet net, (les) régions, sujet.

VAGIR – les mains, satin – **VAGIT** – grain, pincer, ravin, trinquer, vin.
VALEUR – chantre, (les) chèques, cosmique, pester, piston, Proust, remboursé, spin.
VALOCHE – bâche, balai, balise, base, beau, benêt, benne, berge, (grand) bi, boire, bœuf, briller.
VALVE – à fumée, bru, bulle, chute, curée, déchue, des cutis, fumeux, humour, Muriel, purée, réducteur, rupin, Serge.
VEAU – a des qualités, assoupi, bidet, gris, infirme, pis, prix, Sabine, susciter, tri.
VÉHICULÉ (L'A) – agaçant, grand, indécent, marrant, menteuse, vendeur.
VENDEUR – bâche, balise, benne, berge, bi, déballer, débile, rabbi(n).
VENT – agaçant, ami, bidet, bris, coulis, hardi, indécis, ligue, pris, siffle, vidange. – **VAN** – fils, gris, la véhiculer.
VENTE – chape, chapelain, défi, enfin, faste, fiable, fils, ligue, office, Phénicienne, promis, raffiné, souffrir, un produit.
VENTOUSE – buteur, lettre, litre, parte, Satan, sauter, sertir, tache, taloche, tannée, tempe, (bien) tenue, thym, tirer, toile, toilette, trier.
VERBE – agile, agiter, bergère, en joie, gîte, joue, joueuse, joyau.
VERGETURE – damnée, dater, (ça va sans) dire, doucher, doute, drain, dure lutte, pommade, sans dire.
VERGUE – gêne, geôle, joug, jouter, joyeuse.
VÉRIN – âge, page, sage, un otage.
VERRIÈRE – (d')Agen, bol, chaude, damné, dent, dolent, drille, Paul.
VERTE – auto magique, collège, courge, est jaune, geindre, gendre, geôle, gitan, (l')habit rouge, jade, jante, japper, jatte, jeûnez, (en) joie, jour, rager.
VERVE – joie, ovule, pull, rage, sergent, vultueux.
VICOMTE – Beaumont, cramer, Marne, matin, montant, moquette, mouiller, trimer.
VIERGE – ascète, beau logis, char, en Vendée, fadaise, fond, panneau, Serge, sommet, veille.
VIGNE – défaut, défi, faste, fiabilité, raffiné, souffrir.
VIN – (l')ami, aussi, bien seyant, béni, Cathy, concierge,

digue, (l')euphorie, hérité, inciter, Mali, mari, mystère, pisser, pitre, reçu, riz, Serge, tri, vagit.
VŒU – (l')acquis, (Le) Caire, (à) Calais, camp, cannés, chenal, chenille, Cajun, Cannes, colleur, crier, cynique, dit (dix), nervi, nid, notre (nos), quidam, rack, reine (rêne, renne, Rennes), scène, (à) souci, sous le nez, vierge.
VOLER – assiette, Béziers, biaiser, bielle, bien, Cajuns, diams, fiente, fiole, Gien, liard, lièvre, Lion, piaf, piano, piété, pieu, saint Pierre, science, sien, tiare, trépigner, vierge.
VU – (d')Agen, anis, Calais, camp, c'est des cierges, débitant, riz.
VUE – Autriche, bocage hein, Brie, butte, Cajun, dépités, Gilles, gîter, inique, rite.
VULGAIRE – vaseux, vœu, vous.

W · Y · Z

WAGON – engin c'est, geint, pâte à jeun.
YEN – coupe, cours.
ZÉBU – Autriche, rite, robe, vie.
ZÉNITHAL – job.
ZIZANIE – (l')amie, fi, piquer, pourri, Roumi, Steffie.
ZOMBIE – beau, (l')écho, rôt.
ZUT – Job, rageur.

Noms propres

A

ADOUR – (l')émoi, maire (hier), marc, mou, mûr.
AFRIQUE (L') – (l')atoll, caté, contraire, (l')Étrusque, hôtesse, tante, tracasser, traîne, tocard, troc, tout.
ATTIQUE (L') – cru, droit, emporter, en parler, imprudemment, pas trop logique.

B

BÂLE (TRAIN DE) – Anjou, dessous, pousser, sou, souple.
BANDOL – fée, marié, pimpant.
BARRE – adorer, dînette, dites, don, douche, radoter.
BARROT – élection, glotte.
BÉLARUS – bannière, en nage, en *ut*, honneur, Le Pen, nageur, nation, niche, nom, noué.
BELGIQUE – entrain, fille de Troyes, travers, tritons, trot, vertiges.
BELVÈS – enfer, enfin, faste, fils, foi, foire, officieux, raffiné, souffre.
BERD – ami, amuser, (z')hommes, malaise, mander, mater (mâter), moche, mouche, mythe, Rome, se marrer.
BERNE – bulle, (l'a)buse, humer, minute, module, pure, rude (rue de).
BEX – descendait, seigneur, seize (seize ans, seize heures), sel, six routes, sonneur, sou, source, suscité, Tacite.
BEYROUTH – à lire, anis, (l')arthrite, assises, attirante, bile, bise, cidre, délit, fils, firmes, friche, grive, (l')habile, (z')hésitent, Jean-Marie, leader, livre, mitonner, riche, sigle, Syrie, Tripoli.

BÉZIERS – (l')affaire, Agen, allécher, (l')ânesse, bain, char, chasse, clan, crétin, défense, en Vendée, fadaise, faire l'affaire, fond, gazer, marrer, Milon, mioche, peu, pompé, posters, Saint Père, sens (Sens), veille, visseuse, volant.
BIZET – (l')aime, apparaît, assez, BD, bête, conquête, peine.
BLAISE – CAC, dîne, gant, pane, potée.
BOBINO – bar, barbare, Cathare, goguenard, pinard, pommard, tard.
BORDEAUX – Abel minable, Adèle, airelle, (l')appel, belle, chapelle, Châtel, Chelles, Claudel, cocktail, dam(e)oiselle, flatteurs, (les z')habits, hôtel, label, Lannion, Marcel, marelle, mirabelle, nouvelle, pas, pelle, pendard, prêle, pucelle, quenelle, Rachel, sel, Vatel, Vittel.
BRANLY – Ablis, Alès, ami, bête, Beyrouth, bouffer, peine, quai, tapeur, vent.
BRESSE – en face, fac', faon, fille, fils, fouillis – **LA BRESSE** – coupe, foot, pinède, tout.

C

CAIRE (LE) – butte, dû hier, monde, mondeuse, mouiller (au Caire), nom, ponte.
CAIROTE – bague, balle, base, face, gars, inapte, lâcher, magot, mare, sax.
CASTILLE – palabre, paniqué, patin, peu, Pologne, poncho, pont, populations, Pouilles, poussin, prier, prise, (en) pull, purée, tripes.
CÉNOBITES (LES) – cacher, chantait, chantier, chuinter, Garches, lâche, péniche.
CHINE – appâts, crêpe, (l')époque, (l')Hébreu, laper, Nippons, Pakistan, palais, paniqué, papa, parenthèse, parier, Parme, parterre, part nue, pas, passer, pâte (patte, l'épate), patelin, paumer, peine, pépé, père, pied, pinot, pique, piste, poids, porte, pose, pou(ls), tremper, tromper.
CHOTT – (l')appât, Béziers, bielles, came, car, fuel, Lannion, malheur, manoir, mas (mât), maths, mer, mite (mythe), (se) moquer, pas, pendard, piaf, vierge.
CONDÉ – (l')épée, paix, pestant, pétrin, pomme, riz, Rome.
CORDELIER – bafouiller, bâiller, baskets, bateaux, Beckett,

(l'ab)besse, Black, bœufs, bon, bon boursier, botter, bouille, bouillon, but, cierge.
CORÉE (EN) – bulle d'eau, cas-turlupine, (prince) consul, deux, mule, mulet, pendule, pull, recul, sultan, Théodule, Tulle, (l')union.
COUPERIN – Daf, Dédé, dîner, doigt, pondait, radin, séduisent.
COURTELINE – passive, pêcher, pognon.
CUBA – barde, baron, emballer, mouton, rachots.
CUBAIN – enrôler, rat.

D

DAF – capot, (s')épuisent, harpie, part, pause, pépé, Perche, peu, pieu, pont, pou, Prague, preux, pur, purée, rapin, rappeuse.
DANTE – confesseur, ferrailler, Ferrières, fois, fossile, fou, Fouché, phare.
DÉDÉ – concert, crépi, part, pêche, Perche, peu, pote, pousse, pur, rapace, rapin.
DIGNE – amphore, confesseur, en forme, enfui, Ferrières, fou, fouiller, fort, froid, phare.
DOUBS – bancs, bois, Gard, phare, trams, trois, trouble.
DRUT – came, coi, dix.

F

FAVERGES – en main, en métro, en soirée, est marrante, malus, messe, ministère, molle, mortifié, semelle, tante.
FAYARD – dépôt, Payot, pente, permettre, pigne, pion, plan, prix coté.
FÉNELON – bossu, des bocks.
FERRIÈRES – adhérer, déçue, délation, digne, Dol, Doubs (doux), droit, doutent, prix d'or.
FEZ – baignant, baisse, ballot, bête, bière, billes, bœufs, bord, Bormes, boutre, brillant, brisé, tante.
FORBACH – éléments, est marrante, malus, mauve, menthe, messe, ministère, moto.

G

GARCHES – casser, laisser, masser, miss, potasse, scier, seau, serre, sot, sou, tousser.
GARD – daim, drogue, Doubs, Landes.
GEX – (l')averse, centriste, hérissé, rousse, sauce, soi.
GONCOURT – cagneuse, catho, chroniqueur, classer, crasse, (s')encrasse.
GUINÉE – empressé, palan, paniqué, paix, pâteuse, Paul, (des) Peuls, plan(t), pousse, pris, puce.
GUY – (à l')envi, vague, val, Valentine, Valérien, vallon, vase, verrière, vœu, vrillé, Watteau.

J. K

JOB – (des z')amis, bizarre, case, lésé, lésion, (z')ouï, prothésé, raseur, zèle.
KANT – affoler, ardu, fâcher, feu, forcé, fourbe, fouiller, fouiner, furieux, fût, pudeur, toucher, touiller, troupe.
KOHL – fond, fouiller, fût, mignard, mignon, navette, Vérone, verrouiller. **IL MENT, KOHL** – cure, pur, russe, rustre, union.
KURDE – emballer, mairie, (s'en) mêler, mets, saoul, se paient.

L

LABICHE – (l')aimer, amis, amuser, catho, coton, (l')été, formelle, mander, mater, matheuse, matin, pas lutter, pataude, (a) raté, (à ta) tante, tenter, terre, Tibre, tout.
LAFFITTE – (l')abbesse, baisse, ballot, bête, bine, blanche, bœufs, bol, Bosphore, boutre, braise, brick, bringues, Manche, vent.
LANNION – affolé, âme, au poil, beau canal, Braque mort, chott, cloque, console, Corinne, croquette, impossible, pandore, poney, potion, tort.

LETTON – bout, coûter, est tancé, Loto, potard, taper, tare, thune.
LIBANAIS – chaman, chassé(er), chatière, Natacha.
LINNÉ – ému, Mantes, paniquer, panse, passif, pêcheur, pognon, pope.
LYON – affaires, fait, fou, fustiger, phare, refâcher.

M

MANDELA – barré, bêche, biche, biser, botte, *Libé*.
MANET – pain (peint, pin), pâle, parc, partial, passer, patine, pignon, pilier, piteux, Pompéi, porc, pote, poule, pousse, pur, stipule.
MAUD – châle, chamelle, chenue, chèque (l'échec), chiche, chignons, fond de champ.
MÉDOC – crêpe, pain, Paris, partial, passer, perde, piteux, poche, Pompéi, pur, râper, stipule.
MER D'ARAL – honneur, manant, nage, nausée, nid, nom, noué.
MOABITE – (l')anneau, (l')Asie, bas, chat, malle, nanisme, pals.
MONTBARD – dînette, don, Doubs, douche, radin.
MONIQUE – attacher, Champagne, châtain, chou, chu, mâche, nicher, tricher.
MONTCUQ – mas (mât), Matra, mets, tri.
MORDELLES – abuser, barre, BERD, biche, bonniche, botte, boule, bout, bulot, cabaret, calmar.
MORGON – pierrier.
MORMON – épié, pièce, piolet.
MOUGINS – vache, vaille, val, Varennes.
MU – caché, cambré, cote, corps, courir, quarante.

N · O

NEMOURS – bas, la moue.
NÉPALAIS – (se) battre, Bezons, (se) garer, (se) mouvoir, pompeux, Teuton.
NEVERS – rougeole.
NICE – pécore, pédant, pénates, pénètre, pépère, pétrin, Peyrat.

NIPPONS – achats, chaîne, chair (chère), charter, chasse(u)r, chaume (chôme), Chine, choix, chômer, lâcher, tache(r).

ODER – moche, pieuse, Teutons, vanné, Var, veau, Venise, verrière, voué.

P

PAIMPOL – catho, Puteaux, seau.

PAKISTAN – achat, cher (chère), Chine, chopes, Cochinchinois, lâcher, larme.

PANISSE – belles, caisse, chai, fresque, hépatique, inepte, mairie, messe, paix, regretter, tête.

PANTIN – brûler, cador, élu, glu, Luce, pue, résidu, talus.

PAPEETE – croûte, lof, naît, rouf, rouge(aud), rouleau, roupillon, taper, Tapie, tennis, tente, tisser, toiles, touiller, trottiner, type.

PAPIN – croûte, (l')étau, lutter, Tapie, tennis, tort, touffe, très las, trottiner.

PATRICK – calotte, châtelain, frisson(ne), laine, latin, Line, Linné, lippe, lutin, lutte, maline, médoc, min(abl)e, mousser, mue, roulettes, roussettes, sale, sécher, sue, tança, tennis, treize ans, trottiner, Toul, tue, type.

PERCHE – (l')adipeuse, coudable, Daf, danseur, Dédé, deux, dieu, dîner, dinar, dollar, dôme, dos, douce, mite, pondait, radin.

PERNOD – (l')amide, botte, en philo, fosse, grosse, historique, (t')horrible, la Beauce, panneau, porc, potard, potasse, rôt.

PÉTAIN – (l')abuse, bulle, buse, cocasse, concurrent, minute, partant, pur, rude, rue.

PINOCHET – apathique, base, cure, curry, face, lâcher, Saxe, spatial.

PITT – banal, bâtir, beau, bêtasse, bibine, biner, bis(ser), bouffer, butin, butte, culte, début, député, vue.

PLINE – a coupé, assoupir, casser, en fait, enfant, exposer, fac', gant, page, paie, passe(r), potée.

PORNIC – Baux, flot, nô.

PORTO – bibine, biner, canin, canot, débiner, ENA, mènent, peinard, Sabine, tanner.

POUILLES – accrocher, Calabre, calmer, canard, (Le) Cap, catho, Cologne, (et) congés, coquin, coup, courait, crier,

Crimée, curé, (l')écho, kasher, kiné, quatre, quêter, (l'é)quipe, tricoter.
PUNIQUE – Carthage, (l')étain, fortes, satin, saut (sceau, seau, sot), teint (thym), type.
PUTEAUX – châtain, feinte, grince, Paimpol, pains, pinte, Saintes, synthés.

Q · R

QUEEN – Goncourt, goût, grotte, groupe, gueux.
RABAT – aussi beau, badiner, baie, bateau, batte, Beaune (Bône), benne, biche, bobo, bois, bon, bouge, radin, rendez-vous.
REX – acide, casser, cède, les sections, sable, sa vie, scène (Seine), secteur, songer, Soustons.
RUSSE – coup, fête, route, secte – **LA RUSSE** – caneton, canné, dan, honneur, nage, naine, nom, notation, remanié.

S

SABINE – (l')aneth, (l')appel, botte, brute, Chypre, cote, empotée, emprunt, épèle, note, pain, paladin, palais, palan, pâlotte, part, pas lourde, pataud, pêcher, pèse, peu d'eau, peur, pile, Pise, planche, poney, porto, pote (potée), poule, pouls, pouffer, prisée, sex-appeal, tape, tasse (bien tassée), tempêter, tiquer, terre, viticole.
SAVERNE – Béjart, géant, géomètre, jeu, joueuse, Jules, luge, neige(é), pageot, Sagittaire.
SAX – air, bras khmer, chai, collège, étendu, fresque, graisse, hépatique, inepte, lève, magot, mairie, mesdames, message, mettez, qu'est piteux, regretter, téter.
SCEAUX – pain (pin), pêcher, pelle, piège.
SÉCU – conquête, félon, foncer, gain, jupon, monde, ponte, sanguin, verre (vers, vert).
SERGE – dévaler, fève, grève, laver, pivoter, sauver, vaillant, vallon, vend, vin.
SOUSTONS – (l')assureuse, carré, marrer, rapine, ruse, Russe.

T

TACITE – babouches, baigneur, bain, baisser, balade, balcon, ballot, banc, bâtir, Baucis, beur, bouillait, botte, (l')éphèbe.
TAIZÉ – aberrante, ablettes, banale, banc, bâtir, battent, bête, béton, bonus, bouché, brique, broncher, bruit, brun, habitude.
TAPIE – (l')arène, lin, pincer, tennis, trinquer, vin.
THALÈS – à faire (affaire), phare, refâcher.
TIBRE – bêche, biche, bouchon, cachot, chanter, pêcher, riche.
TITICACA – Pampa, pan-pan, Papy, pépin.
TITO – botte, clapoter, classer, cloison, éclair(é), éclat.
TONTON – croupier, fripé, Juppé, œil de braise, quêter, thèse.
TROYES (FILLES de) – Belgique, gêner, jaune, javelot, jette, joue.

U . V

URANUS – être, gens.
USSEL – pneu – **(D')USSEL** – harpie, parts, pêche, pépé, Perche, pois, pose, pote, pousse, pure, rapace, rapin, rappeuse.
VAISON-LA-ROMAINE – berge, robe.
VAR – à dîner, adjuvant, damné, dieu, dudit, étude, Oder, ridée, vide.
VAVIN – (la) fière, berge, déjouer, (à) Gide, gîte, joie, joue, joyeuse, jus, rage.
VENDÉE – bâche, bain, balise, ballon, berge, Béziers, part, pause, piaf, radieuse, rapace, rapin.
VÉRONE – est élue, palais, pile.
VEXIN – (s')agite, et rageons, sage.
VÉZELAY – berge.
VICHY (à) – bagnoles, batte, chiite, colonne, contrôler, lier, manette, mitre, moche, panne, pape, traque.
VIDOCQ – (l')épée, paierez, paître, paix, pétale, pèze, râpé.
VOUILLÉ – Cajun, Calais, camp, canné, quidam.

W · X · Y · Z

WATTEAU – berge, Cajun.
XANTHE – est filé.
YVES – bête, Beyrouth, Bizet, joué, mèches, peine, son ombrelle.
ZAMBÈZE – job, les Antilles.
ZAMBIE – faute, semonce.
ZEN – job, robe.
ZÉNOBIE – sœur, terre.
ZOLA – banni, blanc, bled, brute.

MOTS TABOUS

(liste non exhaustive)

Madame – abricot, babasse, barbu, bouton, case trésor, charnière, chat, chatte, clito(ris), con, cramouille, craquette, crête de coq, entrejambe, fente, figue, foufounette, fourbi, frifri, jonc, moniche, mont de Vénus, motte, moulasse, moule, petites lèvres, ouverture, sexe, toison, triangle (des Bermudes), vagin, vulve – amortisseurs, appas, aréoles, buste, corsage, flotteurs, frères Karamazov, gorge, mamelles, mamelons, nibards, nichemards, nichons, poitrine, roberts, roploplos, seins, tétasses, tétins, tétons.

Monsieur – anchois, andouille, anguille de caleçon, biroute, bistougnette, bistouquette, braque(mart), bite, bitoune, bout, carotte, chauve à col roulé, chibre, chinois, chipolata, coquette, dard, engin, épi(eu), gaule, gland, goumi, guiseau, kiki, lame, lance, manche, mandrin, mèche, membre, nestor, nœud, paf, panais, pénis, phallus, pieu, pilon, piston, pine, poireau, polard, popaul, prépuce, quéquette, queue, rapière, riquiqui, rondin, rostre, salsifi, saucisse, tige, trique, urètre, verge, vit, zeb, zébi, zézette, zigouigoui, zigounette, zizi, zob, zoute – changer l'eau du canari, faire pleurer le colosse, la grosse, lancebroquer, lancequiner, pisser – miction, pisse – balles, balloches, bijoux de famille, bonbons, boules, bourses, burettes, burnes, choses, couilles, frangines, glandes, joyeuses, jumelles, noix, paire, parties, précieuses, prunes, rognons de la joie, roubignolles, roupettes, roustons, sœurs Brontë, testicules, valseuses – foutre, semence, sperme – attributs, organes – avoir le tricotin, bander, chasser, draguer, entrer en érection, goder, harder, marcher au pas de l'oie, ruter, triquer.

Le couple – baiser, baisouiller, bavouiller, besogner, bien faire, biter, brosser, calcer, coïter, copuler, couiller, décharger, éjaculer, embourber, embroquer, empaffer, empaler, enfiler, enjamber, faire la bête à deux dos, faire l'amour, faire reluire, forniquer, fourrer, foutre, juter, limer, l'intime, loncher, niquer, passer à la casserole, pénétrer, piner, prendre en levrette, prendre son fade, regarder la feuille à l'envers, sabrer, s'accoupler, sauter, se mettre à jour (le sensoriel), s'envoyer en l'air, s'essorer les glandes, son panard, son pied, tirer, tirer sa crampe(tte), tremper (le biscuit), tringler, troncher, verger – caresser, palper, peloter – fellation, gâterie, pipe, pompier, turlute – cunnilingue, gougnoter, groumer, laper, lécher, licher, minette, tyrolienne – faire des langues, feuille de rose.

Le commerce – baiseuse, brancard, catin, courtisane, demi-mondaine, gagneuse, garce, gourgandine, grognasse, péripatéticienne, pétasse, prostituée, prostipute, pouffe, poufiasse, poule, putain, pute, radasse, radeuse, ribaude, tapin, tapineuse – aller aux asperges, éponger un clille, un micheton, faire le trottoir, racoler, s'expliquer – bobinard, bordel, boxif, boxon, chabanais, claque, lupanar, maison – artiche, blé, braise, fafiots, fafs, flouze, fraîche, grisbi, jonc, joncaille, oseille, pions, pognon, talbins – érotisme, porno(graphie).

La solitude – pratiquer l'onanisme, s'astiquer (la membrane), se branler, se cigogner, se faire une lessive, se masturber, se pogner, se taper une branlette, une pogne, un rassis, un solo de mandoline.

L'assise – anus, baba, bagouze, baigneur, bas du dos, chou, chute de reins, croupe, cul, dargif, derche, derrière, fesses, figne, fignedé, fion, fondement, hémisphère, joufflu, lune, meules, miches, œil de bronze, ogne, oignon, pastille, pétard, pétrousquin, pétrus, popotin, postère, postérieur, pot, prose, prosibus, râble, réchaud, rond, rondelle, séant, siège, soubassement, tafanard, train, trou de balle, valseur – lâcher (une caisse, une louise, Médor), loufer, perlouser, péter – chier, couler un bronze, débourrer, déféquer – bran, bren, bronze, bouse, chiasse, colombin, crotte, crottin, étron, foire (pet foireux), merde, paquet.

L'hétérodoxie – bougre, choute, fiote, folle, gay, homo(phile), inverti, lope, lopette, pédale, pédé, pédéraste, pédoque, précieuse, tante, tantouze, tapette, travelo – empétarder, enculer, endoffer, mettre, miser, prendre du rond, se faire voir chez les Grecs, sodomiser, taper dans la lune – gigot à l'ail, gode, godemiché, gougne, gouine, gousse, lesbienne, olisbos, saphisme.

Risques et prophylaxie – blenno(rragie), chancre (mou), chaude lance, chaude pisse, chtouille, gono(coques), morbacs, morpions (le coup du pont), syphilis, vérole – capote, condom, latex, préservatif.

SOLUTIONS FIGURÉES

Les lettres à permuter aux risques et périls du lecteur sont en caractères gras. Pour plus de détails, voir l'« Avertissement » au paragraphe Quelques précisions sur les « solutions figurées ». *On rappelle que ces solutions sont purement graphiques et ne sont pas destinées à être prononcées. Il suffit d'intervertir les lettres en caractères gras pour disposer du sens caché de la contrepèterie dans son orthographe définitive.*
Voir aussi à « Factures contrapétiques » dans les pages roses.

INTRODUCTION

Mam**out** écrase les pri**e**s
folles de la **M**esse
A beau **m**on le vit **c**onte
Les **n**ouilles **c**uisent au **J**ul de **c**eanne
Comment peut-on **d**iner avec si maigre **p**ard ?
Il m'a **p**rop mis son **t**énis
Les **m**utains ont **p**assé la **bb**erge du ra**v**in
Voulez-vous que je vous en**voi**e dans la **cul**ture ?
Les fakirs arrivent à **p**ier par la **ch**ine
Voilà bran**ch**é sans délet
Le chef de cabinet a le plus gros **m**allus du **ph**inistère
Il a du **tr**aca jusqu'au **c**ou
(…) dont le v**o**t est inf**i**rme
Le **p**us de **j**énis (*La Redoute des contrepèteries*)
La dé**rou**te de la bi**ten**te
/ouissons en co**j**ïtant (*déplacement du son* g *ou* j)
Si nul ne nous a brou**ill**é les cou**t**es (*La Redoute des contrepèteries*)
Sans **pén** et non sans **mal**is
Le procureur m'**en**ttend pour mieux m'**a**culer
Il est **a**culé, T**en**pie
La **c**uvette est pleine de **b**ouillons (*L'Album de la Comtesse*)
La femme du tisserand s'en**na**lait avec sa **cu**vette
(*SaGesse n'est pas* Folie)
Certaines **f**ames pratiquent la **d**ellation (*L'Album de la Comtesse*)
La **d**ellation, c'est **f**oux
L'assureuse a plein de **m**allus dans ses **ph**iches
Le **m**allus des chô**ph**eurs
Les Romaines adorent les **p**atins à rou**L**ettes (Luc Étienne)
Où **p**èchent-elles ces rou**l**ettes ?
Ces **b**ales cons ne conviennent guère à nos **s**ites
Que de **b**alades autour de nos **s**ites (*SaGesse n'est pas* Folie)
La dermatologue **d**ouche les verges **t**ures

Elle pose son **d**rain sur les verges **t**ures
Livrons-nous à la dé**ph**ence du **m**allus
Il y a trop de **m**allus à **ph**orbacs
Le gendarme est **ph**ou du **m**allus
Les **d**ellations le laissent **f**roit
Il **a**cule des sportifs derrière un st**en**de
(…) après avoir a**c**roché leurs **pp**atins
Ce gros d**ur**d est friand de p**a**tains
Il a besoin de **p**'oignon pour entretenir ses **r**oulettes
Le **m**allus peut s'accoupler avec une **ph**oule…
Le **m**allus n'est pas **ph**ini
Quant aux **p**atins, on y pense pour faire les **c**ipes
(…) non sans appréhender la ch**u**tte des p**a**tains
(…) accéder aux **g**oies de la ver**v**e
Vous aurez bonnes **b**ouilles avec votre **c**ite
L'auteur ne craint pas de de**b**aler ses **ss**ourses
sitons, mais pas comme des **B**alauds
Un gl**o**d sert à l'**an**vaire
Certains **n**on**s** de li**œ**u**ds**
Sa **b**ine ne manque pas à la **p**elle (*Album de la Comtesse*)
rHappé par bien des /aies, il en aura **con**té des **sauts** !
Le t/ou de son c**r**ul (Anonyme, repris par Jacques Antel)
Que votre ver**b**e soit en **g**ois

*

Avant-propos

User tant de **t**erme est un **sp**ort
(…) ne savent que déco**d**er formi**nn**ablement
La ligue n'a pas senti venir le v**ant**
La s**é**tte repousse les belles qu**o**quettes
Que jamais leurs **mo**ts ne s'a**vi**llissent (Luc Étienne)

Noms communs

A

ABATS – (…) il faut un bon coup de **ve**in pour faire passer le **r**it (…) le patron qui **pp**aise les a**b**as (…) elle présente sa **no**tte aux **cha**ceurs. Il faut beaucoup de **f**riques pour satisfaire la belle aux **t**esses qui aime les **a**bats de façon **é**ffective. Le chef confie qu'il doit monnayer ses a**b**as pour la **pp**aiser, et goûter ses a**b**as avant de vider ses **pp**oules. Au point qu'il sent toujours monter son **pp**out dès que pointent les a**b**as…

ABBESSE (L') – Religieuse en chef dont on verrait bien le **p**rieur a **posté**riori. Dès qu'il parle de la **b**esse, il en devient **f**rillant. La **b**esse l'appelle souvent, ce grand **f**out ! Ah, la **b**esse **f**allotte ! Ah, la **b**esse dé**f**ile ! la **b**esse est **f**risée. Mais l'em**f**ase de la **b**esse irrite les ve**c**s de bou**rge**s qui ont du mal à **f**lairer la **b**esse, trouvent un peu **f**ouillie tout que ce que fait la **b**esse, et jugent que la **b**esse aime trop les chi**f**res. Ils s'intéressent néanmoins aux **f**onds de la **b**esse. Et pendant ce temps-là, le frère jardinier qui a lé**ss**é l'abbe**ch**e se livre aux plaisirs de la **c**air derrière les vé**ch**és, puis il attrape l'a**n**esse et la **bb**ique. Plus tard, il s'occupera encore de la **b**esse et du **f**eau con après avoir recueilli les **f**ruits de la **b**esse. Mais la **b**esse s'a**f**aisse et le pauvre, qui s'appuie sur le **f**lanc de la **b**esse, su**s**e et supporte mal la bai**c**e. – *Note de bas de page* – Le chanoine présenta le nez aux **f**ites, puis la **b**esse (la **f**ite à la **b**esse).

ABUSE (L') – Est abusé quiconque est tron**p**é, par exemple par un **ch**ineur, ou emp**i**lé par un r**a**eur. Victime d'un **b**land **g**alonné, un co**ch**on qui ne manque pas de culs **l**auds et **pair**turbe la **mas**e des pi**st**eurs indige**n**es, une autochtone se plaint que ce concairrent la buse. Cet enfant de paitain la buse. Il la buse sur le cail. Puis, vautré sur le cel, il coince encore la bulle avant de s'écrier : « Je te jaite à la rue ! » Il jaite en la busant… Plus tard, ce type à la sale bouille osera encore l'acuser et prétendra qu'il ne la buse pas car elle paie.

ABYSSE (L') – Ffon acreux que l'on peut fouiller même en étant proche de la caute. Le vieux plongeur (qui coince parfois son bonais sous des pattins) exige, dit-on, de ses jeunes assistantes : « Matez moi la bisse ! » Il connait la latitude de la bisse, rêve de la bisse entre deux cuites, et quand il plonge, c'est toujours la fete à la bisse. Mais la bise est pleine de tueur. Par contre, son collègue ne pense guère à la bise quand il est dans un tiphon. Tucez moi la bise.

ACCULER – Empécher un manteur en le mettant face à ses mites qui pèchent. Un footballeur aculé s'est lenssé : « Si on est aculés, c'est Tenpie ! » Aculés derrière le stende, aculés sans autre envis, aculés par une grosse tenpette, aculés par un vilain gros tens (c'est terrible quand le gros tend s'évit) les pauvres diables se sont plenqués de peur d'être encore aculés. Aculés et tenssés. On les avait enttendus avant de les aculer, mais ils se sont retrouvés aculés faute d'avoir pu finensser, aculés par une drôle d'engence, aculés sans penssion… Mais même aculés, ils s'enffichaient… Une minette s'est laissé aculer derrière l'engora. La râmmeuse en plein soleil s'est laissé aculer près des environs. L'accessoiriste venait de mettre len poule quand il se sentit aculé.

ADIPEUSE (L') – Fame souvent dessue et pleine de fosses gresses, gourmandine aux volumineuses gamelles, la dipeuse réclame toujours plus de pards. Certains gastronomes amateurs de perches fréquentent volontiers la dipeuse. Mais ce n'est pas son poigt qui les intéresse chez la dipeuse. Car la dipeuse fait partie de celles qui sépuisent vite. Alors le soupeur qui désire abondamment diner n'embarque pas volontiers cette groce. La dipeuse ne consomme pas de capres et la dipeuse fuit les crapos.

AFFAISSER – Ne se dit pas de **ff**outs qui s'a**b**aissent quoiqu'on parle volontiers de « f**oll**es qui s'aff**ess**ent », mais de gens qui **ch**utent sans se faire lé**j**er. Cyrano (qui b**a**tait quiconque moquait son pi**f**, un pi**f** assez gr**a**s) se sentait a**fessé** en regardant deux **guich**es… « Oh, la fi**ch**e s'aff**esse** ! » déplore le colleur qui voit aussi s'a**fess**er la **ccol**e. Et Brigitte Bardot **p**asse, **m**ine aux dents : « Voyez mes **dor**es a**fess**ées ! » Le pauvre était a**fessé** sur la **tterr**e

AFFICHE (L') – (…) en enc**o**lant un m**u**rt. La **f**iche se colle mal contre un **m**uret. Les amateurs de pu**b**es qui espèrent un **t**aba savent bien ce qui se **m**ait dans la **f**iche. Mais parfois, la **f**iche est **m**olle, ou alors la **f**iche est pleine de **m**iel ! Dans certaines BD, la **f**iche peut avoir une forte odeur de **m**ente et Tintin fait sentir la **f**iche au petit **m**ilou. Des fils de pu**b**e qui parfois font la **t**ête s'afichent et se **gu**ourrent. Ils ont mal au **ff**land à force de s'a**g**uicher. Des b**ell**es exci**t**entes s'aff**ich**ent entre deux ma**i**res. Dans la **f**iche qui est près de **m**user, on peut voir de drôles de **t**oils et de **p**eintures. Découvrant la **f**iche en sortant de la **m**esse, des **p**raîtres voient ainsi de drôles de crou**t**es.

AGENT – **F**lique que l'on n'a pas toujours plaisir à voir en**tr**er, sauf la **j**ente pleine de **f**oie, ou intermédiaire offrant parfois plein de so**c**omie et qui exige pour cela qu'on **d**ouille. Il lui faut toujours plus de **p**ions, plus de **f**afs ! Pour s'assurer de la **m**ouvence de son a**j**ant, son a**g**ant qui l'avait tant char**m**ée, une directrice a fait **m**uter son a**j**ant provoquant les **m**oies de l'a**j**ant. Elle ne supportait plus de voir son a**g**ant s'éclater dans des bou**m**es. Surtout quand ledit a**j**ant dé**m**antait… Elle use à présent son a**r**gent pour s'offrir une pine /aide. C'est une sacrée mé**m**ère avec son a**g**ant ! Ah ! l'a**j**ant **m**ure ! Ah ! l'a**j**ant **m**oli !

ÂNESSE – (…) près de **d**eues **qu**'ânes (…) l'a**n**esse près des **bb**œuds. La fermière dont la **n**esse travaille au **f**oir voit que l'an**a**is est au fond de la r**u**e. La **n**esse a peur du **f**œud. Présentant une espèce de bâton r**u**de à l'an**ai**s, un conqu**u**rrent presse l'an**é**s car il **c**ourre sans **b**afouiller, exigeant une min**u**tte pour profiter de l'an**e**s. Il presse l'an**ai**s de la fermière et la b**u**se.

ANETH – **Pl**ente aromatique au charme de laquelle on peut se **f**ier sauf les personnes qui n'aiment pas que le fœud **n**ouille. La cuisinière qui sent la **ne**te manque de **bir**f. Les fermiers dont les b**œ**uds sentent la **nê**te et dont les vaches folles regardent les **trai**ns avec en**vit** prennent leurs b**us** qui sentent aussi l'an**ête** et s'échappent en prenant l'air b**us** pour fuir cette odeur d'an**ête**. Hélas, le pilote ne supportant pas d'avoir tant d'**an**es dans l'**herb**us se love dans un **coin**l et se tape un **j**u**t**. Mais bientôt s'écrie : « Oh, une grosse p**us**, qui sent l'an**ète** (ou : Oh, une grosse pu**sse** qui sent l'âne**te**) » (sa **n**iè**c**e aussi sentait l'a**p**us). Même les cigar**us**es sentaient l'an**ett**.

ANIS – Ce n'est pas une **pl**ente qui fait **f**aner, mais ceux qui déb**u**tent dans l'anis trouvent que c'est un **met po**ttable et tient des propos **u**niques sur l'an**i**s. Certains parlent même d'anis d'Autr**u**che ! Ils en connaissent des tr**u**ques sur l'an**i**s ! Les gens b**u**tés cachent leur an**i**s en disant parfois : « Je vous sal**u**s bien avec mon an**i**s ! » Certains content l'aventure d'un militant qui fit goûter son an**i**s à un vieux dép**u**té. Il avait des v**u**ts sur l'an**i**s. Évitez donc les hab**u**ts sur l'an**i**s ! Pub : « L'an**i**s désop**u**lant ».

ANNONCE – Pu**b**e qui **t**ombe (...) T**e**xte qui fait parfois tourner les s**a**nes quand on en a trop l**u**g dans l'an**on**s. Une célèbre dermatologue experte en verges **t**ures et fortement **d**entée faisait toujours des effets d'an**on**s quand elle avait soulagé des bubons. Giscard qui adore les **c**us n'aurait pas du faire tant d'effets d'an**on**s : **lé** cul n'a pas fait le poids devant les t**e**tons et l'Ex a dû accepter sans soup**i**re le **r**ot imposé par Kohl qui n'avait rien d'ine**p**te et dégageait même un fort parfum de rourri. Mais de là à parler d'an**on**s tr**u**qué...

APAISER (L') – Cal**m**er une personne qui peut manquer de forces (...) un des c**u**riaces n'est pas à l'an**o**s et Camille attend que sa **b**ine la **p**aise. Mais ce sou**d**ard qui a pris plein de lards **b**ouffe au lieu de la **p**aiser et la pauvre **b**étasse attend en vain qu'il la **p**aise. Cette espèce d'antique **b**aillard ne la **p**aisera jamais et préférera les plaisirs de la **t**air avec une petite bi**ch**e parfaitement (t')**hi**mide, lui qui a connu tant de tr**u**ques : il **b**inera sans la **p**aiser.

APPELLATION (L') – (...) un v**ein**t ér**i**té. De même, on doit contrôler la **p**ellation de la **fi**ne, même si la **fi**ne n'est pas trop (**p**')utile. Un célèbre **b**ouilleur de **cr**us (*ou « b/ouilleur de c**r**uls »*) dont la **pi**quette sentait le vieux **qué**pi eut des problèmes avec son **fi**ston pour lui faire obtenir la **p**ellation. Il crut habile de **fi**nter pour avoir la **p**ellation et on le retrouva complètement **p**einté ayant pour rien vidé sa **fi**ne.

ARRIÈRES – (...) Les députés sor**t**its qui ont senti tourner le v**an**t se rappellent leurs **de**bus et cherchent à assurer leurs **a**rrières. Joueurs souvent **t**acés qui se précipitent sur les té**r**ins et **c**ourrent rarement aux **b**uls après avoir tiré leurs cramp**on**s hors des box**e**s. S'appuyant sur des a**v**ants parfois bien**m**enus, ils l**ou**chent près des fil**è**s, vi**t**ent du côté des b**oi**es, et distribuent au f/on des petits coups de r**i**ein. Ils coincent leurs b**u**lles dans bien des c**a**ls. Mais tout entraîneur qui rêve des **qu**ipes de co**p**ins aimant le fout/e et avides de b**r**aise vous dira : « Avec moi, les **a**rrières sont très **de**ttendus ! » Mais il s'inquiète quand les **a**rrières **de**rrivent. Il p**a**ine à l'**i**se alors les **a**rrières de façon **de**gressive mais il lui est arrivé de taper un **a**rrière comme un **de**mant.

ASCÈSE (L') – Comportement de ceux qui se **f**ortifient dans la **m**esse et se **m**ortifient dans la foule. Mais faut-il écouter tous les **b**alauds qui prônent la **s**aise ? Prétendant que le **b**onneur s'épanouit dans la **s**aise, une célèbre abbesse prêchait souvent la **s**aise assise sur son **b**ale con. On dit que des moines las de b/osser en p**r**échant s'assou**p**issaient en se la**v**ant ou parlaient de la **s**aise aux **b**eins à des **b**onnes bien **n**aisées dont les **v**oils sentaient le **p**in ! Cette incitation à la **s**aise se passait près de **b**exes. Et l'on connaît une célèbre sultane que son mari poussait à la **s**aise en **b**a bouche...

ASSOUPIR (S') – **P**iquer en **n**étant pas trop fort un petit (**ss**')homme lorsqu'on a quelque la**t**itude. Dans les mers du Sud, on parle des roup**illon**s de pap**ette**s comme étant des cou**r**es sommai**i**lles et l'on voit souvent sur les **q***(2)*aies des

g(3)ueues qui **r**(1)onflent (*permutation circulaire de consonnes*). Ce sont souvent des pochards qui n'ont jamais cessé de s'assou**pir** en **v**intant et qui assou**p**issent leur compagne en la **v**inant. Ils s'assou**p**issent en épongeant leurs **v**aires. Les **v**ayeurs aussi s'assou**p**issent après avoir la**pé** leurs **v**aires. Le contractuel s'assou**pit** en rêvant de pé**v**ées et l'a**v**ache s'assou**pit**, un **v**ot contre son **pit**. L'escrimeur s'assou**plit** avant de relever le g/and.

ASTUCE – Luc Étienne appelait Coluche « la **n**ar de l'a**st**us ». Il est vrai qu'il dévoilait son a**st**us sans trop de ge**n**es. Ainsi en est-il de jeunes mariés **r**usés à l'an**os** qui s'a**gi**chent avec des **ff**arces. Le cuisinier qui **p**aise en vue de se faire ses **b**oulettes montre son a**st**us en chauffant d'abord l'auber**g**ine. Le Grec propose son a**st**us bien **n**'atique. Le menuisier qui **s**ie en **ch**entant dévoile l'a**st**us de l'égoï**n**e et l'apprenti en **n**age doit aussi montrer son a**st**us.

AVERSE (L') – S'emploie pour une **pe**luie qui oblige à **tr**oter, plus rarement pour une **bru**ine ou des **gou**tes comme le dit souvent Mme le Maire lorsqu'elle attend de pied ferme la ver**s**e dans son **g**exe : « Comment **g**errer la ver**s**e ! ? » Ah ! la belle **g**oliloque sous la ver**s**e ! « Oh ! le gros **g**ein sous la ver**s**e ! » déplore la dame de charité qui sait ce qu'est la **verse** en **j**oi. Au Japon on raconte comment la ver**s**e a trempé deux **j**umos. L'on sait que Mme Beethoven appréhendait toujours la ver**s**e du **g**ourd. Et ne mettez jamais de pota**g**e sous la ver**s**se.

B

BAC – (...) « **M**ite du **b**aque : est-ce bien à **cer su** ? » Les **m**ots **gr**ecs se dé**cl**inent au **b**aque. L'examinatrice fait **m**ander les candidats en vue du **b**aque et se fait fort **m**elle à l'arrivée du **b**aque. Au conservatoire, on n'évoque jamais le **b**aque en faisant travailler les **c**lasses (...) Perceau retire l'a**cl**é du **bb**aque et sous l'Occupation, on évitait de mettre des **cl**oches dans les **B**aques.

BAIE – (...) « La **b**aie de **r**aba » (...) contempler la **b**aie d'un **r**adaud. Les vieux Marocains laissent admirer leurs **b**aies en grattant leurs **r**ides. Mais pas question de laisser se développer des **r**ites dans leurs **b**aies. Évitant les **rai**cifs qui peuvent frotter leurs **ca**les, les marins **r**adinent volontiers dans les **b**aies (...) (des pé**pin**s ont parfois l'odeur de la**tasse**). De gros ré**c**oltants avides de **v**ouiller avouent qu'ils lavent leurs **b**aies avec leurs **r**assines. D'un gourmand : « Oh ! la **b**aie **r**ouge ! » Rien à voir avec la **c**ouleur du **d**on, il regardait des pu**b**es de Tar**t**es. Les riverains du Mur de l'Atlantique évitaient les **B**aies de **r**oches. Aujourd'hui, ça **ga**se fort du côté des **bai**rs (...) La physicienne qui présente sa **cl**aie parle aussi de **r**aque. Elle a un drôle de petit **r**obo sur la **b**aie et appréhende les **r**outs qui s'approchent de sa **b**aie (...) Voici la pu**b**e d'un entrepreneur recherchant des **t**ravos : « Nous assurons la vi**tr**ification de vos **b**ées. ... Nous ne **r**attons jamais les **b**aies... » La femme du locataire qui s'y connaît en **v**itre regarde son grand **fou**t, en évaluant la **ma**rge du **v**erié. Et pourquoi pas une petite **r**ûche dans la **b**aie ?

BAIGNER (SE) – BAIGNEUR (EUSE) – Se payer une **t**rampette même avec une vieille bi**c**e. Ou avec une **bai**gneuse qui **ga**souille. De jeunes parents affirment qu'ils gardent leur **lis**e en se bai**gn**ant. Mais pas question de se bai**gn**er près d'un ba**s**ard. Un vacancier : « Je me **be**gne toujours devant ma **po**lle ! » Les **bai**gneuses méprisent souvent les **ga**gneurs qui, de leur côté, ne proposent pas leurs **t**urnes à n'importe quelle **b**eigneuse, surtout aux **b**eigneuses qui ont une forte odeur de **t**aba. Le jardinier, lui, se **p**aigne avant de **b**iner.

BAIN – **T**rampette obtenue en se **c**ouchant dans l'eau. Des pu**b**es en **t**as montrent comment des naïades se la**v**ent dans leur **p**agin. Elles dé**s**allent leurs **b**eins et fuient les **bin**ts sangu**ou**s. Poppée disait à Néron : « Envoie ta **s**ite aux **b**eins ! ». On parlait de péni**ble** au râs et l'on entendait **p**ranler sa **b**ine. Le **s**oursier découvre facilement les **b**eins, l'urbaniste cherche des **b**eins pour les **c**iter et la teinturière trempe les **m**ites avec ses **b**ains.

BAISSE – Chutte que provoquent des spéculateurs qui se mettent dans un mauvais cal. Mais qu'est-ce qu'ils fichent face aux besses ? (…) des dockers cherchaient à provoquer des Besses de fardot (…) « Ah ! ma cote débille ! Faut désider si on baice », grince Juppé qui cherche à se caser après la baisse (…) Il y a des petites bêsses entre les fetes (…) La besse déforde ? À la fete des pusses, on provoque les besses des grandes fringues (…) « Mettez-vous en fase avant de vous baicer ! »

BALCON – (…) « Marquise, votre bale con sâille dangereusement ! » De vieilles architectes proposent encore des bales cons pour qu'on les site. Le cavalier fou chevauche sa selle monté sur le bale con et la cavalière écarte sa rose pour soulager son bale con. Quel grand vilain sout sur ce bale con ! Des citadines rêvent de salades sur leur bale con. La poétesse tricote un sonnet assise sur son bale con. La chaisière n'a pas de sonheur à son bale con (…) « Laisse tomber ton sénart et occupe-toi de ces bales cons ! » (…) « Bale con de sinoche » !

BALLOT – (…) Paquais attaché avec des neues. La marchande de fripes assez pileuse regardait le balaud qui désandait en dévallant la berge. Elle l'avait fait lier en le maintenant avec des branchettes courbes après qu'on l'ait fouillée (…) « J'aime pas ta site, eh balaud ! » Le cavalier balaud se trémousse sur sa selle. Voilà les balauds de saiseurs. Pas de sonheur pour ces balauds. Ah ! ces balauds que les politiciens ont su siter ! Ces balauds sont à l'aise dans la dèche. Quelles salades font ces balauds !

BANC – (…) chaise (…) dans un bateau où le skipper borde cramponné à son band alors que le vent indécit s'oufle jusqu'au bent, dans un jardin où des amoureux goûtent des seues en se baiquotant, voire dans un parlement où l'on peut observer les bands des députés qui glandent et prennent leur tanc pour se faire leur pube (…) « Quand on touche à son petit bant, cet enfant boude. » Un fameux acrobate tombait souvent sur son band en glissant. Les profs de géo qui ont des g/ands à la plage posent parfois des **gl**obs sur leur **b**and. Entendant crier « On s'**ch**aise sur-le-**b**amp ! », un contrebassiste a poussé son **b**and contre la **gl**asse (...) « **T**aisez-vous et prenez votre **b**emps ! » (...) La pêcheuse recherche des b**and**s de tru**ites**.

BAR – (...) « Prends ce **b**ard, c'est un **d**on ! » (...) « Le **B**ard du **d**ey ». La jeune fille a fait une drôle de **d**inette devant le **b**ard. Le propriétaire de ce **b**ard lui proposait la **d**otte. Son **b**ard va jusqu'au **d**out (...) Le bougnat a des morceaux de char**d**ons sur le **b**ard. Le débitant n'a pas de **b**ares dans son **t**aba.

BARDE – (...) On rencontre beaucoup de **ba**rde en **me**rre (ils **d**ouillent leurs bar**c**es) et la **me**rrique regorge de **ba**rde (...) Au concert spirituel, la **me**sse était pleine de **ba**rde. Graisse de rôt (*contrepèterie enchevêtrée : r... de grosse*). Un grossiste bou**ché** n'aimant pas la **rr**athe **me**ttait trop de **ba**rde.

BARDER – (...) Ça b**a**rde du côté du soud**and** ! En Irlande, ça b**a**rde du côté des b**an**des. Ça b**a**rde dans le c**an**. **me**ttre de la **B**arde. Fallait le voir b**a**rder, ce boucher de Din**and** !

BARGE – (...) C'était un coup de **dé** qui poussait un célèbre stratège aux **transes**bordements : par-delà le cal**ve**rd se devinait la **bar**ge... Les **ve**llots tombent souvent sur la **bar**ge. Le propriétaire de cette **bar**ge est **ve**nal. Perrette est descendue de la **bar**ge cour**ve**tue.

BASE – (...) Pour un vigneron, la b**a**se, c'est le ch**ai**. Pour les potaches, la b**a**se, c'est le coll**ai**ge (...) L'archéologue s'est découvert de drôles de fr**ai**sques à la b**a**se (...) Le permissionnaire a **cité** sa b**ase**. Le soldat thaïlandais attend de la b**a**se quelques m**ai**ssages. L'élégant conscrit refuse de traîner son p**ou**f dans la b**a**se (...) Les bons élèves apprennent vite l'**ai**rt de la b**a**se (et l'**e**rt de la f**a**sse (...) Les marins évitent de laver leurs c**ii**lles dans l'ac**ou**de et leurs b**ou**tes dans la side. La p**o**tasse est (t')**hé**rrible : ce n'est pas une base **cai**piteuse (...) Certaines édiles préfèrent la b**a**se à leur m**ai**ri. Et elles sont g**ai**tées par la bâse.

BÊCHE, BÊCHER, BÊCHEUR – La patronne du jeune jardinier l'a fait mander pour vérifier sa bèche. Enseigne : « Aux mille beches » (...) biner non pas avec sa Pelle, mais avec sa bêche et sans blesser ses poules. La jardinière a bbéché trois alés. Elle ferait mieux de ne pas bêcher en pouffant et surveiller les bouses quand elle baiche (...) Les baicheurs se casent facilement mais souvent les baicheurs négligent leurs mises. Il y a peu de baicheurs parmi les ziraquiens. Les baicheuses usent de leurs zarmes. Certaines baicheuses manquent de pêse. Ah ! des zarmantes baicheuses qui se vautrent sur les poofs des craneurs ! La marinière chasse les bécheurs de son barlu.

BECQUEREL (...) Entendu du côté d'un llabot[1] bien tacsé étudiant l'éreillion : « Vos bequerelles sont pas malles ! ». « Evitons les fuls pleins de curie ! » clament les écologistes qui se méfient des magneurs de baiquerelles.

BERGE – (...) Celui qui préfère la rivière arrosée aux ruls qu'il a trop vus couler aime à observer les quavités de son lit quand il va au bordel (...) « Les mutains ont passé la bberge du ravin. » On voit parfois rouler de jolis roverts sur les berges et l'on retrouve souvent leurs charmantes conductrices vercées sur la berge, la berge qu'elles ont dévallée, se retrouvant un ssit, tombées vêtement sur la berge. Elles veulent vivrer sur la berge ! Mais elles n'aiment guère se frotter à la vase de la berge... L'une d'elles, aculée par un mauvais chouen (*choua* sonne comme *choix*), a été surprise par un vieux veau qui se roulait sur la berge. Photographe habituée à voire la berge, elle ne visera plus jamais la berge ! Elle rêve de couvrir la berge d'un vel homme.

BÊTASSE – Fille de poie pas très jolie, mais il existe aussi des bétasses palourdes. Ah, les tristes charmes des bétasses pallottent ! Une bétasse particulièrement en peauté, bétasse pacchique mais bétasse apêtissante, fut un jour mouillée par des jeunes cariés (il y avait pas mal de cade dans les car-

1. Contrepet interne au mot (contrepet convenable, pour une fois...).

rières) qui lui remirent leurs fafs dans la pente à condition que la bétasse s'occupe de leurs poules. Depuis, la bétasse est couverte d'emprunts. Il faut dire que c'était une bétasse pêcheuse qui ne péchait qu'au lieu sur des pinasses fad/es ou des lougres de bécheurs. L'un d'eux, fébrile, a un jour demandé à cette bétasse de lui prendre le pout.

BÊTE – (...) Cette fille est bete à te faire couler la bille... (...) Ah ! la baite bise ! Ah ! les betes aux fisses ! Ah ! les betes firmes ! (...) Jean Maris, la baite ! Ah ! la bille bete ! C'est souvent très bon, les livres sur les bètes. Madame, vos fisses ont coincé ma pauvre bete ! Ma pauvre baite est à l'âge de la r'trite. Méfiez-vous des bétes puantes.

BÉTON – Matériau de base pour constructeurs que certains trouvent inaiptes : « Le gros entrepreneur pétrit le béton à la tonne ! ». Utilisé en premier (ils ont aimé le béton très teau) par des massons polisseurs sop sentruels pour se faire des chapes, à ne pas confondre avec des crouttes, le béton est souvent jugé aterrant et d'aucuns couvrent le béton de tagues. Dans les églises modernes (il y a plein de bétons à taiser), même les atés apprécient le bbéton, béton que n'aiment pas tous les catots. Mais ces bigauds qui n'ont rien de nosseurs veulent bien du béton s'ils peuvent y mettre leur touche. Pas question de béton pour les turnes des étudiants qui ne cherchent pas de taise sur le béton. Certains fossoyeurs font la tombe avec plein de bétons ! À la Légion où bien des batis sont remplies de pénards, on a souvent des tiques mais on se fiche du béton. Mais les légionnaires fuient le béton et rêvent de traques. Il arrive que de vieux maçons s'étant trop tapé de bétons se font mal en tandant. Dans des prisons où parfois le beton sent la vieille semoulle, des dètes nues mobiles chassent les mouches qui s'attardent sur le bèton. En Suisse, il y a beaucoup de foullations qui exaltent le beton.

BIAISER – (...) Le vieux menuisier, dont la vic/euse biaise trop, biaise en p/onçant. Tartarin a eu un accident de ch/asse à force de biaiser (...) Ce fou v/olant ne savait guère biaiser. Les pensseurs indécits aiment biaiser au f/on ! Comment ils biaisent, ces chrét/ens ! Celle qui biaise ne fait pas la f/ère. Le couturier **con**tourne son assistante qui lui laisse enfiler son **dé** pendant qu'elle lui ta**ill**e les cou**p**es : il peut ainsi biaiser car elle est sans déf/ance. Le dirigeant corse biaise avec ses cl/ents. Le marin biaise avec la mar/ée ; possédant quelque sc/ence pour biaiser, il était arrivé à biaiser la v/eille... Un membre du gouvernement sri-lankais se livre à des manœuvres dila/toires contre une belle **ta**moule qui cherche quelque p/eu à biaiser. La novice biaise avec les v/eux.

BIBLE – (...) « Ah ! ma sœur, comme vous me com**t**ez la bi**ble** ! » La grande archéologue a découvert bien des **s**ites sen**b**ibles. L'aumônier des prisons a déballé la plus belle bi**ble** de l'assem**t**ée. Les jésuites ont toujours su faire redou**t**er leur bi**ble** ! L'apprenti jardinier a découvert la bi**ble** du **t**aireau. Ce n'est pas une bi**ble** râ**t**ée.

BICHE – (...) Faudrait voir à lé**t**er la bi**ch**e ! Ces filles de ca**ma**ret laissent taquiner leurs **b**iches. Pauvres **b**iches assaillies par les **m**ites ! Les gardes-chasse mâtent constamment les bi**ch**es (*ou : « mattent constamment les biches »*). L'un d'eux vous montrera sa bi**ch**e, un beau matin. Ça y est : il écarte ses ha**m**its pour bien montrer ses **b**iches. Sa femme cherche toujours une bi**ch**e pour lé**t**er. Oh ! des **m**ulots entre ces **b**iches ! Vos **b**iches ont une bizarre odeur de cal**m**ard ! Curieux : des **m**elons accrochées à vos **b**iches ! « Prendre les bi**ch**es, c'est co**t**on » prétend le photographe à sa jeune collègue qu'il a**m**use lorsqu'il prend lui-même les **b**iches. L'ermite a montré sa bi**ch**e au ca**t**ot. C'était une grosse bi**ch**e pleine de **t**air. Le chasseur à courre a encore crava**t**é sa bi**ch**e. Les Indiens cherchaient en vain à introduire de grosses bi**ch**es dans leurs **t**ipies (...) Ces petites **b**iches sont fort **m**elles. Faut palu**t**er ma bi**ch**e ! Tu fais la grève sur le **t**at, ma bi**ch**e ?

BIDON – (...) Le marin avait besoin d'un bid**on** au sortir du **ce**t. Le gros croupi**et** a roulé sur un bid**on**. Ce box/ est plein de gros bid**on**es (...) Ces gourmands se font de drôles de **b**edaines avec leurs **f**rites ! Et l'on dirait que leurs **ten**tes ont de gros bidons (...) « Bidons ! » crièrent les avocats en faisant des effets de manches.

BIFFER – (...) Le géographe fou a bifé la tolle. Le rédac'chef a toujours l'air atairé quand il biffe. Il a des ennuis de frique et il a encore bifé un sous-titre (*on échange le couple* f-f *et le couple* t-t). Le chef du personnel a bifé la belle aux tesses. Mais il n'a pas bifé sa tente. Faut voir son coup de pat quand il bife ! Il ne treine jamais quand il bife. Le poissonnier en gros a bifé jusqu'au tond.

BILE – Liquide biologique que sécrètent bien nutilement nos foix. Les étudiants en médecine se tapent la bile. L'hépatologue minable sait-elle seulement qu'une coulée de bile est détectable ? Mais voir couler la bile lui a donné envie de toucher. Elle finira par savoir faire couler la bile aux petits matins en se disant : « Quelles betes billes ! » Les vieux garagistes ont souvent des traces de louquide dans leurs biles. La directrice de la Sécu voit bien que la bile coute ! Il faut plein de tunes pour régler les problèmes de bile. Certains rugbymen sentent couler leurs biles dès qu'ils veulent pousser. Le chasseur envieux sent couler sa bile à la vue de belles meutes.

BINER – Se livrer aux plaisirs de la tair quand ce n'est pas embêchant. Beaucoup bèchent pour avoir plein de paise. Certains binent avec leurs pelles. Quand la Comtesse bine, ça secoue ses proches : elle est particulièrement en peauté quand elle bine. Ses aïeux paladins, eux, savaient biner. Le bourreau avait toujours envie de biner après une pandaison. Le jardinier du couvent demande un pedeau pour biner, mais son taba garde l'odeur de binettes. Au FN, on ne bine que debout sur une planche. Le gros bûcheron perd son pois en binant. Mais il sent monter son pout dès qu'il bine. Le Hollandais cherche un bon pol d'air après avoir biné. Le joyeux gourmet bine en pouffant ou bine en rêvant de porto. Il bine même en prenant son pain. Le fermier bine en souillant ses pottes (*Variante : « Le fermier binne en souillant ses botes »*) et le spéculateur binne en rêvant de grosses cotes. Le cadet bine l'aîté et l'agronome cherche la meilleure matière pour biner.

BIQUE – BIQUET(TE) – Petite ou grande **ch**èvre qui ne sent pas forcément le lou (…) Quand je vois danser leur **pi** quand j'effleure le trou du pip**eau**, vos petites **ch**èvres me font penser à la vale qui rit. L'instituteur promène sa bi**c**e dans la **t**lasse et le légionnaire traumatise cette petite bi**que** avec sa **t**eue nue (…) « Y a qu'la rou**t**ine qui m'fait sortir la bi**que** ! » Le sans-culotte avait une **b**ique **tr**icolore. L'hercule de foire soulève une énorme **b**ique à la force du **tr**iceps. Le bedeau a une petite bi**c**e qui a peur des chan**t**res. Le poissonnier a une bi**c**e qui sent souvent le **t**on (…) « Ça y est, j'ai le **b**icket ! » hurla le légionnaire en entrant dans le **t**aba. Il y avait souvent des bi**c**es dans sa **tr**oupe… (…) Le bedeau ne lâche sa **bi**quette que lorsqu'il **qué**te. La femme de l'assesseur taquinait sa **bi**quette en secouant les **z**urnes. Les étudiantes en photographie profitent des **z**ooms pour bien prendre des **bi**quettes. Le gros éleveur **t**end deux ca**pr**ins. La cultivatrice **cra**ne en montrant sa **bi**quette.

BISE – V**en**t froid qui n'a rien d'indéc**i**t. C'est en bai**t**ant que la bise s'**ou**fle jusqu'au b**en**t ! Une **cam**peuse près du **pom**p : « Quelle ba**i**te bise ? J'en ai frois dans la **t**ente ! » Le v**en**t s'**i**fle dans la **ru**e du ca**il**, mais les marins ne laissent pas traîner leurs b**ou**tes dans la bise. C'est pas agréable, la bise **l**étée ! (…) L'experte en p**ai**pes a bien voulu que je la bise. Le musicien ambulant jou**ai**t en rêvant d'une bonne petite bise. Mais il vaut mieux ne pas ra**t**er la bise. *Note : Cette experte semble disposée à donner un bon praix pour avoir une bonne bise mais elle prète en menant ses clients à la b/aguette.*

BISQUE – Conso**m**er, par exemple à la **l**otte (…) « Bis**quou**tette[1] » : « Ah ! la b**a**te de Bisque ! » Mais on dit en Corse que le vieux Pa**toi**[2] n'accepte plus la bis**que**. La cuisinière connaît bien les rites de la bis**que**. Oh ! la bis**que** e**t**intée ! Le traiteur de la croisière fait goûter sa bis**c**e à l'étale. Les touristes se ma**t**ent avant de goûter à sa bis**que** (…) t/iquer, parfois de façon path**r**ologique, ou râler, par exemple lorsqu'on

1. Contrepet interne au mot.
2. « Pasquoi » se prononce comme « Pasqua ».

pèche maladroitement. **t**anner ce malade lui donne envie de bi**S**cer !

BISSER – (...) Le comique **b**isse en **p**ouffant. **L**assé par une groupie un peu trop bran**ch**ée, l'idole la **p**aise après avoir **b**issé. Le violoniste fait le **bis** avec son pu**pitre** et bi**s**e en jouant au **t**alon. Il a la la**t**itude de bi**ss**er. Mais que de bi**c**es ratées ! On considère alors ces bi**c**es d'un œil a**t**éré.

BLANC – (...) Les **b**lands ne sont pas toujours **g**allants. Surtout les **b**lands **g**allonnés ! Telle reine exotique choisissait ses **g**ardes parmi les plus beaux **b**lands. Mais un jour, son **g**ide est tombé lourdement sur un **b**land. Quel **g**adin, ce **b**land ! (...) « La lingère a le **g**out du **b**land » : « Teignez le **b**land à votre **g**out. » Le peintre des montagnes a laissé couler son **b**land dans une **g**oulotte (...) on déguste des **B**lands de **g**rive (...) un **g**rave **b**land. L'ouvrière a pris un coup de **b**land au **g**oulot et ce coup de **b**land l'a **g**risée (...) Comment peut-on aimer le **b**land à ce De**g**ré ? La fabricante de foie gras se tape un **b**land en **g**avant. Quand la sentinelle se tape un **b**land, c'est em**g**êtant. Ce plant**on** qui rêve de box**eurs** fait souvent couler son **b**land sur ses **g**alloches. Mais un jour, un **g**allon est tombé sur son **b**land...

BOB – (...) (**pa beau**nais)[1]. Ce coqu**è** qui p**in**te montre les **z**ourrelets de son **b**ob. Le savant fou fourre son **b**ob au sein des ro**z**ots. Les éco**t**ières font couler la bi**l**e des estivants en prenant leurs **b**obs dans des **z**ooms. Ce producteur fait des petits bé**z**és en soulevant son **b**ob. Le bedeau en vacances met son **b**ob entre deux ro**z**erts (...) Ouï aux JO où un champion vautré sur une grosse lu**g**e parlait de sa ver**n**e : « Ne portez pas ce **b**ob aux **z**ouches ! » (...) Mme Pandraud ne craignait pas que les **z**ondent **ab**obs ! Mais fuyant l'e**p**oc de **scr**utains, ce vieux **b**ob tenait fermement les **z**urnes. Prend-il les **z**eaux **b**obs ? Dans un concert rock, les **z**asses font trembler un certain **b**ob. **b**ob et **Z**ite. Pourtant ce **b**ob avait l'air très **z**alèze !

1. Et non « bas poney ».

BŒUFS – Beaux **vin**ts guidés si ce ne sont pas des **b**œuds **n**oueux. Les paysans vont aux champs **ant band** en caressant le **qu**out de leurs **b**eues. Ils portent leurs beaux v**ain**ts au tri en écartant les beaux **vin**ts des cat**i**s et les braves **b**eux dé**vi**andent. Les **n**onnes qui fournissaient les **b**œuds[1] aux couvents montraient le prix des **bb**eues à l'a**qu**esse. Ce n'étaient pas des **b**eues pour des **qu**âtards (*il existe une deuxième solution : « des be**u**s pour les qu**a**tards »*). Mais bien des **b**eues pour les **qu**ordeliers, des **b**œuds bien **n**allants. On mettait les meilleurs morceaux de **b**eues dans les **qu**uvettes et il n'y avait plus qu'à b**r**aiser l'Héb/eu (...) proposent la **qu**otte en vantant leurs **b**eues, annonçant **vé**ritablement qu'ils sont **cha**rolés. Puis ils offrent le **qu**yrrh en laissant caresser leurs **b**eues. Les plus minables, disent-ils, sont les **B**eues de **qu**ercy. Dans les campagnes, où l'on **qu**ouche beaucoup avec les **b**eues mais où l'on fait peu monter les **b**eues dans les **qu**ars, on cache parfois des **b**eues dans les **qu**ols et l'on met des gros morceaux de **b**eues dans les **qu**a-bas, les **b**eues ne s'accommodant pas des bo**qu**os. Puis l'on se **qu**ite après avoir dégusté les **b**eues. On découvre ensuite de gros morceaux de **b**œuds dans les ca**n**ines ! Il ne faut pas manquer de **qu**eurre pour faire goutter les **b**eues... Le toréador sait que ça n'a rien du taureau, les **b**eues de **qu**armen.

BOÎTE – BOITE – (...) Il peut y avoir des ca**ro**s dans les **ca**siers et des en**ba**lages de **cu**bas où l'on laisse en**boît**er les **fil**euses. Cela dit, *La Redoute* offre de superbes pils de b**oi**tes et Luc Étienne une b**oi**te de **ri**, mais certainement pas une b**oi**te de **mi**ne. L'ébéniste qui propose une superbe b**oi**te en **pi**re n'hésite pas à si**g**ner sa b**oi**te. L'oiseleur cache deux jolis **ni**x sous une drôle de b**oi**te. Mais sa b**oi**te a un aspect pisseux (...) Enseigne d'une **p**étillante marchande de **f**ripes qui ne manque pas de **g**alent pour agrandir la **t**aule : « La B**oi**te aux a**bi**s ». Le disc-jockey cherche un empl**i** pour sa b**oi**te et prévient qu'il n'est pas question de **bi**re dans sa b**oi**te. Le bon patron aime à faire sentir la m**i**tié de sa b**oi**te mais la

1. Deux solutions : le « b » peut se permuter avec le « n » de « **n**onne » ou de « four**n**issaient ».

chef du personnel ne se réjouit pas quand la boîte crit, tandis que le directeur financier fait monter quelques pries pour faire marcher la boite. Le fromager a une boite à forte odeur d'épisses. Les trois tenancières ne veulent pas entendre parler de n'importe quelle boite dans leurs tris pots (…) Le couturier a horreur que l'on râille ses coupes et ne sait pas comment son assistante vit les hauts et les bas de sa boite (…) Oh ! le pauvre mouton boite !

BON – BOND – (…) Il est trop bon pour la citer. » Tapie a longtemps cru que le procureur était trop bon pour l'acuser. On parle encore des bons câtards (…) l'hôtel du « bon couché ». Ah ! le bon cadaud ! Ce pistou, c'est un sacré bont. Le Pen ne veut voir que des b/ons plédés (…) Il n'est pas toujours judicieux de choisir le bon canal (…) Ce junior n'est pas bon quand il courre (…) La caissière a l'accès au bon. Elle va donner le bon pour faire monter votre cite. Elle confie le bon au coursier. Mais il a refusé le bon, elle était ceurrée. Il faut dire que ce bon était trop emcrassé… La comptable du couvent donne le bbon à l'acesse (…) Ce bon est digne d'un ceau manche. Le crossman a frôlé l'emcolie avec un tel bon.

BONNICHE – (…) La Comtesse écarte ses hamits pour présenter sa boniche. Elle est fort melle en vantant sa boniche : sa boniche a un joli petit mouton et sa boniche ne sent pas le calmard. En fait, sa boniche est celle d'une ancienne fille de camaret. Récemment, sa boniche a laissé échapper des mulles. Elle compte sur sa boniche pour faire la chasse aux mites.

BORNE – (…) Certains rustres dépassent les bornes. Les politiciens mettent volontiers des boirnes à l'ugnon. Le vieux mathématicien noyait ses bornes sous des flots de formul. Mais c'étaient des bornes rusées ! (…) Le fossoyeur écarte les bornes du murt. Le vieux cantonnier qu'on appelait naguère « Bornes d'ur » présente maintenant ses bornes d'un air un peu usé.

BOTTE – (…) Ah ! les chosses grattes ! (…) « Madame la baronne, j'ai trempé ma baute dans votre siternes. » La femme du hobereau sirt volontiers sa bote. Elle ressent vite le chic de la bote, étant bien consciente qu'il faut des botes pour l'ivaire. Le motard a coincé sa bote dans un silex. Il a eu mal à la miroute faute d'avoir de bonnes bottes. La marquise fait admirer le mouton de sa botte. Film souvent repris : *La Colinne des botes*. Le clochard avait plein de cille dans sa bote. Le cradaud a glissé sur sa botte. Le fermier maniaque a donné un coup de baute à son bidet. Rachel répare la bote amichée. Ce n'est donc pas une bote demi-mille. Madelon se plaint que son cirps sent la vieille bote (...) Les anciens combattants présentent des botes en tic. Dans *La Redoute*, on a oublié de parler de la beaute de Perci (*Louis Perceau est l'auteur de* La Redoute) (...) L'escrimeuse suçite la bote (...) Horace a proposé la bote à sa binne (...) La présidente ressent un gros malèze dans sa botte.

BOUCHON – Morceau de liège ou de mouse (...) La marchande de rhum montre un vieux nit qui fait sauter tous les bouchons (...) Le restaurateur (l'auberge de la vaine) rêve d'approcher les coles de son bouchon et sa femme va montrer les avantages de son bouchon bien taud (...) Ah ! les bouchons létés ! Les gendarmes sont pas tauds devant les bouchons. Ils ne savent même pas mâter les bouchons ! Il faut dire que besogner sur un bouchon, c'est coton. Le xénophobe affirme que ce n'est pas en passant les minables Pons de cologne qu'on peut voir des bouchons au-dessus du tibre.

BOUDER – Faire la tronche faute de pouvoir gueuler. Quand on touche à son petit bant, cet enfant boude. Le courreur de fons boude quand vient la cranpe. Ce goinfre boude, c'est le banquet. La belle astrologue a fait bouder le voyan. Le bidasse boude, il est dans le canp. Tu boudes, mon gros lanp ? Cette vieille ransse me fait encore bouder.

BOUILLE – (...) Tapie a la bouille désacusée. Quelle bouille incroyable ! Il a plus triste bouille que ses coursiers (...) Le même Tapie se souvient comment les douaniers fouillaient dès qu'ils avaient saisi son boutre. Et quelles bouilles ils avaient quand ils l'ont cité ! La ménagère a toujours eu plein de **b**ouillons dans son **c**aba. Ah! comment son **m**outon **b**ouillait! La **c**uvette était pleine de **b**ouillons. Cette brave dame connaissait mal le **c**out des **b**ouillons.

BOULE – (…) La droguiste a une **b**oule anti-**m**ites. La voyante ne supporte pas que des **m**ouches se posent sur sa **b**oule. Sa **b**oule ressemble à quelque **m**elon. On peut l'a**m**user en se penchant sur sa **b**oule. Mais avec sa **b**oule, elle voit au-delà de la **m**ite au logis. L'opticienne a une **b**oule acro**m**atique. La Comtesse : « Voulez-vous de cette **b**oule, **m**aron ? »

BOUTRE – (…) Le **b***(3)*outre du sultan coula au con **f***(1)*luant de la **g***(2)*aronne. L'épouse du sultan **f**allot déplore la perte de ce **b**outre. Refaire le **b**outre, c'est une question de chi**f**re et elle connaît tout, des ci**i**lles à la p**ou**pe, le **f**lanc du **b**outre. Elle a sollicité la **f**ite pour refaire le **b**outre. Hélas le **b**outre qui arrive est plein de **f**ière blonde. En **f**lâmant le sultan, elle exige pour elle seule son **b**outre.

BRAISE – Résidus cho/ts et in**quan**décents s**an**cés, br**u**lés. Certaines raleuses préfèrent dire : « Bran**d**ons ! » Les **nymph**es **pir**omanes font de belles b**r**aises avec les pines /aides. Elles aiment la b**r**aise de façon pas t/op logique, au point de toujours garder des t/aces de b**r**aise. Casanova présente sa qu**on**quette à l'œil de br**é**ze. Ce cardiologue au bel œil de br**é**ze n'arrête pas de p**on**ter. Bel œil de br**e**ze, aussi, ce spécialiste du f**on**ssier. Notre ami le sultan avait plein de **f**raises dans son **b**outre (…) Le cuisinier n'est jamais t/oublant en b**r**aisant. Sa femme le mène à la b/aguette pour le faire encore mieux b**r**aiser. Alors il b**r**aise t/op. **ff**rique, pour certains malfrats empa**T**és. Mimile, pour la b**r**aise, c'est pas un c/ado ! Faut sacrément qu'y **l**ute pour avoir la grosse f**r**èche. Mais il finit par être assez c/oûlant question b**r**aise…

BRANCHER – BRANCHETTE – (…) Le technicien bran**ch**e les colonnes. Le chanteur de rock bêle une fois bran**ch**é. Ils n'ont pas besoin d'être calés pour se bran**ch**er, sauf l'anesthésiste qui doit bran**ch**er sans dé**l**irer. Les fous de **n**ormes qui ne manquent pas de **f**oix veulent plein de **l**oix pour pouvoir être bran**ch**és (…) On bran**ch**e les condamnés après leur avoir fait manger des lardons (puis on les embale après la pandaison). Impitoyable, le bourreau a branché une grosse mole. On a cru un moment qu'il allait lavirer au lieu de la brancher (...) « Salez brancher » (...) Le producteur branché a sorti une grosse liasse. T'as pas l'air tellement branché, mon lou ! (...) Le bûcheron coince la bûle avant de faire ses branchettes.

BRIE – (...) La crémière et sa potte vivent pour le brit. Infortuné fromager, c'est son brit qui est visé ! Il a peur qu'on voie son brit. Pauvre brit délavé ! Mon gendre, ôtez ce brit de ma vu ! L'éditrice préfère les brits de livaires. Une clocharde qui découvre un paque : « J'ai pas b'soin d'votre avi pour goûter les brits ! » Elle poussait de grands bris au moment où son type la citait.

BRIQUE – (...) Le gros entrepreneur (...) propose une brique de traise. Il propose cette brique à la tonne. Les apprentis maçons empoignent leurs briques de façon aterrante. Taillez-moi donc cette brique ! Les légionnaires b/ossent en montant les briques (...) Le tueur à gages exige deux briques avant de traquer (*ou : « deux briques avant de traquer »*). Les producteurs déballent leurs briques en passant.

BROUILLE(R) – BROUILLON – (...) Toutes ces brouilles pour des cas d'honneur ! Une juge matrimoniale : « Ces brouilles, quel casier ! » (...) Ces parasites nous brouillent les coutes. Les Suisses qui ont des disputes bien /posées se brouillent en étalant leurs memces. Bien des nobliaux bourguignons se brouillèrent devant leurs caves (ils se grouillèrent en comparant leurs blands). Ils se brouillaient mais ne manquaient pas de chice. Le médiateur pervers sace ceux qui se brouillent (...) Ces brouillons sont des caves et ces brouillons manquent de chice ! L'adjudant emcassa des bleus brouillons (...) Ce brouillon est bien memcé.

BRU – (...) Votre brul, quel casier ! Cette aimable brul manque de chice. Le cordonnier propose de superbes galloches à sa brue.

BRÛLER – Consummer sans bornes. César fit bruler le canl de Cléopâtre, mais c'est la pante qui brula. Quand on se brule, ça fait venir plein de jans. En 1789, les tricoteuses paressaient, posaient leurs pattes sur tous les gars du chatelin et basculaient leurs poufs en brulant les gans. L'experte en décharges pense que ce qui compte quand on brule, c'est la danrée. Elle rassemble les résiduts et les sence, puis brule tout ce qui pane. Elle obtient de sacrés rants quand elle brule ! (...) Quelques drôles de pantains se sont retrouvées brulées.

BUTIN – (...) La soldatesque manque de paise et rêve de butains. Un saoudard touche son lot et pique de façon notable quelques butains sans cesser de pouffer. Les vieux truants qui piquent plancent sans se tacher leurs butains dans leurs pleds. Des palourdes font partie des butains. Pendant les guerres indiennes les ceaux manches avaient de terribles bouilles et même les planches devenaient Butains.

BUTTE – monticule pas déTestable. Le fermier monte sur la bute pour faire picorer ses poules. L'Australienne trouve jolies les butes d'autriche. La jeune urbaniste rêve de butes bien crépies. Le conseiller régional affirme que sa bri est pleine de jolies butes. Et il montre une de ces butes à une dépitée de l'opposition qui radine dès qu'il s'agit de buts (...) L'épouse du rapin s'habitue aisément à la vie de la bute et aux rits de la bute. Enseigne rue Lepic : « Les abis de la bute ». On peut taquiner la belle aux tesses dans cette friperie. D'infâmes détracteurs parlent iniquement de la bute : « Pénible à monter, cette bute pleine de pière ! » Grimper sur la bute fait monter leur pout. Le débitant a peur qu'on altère sa bute. La navigatrice solitaire rêve de butes et de capornes.

BUVETTE – (...) « Ce que débitent ces buvettes, c'est ma rie. » Elle vient d'ériter d'autres buvettes. Il lui montre un papier sur ses buvettes qu'il a relues. Ôtez donc ces buvettes de ma rue ! Oh ! la jolie ramp près de ces buvettes. La navigatrice solitaire bare en rêvant de buvettes. Renez apprécier mes buvettes ! Les buvettes de Fritz gardent l'odeur du rin.

C

CABAS – (…) L'écailler qui a pas mal de **b**ulot veut remplir tous les **c**abas. Une ménagère qui a un gros **c**aba a peur de tomber dans le **b**anal, alors elle présente son **c**aba au ministre tout **b**on. Mais il **b**afouille dès qu'elle lui tend son **c**aba : « Gardez votre **c**aba, je ne suis pas un **b**adeau ! » Poussée par le **ch**ineur d'un **p**âtelain, une cliente se livre aux plaisirs des p**u**sses en lui laissant remplir son c**a**l bas. En Afrique, on propose des (z')éb**u**ts aux dames qui ont un gros c**al** bas.

CAILLE – (…) Sous le **p**it de l'Avache, voyez les **c**ailles qui b**oull**ottent ! L'oie blanche observe les c**a**illes du **jou**rs avant de goûter les c**a**illes au b**our**bon (*on peut, à la rigueur, envisager une deuxième solution : « gouter les câilles au bourbon »*). Une grosse p**ou**s belle reçoit les déchets des c**a**illes. « Hé ! le chasseur, tire pas ces c**a**illes, s**ou**laud ! » Il a cherché à tirer les c**a**illes du br**ou**illard et les c**a**illes sont parties sans ret**our**d. Ce gros l**our**d n'a pas de chance avec ses c**a**illes ! D'un mat**eue** qui ne manque pas de qu**eur** : « Les c**a**illes du chef sentent le r**ou**ssis. » Il avait lié ses c**â**illes avec une sorte de b**ou**illon…

CAISSE – (…) Pour trouver le trou du **f**ul, il faut écarter les **c**esses et l'archéologue verse dans les **c**esses le produit de ses **f**ouilles. Voyant ce qu'il y a dans ces **c**esses ses assistants ont pris la **f**uite. Secouant **f**urieusement ses **c**esses, le pauvre homme a traîné ses **c**esses dans des **f**laques (…) Au patronage, on s'occupe des **qu**esses après la fête. Le bedeau tire le **bb**on de l'a**c**esse. La **tr**éteuse qui a l'air **p**iquée a plein de **f**iches dans ses **qu**esses (…) La grosse **c**esse est bien **f**ourbe (…) Le casseur roule ses **c**esses dans le **f**oin après avoir **f**rotté ses **c**esses.

CALISSON – (…) Les confiseurs tendent leurs cal**i**çons en présentant leurs v**e**ts. Ces cinq cal**i**çons contiennent d**e**x noix. Ces clochards tendent leurs cal**i**çons à leur gu**e**se. Hé ! le camionneur, ces **ca**lissons ont gardé l'odeur de ton ca**po** !

CALOTTE – (...) rubrique calotte (...) le jeune séminariste qui rêve de se voir encuré avec une calotte. Il apprend le patin avant d'avoir la calote et appréhende la chutte en rêvant de plein de petites calottes. Plus tard, il n'oubliera pas sa calote en allant chez les popes. Il garde toujours sa calote pendant ses escapades. Quand il rencontre quelque matin, dans l'acour, une belle créature il pa nique sans lâcher sa calote. Mais il cache sa calotte quand il va au bar car trop de gros durds sont contre la calotte.

CAMP – CAMPUS – (...) Tentes en franses où l'on voit bien des toils passés. Le Vert galant répandait souvent sa semonce dans les cens. Ce soir, on donne les glonds aux cans (*ou « les glons aux cands »*). Des petites crasseuses mont/ent leur cenl près des résiduts. Les Chouannes ne craignaient pas les quancs des Bleues qui se faisaient tondres dans leur cens. Les Africaines du Sud n'abandonnaient jamais leurs cancs aux Blons. Madelon a vu beaucoup de galonts dans son can, un joli cam bien onbré ! Ce cand dégage une forte odeur de glul. Thatcher réprimait beaucoup les élus de son canl et raillait le cant des battus. On sait maintenant que Jeanne d'Arc avait beaucoup de talut pour protéger son cenl (...) Ce prép pourrait contenir bien des campuces. La gardienne du camp puce des sines.

CANARD – (...) La Comtesse de l'« Album » prend son canard en paressant. Les pathos prennent maladroitement leur canard. Le frontalier prend son canard en traversant le pon. Les populations exaltent le canard. Il prend son canard avec un pon charmant. Les coursiers prennent leur canard sans lâcher leurs patins (...) Cet écotier qui déteste les lapins a en vain réclamé son dut à ce mauvais canard (...) D'ici, on distingue bien le ponais du cannard. Le cuisinier a un canard sur le fœud. Ce cannard sent le coca. Le charcutier à forte odeur de tripe fait prendre de drôles de quanards ! (...) Ce pendord s'est encore tapé un cannard ! Quels canards elle s'paye, cette musicienne au joli pon chaud !

CANUT – (...) Au siècle dernier, beaucoup (...) exprimèrent leur péne dans bien des soiries où il y avait encore peu de cals nus à sidu. Il y avait surtout des gros durds dans les cals nus et l'on distingua rapidement la chutte des cals nus.

CAR – CARRE – (...) Après avoir trempé son card dans le don, le chauffeur a mis son card au doccyx. Le chauffeur avait un drapaud sur le card. On l'a vu, le grand judoka douillait, secouant le card. Le chauffeur de la paroisse mène son card à la dure et les dames patronnesses ne prennent le card qu'après s'être douchées. On voit l'une d'elles appuyée sur le card endore mis. La conductrice ne veut pas d'ânons dans le car et s'alume dès qu'on en veut à son carl. Elle refuse aussi les gros bizons dans son carre. D'opulentes hôtelières verraient bien leur barbade parcourue par de beaux quards. Mais elles ne veulent pas de beues dans les quars. Jeunes gens, méfiez-vous des cares de barbons. Et aussi des carls de barbues. C'est dangereux, trop de bouillons répandus dans le car. Le mécanicien a dû immobiliser son card à cause d'un méchant cardan (...) La skieuse est dollante depuis qu'elle a pris un coup de card, un coup de card doûteux. Son copain donnaît bien les coups de card.

CARROSSE – (...) Calèche pour, entre autres, de vieux /bots. Contrairement à la sette qui fuit les carosses car les carosses ont quelque chose d'éretique, la cocette ne manque pas de carosses. Le maniaque tin les carosses. Ne pouvant se passer de carosses aux fettes, Mme Tallien exigeait des carosses entre deux cuittes. Elle cemmandait toujours plus de carosses, mais se montrait de plus en plus pitteuse devant les carosses. La Comtesse a des fermes qui attirent les carosses.

CAS – (...) Des dames seules cherchent des gros virriles pour les bouger. Il leur faut des gros durds dans leur cal. Victime d'une vilaine chutte, le pauvre s'est mis dans un mauvais cal. Ce tennisman indolent de façon presque insécente coince trop la bulle, dans son cal ! La fermière sicilienne a senti trop de purrains dans son cal. Figé sur le vaxin, l'infirmier évoque le cal décuti. Le séminariste se plaint d'un grand curré dans son cal. Une auto-stoppeuse intéresse un ponpiste à son ca. D'Aboville se plaignit de trop de

rumeurs dans son c**a**l (…) Le procureur en**r**oué qui ju**j**e un peu trop s'occupe du **c**at de cette grosse **ch**atin, un c**a**l **fu**meux. Elle expose d'ailleurs son c**a** à tous les f**on**ctionnaires ! L'avocate débutante trouve la plupart des c**â**ts bien **v**ilins ! Ce bâtonnier qui raffole des **pr**âlines et des jolies **c**oses se penche sur le c**a**l d'une certaine M**u**rielle. Il sait où il se **n**i**ch**e, quel beau **qu**at ! Ce n'est pas comme le c**a**l de ce vieux **ru**pin.

CASQUETTE – (…) La teinturière fait **m**ander ses clients en agitant ses **b**ains et, **m**ine aux dents, **p**asse leurs **ga**pettes au **rou**lop : leurs **casse**quettes sont d'un co**qué** ! Exhibant son c**a**l libre en disant qu'il sait se rég**u**ler, l'a**j**ant qu'on va faire **m**uter **mé** sa qu**asse**quette pendant qu'une collègue marmonne : « Fais-voir ta qu**as**quette, beau m**é**que ! », et qu'un administré **pé** en tripotant sa qu**asse**quette.

CAUCHEMAR – (…) La fan de pu**b**es anti-**t**aba vomit l'infâme **ni**co qui provoque ses c**o**chemards. L'égyptologue allemande a de gros **Koh**chemards et rêve souvent de **nil**.

CHAI – (…) La femme du vigneron a un m**a**got dans son ch**é**t. Elle refuse donc qu'on t**a**te son ch**è**t. Parfois même, elle exige qu'on l**a**che son ch**è**t. Le vigneron regr**a**tte son vieux ch**e**t. La femme de César ne veut pas qu'un quelconque p**a**nis s'approche de son ch**é**t et refuse aux musiciens de poser leur s**a**xe sur son ch**e**t. Pour l'œnologue, la seule b**a**se valable, c'est le ch**ai**t.

CHAISE – (…) « On s'**ch**aise sur-le-**b**amp, et on s'**ch**aise dans l'**b**ahut ! » Dans cet orchestre, on ne manque ni de **ch**aise ni de **b**atteries. La restauratrice de meubles prépare sa **p**atte pour se faire quelque **ch**èze. Une bonne **ch**aise, c'est **b**aud ! Surtout la **ch**aise de **b**oix. La pianiste tend sa ch**ais**e au b**at**teur (…) Les princes de l'Église usaient leurs **r**obs en abusant des plaisirs de la chai**z**. La baronne et ses filles usent fort de la **ch**aise du **b**arron mais trop de **ch**aise nuit à leurs **b**ats.

CHAMBRE – (…) Il est bon de disposer de ch**an**bres d'am**it**s. Certains étudiants font plein de chi**m**is sans égard pour leurs **ch**embres. Ces ch**en**bres sont remplies de c**i**dres ! Le champion agaç**it** voulait à toutes forces faire voir son incroyable ch**an**bre. Les **m**ineurs ont souvent de pauvres **ch**embres. Cette jolie fille **m**aude, rêve de splendides **ch**embres. Ces **m**anteurs feraient croire qu'ils disposent de vastes **ch**embres ! (…) Les **ch**embres peuvent être source de **m**aleur. L'infirmière lave les chan**b**res avec beaucoup de **c**eurre. Ces **ch**embres, quels tristes **m**inois ! Des députés sont parfois indé**ci**ts en présentant leur ch**en**bre.

CHANTRE – (…) Le curé **v**ie mal à cause de son **ch**entre et le vicaire lui présente un mauvais chan**tr**e pour le **c**âter.

CHAPE – (…) Une cha**p**e n'est pas une crou**tt**e. Le directeur du club exige une cha**p**e pour couvrir son **tt**énis. Une fois finie la **cha**pe, on enfonce le **pi**ton. Bizarre, cette cha**p**e sent la lo**tt**e ! Quoi ! vous voudriez que je la**tt**e votre cha**p**e ?

CHAR – (…) Seule l'entrée du premier **ch**ard marque une **d**atte. La colonelle admire le **ch**ard du général **d**armé. Ça vaut mieux pas, dé**dra**ger entre deux **char**ps ! En 1944, les libérateurs présentaient volontiers leurs **ch**ards **d**oux (…) Tiens, le **ch**ard **d**armant ! Il faut lé**d**er ce **ch**ard. La brocanteuse **d**ine en lorgnant les **ch**ards. Quel cha**r**e, cette **tt**ibaude ! Le gros Niçois portait une bourri**d**e sur son **ch**ard !

CHASSE – CHÂSSE – (…) Il existe un authentique musée de la ch/asse à j**i**eun. Le Cardinal pratiquait lui aussi la cha**ss**e à l'abbe**tt**e. Et ce n'était pas une cha**c**e ra**tt**ée ! Le braconnier b**i**aise après la ch/asse. La douairière connaît la la**tt**itude de sa cha**ss**e. Elle hausse le **ton** dès qu'on en veut à ses té**rein**s et ne veut pas de ch/asse sur les s**i**eins. La reine du **tt**urf a une sacrée belle cha**s**e. Tartarin rêvait souvent de cha**ss**e entre deux cui**tt**es. Le chimiste fou parlait toujours de sa ch/asse aux f**i**olles. Giscard, qui passait directement de la cha**ss**e aux fe**tt**es, parlait toujours de sa ch/asse aux d**i**ames (…) Le prieur soigne sa ch/asse et ne manque pas de p**i**éter. L'abbesse a une cha**ss**e pi**tt**euse et ne pre**tt**e pas souvent sa cha**ss**e.

CHÂTAIN – (...) Un lad avec beaucoup de poils aux beurnes présentait deux jolies mules à une photographe chatin qui arborait deux gros nicons. Une petite monice se cache parmi ces chatins. L'entomologiste qui s'occupe des cocons est chatin. Les chatains n'ont pas droit au pupitre. Ce casseur rêve d'une belle chatin.

CHEVELU – (...) Beaucoup de chœuds velus passent leur vie à bandoner. Le directeur ne veut pas de chœuds velus dans les nats : « Ils cranent, les chœuds velus, ils nous tanent, les chœuds velus ! » Et les chœuds velus se font parfois de grosses vanes...

CHIC – CHIQUE – CHIQUER – (...) La bêle tope modèle ressent le chic de la bote (...) « Chic et Troque ». Ce trasseur manque de chique, ces brouillons manquent aussi de chice, mais votre mètre, quel chique ! (...) Ah ! ces chiques létrées ! (...) La tenancière est lasse de voir toutes ces chiques à la traîne. Le marin au vieux tricot n'arrête pas de chiquer. Il s'entraîne pour chiquer et c'est un sacré paquet de nair dès qu'il chique ! Le pailleur triquard fait des vaneries en chiquant. Le maître-chien fait vibrer ses canines quand il chique. M. le Curé pène en chiquant.

CHIFFRE – (...) les chifres sont à la besse (...) La banquière veut voir le chifre du bou (...) Cette experte en chifre, c'est une vraie bête (...) Ce balot n'a qu'un tout petit chifre. Son chifre ne s'enble pas fort... Les marchands d'instruments de musique donnent leurs chifres sans baçon. Au Sentier, on a plein de blouze et de gros chifres.

CHRONIQUEUR – Le bon cros niqueur sait s'insinuer dans n'importe quel groupe. Des cros niqueurs de Lourdes fuient la grotte. Ça goûte beaucoup, un cros niqueur ? Certains cros niqueurs adorent les gathos.

CHUTE(R) – (...) Les trapézistes se font léjer pour mieux chuter. Observez le mouvement de leurs corl dans leur shut. Quelles chuts se paie ce gros marin ! Ce mauvais passeur en a provoqué, des chutes ! Le cycliste a déjanté en chutant. On distingue d'ici la chutte des patains, des chuttes fameuses ! La joueuse de baise-ball qui n'a pas une batte de chois a pris plein de balles dans sa chutte (...) Ne parlez pas de chute aux gros nipons. Elle aura été vite, la chute du pâtelain ! Les cardinaux parlent de chutte en tripotant leurs barettes, de la chutte sacrée. Ah ! la chutain pie ! Parlez-moi donc de la chute, mon per ! (...) Le bridgeur vendéen a Chuté en jouan. Ses adversaires avaient déjà parrié sur la chute. Sacez la chutte !

CLAN – (...) Les hommes de Cro-Magnon fourraient leurs clands dans des grottes. Il ne faut pas confondre cland et groupe. Il convient par exemple de distinguer les qulands des gueues et les groupes de gens aux mains caleuses. En Corse, si des toubibs passent leur vie à cuérir des groupes, certains condés profitent des clan/s. Il y a très peu de clans en Iraque. Beaucoup de qays regorgent de gueues : ils sont bien nédés et se contentent de pœuds. Un spécialiste des transports dit qu'il a vu beaucoup de clands dans le gar. En Sicile où il y a beaucoup de groupes acacées, des parins minés cherchent des bonnes gachettes pour leur clands.

CLAQUETTES – (...) Ce grand était à l'aise dans les claquettes ! Il était particulièrement praisant dans les claquettes mais quand il se faisait trop de qulaquettes, on avait l'impression qu'il pénait. Pourtant, des mauvaises langues prétendent l'avoir vu rong dans les claquettes. On parlait alors de claquettes ézitantes. Lug dans quelque anons : « Rubrique claquette ».

CLICHÉ – (...) le photographe met les clicher à létos. À Roland-Garros, on cherche de fines /raquettes pour les clicher.

CLIP – (...) Le sous-marinier a fait tomber le clip du sonnard. Le magasinier cherche les paques où il y a des clipes. Mais il n'y a pas de clips de satins (...) Le producteur a fait claser bien des qulips. Mais beaucoup de clipes le font pamer, surtout les clipes où ça papote. Les pochards ne crachent pas sur les clipes.

COCA – (...) Elles sont célèbres les b**u**lles du coc**a** ! La cuisinière présente une cr**o**quette à l'odeur de coc**a**. C'est une cr**o**quette que son mari a pétrie en sortant de l'**a**(i)gnon.

COCON – (...) Il y a toujours eu beaucoup de **c**os cons dans les **gr**ollabos. Le goret arrive à sentir tous les **c**os cons proches de son **gr**oin. Comment ils **gr**ouillent, ces **c**os cons ! Les belles ornithologues écartent les **c**os cons qui se collent à leurs **gr**uls. Elles écartent les **c**os cons en **gr**ognant et finissent par piéger les **co**cons dans leur /nnasse. Pendant ce temps, l'entomologiste observe mélancoliquement des coc**on**s en grattant ses b**u**bons. Il n'arrive pas à les en**gr**aisser, ces **c**ocons, et tri**ch**e avec d'autres co**qu**ons !

COMTESSE – (...) Elle retire parfois la bi/ du con**te**. Certaine **con**tesse arbore un fort beau **al** (...) On parle volontiers des f**abl**es de la compt**esse**. La jeune **vi**comtesse n'a pas peur des gros /ts.

CONCIERGE – (...) comme dit le **qu**asseur qui tri**ch**e et fait briiller sa vieille b**a**gnole. *La Redoute* prétend qu'on reconnaît les cons **c**ierges à leur a**v**idité. Mais parfois les cons **s**ierges sont pleins de **v**aindoux. Ces cons **s**ierges restent souvent **v**euls. Mais on peut trouver des filles qui présentent volontiers leurs cons **ss**ierges, enchantées que l'on **v**ente leur con **s**ierge. On raconte de ba**ss**es histoires de sec**th**es (*les sons* cs *et* x *sont identiques*), où des adeptes présentent leur deux **v**eins mais cachent leurs cons **s**ierges. Certains prétendent que les cons **ss**ierges ne se la**v**ent pas.

CONDIMENT – Me/ qui massce ou relève le **g**out provoquant des dé**b**âts. Naguère on b**a**tait les filles qui ne goûtaient pas leurs cons d'**i**mants. La **tr**éteuse qui se tâte le **p**ou passe en maudissant son con d'**i**mant, con d'**i**mant qui a abîmé ses belles m**a**ches. Ses cuisiniers qui refusent en**gros** de goûter ses **core** nichons râlent : ses m**a**ches sont molles à leurs d**i**rds (ce genre de grosse m**a**che n'est pas assez cr**o**quante). Le charcutier un peu gr**a**s proteste que ce n'est pas lui, le con d'**i**mant : « Con d'**i**mant connaîs pas, moi je pane. »

CONFESSE(R) – (…) Le prieur qui se rep**ose** après avoir goûté leurs ch**ent**s déclare aux novices qu'il est /tent de les **con**fesser, mais aussi qu'il est bien /plaisant de les **con**fesser. Le prélat saisit une belle aux **t**esses, puis la confesse. Il la con**fesse** en regardant les **traint**s. Les filles du j**aise** qui b**ules** parlent de l'avant qui les **m**eut, et le dévot conf**è**ssé dé**pa**que. Se méfier du con **f**es sœurs **d**essues.

CONFLUENT – (…) Certains cons **f**luants **g**risés cachent des **f**lots peu propices à la **p**èche. Le célèbre con **f***(3)*luant de la **g***(1)*aronne reçoit parfois des giclées de **b***(2)*lan du côté de bord**eaux** connus pour attirer les tourter**els**… On voit souvent des pén**ich** qui se c**a**sent, en**g**oncés dans des cons **f**luants. Les mariniers qui ont trop de **g**igne évitent les cons **f**luants. Certains échouent dans les cons **f**luants car ils se **g**ourrent. La duchesse d'Aquitaine faisait **g**arder son con **f**luant, con **f**luant toujours plein de **g**eu, par des Anglais qui se répandaient sans **g**inesse dans ce con **f**luant. Il arrive que des élé**g**ants raffolent des cons **ph**luants. Mais ils sortent du con **ff**luant l'air é**g**aré. Le naturaliste a provoqué bien des **g**riselis dans ce con **f**luant.

CONNU – Sé**çu**. Luc Étienne parlait souvent de pi**c**e au **n**ul. « Eh, les filles, le prof de géo a dit que deux **n**eins c'était mieux **s**u et le prof de bio nous a montré une m**u**queuse c**o**l nu. » (…) Certains pasticheurs sont des pi**c**eurs co**n**us. M. le Curé dit que les p**u**rcs gagnent à être c**o**l nus. Les petites catéchumènes sont assez co**c**asses de dire que saint Joseph n'était pas co**nn**u. Certains barb**ard**s sont par trop conn**u**s. La timide ne dira pas qui est co**n**u, elle **c**'ose pas. Les partisans de l'**u**ignion finissent c**o**l nus (…) Les voleuses sont conn**ul**s dès qu'elles dévoilent leurs c**asse**s. Ce politicien est bien mieux c**o**l nu depuis qu'il se paie des r**u**stres. Et comme il est c**o**l nu, on sait qu'il est r**u**sé. D'ailleurs, ces gens-là tiennent des propos **u**sés dès qu'ils sont c**o**l nu.

CONQUÊTE – (…) Alexandre était l**é**g et poussait agressivement sa qu**on**quette. Entendu à Rome : « C'est quelle **con**quette qu'**ra** suce ? » Cléopâtre n'a jamais su provoquer l'all**é**gement des qu**on**quettes. Elle rêva pourtant, dit-on, de milli**é**s de qu**on**quettes (…) Casanova présenta sa qu**on**quette à l'œil de br**é**ze, et le joueur sa qu**on**quette au croupi**é**. Ce sauteur de jup**é**s a bien peu de qu**on**quette. Elle est lasse et ne supporte plus les **b**écheuses, la qu**om**quette de ce vieux p**é**pé.

CONSENSUS – (…) Un lecteur du *Canard* cherchait à si**bl**er tous les cons sens**uc**es. Juppé, lui, **fin** le con sans **suce**.

CONSUL – (…) Les cardinaux scrutaient les cons s**u**les en tripotant leurs b**a**rettes. La femme au con s**u**le, c'est pas une bonne p**a**te. Le **pro**scrit qui méprise les corps **con**stitués s'est mis dans un mauvais c**a**l en fuyant le con s**u**le. Fuyant le con s**u**le, il est tombé dans l'an**a**s. Le spécialiste en v**a**lves cherche un con s**u**le. Cet amateur de p**a**tains n'a rien contre le con s**u**le. La garde du corps déballe son c**a**l libre dès qu'on en veut à son con s**u**le. Tous les cons s**u**les du Moyen-Orient se sentent menacés par le s**a**ltan.

CONVERGE – (…) Les campeurs cherchent à faire con**verg**er leurs **tent**es en s'approchant de **r**uls qui **c**oulent joliment. Les héritiers font con**verg**er le volume de leurs **par**es. Les militantes conver**g**ent en attendant la ver**s**e. L'inspecteur et sa collègue ont conver**gé** dès qu'il a été question de v**o**le. Elle espérait une con**verg**ence sur la **fér**e. Les adeptes con**vergen**t jusqu'aux **templ**es. Les négociateurs se **plais**ent non sans con**verg**ance.

COQUETTE – (…) Jacques Antel parle d'une qu**o**quette am**él**lie. L'ermite fuit les qu**o**quettes ér**é**tiques. Les n**é**nnes supportent mal les qu**o**quettes. Certaines c**o**quettes sont joliment d**rap**ées (…) Ce pauvret ne tire rien de sa qu**o**quette, c'est (t')h**é**rrible. Il ne peut rien lui **qué**mmander, à cette **co**quette. H**é**, cette qu**o**quette est minable ! Ce pauvre vieux passe son temps à d**é**zirer sa **co**quette.

COTE – COTER – COTTE – (…) *La Redoute* évoque la **c**otte du **mon**. Joffre parlait souvent de la **c**otte de la **m**arne (…) Ah ! mon bon Chirac, votre **co**te d**é**bile ! Il fallait davantage trimer, vous auriez eu une meilleure **qu**otte et vous ignorez ce qu'est une **c**otte **m**ontente ! Certains turfistes qui se penchent sur la **c**otte aux **m**atins en criant : « paut Finer ! » font leurs c/ottes de façon pat**hr**ologique en attendant de voir sortir la c/otte des p**r**ots. À l'école hôtelière, on **c**ote même les **n**ouilles. Les vignerons attendent dans l'angoisse de voir sortir la c/otte de leur cruls (...) Le vieux vigneron essaie encore de faire quo**t**er son m**eu**rceau. La turfiste au joli **t**ein n'en a rien à **s**irer de la **tr**ouille du **c**otteur (...) Jeanne d'Arc avait une **c**otte de **m**aille. Mais ce n'était pas une **c**otte **mou**lante. L'évêque Cauchon, voyant qu'elle voulait garder sa cotte, a voulu la **m**ouiller : il a tenté en vain de cra**m**er sa **qu**otte.

COU – COUP – COÛT – (...) La jardinière porte un chapelet de six **tr**ouilles autour du **c**ou. Le **c**ou donne sur le **tr**on. Ce peut être incommodant, des p**u**ces dans le c**oul**. Le vétérinaire distingue bien le c**oul** de la m**ul**e. À trop faire de b**u**lot, l'écailler attrape mal au c**ou**l. Un marmiton s'est brulé près de p**an**tains et il a mal au **c**out, ça **b**ouillait trop...Tendre ainsi le c**oul** fait mal au tr**u**. L'illusionniste avait l'air d'avoir des b**ul**es dans le c**oul**. La dompteuse croit que c'est un gros bis**on** qui lui a étiré le c**ou**. Ce peut être piquant d'écarter le c**ou** des **ron**sses. Pépé a horreur qu'on lui en**b**rasse le **c**out. Quel joli **c**ou a cette belle **ch**atin ! (...) Les Yankees appréhendaient les c**ouls** des r**usses** (...) Le footballeur s'est payé un sacré c**oo**l après avoir sh**u**té (l'arbitre pense que j**ou**ter trop fort fait mal au tr**u**). Il a failli rater le c**oul**, il était m**u** (...) Les rugbymen aiment à présenter leurs **c**outs dans le **b**ar (...) L**an**cienne s'est brul**ée**, avec des bis**us** dans le c**oul**. Le caissier a touché un **b**on, du **c**out (...) La **t**ente était **f**arée à cause du **c**out d'un **b**ouillon (l'oncle **b**afouillait pour faire baisser ce **c**out).

COUPE – (...) Le couturier tai**ll**e ses cou**p**es. Une fois fixée la c/oupe, il fr**o**nce (...) Cette année, la c/oupe, c'était un bon crul. On a vu la c/oupe des vic**r**ieuses. Monseigneur pou**s**e fort à **ff**onder la c/oupe de l'abbresse et il propose le t**é**nis du p**r**ès haut à cette c/oupe pour la bri**t**er (...) C'est avec ostentation que le footballeur Pai**ll**in arbore ses cou**p**es. Le vainqueur fatigué b**r**âille en empoignant la c/oupe. Quand il secoue la c/oupe, c'est pas un c**r**adeau ! Dans son ivresse, il se tape la c/oupe jusqu'au f**r**ond. Il a des rapports path**r**ologiques avec la c/oupe. Les entraîneuses préparent leur p**r**eau pour avoir de belles c/oupes (...) Les hôtesses d'a**r**ccueil offrent de savoureuses c/oupes.

COURGE – (...) « ce **B**ouillon de **c**ourges ». Le gardien de nuit accommode sa **cou**rge avant de **v**eiller. C'est une cour**g**e verte. La **v**erse a trempé les **cou**rges. La grosse vache **ve**le après s'être dégusté une énorme **cou**rge. La sœur cuisinière cherche des **cou**rges pour les **ve**cher.

COURSE – (...) La jeune fermière attrape les **b**eues à la **qu**ourse. L'aumônier de la colo s'occupe des **c**ourses des petits **b**athos. Les Croisés attrapaient des **b**athares à la **C**ourse. Ce **c**ros niqueur **g**oûteux est si **g**alant qu'il couvre toutes les **cou**rces de **sc**ipeuses **p**atologiques (...) Cet amateur de poissons a plein de **b**rèmes dans ses **c**ourses. Il a pe**illé** la marchande avant de déverser le produit de ses cour**c**es. Quelles **c**ourses et quel **b**ouillon !

CRAMPE – (...) « La **v**ampe enfla son **cr**it ! » Oh ! ces **cr**amps **v**achent ! Certaines grosses cr**en**pes laissent les hommes bourses **ou**flées. En général, les grands amateurs de f**ou**tes évitent les cr**en**pes. Mais les grosses cr**an**pes les font b**ou**der. À l'Opéra, les étoiles ont besoin de d**ou**seurs pour dorloter leur cr**an**pe. La sœur infirmière tente de calmer un **p**atho qui veut la **c**iner : il parle de sa cr**en**pe et il est **ou**tré.

CREUX – (...) Les historiens nous ont appris qu'une ville, p/ise, était pleine de qu**r**eues. Ayant découvert des **ca**ches remplies de **mi**ca, le géologue voit que le t/ou est plein de qu**r**eues. Il montre alors à ses assistantes comment on c/otte les qu**r**eues et comment on **n**otte les **cr**œuds. Ah ! les jolies petites c/aquettes près des qu**r**eues ! Certaines sont même imp/udentes devant les qu**r**eues (...) Cette année, beaucoup de qu**r**eues dans la c/oupe (...) Les marins savent que les qu**r**eues ne nuisent pas à leur t/ain. Mais quand les qu**r**eues grandissent, ils baissent le f/oc. Les qu**r**eues arrivent à tasser leur b/an. Ces qureues, c'est pas des c/ados ! (…) Faut voir ces politiciens qureues au t/ain !

CRIQUE – (…) On entend parfois **bra**er des nudistes dès qu'elles trouvent des **cri**ques. Certaines **c**riques reçoivent des ca**t**as marrants et les marins aux belles **t**eues nues font volontiers découvrir leurs **qu**riques.

CROQUETTE – (…) **b**oulette que parfois **P**aise le cuistot. Il est g**é**s et propose toujours de goûter sa qur**o**quette. En Bretagne, beaucoup de cr**o**quettes ont l'odeur de l'**a**(i)gnon. Méfiez-vous des traiteurs dont la qur**o**quette b**é**sse. La qualité de certaines cr**o**quettes est souvent ér**a**tique. La belle cuisinière veut bien qu'on lui emboîte le p**a**t si après on goûte sa cr**o**quette.

CROSSE – (…) Le vieux collectionneur a des cros**e**s qui **tt**entent. Les bidasses rêvent de pa**tt**es en nettoyant leurs cro**ss**es. De braves ma**tt**ons font tomber leurs cro**ç**es et laissent **p**éter leurs **t**olards (…) Les cathos env/andés b**i**aisent un peu : ils ont beaucoup de cro**ss**es aux fe**tt**es. Mais ces cro**ss**es n'ont rien de pi**tt**eux. Ce sont de ba**tt**es cro**ss**es.

CRU – **CRUE** – (…) « Cette année, le cr**u**l nous g/atte ! » Pourtant ce cr**u**l, c'était pas un c/ado et ce brave homme c/ottait trop son cr**u**l ! La belle Bourguignonne a un cr**u**l t/oublant. (…) « Le t/ou de mon cr**u**l ». Il b/osse en contrôlant les productions de son cr**u**l (…) L'hydrologue qui b/osse dans les cr**u**ls appréhende les cr**u**ls de façon pas t/op logique.

CYGNE – (…) dont la femelle n'a pas le c**ou** r**o**nx (…) « Plût au ciel que je **f**uce le **s**igne de Léda ! ». Le **s**igne a **f**auté, **c**igne au parfum de fiel. Prendre la forme du **s**igne permit à Jupiter d'arriver à ses **f**eins. Les dieux disposèrent de bien des **ch**ards pour les **d**ats… Certains chasseurs **f**alauds importunent les **s**ignes.

D

DAIM – (…) des gros **d**eins d'Osile. La jeune maman lavait ses **d**eins sous la **s**ouche. Lady Chatterley laissait caresser ses **d**eins de façon ins**é**cente par son garde-chasse qui se montrait très **s**ur face à ses **d**eins car il n'était jamais **s**oux quand il s'occupait des **d**eins. Il ne p**ar**tait jamais au moment où sa maîtresse se penchait sur son d**i**nd. Et pendant qu'elle **d**inait avec un petit **p**aim, il voyait **tr**ouble en louchant sur son **d**ain… Elle se sert **vits des**.

DATE – DATER – DATTE – (…) « Je vous laisse le **ch**oigt dans la **d**atte ! » Seule l'entrée du premier **ch**ard marque une **d**atte. Une artiste célèbre imposait toujours sa **d**atte à qui voulait voir son **ch**os : « Je vous ai proposé de vous montrer tout mon **ch**errière, et je vous ai donné la **d**atte ! ». Elle n'hésitait pas à montrer les **ch**ents si on chipotait sur la **d**atte. Les candidats se ma**r**ent en comparant leurs da**t**ds. La brocanteuse indélicate propose la même **d**atte à tous les **ch**ineurs (…) La vieille archéologue **d**âtait encore sur le **t**ard. Elle **da**tait ainsi toutes sortes de **co**rds. La dermatologue **d**âte les verges **t**ures (…) Les pé**ch**és n'ont pas de **d**attes. Des vendeuses se sont fait **ch**oper donnant leurs **d**attes à tous les touristes qui, ainsi, ramassaient de belles **d**attes sur leur **ch**eux mains.

DÉBITANT(E) – DÉBITER – (…) La marchande de bois dé**bit**e les **chaîn**es (…) Il faut se méfier de la **goû**te de certains dé**bi**tants. Certains débitants font rire par leur simple v**u**t (…) La technicienne fait débi**t**er les b**a**ndes. La comptable dé**bit**e les **gag**es (…) Le ténor a une **gorg**e qui dé**bit**e sacrément. L'électricienne qui veut tester le **j**eus de la qu**u**e laisse dé**bit**er les **charg**es (…) La femme du bûcheron dé**bit**e les **coup**es (…) La sélectionneuse, une **r**ousse ha**g**assée, dé**bit**e les **test**es. La jeune œnologue dé**bit**e les **marr**es et la grammairienne dé**bite** les **tend**s.

DÉLATION – (…) C'est **f**oux, la **d**ellation ! Certaines naufrageuses pratiquaient la **d**ellation à proximité des **f**ocks. Mais toutes regardaient le **f**ard pendant la **d**ellation. Cette vieille **f**ocile pratique encore la **d**ellation. « Nous sommes sûrs, madame le maire, que votre **f**errière ne saurait être le siège d'une quelconque **d**ellation. » Cet individu est resté **f**roit après la **d**ellation. Le gendarme aux **d**ouilles **c**outeuses a repris ses **f**ouilles après la **d**ellation. On pratique peu la **d**ellation à Cor**f**oue. D'horribles créatures se repaissent de la **d**ellation c'est leur **f**estin ! La garde-chasse pratique la **d**ellation en écartant les **f**ents.

DERME – (…) il faut retirer le **d**erme des **sp**raps. Cet élève asthmatique au **d**erme bien trop blanc veut le **spi**re au maître. Ah ! ce pauvre garçon s'en**sp**ort avec ses problèmes de **d**erme ! Ah ! ces problèmes de **d**erme et **sp**'asthme ! Le pape confie ses problèmes de **d**erme au roi **sp**es cieux. Ce boursicoteur **p**alaud qui **s**ue n'essuie jamais son **d**erme tant qu'il **sp**écule. La méhariste s'éponge le der**m**e après avoir sorti ses **ch**amelles.

DÉROUTE – (…) Après avoir désamorcé la très classique **m**ine du **p**ort, on eut pitié de la **dé**route du **bi**funt (…) Il faut être A**bi**le pour survivre à une telle **dè**route ! Drôle de **dé**route dans cette base **bi**serte !

DEUX – (…) Peut-on confondre **d**eue et **qu**ard ? **b**ob et **Z**ite. Ah ! ces **d**eues ban**qu**ent ! Les croupiers s'entrai**n**ent en se sortant le **d**œud. Ce cancre est **n**oté d'un beau **d**œud, un **d**œud formi**n**able. Ces **d**eues-là sont trop **qu**olentes. Ridicules, ces **d**œuds **n**ormants ! La zoologue observe attentivement les **d**œuds rai**n**es. « Qu**ar**tons ! » hurla l'arbitre en sortant le d**eu**d. **b**elles **Qu**ourses, mais le d**e**d est-il vraiment p**ar**tit ? (…) Des téléspectateurs ne supportent pas les **qu**ouleurs de la **d**eue. Mais cela vaut peut-être mieux qu'une **d**eue in**qu**olore ! Monsieur le président de chaîne, votre **d**eue est **qu**outeuse !

DÎNER – (Ver**b**e ha**g**ile) (…) *La Redoute* prétend qu'il faut être **p**eux pour bien **d**iner et parle de **d**iner dans le **p**erche. Mais certains pensent qu'on b**ois** mieux à t**raise** et refusent de **d**iner avec n'importe quel pép**é**. Luc Étienne demandait comment certains pouvaient **d**iner avec si maigre **p**ard. Ce qui compte quand on **d**ine, c'est la **p**urée. Plutôt que de **d**iner avec des filles har**p**ies, ce Beur **d**ine avec de gentilles ra**p**euses. La poissonnière **d**ine plus souvent depuis qu'elle est dans la **p**èche. Les « gentils membres » rêvent de **p**rague avant de **d**iner. Le jardinier arrose sa belle **p**ouce avant de **d**iner. Le mass**on** poliss**eur** travaille son cré**p**it avant de **d**iner. Ma chienne **d**ine avec Mé**p**or. Le Pen n'a jamais **D**iné avec une fille de **p**reux. Il n'aime pas **d**iner, c'est **p**ire ! Ce n'est pas un **p**ur **d**ineur et il est des lieux où il n'aurait jamais **p**û **d**iner. Le très, très vieux rapin raconte comment il **d**inait avec des modèles **p**'Ingres (le très, très vieux ra**p**in raconte comment il **d**inait avec des modèles pingres).

DIRE(S) – (…) « On a beau di**r**d, il faut tr**a**quer ! » (…) Les mécanos s'y entendent en p**a**nes si l'on en croit leurs di**r**ds. Les grosses m**a**nettes seraient dangereuses aux di**r**ds de **c**os missionnaires experts en g**r**uls. On sait que les prélats adorent les p**a**pes, d'après leur di**r**ds. Ces di**r**ds dégagent parfois des relents de tr**a**pes. Les comiques présentent leurs di**r**ds en r**a**ant. Ils provoquent de drôles de déb**a**ts avec leurs di**r**ds ! Certains journalistes devraient vérifier leurs di**r**ds en **p**assant. Il faut voir ce que quelques z**i**ns **ob**jectent et selon leurs di**r**ds ils se b**a**tent et dé**b**alent leurs **ss**ourses. Déb**a**les par leurs di**r**ds…

DON – (…) Mais si, ça existe des ban**c**es de **d**ons. Méfiez-vous, fillettes des d**ons** des barb**ards**, des d**ons** des nazill**ards** (des barb**ons** nazill**ares**) ! Madelon offre un joli **d**on aux **c**adais. Les jeunes har**c**is rêvaient d'un tel **d**on. Le mouchard reluquait le **d**on de la **c**ame. La groupie laisse son **d**on aux r**ô**ceurs (…) Le cosaque plongea son **c**ard dans le **d**on, un **d**on plein de **c**ouleurs. La géographe russe **c**onnait bien le **d**on.

DOS – (…) Le ma**s**s**eur** pit**eux** (*et non : « le passeur miteux »*) met trop son **p**oigt dans le **d**ot. Il a **p**û faire mal au **d**ot. Il a été gêné par une grosse échar**p**e en appuyant sur le **d**ot. Le clochard protège son d**o**d avec du c**ar**ton. On a beaucoup ri du d**o**d du vieux b**ar**nhomme. Il a eu mal au d**ôt** très t**ard**. Les vieux pé**p**és ont souvent mal au **d**ot. T'as vu la fille à la grosse m**ar**tte qui veut monter sur mon d**od** ? Les sybarites se faisaient caresser le d**eau** au plum**ard**. Bien des **s**iques sans **tr**ève ont tapé dans le **d**ot des **p**andies. Le cordonnier Simon tapait sans vergogne le **d**ot du petit ca**p**et. Les **p**anseurs ont souvent mal au **d**ot.

DOT – (...) qu'on a eu le **p**(**e**)lésir de **d**oter. Le jeune marié est **m**ur pour la **d**otte. Exhibant leurs trous **s**auds en **ch**entant, les jumelles évaluent les **p**ards de leurs **d**ots, leurs **r**obs et leurs **z**apports. Leurs **d**ottes provoquent les **m**oigts. Il est des **d**ottes qui sont de vraies chau**m**ières. Le recteur a palpé une **d**otte d'une honnête **m**oyenne. M. le Curé ne devrait pas mettre tant de cr**oigt**s sur les d**otte**s. Le beau-**p**ère qui ne supporte pas les **f**ripes traîne les **g**alloches jusqu'à la **b**rue. Faute d'apprécier la **d**otte, il s'en est pris au **m**errière.

DOUILLE – DOUILLER – (...) Le hussard blessé avait un **c**rain sur ses **d**ouilles. L'adjudant a épongé ses **d**ouilles sur un **c**rapeau. Il **c**onnait ses **d**ouilles. C'étaient des **d**ouilles **c**outeuses. Les légionnaires bourrés cherchaient vainement à frotter leurs **d**ouilles sur leurs bi**c**es. La touriste scandinave recherchait des **D**ouilles de **c**anois (...) **d**ouiller, c'est d'abord ban**c**er. Quand on **d**ouille, il faut commencer par donner le **c**ard.

DUNE – Croupe sablée **p**raisante dans le dés**er** où peu sont att**irr**és. Luc Étienne parlait de petits tas de mer**l**es sur la **d**une. Les gros **l**ards préfèrent grimper sur de petites **d**unes. Les grandes **d**unes, c'est souvent **p**ir ! La méhariste qui montrait ses **ch**amelles à l'ar**m**er laissait monter trop de ba**l**auds sur la **d**une. Mais elle propose la **d**une à la **l**emande. Les pines /aides impo**r**tentes préservent la **d**une des lames.

DUR – (...) « Pour tous les d**ur**ds, j'ai mon c**a**l libre. » Cette fille sa**ç**ait un vrai d**ur**d ! La pauvre modèle craint les **r**upins dans son c**a**l : « Ces **r**apins, quels gros d**ur**ds ! » Les d**ur**ds sympathisent souvent avec les gr**a**es (...) Cette bonne **p**ate prend volontiers le durd. En Bretagne, les durds gardent l'odeur des balots.

E

ÉBRANLER (S') – (...) Les manifestants sé branlent et s'ebattent. Le cantonnier se (sé) branle et prend son pied (pieud). Le golfeur sé branle avant de peter. Le couturier s'epenche sur son modèle après s'être (é) branlé. Il sé branle vite car c'est un petit petard. « Besons ! » cria le chef de gare en sai branlant. Le physicien sé branle et marche sur un (n')etron (...) Le juge attrape le gue et lay branle. Il ler branle et se fait pompe.

ÉCOUTE (L') – (...) Pendant la guerre, des parasites nous brouillaient les coutes (...) Les surveillants jésuites parlaient des coutes dans leur caillé. Ils pratiquaient les coutes de leurs élèves avec consillance, prétendant rouler des paillins en manipulant les coutes. L'ancienne commissaire n'a jamais raillé les coutes des souillons qu'elle c'offrait (...) Le navigateur solitaire se tâille les coutes. Il protège les coutes avec un peu de pâille.

ÉCRITEAU (L') – (...) Le cantonnier préfère toucher les critolis. Il aime assez les critos londs. Il faut réchauffer les critos pleins de glâce. Le citoyen proche de l'élection scrute les critos, surtout les critos pas très coults. Mais il fuit les crritos un peu trop calés et les critos s'enclassent. Le danseur regarde les critos au concours de claquettes. Le touriste regarde les pétalds puis les critos. Et parfois, il souffle sur les critos.

ÉCULÉ – (...) La plupart des pédens sont éculés. Certains spéculateurs se sentent eculés sans finensse, faute d'é(z')actions des regents qui se défoulent dans la rente. Ils sont affligens à force d'être éculés. Regardez ces vieux eculés qui passent leur temps à bencqueter. Marre des carensses de ces vieux eculés ! Plus question qu'ils nous menttent, ces vieux eculés. Comment ils parlent des athlentes, ces conférenciers èculés ! Et ces vieux èculés font encore des effets de

menche! Ce fils de **Pen**tain est un vieil **é**culé. D'ailleurs, il se s**ent** **ai**culé.

ÉJECTION – (...) La douairière tient à provoquer l'é**g**ection de tous les **r**igolos. La patronne a provoqué l'é**j**ection de tous les **r**ouisseurs. Il a fallu une véritable **r**oute pour organiser ces é**j**ections. Les tricoteuses ont provoqué l'é**g**ection du prince **r**eignant. Son é**g**(3)ection l'a mené droit au **r**(1)a**v**(2)in et il s'est senti en**r**oué après son é**j**ection. La vieille syndicaliste combat les **r**oies de l'é**j**ection. L'entraîneuse refuse de provoquer l'é**j**ection des **r**aquettes flottantes.

ÉLECTION – (...) Les journalistes raffolent des **r**ubriques é**l**ections. Luc Étienne rapporte ce propos d'un nouveau bâtonnier : « L'honneur de mon é**ll**ection rejaillit sur tout le ba**r**ot. » Les vieux chevaux de retour sont toujours **r**oués au moment de l'é**l**ection. L'épouse de Juppé a confié que l'imminence de l'é**ll**ection l'a**r**ongeait. Et après l'é**l**ection, il a une drôle d'odeur de **r**ance... L'épouse de Chirac est fatiguée à chaque é**l**ection de son g**r**and. L'é**l**ection du maire de Lourdes l'a mené jusqu'à la g**r**otte. Ce gourmand goûte fort les poi**r**s en pleine é**l**ection.

EMBALLER – (...) Le menuisier sud-africain n'em**B**ale que les **p**lanches. Son collègue em**b**ale les **p**elles. Fatigué, il se tâte le **p**out après avoir em**b**alé. Valent-ils les en**ba**leurs de **cu**ba ? Le bourreau em**b**ale le condamné après sa **p**andaison (...) « La **f**rique est bonne aux **t**esses mais ses canni**cu**les ne m'ont pas en**ba**lé ! » (...) L'Irlandaise a été en**ba**lée par un **cu**rde (...) Heureusement que Mowgli n'a pas été en**Ba**lé par un gros **fi**loo !

EMPÂTÉ – (...) Cette femme empa**t**ée est enfin rentrée en **f**ranses. Pourtant, cette grosse empa**t**ée n'a jamais manqué de **f**riques. Waouh, les gonzesses aux gros **l**étons comme elles sont empa**t**ées ! Arrête de **l**oucher, t'as pas vu comme elles sont empa**t**ées !

EMPILER – (...) Le rétameur em**p**ile son vieux **f**ère. L'électricien em**pi**le des **ma**nettes. Il les em**pi**le dans la ca**ba**ne (...)

La plaignante affirme que c'est un garagiste assez gr**a**s qui l'a emp**i**lée. L'opérée s'est sentie très p**a**née par ce chirurgien qui en fait l'a emp**i**lée. Ma fille se plaint que ce célèbre **b**ouilleur de **c**rus l'ait em**p**ilée avec sa **f**ine.

ENCOLLER – (...) Le gardien du cimetière interdit d'enc**o**ler les m**u**rts. Pas question que des **ru**stres enc**o**lent quoi que ce soit. Oh ! la grosse **fi**nnasse, faut la voir en**co**lée ! L'afficheur fait des gr**u**s mots quand il enc**o**le. Mais il profère des propos **u**sés quand il enc**o**le...

ÉPHÈBE (L') – (...) Jupiter de**ss**endait parfois devant les fe**b**es. Les fe**b**es étaient émues par les **ss**ites des dieux et les fe**b**es se trempaient au contact de leurs **ss**ourses. Socrate voyant les fe**b**es affirmait qu'il avait droit de **ss**iter. L'épicurien se paye une belle **ss**alade en taquinant les fe**b**es. Le bûcheron qui **f**andait en vue de faire quelque **b**outre vit avec joie les fe**b**es s'approcher de sa **ss**ouche. Le curé aime à voir les fe**b**es si proche du **ss**onheur.

ÉPINE (L') – (...) La vieille horticultrice éloigne sa f**a**sse de l**e** pine. « Hé ! l'apprenti jardinier, votre **é**pine est tombée sur un sacré /tron ! » Le peintre fou lançait sa **toil**e vers les é**pin**es. La femme du fakir s'**a**bat sur **lé** pine (...) Dans le ménage Bérurier, **l'é** pine est dans **la**norme. Eh, la musicienne champêtre, fais gaffe à l**e** pine dans ton s**a**xe !

ÉQUIPE (L') – (...) À Marseille, Tapie croyait qu'on allait incul**p**er les **qu**ipes. Aimait-il vraiment les **qu**ipes, ce grand co**p**in ? On entendait : « Tapie en**p**ule, méprise les **c**ipes ! » L'entraîneuse **p**aresse au lieu de faire les **c**ipes. Elle ferait mieux de travailler quelques **p**eues pour les **qu**ipes ! Le coach du diocèse se demande s'il est bon de recruter autant de **p**athos pour les **c**ipes. Il apprécie les **c**ipes de Hollywood, ce co**p**o-là ! Il paraît qu'au Québec on manque de **p**atins pour les **c**ipes. L'entraîneuse italienne se demande si les **p**ouilles ont un rôle à jouer dans les **c**ipes. Elle manque de tri**p**es pour les **qu**ipes.

ERRATIQUE – (...) Le dermatologue affirme que l'apparition des cl**o**ques a toujours été ér**a**tique (...) l'apparition des chottes est ératique. Les mouvements de ce ponais sont ératiques. Ce pendord excité a des actions un peu ératiques. La fille à marins déambule de façon assez ératique près du bor.

EXOTIQUE – (…) Mme Emmanuelli confie que son beau ravier est parfaitement exotique. Manchette : « Un clochard africain éraucé de façon éxotique. » La conservatrice du musée érige une statue très exotique.

F

FACE – (…) La Goulue avait la fâsse pleine de grece. La victime avait la fasse etteinte. On l'avait ettendue pour voir sa fasse. Elle avait un morceau de beton incrusté dans la fâsse. La Mère supérieure avait la fasse specieuse. La candidate a la fasse cepiteuse. Mais elle n'a pas la fasse inepte. Grâce à ce chirurgien esthétique, vous ne regretterez pas vos fasses (…) Ah ! quelles fasses, medame ! Des statues cambodgiennes tendent leurs fasses vers des braquemerts (…) Le prof de dessin représente le college de fasse (…) File ou pace ! Examinant les piesses en ferre, le numismate examine les fasses avec un certain ert.

FAFS – (…) Mobutu avait de gros dépauts de faf. Les corrompus n'arrêtent pas d'enpiler des fafs. Certains gourmets utilisent leurs fafs pour se payer des pignes. Le coiffeur du lycée qui frise les pions prise bien les fafs. Les vieux manquent de fafs et restent placides. La jeune économiste n'a jamais planché sur les fafs. Dans les sectes on manque de praîcheurs et de fafs. Les clodos ont souvent leurs fafs qui sentent la poire. Les Belges distraits ont prit machinalement leurs fafs. Les chasseurs de trésor ont poussé leurs fafs contre le planc de deux rousses gâleuses. Les voilà qui preinent rageusement les fafs… La grande polle veut toujours plus de fafs. Elle passe son temps à chauper des ffafs. Les bidasses ruraux emmènent leurs fafs jusque dans leur perme.

FAUCON – (...) De Luc Étienne : « Quelle jolie **b**ête qu'un **f**eau con ! » La Comtesse se demande qui a **b**ourré son **f**eau con. C'est celui qui déclame : « Comtesse, qu'il m'émeut votre **f**eau con **b**risé ! » Mais quel **b**ourreau qu'un **f**eau con ! Le sultan cherchait des **f**eaux cons pour bien employer son **b**outre. Mais il ne trouva que des **f**os cons pleins de **gr**esses. Certains **f**os cons sont bien trop **gr**ats...

FAX – (...) La receveuse vérifie les **fa**xes de tous les **se**cteurs. Quel beau **fa**xe, **se**cile ! Quand il y a trop de papiers dans les c**om**binets, on sent les **fa**xes **se**des !

FERME – (...) La jeune fille est revenue de la f**erm**e pleine de sp**oir**e. L'expert en **sp**éculents s'est fait plein de **f**erme. Des cultivateurs malades ont des **sp**asmes dans leur **ph**erme. La duchesse a des f**é**rmes qui attirent les qu**o**quettes. Henri IV aimait les belles f**é**rmes de façon hyst**o**rique.

FESTONS – (...) « Admirables **rou**sses, permettez-moi de vous offrir ces **fe**stons ! » Mais le jeune couturier a maladroitement **rou**lé ses **fê**stons. C'est parce qu'il est en**di**manché sous un grand /van que ce **rou**tard a des problèmes avec ses **fê**stons. La petite main s'est emparée de ses **fé**stons, quelle **rou**erie ! Qui a voulu bouffer ces **fai**stons, c'est un mé**rou**t ! ?

FÊTE – (...) Les anciens combattants rêvent encore de f**é**tes athl**en**tiques. Les jouvenceaux rêvent de belles craqu**en**tes et de jolies f**e**ttes. Pu**b**e en **t**as : « Les fe**tt**es de la jeune**sse** ». Les anciens élèves s'offrent les plus jolies **fe**ttes de la pro**mos**sion. Le prieur se rend à la f**ê**te de la **b**esse. D'un lecteur du *Canard* : « Il y a souvent de petites **b**e**ss**es entre les f**ê**tes. » Le sultan propose constamment son **b**outre, quelle fête ! (...) Cette maseuse a le **th**ein superbe et des polytechniciens honorent souvent la fe**th**e de la ma**ss**euse. Tout en proposant sa fete, elle les ten**sse** : « Je ne veux pas de péd**ens** à la f**é**te ! » Menacés d'être privés de fete, ils se **ss**errent. Il y a parfois de drôles de tr**en**sses dans sa fete. Mais sa f**e**te donne drôlement envie de b**en**cqueter. Ce **mo**tard adore les grandes f**ê**ttes.

FEU – (…) De Luc Étienne : « Mettre la **ch**ine au **p**at, ne serait-ce pas mettre le fœud à la **n**emme ? » Attention aux **f**eues proches de la **qu**aute ! La femme pompier s'occupe aussi bien des f**œ**uds que des pa**n**s (…) Le cuisinier a un ca**n**ard sur le f**œ**ud (…) Le **m**outon **b**ouillait avec un petit **f**eu de **p**outre. D'un préhistorien, sur France-Culture : « Madame, je peux vous montrer comment **n**ait le f**œ**ud. » (…) Les pandores qui ne sortent jamais leurs **f**eues en **qu**orce ont **qu**urieusement déballé leurs **f**eues. Ils ont menacé plus d'un **qu**lanc de leurs **f**eues. Les malfrats ont pointé leurs **f**eues sur bien des **qu**essiers.

FÈVE – (…) Le maréch**ait** qui chi**al** vidait ses fe**v**es sans se la**ss**er. Sur cette planète, on voyait aussi des fe**v**es **ss**ertes. Fanchon, porte ces fe**v**es au **ss**it ! On dirait que votre **ss**erge apprécie mes fe**v**es. Vous trouverez pas de fe**v**es du côté du **ss**entre… Ce vieux ra**ss**i goûte encore fort les fe**v**es. Carmen, lè**ss**e donc ces fe**v**es ! Alors, Mireille, tu **ss**ends tes fe**v**es ? La fille du con **ss**ierge offre de belles fe**v**es. Callas offrait les fe**v**es quand elle était en **ss**eine. Pub : « Des fe**v**es pour l'é**ss**êque ».

FIBRE – (…) Ce sont des **f**ibres de **ch**er (…) Professeur, c'est quoi, cette petite tou**ch**e au-dessus de votre **ff**ibre ? Nos **f**ibres ont provoqué bien des en**ch**antements. Ne laissez pas bou**ch**er vos **ff**ibres ! Les **ch**innois proposent de superbes **F**ibres (…) Oh ! cette petite **ch**ente, que de **f**ibres elle excite !

FICHE – (…) Oh ! la **ff**iche e**m**arante ! Les **f**iches de l'herboriste ont gardé l'odeur de la **m**ente. Le policier se penche sur l'eff**iches** des m**ort**. Tintin ne s'est jamais penché sur des **f**iches de **m**ilou. Le boulanger du bord a vu traîner bien des **f**iches dans la **m**arine. Le secrétaire du diocèse replonge dans d'autres **f**iches à peine sorti de la **m**esse. Le **b**oursier a **c**ité sa collègue après avoir pris ses **ph**iches en **m**oto, de superbes **f**iches **m**auves (…) Cette standardiste bigouden a les plus grosses **F**iches du **m**inistère. Le cameraman cherche des élé**m**ants pour se faire de grosses **ph**iches. Il arrive à enfi**ch**er des culs **l**auds.

FICTION – (…) *La Redoute* parle de la **ph**iction des élé**m**ants. Gagarine déplorait l'absence de **f**iction dans les **m**usées. La su**r**euse poussée par l'**e**cection d'usagers dénonce la **ph**iction du **m**allus. Cet éditeur n'a que de **m**olles **f**ictions : « Trop de fictions **m**usent ! » Il sait trop ce qu'on **m**ait dans les **f**ictions et ses **f**ictions ne sont jamais **m**inies. Au cabinet de ce ministre, on dénonce la « **ff**iction des chau**m**eurs ».

FIENTE – (…) On distingue bien d'ici la fiente de la mar/ée. La jeune ornithologue montrait une drôle de fiente derrière le p/ano. La chaisière laisse traîner trop de c/erges dans la fiente. L'experte en b/ologie nettoie soigneusement la fiente. Elle s'y connaît en fiente et elle a bon f/on. La modèle prétend que le peintre fou t/eint fébrilement la fiente. Giscard confie que, curieusement, la ch/asse l'a dégoûté de la fiente.

FINE – (…) **f**ines sans dé**p**auts (…) « **P**ais voir ta **f**ine ! », et plus d'une voulait contrôler la **p**ellation de la **f**ine. Du coup, le patron proposait sa **f**ine en **p**ricassée. Mais sa **f**ine était pleine de **p**ailles. Il y avait même des traces de **p**outre sur sa **f**ine. Le coiffeur du collège propose sa fine au **p**ion. L'architecte sent que sa **f**ine a coulé sur son **p**lanc. Il ne faudrait pas que les étudiantes **p**reinent trop de **f**ines. La fine, ça devrait se déguster sans **p**in… L'abbé a envie de se **p**aire mettre une petite **f**ine. Mais il ne supporte pas que la **f**ine ait goût de **p**oire (…) *La Redoute* mentionne les **p**ières fines. Ah ! la fine **p**olle !

FINETTE – (…) La couturière **p**ar**d** les **to**fs en mégotant sur la **f**inette, quelle grande **m**ièvre ! On ne peut pas dire « la **f**inette dé**m**èque ». Cette **f**inette sent la **m**ente. Ça vaut mieux que si la **f**inette sentait le vieux **m**ayot. Ah ! la **m**olle **f**inette, la **ff**inette e**m**arante ! Le livreur a pris la **ph**inette en **m**oto. Mais il a un gros **m**allus et il a froissé la **ph**inette. Le jeune tisserand qui ne s'est fait qu'un s**ac**e n'a pas encore le sens **tex**tile et ne sait pas bien ce qui se **m**ait sans une **f**inette. La sœur couturière voudrait bien que l'abbesse lui montre ce qu'est une **f**inette en sortant de la **m**esse.

FIOLE – (…) Le jeune chimiste récure le f/on de la fiolle. Le gardien du labo devrait écarter ses meu**t**es des fioles. Le décorateur t/eint bien les fiolles. Voulez-vous goûter ces fiolles, saint P/erre? L'alpiniste a failli briser sa fiole avec son piton. Cette fiolle ne fait pas la f/ère, quelle bete fiolle! (...) J'supporte pas qu'on s'paie ma fiole ou alors, je tape!

FLAN – FLANC – (...) Les Anglais proposent des flands pleins de ginesse. Oh! ce pauvre garçon glapi, on lui a bouffé son fland! À Lyon, des gaunes offrent de superbes flands. Et parfois même, des flands aux gignes. La pâtissière maniaque garde les flands (...) Le couturier préfère les flands bien engoncés (...) Le vieux général parlait souvent de son fland en ger. Il disait qu'on gêtait beaucoup son fland...

FLÛTE – (...) Dans *La Redoute*, on aborde la flute de panc. Néron se penchait sur des flutes de poppées. Dans les cliques de la marine où on se lache beaucoup, les potes s'intéressent à la flutte. Le médecin examine le pux de la flute. La petite flute paire le saxe de son meque. Dans l'Orne, on connaît bien toutes les pers de Flutes. Mais il faut contrôler les paques de flutes. Oh! ce petit puet près de la flute! Le musicien a senti comme un pou dans sa flute. Dans notre harmonie, les flutes ont peuri (...) Le mitron pétrit le ceurl de ses fluts (*« fleurte » se prononce comme « flirt »*).

FOND – FONDS – (...) D'ici on distingue mal le fon de la cesse. Crôlant près du fon, le plongeur sonde le ffon de l'acreuse. Le facteur fait des colies dans le fon. Les écolos ont décloré bien des fons, en évitant les f/ons sodiomisés (...) Chacun connaît la solitude du courreur de fon (...) Au Crédit agricole, on vous aide à trouver des fons dans le coin (...) La notairesse propose son f/on mais ne fait pas l'affiaire dès qu'elle clame: « Claire mon fon! » Ces vieux prélats donneraient bien leurs f/ons ossieux.

FOOT – (...) Sport ferme de balles. Le fout peut être rugueux. Ce voyen est friand de foute. Les Anglais connus pour leur quriquette font plein de fout/e. Certains font du fout/e de façon pathrologique. Le cuisinier braise en regardant son fout/e de même que le sommelier fait goûter son crul en regardant le fout/e. L'abbresse raffole du fout/e. Les membres du club penssent aux foutes. Ces petits grars ne sont pas bons question fout/e. La cycliste cherche un triporteur pour voir du fout/e.

FORTERESSE – (…) Le dictateur connaît la fonction éfective des fortes resses. Ah ! ce sale type éfigé dans les fortes resses ! Au PS, on fustige les fortes Resses de focard. Ridicule, ce petit bout de chaif dans ces fortes resses. La place de ce bout fond n'est pas dans ces fortes resses. Ces fortes resses sont pleines de petits fachots ! Il vaut mieux ne pas se risquer dans le fond de ces fortes resses. Plus d'un bleu défaille dans les fortes resses.

FOUDRE – (…) Le châtelain a découvert des traces de foudre sur son toigt. Il a découvert ces traces de foudre sur le tard (…) Patron, votre foudre a coulé sur votre verge ture. Touchez donc ce foudre ! L'état de votre foudre montre que vous avez sans doute quelque termite. Bizarre : votre foudre a dû couler sur votre terrière ! C'est bête, le foudre qui coule dans les tents. Ne gaspillez pas votre foudre, vous êtes entetté !

FOUILLE(R) – (…) Ne pas en déduire que les ffouilles c'est forcément acreux (…) l'antiquaire verse dans les cesses le produit de ses fouilles, de ses fouilles curieuses (…) Pour les archéologues, fouiller est une cête. Ils courrent avant de fouiller et rangent leurs ffouilles souclées. Le lad fouille les curies. Il vaut mieux ne pas laisser traîner ses fouilles dans les cours. Les douaniers fouillent proches de la caute. Mais ils ne parlent jamais de fouiller en corce. Fouiller les mettrait sur le clanc. Ils fouillent la cemme. En fouillant, ils provoqueraient les checs ! La Sicilienne n'a pas laissé fouiller sa camille. Jean Valjean n'a jamais laissé Fouiller sa cantine.

FOUINE – (…) La zoologue cherche en vain des fouines grisées. Les élégants méprisent les phouines. Cette Diane gête les fouines. Les fouines, ça se garde ? Pour ce zoologue orthodoxe, les ffouines ne font pas l'agaire. Il se demande même si les fouines se gourrent ? Les fouines, ça mange pas de gignes. Le douanier fou se mettait à fouiner dès qu'il voyait des cesses.

FOULE – (...) Les sultans aiment voir plein de foule sortir de leurs boutres. Hamlet bouleversa la phoule de son Omélie. On voit de gros malins branchés et ça triche dès qu'il y a plein de foule. C'est fascinant, les foules de baunes ! trimer fait venir plein de fouLe. La phoule des conductrices appréhende le mallus. Ah, la ffoule emarante ! La socialiste se méfie de certains élémants dans la phoule.

FRIC – (...) Cette vieille tente manque de frique. Et dès qu'elle manque de ffrique, elle est atairée. Les amateurs de pats manquent parfois aussi de frique. Le magnat a pris la belle aux tesses qui manquait de frique. Quand on n'a pas de frique, faut pas laisser tomber le troc. La boulangère ne manque pas de frique quand son mari fait sa tournée. L'automobiliste a envie de treiner devant ces passants pleins de friques. Le chef d'état-major réclame plein de friques pour la tolle.

FRICHE – (...) Quelles baîtes friches ! On vous déconseille les ffriches de l'ameuse (...) Conseil maternel : évitez ces friches. Les gitans marronts font des masques dans les friches.

FRIPE – (...) « Les puces taoules ». Des vendeuses pétillantes vous proposaient des fripes. Mais il faut être piqué pour se payer de telles fripes ! Ah ! la ffripe epayante !

FRITE – (...) « baséologie de la phrite » (...) bêles frites (...) une grosse frite dans son boc. Les Belges se font de sacrées bedaines avec leurs frites et leurs femmes aiment les frites bisottées. La Bretonne sait ce qu'il lui faut avec une frite : la bôler. La restauratrice se fait des frites sans bein (...) Le cavalier sentit qu'il avait une sacrée frite en se bottant. L'horticultrice qui manque de baîcheur n'a plus jamais la frite.

FÛT – **Con**teneur qui demande parfois beaucoup de **sous** (...) Pour trouver le trou du ful, il faut écarter les cesses. Les vignerons traînent leurs fuls dans le coin. Les écolos se méfient des ffuls acreux, surtout les fuls pleins de curie. Ils mettent alors plein de colles au ful. Et ils évitent d'introduire des fuls en corce. Ils couinent dès qu'ils voient un ful. Certains même se câchent à la vue d'un ful. Des captifs observent les fuls des cachos. Ils sont curieux de voir des fuls et s'acolent à la vue de ces ffuls. Dans son cauchemar, le harponneur prenait un canon dans le ful…

G

GAMELLE – (…) *La Redoute* évoque les gamelles de morilles mais passe sous silence les gamelles de mousse. La touriste déballe ses gamelles près de la mare. La navigatrice qui a fait pousser son tri marrant lave ses gamelles en évitant les monocoques. La chimiste refuse ses gamelles au vieux mâteux. Les femmes de marins déballent leurs gamelles près des maules. Écartez d'urgence vos gamelles de ce fers (…) Les débutants du « Dakar » ont cassé leurs mobs en prenant des gazelles. Et l'on mâte ceux qui se paient de grosses gamelles.

GANT – (…) Aculé par de mauvais chouens (*« choua » se prononce comme « choix »*), le ministre des Finances relève le g/and dans le blocage (…) Luc Étienne conseille la prudence lorsqu'on présente son g/and à la flemme. Et d'ajouter que la Comtesse a horreur des g/ands qui plissent. Le vieux beau sort son g/and dès qu'il pleut. Au soleil, les g/ands blondissent. Mais certains g/ands s'assouplissent. D'autres g/ands sont inclassables. Cette latiniste qui s'y connaît en plines adore aussi les beaux g/ands. Le vieux menuisier n'arrive pas à tirer ses cloups sans g/and. Qui parle ainsi de g/ands, c'est inflamant ! Le jeune marchand de fripes confie qu'un simple g/and le rend flou. T'as vu, ce jeune blaise, et avec quel g/and ! Le frimeur loc à terre dit que son g/and est à la plage. Ces gens-là prétendent toujours se déplasser avec leurs g/ands. Le vieux soldat a son g/and dans la pleine. Marie-Chantal déclare que les g/ands l'aglacent.

GÉNISSE – (…) *La Redoute* évoque le pus de jénis et Luc Étienne énonce : « La pêne des jeunes génis c'est de ne pas être un vos grit. » La jeune zoologue qui connaît les jénis et leurs poies déclare au fermier : « Ah ! monsieur, votre jénis est bien poli ! Est-ce que votre génis vous a rapporté quelque arpent ? » La vieille maquignonne distingue bien les tipes des génis. Les manifestants de Corrèze ont montré leurs Jénis à pacques. Il y avait des petites rapeuses qui taquinaient les génis. N'approchez pas vos génis de ces pitons !

GERME – (...) L'examinateur inspecte le jerme. Et parle de la prospection du jerme. Entendu dans un labo : « Laisse le germe aspir ! » Voyez cette pauvre indigène pleine de germe de grands vilains léspionnaires. Elle se retrouva avec d'autres speôliers gorgés de germe.

GESTICULE – (...) Oh ! les gros gesticules sous la verte ! Oh ! ces grands gesticules se piquent dans les orties ! T'as vu la birouge du teôlier ? Le teôlier avec les gros gesticules ? La chorégraphe râle : les grands gesticules la font rater.

GLAS – (...) Il est souvent question de glad dans la tanpette. L'inondée traumatisée par le glad s'est retrouvée dans un drôle d'étant. Elle renonce au glad sans autre anvis. Plus question de glads dans les chants. Elle vous traitera de manteur si vous lui parlez de glad. D'ailleurs son mari, qui l'a tanssée depuis qu'elle a subi le glad, l'a planquée après cette histoire de glad. Cette victime du glad n'aura jamais été panssionnée.

GLOBE – (...) Le conférencier montre son glob andscène en précisant que c'est volcanique, les z'andes sous le glob. Les pionniers du pôle : des z'aces au bout du glob. Devant ses adeptes couchées sur la berge le fakir qui les vitait faisait glisser un drôle de glob dans les z'aires.

GNON – (...) Ce grand nageur a pris un sacré o(ig)rion, de ce genre de nions qui n'arrangent pas les pifes. Les légionnaires n'ayant pas peur des nions encaissent plus ou moins bien le baptême du fœud : certains s'enfuient après avoir pris des nions. Des soldats en faction ont pris pas mal de (n')ions. Le boursicoteur a pris un sacré (n')ion d'un factionnaire. Le séminariste considère qu'il est bien futile de prendre des (**n**')ions. Entendu dans un pensionnat : « Tu cherches des **n**ions, mon cafard ? »

GOND – (...) L'apprenti connaît mal le **c**oût des **g**ons. En plantant fébrilement son premier **g**on, il a failli **c**riller. Et voilà le **g**on a**c**acé ! L'innocent aurait dû se renseigner auprès d'un **c**ros niqueur expert en **g**ons... Le vieux fabricant de clapiers fait des **c**az en plantant les **g**ons.

GOÛT – (...) *La Redoute* évoque du **g**out du **b**land. Les touristes font tester leur **g**out dans les **b**ares. Le photographe affirme que son b**in** est sangu**ou**t (...) Le beau-père affirme à sa **b**rue qu'il a un excellent **g**out. Ce fier **b**aillard avait un sacré **g**out ! Il lui arrivait d'ailleurs de **b**riller par le **g**out (...) L'artilleur présente son **g**out pour les petites **b**âteries (...) Le couturier met en avant son **g**out pour les beaux **b**ars.

GRAISSE – (...) Le diététicien ne s'occupe pas des **f**osses **gr**esses mais il s'est déjà penché sur les **gr**esses de plusieurs centaines de **f**ammes. Ce gros lard ne manque pas de **gr**esse pour retenir son **f**and dard. La truie pose sa **gr**esse sur le **f**oin du verrat (...) C'est pas bon, les bou**f**es sans **gr**esses. En croquant la pomme, Marius sentait bien que les **gr**esses n'étaient pas au goût de **f**anny (...) L'apprenti mécano pose sa **gr**esse **f**acile ! Il adore déballer la **gr**esse des **f**ues. La joueuse de billard pleine de **gr**esses a peur des **f**osses queues.

GRAND – (...) La Comtesse s'est toujours intéressée aux grands en **lu**t, à l'**é**lection des grands. Le dermatologue se penche sur les gr**an**es br**ul**ées (...) La surveillante taquina le grand en s'y flottant. Mais, n'aimant pas les g**rr**ands trop calés elle a tendance à fuir la classe des grands. Pourtant, beaucoup de grands sont plésents... Docteur, mon grand est allergique aux péta**l**ds ! Ce petit jeune homme s'affirme déc**u**t face aux gr**en**es.

GRANDEUR – (...) Tant de **gr**andeurs n'empêchent pas de **b**ailler (...) « Rien n'est trop **b**os quand il s'agit de **gran**deur. » Que de **gr**andeurs **b**êles ! Ne manquant pas de **gren**deur, Jehanne a levé les **t**ands dards. Tant de **gr**andeurs pour finir a**b**essée (...) La **b**osse ne manque pas de **gr**andeurs. Je n'avais pas vu votre **gr**endeur tant **t**os. Oh ! je vois que votre **gr**andeur n'aime pas la **b**aisse ! Votre **gr**endeur manque de **t**âce...

GRAPPIN – (...) Sur cette baleinière, beaucoup de bou**t**es et de **gr**apins. Et beaucoup de **gr**apins qui accrochent les **t**ands dards. Le canonnier voit que les **t**oupes voisinent surtout avec les **gr**apins. Le capitaine a fait **t**ailler les **gr**apins.

GRATIN – (...) Pourquoi tous ces **c**os cons sur ces **gr**atins ? Le **c**os missionnaire rêve de **gr**atins (...) Les **c**os manches plaisent aux **gr**atins.

GRATTER – (...) « Ce pauvre homme sent quelque chose qui le **gr**âte dans le **t**impant. » L'he**b**éniste **ll**eurré **Gr**âte le **t**ec. Le jongleur **gr**âte ses **t**oupies (...) La fille de l'usurier **gr**âte les **t**os. Le fripier **gr**âte en **t**aillant. Le magasinier **gr**âte sans **t**âce. Par-dessus le marché, il **gr**âte tous les cons **t**enus (...) La petite étudiante **gr**âte tout le **t**and (...) Le barbier s'est fait **gr**âter par un **t**ondeur.

GRIPPE – (...) Il ne l'a pas volée cette **gr**ipe, ce **p**and dard ! Ces vieilles qui soignent encore leurs **gr**ipes ont l'air assez **p**atinées. Cette experte en plantes **p**impantes s'y connaît aussi en **gr**ipes.

GROTTE – (...) Oh ! la **gr**otte **m**ince ! Oh ! la **gr**otte **m**enue ! Et quelle **m**âce, cette autre **gr**otte ! L'anthropologue qui a observé beaucoup de **c**lands dans les **gr**ottes sait bien que les **c**az précèdent les **gr**ottes. C'est pas très sain, tous ces **c**âteaux dans la **gr**otte ! Les Lourdais connaissent-ils le **c**oût de la **gr**otte ? Les **c**ros niqueurs savent tout de la **gr**otte. Fanchon a montré sa **gr**otte au **m**enier avant de présenter sa **gr**otte aux **m**ands. Tout le monde a voulu **m**atter sa **gr**otte...

GROUILLER – SE GROUILLER – (...) C'est dément comment ces **h**utes **p**ululent ! (...) Oh ! les **c**osses **gr**ouilles ! (...) Les apprentis coiffeurs se **gr**ouillent au milieu de leurs **c**oupes. Mais ils se **gr**ouillent sans **c**âce. Les manifestants se

grouillent et les flics **c**ognent. Sortant de leur réserve, les visiteurs se **gr**ouillent en vue des **c**os manches. Jaillissant des /utes, des s**p**ectateurs australiens se **gr**ouillent près des **c**ands gourous. Ils se **gr**ouillent sans **c**andeur.

GROUPE – (...) il y a souvent plein de **c**lands dans les **g**roupes. Beaucoup de **g**roupes sont a**c**acées ! Certains patrons de presse savent bien que des **c**ros niqueurs en veulent à leur **g**roupe ! Ah ! ces **g**roupes qui **c**outtent ! Lors du match, les girl-scouts ont écrasé des petits **c**âteaux avec leur large **g**roupe.

GUERRIÈRE – (...) Les **g***(2)*errières de **br***(3)*ousse sont rarement lu**d***(1)*iques. Des bidasses ont bêtement usé leurs **d**ants sur nos **g**errières. Monsieur le maire, est-ce que beaucoup de **g**errières ont provoqué votre **d**aule ? Ces **g**errières ont une forte odeur de **d**ogues. Ne projetez pas vos **d**rogs sur nos **g**uerrières. Les **d**ousses fuient les **g**errières. Vous avez tout intérêt à re**d**oûter nos **g**errières. Oh ! l'énorme **d**rain que porte votre **g**errière !

GUEUX – (...) la **q**ouine a horreur des **g**ueues. On voit souvent sur les **qu***(2)*aies des **g***(3)*eues qui **r***(1)*onflent. Ces **g**ueu**r**s-là furent de sacrés qu**a**tards ! Ce grand **g**œud attire les re**n**ards. Les amis de Guillaume d'Orange tapaient sur les **q**âteaux avec leurs **g**ueues. La juge se penche avec sollicitude sur les qu**a**es de ces g**eu**rs-là. Les **qu**ros niqueurs parlent souvent de **g**ueues.

GUIGNE – (...) Le chef présente son **f**land aux **g**ignes. Les **f**ouines ne sont pas folles de **g**ignes. Les maraîchères proposent volontiers leurs **g**ignes aux **f**auchers (...) Certains masos s'afichent avec leur **gu**igne. Cette **f**amine, quelle **g**igne !

H

HABITER – (...) L'aspirant habite Javel (*dire les phonèmes à l'envers, ça donne quelque chose d'homophone à « Javel habite en spirale »*) (...) Ils a**b**itaient des **g**ites sordides, **quai** branlient »… Monsieur le maire, il est pénible d'abiter votre nime ! Que de ttristes abitantes ! La nonne abite la ttrape. Ce n'est pas là où elle abite, la baisse… La militante socialiste est abitée par la rose. Le spéléologue craint d'abiter la bime. Où abites-tu sa ttire ? La directrice abite les ccoles (…) avoir la téte à biter.

HÉRÉTIQUE – (…) Le jésuite déplore que son élève érétique se retrouve enfilo. Il parle de coquotte éretique. Voire de quoquette érétique (…) Les membres du Conseil de l'ordre des pharmaciens dén'oncent de façon bien futile ce potard érétique (…) L'énarque trouve ce panos particulièrement éraitique. Ce chimiste s'occupe de la potasse de façon bien érétique…

HISTORIQUE – (…) La prof de lettres parle souvent de grés vit hystorique. Jeanne d'Arc sera longtemps considérée comme une érétique hystorique. Marguerite de Bourgogne avait des férmes hystoriques. En l'évoquant, on pense à une cocétte hystorique.

HOMME – (…) Peut-être qu'un jour les z'oms perdront la boule (…) « Ma chère, as-tu vu cet home avec cette horrible pédalo ? » Comment il opine, cet hom/ ! (…) Les zoms de Robe. Certaines femmes adorent les zoms droits dans leurs bottes.

HUTTE – (…) Que voici des /utes bien plassées ! Cette /ute est pleine de pnœuds. Le président cherche une petite /ute. Le vieux penfile aussi une /ute ! Le vicaire est entré dans une /ute en priant. Il y a un gros plent dans cette /ute. « Sois pas timide, entre dans cette hute, y a pas de ponte ! »

I · J · K

INCUNABLE – (…) La Comtesse se demande comment on arrive à enpiler les incunables. Un bénédictin a découvert le drôle de pil vert d'un vieil incunable…

INOCULER – (…) Le gourou **inno**cule l'**en**cent (…) Il **ino**cule au milieu des rh**en**céros ! San Antonio a-t-il déjà évoqué P**end** à propos d'**inau**culer ?

JACQUEMART – (…) le **j**aquemart de **br**uge. Autre célèbre **G**aquemart, celui d'un certain vieux **br**iscard (on le voyait bien mem**G**é, ce **br**iscard). Cette /ute qu'on aime **p**assez a**br**ita bon nombre de **g**aquemarts. L'enfer est tapissé de **j**aquemarts de **br**èzes. Oh ! l'énorme **br**ute avec cet incroyable **j**aquemart ! L'intendant râlait car un **br**ouet avait chu sur son **j**aquemart. L'antiquaire a vu tomber un vieux sa**br**e sur son **g**aquemart.

JANTE – (…) La cycliste a coincé son **f**ilet dans sa **g**ente. Voyez la **J**ente de **f**annie ! Astiquer autant sa **j**ente, c'est **f**oli ! La nonnette pleine de **f**oie donnerait bien sa **j**ente. Ces championnes de VTT ont montré leurs **g**entes à bien des **f**ens. Le **t**eôlier manque de **g**antes.

JARS – (…) La jeune zoologiste ne sait si ça existe, les **d**oies du **j**ard. Mme Chevènement s'intéresse au **j**ard de **D**ean-Pierre. La nouvelle Ève caresse le **g**ard de son a**d**ent. Le fermier râle : une **d**atte est tombée sur son **j**ard. La cycliste **d**annie a encore écrasé un **J**ard. Recyclé dans l'élevage, l'ancien ministre **d**uppé montre volontiers son **J**ard. Voyez ce pauvre type **d**émit sortant son **g**ard ! Le faux père Noël montre un gros **g**ard entouré de ca**d**eots. Alors, Mimile, on s'fait la **d**inette avec son **G**ard ? L'oie blanche est traumatisée par les sacca**d**es du **g**ard.

JATTE – (…) La grosse Mérovin**ch**ienne avait une énorme **g**atte. Le minet **ch**uta sur la **j**atte. Culbutant la fille à la grosse **j**atte, l'ivrogne a vite dé**ch**anté. Il a peur de voir les **g**attes bou**ch**er. La femme du maraîcher n'aime pas qu'il pose ses **ch**oues sur sa **j**atte. La s/ectatrice qui **p**riait a reçu plein de ma**ch**es dans sa **g**atte. Un gros marchand souvent s'é**r**i**ch**e avec plein de **g**attes ! Bois dans ma **j**atte, ça, **ch**'aime !

JAVELOT – (…) Les filles de **tr**oie négligeaient le **j**avelo. Les **g**avelos soulevaient peu leur en**tr**in. En Chine, où l'on

trouait volontiers avec son **j**avelo, beaucoup de **J**avelos pointèrent sur les **tr**aunes.

JEU – (…) « Allez à sa ver**n**e, c'est un **g**œud d'enfant ! » Avant chaque examen, les séminaristes doivent montrer leurs **j**eues aux **qu**urés. Il faut dire qu'ils man**qu**ent pas mal de **g**eues et doivent se prêter aux **g**eues des **qu**estionnaires (…) « Voyez comment **n**'ai le **j**œud. » La geisha se penche sur le **J**œud du vieux **n**o. La jeune adepte informaticienne découvre les **g**eues des ma**qu**es.

JOUTE – JOUTER – (…) Incroyable, la **pu**issance de certaines **jou**tes ! Évitez les **J**outs de **pr**ojo. La future maman : « Évitez les **j**outs pendant ma **pr**estation. » Toujours **jou**ter contre la même personne finit par faire mal au **tru**. Mais voyons, vous les ferez jamais **jou**ter, ces **gu**sses ! Ce débutant réclame une **mu**le pour **jou**ter. C'est risqué de coincer la **bu**le avant de **jou**ter…

JUMELLES – (…) « Il faut deux **ju**melles pour bien **ma**ter. » (…) Ces grands **ma**les voulaient taquiner nos **ju**melles ! Ils ont lancé des **ma**rons avant de s'en prendre aux **ju**melles ! Mais le gentil **ma**lien les a empêchés d'embêter nos **Ju**melles.

JUPETTE – (…) Luc Étienne évoque les **ju**pettes d'un beau **rou**ge. La teinturière **m**ine aux dents a **p**assé les **Ju**pettes au **rou**lot. Les examinateurs contrôlent jusqu'aux **ju**pettes, quel **rou**ry !

JUS – (…) les **n**ouilles **c**uisent au **J**ul de **c**eanne. Le candidat cuisinier a dû montrer son **j**ul au **c**ury. C'est plutôt rare un **j**ul de **c**umelle (…) C'est pour **qu**ean, ce **J**ul ? » **C**oie du **j**ul ! La locataire attend le **c**estionnaire pour offrir son **g**ul (…) Ne m'parlez pas d'**j**ul pendant les **c**outes ! » Ils en **c**ettent mieux quand ils se sont fait un **j**u. Le tailleur **c**oue en dégustant un **j**ul. Le dandy prend un **j**ul en caressant son **c**abot. La psychanalyste a proposé un **g**ul chaud à l'**a**c**ent.

KÉPI – (…) Sergent, ta **pi**quette sent le vieux **qué**pi ! (Sa **pi**quette avait gardé l'odeur de la **qué**sse…) Les majorettes se sentent rouillées sans cépit. La députée refuse de toucher le quepi du pisteur. En pays minier, les gardes champêtres qui passent souvent du côté d'anciennes mines ont parfois des traces de /ouille sur leur cépi.

KINÉ – (...) L'infirmière au joli pon chaud rêve de se faire ciner. Sa collègue italienne lui confie qu'elle est passée par les pouilles pour se faire ciner, mais qu'elle a un peu paressé avant de se faire ciner. Voyez l'aide-soignante qui veut se faire ciner et l'interne enpule...

L

LAISSER – (...) « Voudriez-vous me léser le chexe ? » (...) Juppé s'est senti soudain léssé quand on l'a laché. Ce n'est pas parce que Giscard chuinte qu'il faudrait le léser ! Vous ne devriez pas si souvent lesser votre saxe. La preneuse de son a léssé la bache (...) Le vieux cheval de retour chentait dès qu'on le lésait. La kiné thaïlandaise a maché je ne sais quoi avant de me lésser (...) Patronne, le marmiton voudrait que vous le léssiez achez !

LAITON – (...) La grosse préparatrice présentait un léton plein de tard. Elle présentait ce léton au potard. La vue du léton lui donnait envie de toucher. Ce vieux batot croulait sous plein de llétons. Le ferrailleur a besoin de létons et manque de tunes.

LARD – (...) Cachez ce bout de lard vicequeue ! Assez de voir ces nudités avec leur llard ! La charcutière frotte le llard sans modir. Quoi, Firmin, vous osez parler de lard dès que paraît ma dame ? Ça n'a pas forcément rapport avec la dope, un bout de lard. Beaucoup de vice rois étaient des gros /lards...

LATIN – (...) Certains prennent encore des courdes latins. Le proviseur n'expose pas le latim (...) on parle de latins décu-rées (...) L'externe a perdu son latin (...) Encore de nos jours, on parle de patins à rouLettes (...) Après s'être demandé comment évacuer les latins, Romulus encaça des latins. Le potache s'intéresse aux locos des latins (...) Le trafiquant préfère filer sa came aux latins. La spécialiste de Carthage demande si elle peut dire : « Les latains pu niquent » (...) L'étudiante s'est pris un bon pomard au latin.

LÉSER – (...) Les fachos laisent les beurs. L'amateur d'art grec a été llaisé par un hebéniste. Le cordonnier a laisé Fanchon, quel sabaud ! Depuis qu'il l'a lésée, elle cherche à se cacher. Un transfuge de Bagdad cherche à léz'er des chirakiennes. Ce pauvre type est trop bas pour pouvoir vous laiser (...) Qui a laisé cette petite câbine ?

LIN – (...) « Le rouisseur en jut sèche les leins en branchant les colonnes. » La vieille lavandière qui lavait ses leins dans un sac a vu, après, ses leins tomber au niveau de la mouse. On a vu, son mari a trapé son lain. Ses leins ont gardé l'odeur du sitron. Le tisserand trime en se faisant plein de lains. La fripière montre ses lleins au maître du baset. La saltimbanque pose un bason sur son llein. Patronne, mon collègue a pris mon lain, y triche ! Y veut m'prendre mes leins mais y a des sois.

LIT – (...) ne pas mettre la tête de son lit dans les vitres (...) des lits pour les vécher. Le clodo qui a un litron dans le (n')ét a dressé son lit plein de quavités. Oh ! une tache de vin sur ton lit ! Les écologistes tendent leurs lits en v'air. La jouvencelle appréhende le lit dévicieux (...) Ce garnement lie en déchirant. Rodrigue lie en pensant à ch'hymen. L'abbé lie en ch'air. L'internaute lie en se branchant.

LOB – LOBE – (...) Coup en l'air quand on tâpe au ténis. Quel beau lob aizé ! La trajectoire de ce lob se termina dans la meuze. La débutante a pris un llob en plein vizage. Comment cazer son lob ? Le champion s'en va montrer son llob à bazoches. D'une juge de chaise : « Je n'admets pas que ce lob éjacuze... » (...) Bismarck se fit greffer un lob de bazeine. C'est un toubib un peu râzeur qui lui a mis le lob.

LOTTE – (...) Les marins pèchent leurs petites lotes et trouvent leurs lottes à m'air. L'un d'eux voit qu'une lotte est méchée. La cuisinière a trop de cumains dans sa /lotte. Les filles du marin se mutinent et bouffent leurs lottes, des lottes mascives. Ensuite, elles râment pour prendre d'autres lottes. L'une d'elles a projeté bêtement sa lotte sur une chape. Quelle poison, cette vieille lote! La poissonnière propose sa lotte au chato. Ce type un peu marron bouffe nos lottes.

LOUCHE – (...) Le cuistot landais prend sa louche en rêvant d'une belle dune. Mais c'est chouette, une bonne louche, surtout au niveau de la crèpe (...) Le sultan a tenu des propos assez louches sur les mirds (...) Louche pas mes rèstons! Loûcher, ça finit par conter. Tous ces bisons partout m'incitent à loucher. Dès que cet ancien marin pense à l'amér, il se met à loucher. Le vieux bûcheron louche sur tous les trons. Robin des Bois louchait sur tous les trés. Le tisserand tisse les soies en louchant. Alors, tu louches, pèpée? C'est permis de paloucher, ça fait pas mal au tru. Qu'est-ce qu'il louChe, ce ffinois!

LOUTRE – (...) Oh! que de loutre fâché! Le garde-chasse est en train de ficher plein de loutre. Le traiteur avait des traces de loutre sur son fard. C'est bizarre, tant de loutre sur cette espèce de foque! On trouve des traces de loutre tout au fong du rul et sur le câble (...) « Loutre à f'air ». Les riches pénitents lâchent leur Loutre et se font fustiger. Et leurs fames se retrouvent couvertes de loutre. On voit sous la lune plein de loutre qui fuit.

LUTIN – (...) Les popes ne connaissent rien aux lutains. Cet automobiliste prétend qu'il a vu s'approcher des lutains en décapottant. Et que ces lutains lui ont chatouillé la pance! Mais où a-t-il été pécher ces lutains? Ici, dès qu'on voit quelque lutain, on pa nique!

LUTTE – (...) Ça lute souvent au niveau des boujes. La sportive aime ceux qui lutent et l'entraîneur la jime. Le vieux général veut encore luter avec ses ojives. Il est toujours praisant dans les luts. Les syndicalistes disent que c'est impossible, les lutes, sans p'oignon. Mais ils aiment les durlutes touces, alors que les militantes râlent que trop de llutes les abiment. Un gros se plaint que trop de lutes lui ont fait mal à la pance, mais il reconnaît toutes les bonnes manières qui sont sorties de sa propre lute. Bizarre, cette bucheuse qui veut paluter ! Le pendord affalé dit qu'il aime paluter au milieu des pécheurs.

M

MACREUSE – (...) l'affrelle maquereuse. Goûtez donc la ssoupe à la macreuse ! Cette marielle fait une sacrée maquereuse !

MAIN – (...) « Ayant abîmé ses sous meins, la pauvre femme se tordait les meins devant le sinistre. » On lui prit les meins en poussant des claseurs. Docteur, dois-je écarter les meins de la salade ? Voyez mes meins sauves ! J'ai les meins souillés mais ce ne sont pas des meins sâles ! Il vaut mieux écarter les meins de la sotte. Le chef de bureau a pris enmin les fiches. Il paraît qu'Eltsine serre encore les meins de quelques sauviettes. Les sœurs jardinières se réchauffent les meins au contact de la sère supérieure (...) Ces joueuses au lon pocaire, quels mains et quelles triches !

MALLE – (...) La trompettiste a une sourdine dans sa male. Mais ce pouf ne va jamais rentrer dans cette male ! Avant son départ, la vacancière montre sa male au boullot. Pousse-moi ta male ! La male est partie sans retourd. Encore un morceau de gouté dans cette mâle ! Quelle sotte male ! Oh ! monsieur, vous avez touché ma male ! C'est ce grand louche qui m'a pris ma mâle. Ne confiez pas votre male à ce petit boudin. Attention, madame, au soleil votre mâle bouillait !

MALOTRU – (...) « Ça fait mal au tru d'être toujours encoulé. » Trop de gafs et de mauvais plands, ça fait mal au tru du coul ! Ceux qui n'arrêtent pas de jouter font mal au tru. Avec ses histoire de pilon et ses choses comentées, ce caiteur fait mal au trul. Les motards font souvent mal au trul avec leurs ciques. Ce coiffeur aux armées pratique des coupes qui font mal au trul. L'ancien rugbyman disait qu'à la troisième mi-temps les cipes faisaient mal au trul.

MALUS – (...) Le chef de cabinet a le plus gros mallus du phinistère. Il ne s'aventure guère dans les phoules avec un tel mallus. Évoquant parfois la phiction du mallus, il prône rarement la déphence du mallus. L'INSEE affirme qu'il y a beaucoup de mallus à phorbacs. Traumatisée par trop de mallus, la botaniste délire avec ses phile (1 000) amants. Ce pharaud a-t-il un mallus ? Le marchand de tissu au gros mallus se fait une jolie phinette. Ce petit vieux qui croyait son mallus phini a en réalité un phort mallus. La ministre des Transports connaît bien l'éphinence du mallus. Ce n'est pas sur une photo qu'on peut voir si quelqu'un a un gros mallus. Les phaques, ça peut avoir un gros mallus ?

MANCHE – (...) Ce modèle présente des menches insolites. Mesdames, ces memches iront admirablement à vos brats. Le videur faisait des effets de menches. Giscard faisait des effets de menches devant son cher parit. « Bidons ! » crièrent les avocats en agitant leurs manches. La fromagère a des manches qui sentent le bri (...) Un peu tapé et pompette, ce balayeur s'efforçait vainement de faire brier son memche (...) Cet aviateur en herbe qui présente son vet et désire piloter a des mouvements de menches indécits (...) La fite est de l'autre côté de la menche. Thatcher et Chirac eurent plein d'enfits pour régler les problèmes de manches. Oh ! ce grand bidait dans la manche !

MANDER – (...) Le capitaine nous a fait mander à bort. La Grande Catherine en a fait mander plus d'un à sa botte ! Quoi ! je te fais mander et déjà tu te barres ! La femme du chef d'orchestre a fait mander le baçon. La directrice a fait mander July qui passe son temps à liber. Diane aux belles biches m'a fait mander. Et si une fille de Cabaret vous faisait mander ? Elle fait la fine bouche mais finira par vous faire mander. Mais ne perdez pas la boule si elle vous fait mander...

MANTE – MENTHE – (...) une pauvre fille a reçu toute la farine sur sa mente. La jouvencelle rêve d'une bonne finette pour sa mente. Mais sa mente est fini. Dès que le couturier a vu cette mente, il est devenu fou. La mente garde constamment l'odeur de la foule. Ce Souillon de caint-Père a longtemps rêvé de la plus jolie mente de son finistère (...) Cette mantte cache un gros moche (...) Les viticultrices laissent traîner des mantes sur leurs bouchons. La mente peut devenir folle. Oh ! cette petite mante dans la fenge ! La mente est bien fâchée. Ah ! ces sottes mentent ! (...) Évitez la mente forte ! Cette mente laisse un goût de fiel. Bizarre : la fiche sent la mente ! Madame, votre abit dégage une odeur prononcée de mante. L'oncle sort un mard assez dûr et le tet à la mante. La marchande de tisane qui a toujours la mente afère sait tout ce qui se fet dans la mente. Elle a toujours eu plus de deux fille (2 000) amants dans la mente.

MAQUETTE – (...) Un terrible crachin a trempé cette maquette. Il va falloir quéter pour ravoir la même maquette. Le chef de fabrication ne veut plus voir la Maquette de cette petite crado ! Deux collègues se sont acrochés à propos de cette maquette. Le chef de chantier s'intéresse à la maquette du quéçon. Le travail des mines exige des maquettes. L'agente de voyages adore la mâquette des ziles. Elle dézirre très fort toutes sortes de maquettes (...) Le rédac' chef est ébloui par la Maquette de cette belle cronique. La conceptrice a montré sa maquette à un craque.

MARC (...) – Fine qu'il ne faut pas, madame, déguster placide (...) un petit mard très dou et Luc Étienne proclame que rien ne vaut un bon mard après la dinette. Le vœud analisé du vieux bouilleur de crus : « Ne modifiez pas mon mar ! » L'abus du mard rend pénible la diction. C'est pas raisonnable de goûter le Mard à dimile ! La jeune mariée exige un bon mard dans sa dotte. Écartez le mard des doines. Cette petite fede a fini par goûter le mmard. Ma copine prend toujours la douche après avoir goûté mon mard. L'architecte ivre arrosait les dômes avec son mard.

MAT – MATE – MATHS – (...) Kasparov ne supporte pas les checs et veut toujours plus de mattes (...) Votre sole matte a sali le bat de mon pouf (...) Elle n'a pas l'air très fraîche cette s**o**le m**a**tte (...) Les méharistes empoignent les **ch**amelles et les **m**attes. Je n'arrive pas à m'**a**ter ce p**ô**nais ! (...) Les potaches détestent les m**a**ttes imp**o**ssibles ! Et la plupart s'af-**fo**lent devant les m**a**ttes. Ce surprenant pend**o**rd adore les m**a**ttes. Il trouve souvent les m**à**ttes **o** poil...

MATIN (...) – Les jouvenceaux se présentent bien **c**embrés aux **m**atins. Ah ! superbes **m**atins sur lesquelles nous **c**ontions ! Le turfiste se penche sur la **c**otte aux **m**atins. Il se sent bien à la **c**oule aux **m**atins. Ce Rou**c**ain adorait les **m**atins. C'est là où il tri**m**ait le plus, ce Rou**qu**ain. Ce prêtre **pu**riste s'épanouissait dans la moiteur des **ma**tains. Ces **mâ**tains non sans fraîcheur ont fait sortir les **pu**les, ces **m**atins embrumées qui si bien nous **c**âchaient...

MENSUEL – (...) Cette journaliste pas très **p**olie qui ne faisait que des pi**j**es parlait toujours de **s**âles **m**ensuels, et souvent re**p**oussait sans **tr**einer les **m**ensuels au milieu des clas**e**urs en affirmant que c'était le directeur de tous ces **m**ensuels qui l'avait fors**é**e. C'était une petite **s**otte qui n'aimait pas les **m**ensuels. Mais était-ce vraiment des **m**ensuels dé**s**ents ? (...) L'attachée de cabinet s'occupe **m**ensuellement des **s**inistres. La dame pipi éponge **m**ensuellement les **s**âles. Son chef est un gros **s**aque qui ne la contacte que **m**ensuellement. Quand un clodo est **s**ou, c'est pas **m**ensuel !

MESSE – (...) Rabelais évoque les vieilles femmes **f**olles de la **m**esse et *La Redoute*, le curé qui met **f**ain à la **m**esse. Luc Étienne évoque la défence de la **m**esse, ainsi que le cardinal Daniélou devenu **f**ou entre deux **m**esses. Il sortait toujours **f**ortifié de la **m**esse. Tous savent bien ce qui se **f**et à la **m**esse. La secrétaire du diocèse déballe ses **f**iches dès qu'on lui parle de **m**esse. La sœur de charité parle de **m**esse au café. Le recteur pratique les plus belles **m**esses du **f**inistère. Le toujours fameux **b**ouilleur de **cr**us exhibe sa bonne **f**ine au sortir de la **m**esse. Les scouts ont des problèmes avec leurs **f**issels en sortant de la **m**esse. On a vu de beaux **f**inois aller à la **m**esse. Ah ! la **m**esse est **f**arrante ! Cet explorateur avide de **m**esses ne vient pas de **S**afarie. Pas question pour ce petit **c**afard d'aller à la **m**esse. Le tisserand fait une petite **f**inette avant d'aller à la **m**esse. Le jeune vicaire a encore la **m**esse afère...

MEUTE – (...) Les piceurs conus ont des grosses meutes sur lesquelles il vaut mieux ne pas loucher. Les autres meutes font couler leur bile. La marquise rêve qu'on quote sa meutte. La Comtesse a des meuttes pas tristes et ce n'est pas une petite mole. Les chasseurs mettent leurs pules en caressant les meutes. Ils caressent les meutes en aimant leurs calins. On peut voir dans le Grand Nord de gros létons et de superbes meutes.

MICRO – (...) les panes de miquereau. Pourquoi tant de tapes sur ce myquereau ? Les filles, passez pas trop près du miquereau ! Cette intrigante ne lache jamais le miquereau (...) La vendeuse présentait un miquereau en raant. Ce type un peu gras sait-il seulement ce que c'est, un miquereau ?

MINE – (...) La femme du porion a été ensevelie sous des pilliers de mines. L'étudiante veut passer les mines (l'école des mines de paris. Il ne faut pas hésiter entre les mines et les ponts). Mais pas question de chœuds velus dans les mines. De Luc Étienne : « Aux Sites de bologne, je préfère les mines de pon pays. » C'est petit, les mines de perles (...) Elle a fini désactivée, la mine du port. On avait oublié de stipuler la mine (...) Ce pauvre monsieur a une mine piteuse. Dans *L'Art du contrepet,* on évoque la pâle mine. Le contraire, c'est la mine de paque. Le crépier a belle mine. T'as vu la belle mine de ton parin ? Ces groops ont belle mine. Ces pauvres esclaves furent parqués à la mine ! Le colonel a la mine partiale. Ah ! cette mine pollit ! Ce palais a belle Mine. L'Ouessantine cherche les plus belles mines de Polène[1]. Cette femme qui cherchait les gens à belle mine était pa tante. Il est de passy, ce type à belle Mine. Oh ! les jolies mines à parier ! Ce rapeur a belle mine.

MINOIS – (...) D'après Luc Étienne, Henri III avait un joli chignon qui lui allongeait le minois. En Tunisie, on voit de

1. Molène, charmante île bretonne entre Le Conquet et Ouessant.

jolis **m**inois plonger dans les **ch**ottes (…) Voltaire avait, dit-on, un **m**inois **ch**enu, et Mirabeau un fa**ch**eux **m**inois. Qu'il est **ch**ou, ce petit **m**inois ! La méhariste est heureuse qu'un jeune au joli **m**inois dorlote ses **ch**amelles. Ce **ch**aton n'a pas un trop vilain **m**inois ! Faut voir le **m**inois du mousse quand ça fré**ch**it !

MITE – MYTHE – (…) Insecte **f**ein qui tombe sur les **to**fs parfois derrière un **pa**nneau. La teinturière de Luc Étienne a une **b**oule anti-**m**ite. Mais elle met ses **b**ains sur les trous de **m**ites. Pauvres **b**iches assaillies par des **m**ites ! La **m**ite retomba sur deux sortes de menus **b**elons. Oh ! un **b**ulot qui grognote une **m**ite ! Drôle de **m**ite **b**arron ! La duchesse a une **m**ite dans sa **b**otte. Je vais vous parler de **b**a taille de **m**ite. **B**atez-moi ces **m**ites ! Saint-Père, c'est dans votre Ro**b**e que j'ai vu les plus grosses **m**ites. Voici une escouade de **m**ites il va falloir **b**âcher. La **sc**ipeuse qui tient des propos **p**atologiques chasse les **m**ites à **b**ort. Le fripier tr**o**que en chassant les mittes. La mycologue est gênée par une **mi**te qui se frotte à ses **b**ollets. Oh ! des mi**t**es à tâ**ch**er ! (…) Luc Étienne disait souvent qu'il ne fallait pas a**b**ollir les **m**ites. Arletty n'aimait pas les **m**ites **b**oches. Ces cinéphiles nous agacent avec leur **m**ite de ga**b**in ! Le vicaire parle un peu trop de **m**ites à la **b**esse. Quoi ! je parle de **m**ites et déjà tu te **b**arres !

MOB – (…) Jeunes gens, ne poussez pas vos **m**obs contre l'abî**z**e ! Votre **m**ob sent la **z**otte. Connaissez-vous bien les **m**effets de la **(z')**otte ? Il ne faudrait pas que ces jeunes qu'on voit pousser leurs **m**obs soient trop tôt ca**z**és. Quel **m**ob a ce grand blê**z**e ! La garagiste, qui s'occupe des z**essieurs** des m**obs**, astique les **m**obs après avoir bra**z**é. Ils ont lâché leurs **m**obs ils doivent être bla**z**és. Ces jeunes agriculteurs ont un peu trop traîné leurs **m**obs dans les boo**z**s. Ils devraient éloigner leurs **m**obs des Alle**z**ands. Ces ra**z**eurs négligent leurs **m**obs. Pauvre **z**aghreb privé de **M**obs !

MODE – (…) L'heureux **tt**ard est à la mo**d**e. Hélas, chers amis, nos verges **tt**ures ne seront jamais à la mo**d**e ! Les mo**d**es écclésiastiques, c'est pas des ca**tt**eaux… Au printemps sortent les **m**odes de **g**ars. **G**arrez-vous, mes filles, de ces antiques modes ! Ils vont quand même pas nous imposer leurs modes, ces gatheux ! Votre mode me fait plutôt penser à quelque gorille. Les couturiers gatent leurs modèles qui se satisfont de leurs modes.

MOKA – (...) un moca dans l'autocabile. Oh, des traces de moca sur votre cab ! Ça sent le moca dans le cartier. Tous les mocas sont acachés.

MÔLE – (...) Gettez-moi ces maules ! Ces maules sont remplis de sales geules. Oh ! deux grosses gamelles sur votre maule ! Baronne, c'est un vieux meurceau qui a coulé sur votre mole. Et votre mole a une forte odeur de tripout. Les polytechniciennes se moquent des maules de ces vieux gatheux. Ces maules ont une odeur de gorilles. Oh ! ces vieilles goulues qui s'abattent sur nos maules !

MONOCOQUE – (...) Les monocoques se garrent dans le porps du cape. D'un marin macho : « Attention aux monocoques de gars ! » En plus d'avoir une grosse pine /aide, l'armateur goulu collectionnait les monocoques.

MONT – (...) *La Redoute* parle de la cotte du mon. De Luc Étienne : « Le vieux marcheur veut courir sur le mon » et « Le trop grand nombre des mons empêche de les compter ». Par temps de nuages, on dirait que les mons sont casqués. En Corse, il est malséant de distinguer le mon des macies. Un des petits Roucains contemplant le mon : « Le mon, c'est la coule ! » On en a vu des carioles sur ce vieux mon ! Elles étaient carrantes, ces vieilles alpinistes qui vantaient leur mon (...) « Défience sur le mon. » Pourtant, le mon est aifiable...

MOQUETTE – (...) Le fossoyeur observe la moquette du quért. Le vandeur bient, il vérifie la cotte des moquettes. Oh ! la jolie môquette, crame ! quélle Moquette ! Le bedeau consciencieux essuie la moquette après la quétte. Vu cette pub : « La moquette dezidée ».

MOUILLER – (...) Le matelot mouille les câles. Il se présente bien cembré avant de mouiller (...) « La pédicure qui mouille les c**ord**s dé**test**e les **rid**icules. » Le fossoyeur maniaque **m**ouille les **c**orts. Le dentiste a **M**ouillé la **c**arie. Le sultan **m**ouille l'é**c**ir. Le cuisinier maniaque **m**ouille les **c**iches. Le maître nageur **m**ouille les grandes **c**oules (…) Le charcutier du couvent **m**ouille les **c**oines. Le coch**é** fêl**on** a **m**ouillé bien des petites **c**arioles (…) Ulysse n'a jamais été **m**ouiller Ho**c**ère. Le Sarthois **M**ouille en vue du **c**ans (…) La Montespan prétendait qu'il fallait savoir se **m**ouiller dans l'a**c**our. Beaucoup se **m**ouillèrent avant d'être obligés de se **c**asser.

MOUSSE – (…) La cyclotouriste a un cale-pied coincé dans la mou**sse** : elle en a **gin** dans le va**long**. La voyageuse a une drôle de m**ou**sse au fond de sa m**a**le. L'abbe**l**e aime la douceur de la mou**ss**e, sauf lorsque la mou**ss**e est saturée de graile. On voit trembler ses **r**eins dans l'amou**s**. Oh, le **l**inge est coincé dans la mou**s**e ! D'ici on distingue quelque **l**ueur sur la mou**s**e. Les étudiants en agronomie quittent leurs **l**abots pour se détendre sur quelque mou**s**e. Ils voient alors plein de saule tomber mollement sur la mou**c**e. Le chauffard fou a pilé dans la mou**ss**e (…) L'amiral diabétique déteste que les mou**s**es aient le goût du **l**ucre (…) Ne goûtez surtout pas à ces **g**amelles de **m**ousses ! Mesdames, savez-vous que nous sommes **g**atées par ces petites **m**ousses ! Belle m**ou**sse de c**a**illes ! Ce gourmet adore goûter la mou**ss**e de l'hôtele. Quelles **r**iches **m**ousses ! L'énorme musicienne râle car un ba**l**on s'est planté dans sa mou**ss**e.

MOUTON – (…) « Le **m**outon **b**ouillait avec un petit **f**eu de **p**outre. » La place du **m**outon n'est pas entre les **b**iches ! La Comtesse caresse le **m**outon de sa **b**oniche. Mais le comte est un vrai **b**ufle qui malmène ce pauvre **m**outon (…) Goûtez donc ces **b**elons avant de déguster le **m**outon. Ce **mou**ton avait goût de **b**ulot. La sœur cuisinière fait goûter son **m**outon à un **b**ariste. L'ancien poilu n'a jamais goûté de **m**outon **b**oche (…) *La Redoute* évoque le **m**outon de la **b**otte. Les filles de Ca**b**aret laissent tâter leur **m**outon.

MULE – (…) Le maquignon distingue bien le c**oul** de la mule. Cette pauvre vieille m**ul**e s'est encore fait enco**rner**. La fermière a sa m**ul**e couverte de drôles de b**o**ulles. Faut pal**ou**-

cher sur sa m**u**le. Elle ne tolère aucun biz**ou**th sur sa m**u**le. Le maquignon lui demande alors de rel**ou**quer sa m**u**le… Les Polonais se méfient des m**u**les r**ou**sses (…) Les chochottes crient lorsque des m**ou**fles tombent sur leurs m**u**les.

MUTIN – SE MUTINER – (…) « Les **m**utains ont **p**assé la **b**berge du ravin (…) il y avait des **m**utains **p**âles. » Ces **m**utains ont découvert quelques **p**aques (des **p**aques et quelques **m**édoques). Une fois repenties, les **m**utains installées sont fières de leurs **p**ignons. On voit alors grandir les **p**oules de ces **m**utains. Regardez ces **m**utains qu'on **p**assait, ces **m**utains fières de leurs **p**ottes ! Mais vous pouvez encore profiter des **p**ains de ces **m**utains (…) Quel **m**utain **p**olle ! (…) Des captives se **mm**utinèrent en plein so**l**eil. Elles s'étaient **l**assées avant de se **m**utiner.

N

NANISME – (…) La journaliste médicale travaille les qu**o**es sans bien connaître l'**eu**nanisme. Elle parle d'**e**nanisme et d**o** baise. Connaissant assez peu l'**e**nanisme, son rédac' chef n'a pas manqué d**o** piner. Leur collègue japonais qui a une grande pratique du n**o** connaît bien l'**œud**nanisme.

NATTE – (…) La grande coiffeuse pratique la **n**atte à la **ch**aine. La bonne tante garde sa **n**atte pour ses **ch**eveux. La geisha laisse caresser sa **n**atte pendant le **ch**ô (…) Le marin en bordée s'abattit sur une **n**atte et se mit à **ch**iquer. Il a fallu plein de **nn**attes pour les co**m**ords. Le jésuite ôta sa souta**ch**e et se vautra sur une **n**atte. Pauvre **nn**atte ta**ch**ée !

NEZ – (…) Les poilus mettaient vite le n**é**d contre les t**œu**tons. Le clochard a un **l**itron dans le **(n')**é. Le chef de gare cria : « B**œu**sons ! » en se grattant le n**a**id. Un n**é**d pomp**œu** ! Quel n**e**d, m**œu**ssieurs ! La marquise se plaint d'être **c**er**vi**t par des hommes au gros **née**. Le g**olle**ffeur l'air assez f**a** remue le n**è**d quand il p**œu**te. Les gu**œu**s n'ont pas toujours le n**ay**d propre. Ce margoulin roule des p**œu**lles en se grattant le n**e**d. L'infirmier se lave le n**er** après avoir lavé l'évi**œud**.

NICHE – NICHER – (…) On vit émerger les niches de la brume. On vit les mœuds cherchant à se fixer dans les niches (…) Le gabier montre ses niches dans la mature. La décoratrice cherchait de beaux manchons pour mettre entre ses niches (…) M. le Curé demande à la chaisière d'astiquer sa /niche avant de faire la moquête (…) Certains pâtrons se feraient volontiers d'énormes niches (…) Où diable nicher cette petite monique ? (…) Où se niche cette sale banale ?

NID – NID CHAUD – (…) Ce nit est plein de verfs. Au printemps, on voit pointer les nits sous les névés. Personne n'a jamais pu voir le nit d'un fauve. La biche de Laponie cherche un nnit de reve (…) « Le jeune marié expose son vœud : un joli nit. » Est-ce cyvique de proposer à une pauvre son propre nit ? Les Méridionaux parlent de nits d'une voix avisée[1]. Ce ne sont pas des nids pourrœus. En Haïti (et ailleurs), les zonbis cherchent des nichos. Il y a deux nichos de l'autre côté du pont.

NIPPE – SE NIPPER – (…) Est-ce que ça peut pourrir, une nipe ? Ces belles pièces feront bien quelques nipes. La gentille Mireille taille des nipes à tous les papais. Elle taille volontiers une nipe quand elle aime un pœud… Elle arrose quelques poirauds après avoir taillé des nipes. Faut pas qu'elle se fasse piquer en taillant des nipes ! L'accessoiriste taillait volontiers des Nipes à poiret. La couturière taille des nipes et le décorateur met la main au papier. La lingère du pensionnat refuse de tailler des nipes aux gropions (*« gronion » sonne comme « grognon »*) (…) Les sportifs regardent les quipes avant de se niper.

NOM – (…) le nond de l'arus. Quel nnon, cocasse ! Des Grieux adorait le non de Macon. Mais il ne connaissait pas le Non de cana. La traiteuse découvre son n*(3)*on en soulevant ses c*(1)*iches, elle aime ça les m*(2)*œuds. La starlette a donné son non à un producteur cabot (…) L'instit a l'air

1. Les fermiers proposent leurs z'œufs d'une voix avinée, leurs vœux d'une voix anisée, leurs n… d'une voix avisée.

d'être en **c**age dès qu'il expli**que** ce qu'est un **n**on (...) Rastignac a mis le pa**c**ais pour se faire un **n**on. Et s'étant fait un **n**on, il fit plein de **c**oubas. Les ambitieuses qui assurent leurs **qu**arrières en marchant sur des /eues rêvent d'avoir un **n**on bien **c**oté. Cet intrigant en a bien **c**assez des **n**'ons ! À Saint-Germain-des-Prés, on découvre plein de grands **nn**ons en se tapant des **b**oces (...) Cet âne bâté connaît le **non** du **lœud** mais pas le **n**on de l'**â**cesse !

NOTE – (...) Hé ! **p**ique pas mes **n**otes ! Le météorologue se **n**ote toutes les **p'l**uits et veut bien qu'on lui **n**otte les **fr**oix. La zoologue met les **m**œuds dans sa **n**otte, elle aime bien **n**asser les **m**œuds) (...) L'hôtesse présente sa **no**tte aux **cha**ceurs (...) La musicienne qui fait si bien vibrer sa **n**otte était **m**ue. Le barde sentit émerger la **n**otte de la bru**m**e. Mais il sentit aussi un **cr**œud dans la **n**otte...

NOUILLES – (...) les **n**ouilles **c**uisent au **J**ul de **c**eanne et le cuisinier se **c**oue les **n**ouilles. Avait-il un pa**c**ais plein de **n**ouilles ? Il ne faut pas couper les **n**ouilles au sé**c**ateur (...) Voulez-vous des **n**'ouilles en **c**or ? ». Ce **t**olard **p**été en a bien **c**assez des **n**'ouilles ! Il crâ**c**ait chaque fois qu'un maton lui bouffait les **n**ouilles. Zola sait-il si l'on faisait goûter des **N**ouilles à **c**ana ? Cette petite co**c**asse déteste les **nn**ouilles. Cette Diane voulait déguster les **n**ouilles des **p**iceurs. Aimez-vous les **N**ouilles, **c**icole ? Quel âne a répandu ses **n**ouilles devant l'**â**cesse (...) Pas moyen de faire des **c**oubas avec ces pauvres **n**ouilles !

NYLONS – (...) Déballez-moi ces nilons sans dé**ch**ai. Le professeur parle de nilons d'une voix dé**ch**irante (...) Rodrigue ne put jamais distinguer les niLons de **ch**'hymen. Déballez donc les nilons de cette petite Pau**ch**ette. Jadis, Loulou Gasté convoitait les niLons de **ch**ine. Et quand il avait bien caressé les nilons il prenait la mou**ch**e... Cette grosse mo**ch**e a quand même de beaux nillons.

O

OBÈSE (...) Ce carabin raffole des m**a**ttes et étudie l**o** baise. Il scrute l'**a**gresse et l**o** baise. Le psychiatre prend **le**(i)gnon de la folle et aussi **l'o** baise (...) « Pas d**o** baise dans l'**e**ssuaire. »

OPINER – (...) P**a**ssant dans un con s**ile**, on a vu bien des p**é**res opin**er**. Un endocrinologue a parlé d'**e**nanisme devant des collègues contents d**o** piner ; mais on a vu peu de péd**iâtre**s opin**és**. Quel r**u**stre, si t**o** pines ! Cocteau disait qu'il fallait au moins un /mo pour bien **ho**piner.

OUÏR – (...) L'étudiant /ouit en cojïtant (...) « J'aime **l**'ouir quand je **j**'ai mis ! » « Accusée, le magistrat veut **t**ouir avant de ju**j**er. » Le ju**j**es veut **l**ouir. Il va sûrement râ**j**er en **l**ouissant ! Son **j**ob sait toujours **z**ouir... L'astrologue conseille de bien **n**ouir aux sa**j**itaires.

P

PANIQUER (...) Ce gros.d**u**rd a p**a** niquer. Dès que la chaisière lui tend sa ca**l**ote, le vicaire **p**a nique. Dès qu'elle lui fait des **l**ipes, il **p**a nique. Il prétendra ensuite au curé qu'il a **fo**r**s** **pa**niqué. Les **f**oules **m**olles se **for**ment en **pâ**niquant. Entrant dans sa première **l**ute, le militant **p**a nique. L'examinatrice parle au candidat de **l**iner et il **p**a nique. Dès qu'une cliente touche à ses rou**l**ettes, le croupier **p**a nique. La bibliophile parle de courtes **l**ines et le libraire **p**a nique. Le docteur dit à la malade que ce n'est pas le **l**ieu pour **p**a niquer. Ce jockey qui ne va qu'au **trop** a **pas** niqué. À l'arrivée des CRS on a vu beaucoup plus de /ssants **pa**niqués. Cet angoissé n'a plus assez de **for**sses pour **pa**niquer. On l'a vue **pa**niquée, cette spécialiste des /pouilles ! César n'a jamais vu /nisse **Pa**niquer. La Sicilienne ne sait pas si le /rrain peut **pa**niquer. L'indigène a vu bien des /pous **Pa**niquer. Le légionnaire **pa**nique les /ras. Le rescapé a englouti force /stèques avant d'encore **pa**niquer.

PANNE – (...) les panes de miquereau (...) une pane de silaud. J'ai fait le coup de la pane assez sile. C'est maman qui s'occupe de la pane de papi. La garagiste briille en découvrant les panes. Elle ne s'enfuie pas devant les pans. S'y connaître en pane lui rapporte quelques briques. Le camé en manque de chitte ne supporte pas la pane. Les mécanos anglais friands de criquettes ne négligent pas leurs panes (...) Ce cinéaste de science-fiction a proposé à des savants différentes panes de mitheux. Ces panes sont comparables à leurs dirds. Ils confrontent leurs panes en riillant... Il a aussi parlé de pan à un f'acteur. Parler ainsi de pan est bien f'utile... La script-girl débutante a reçu le baptême du fœud en se penchant sur ces pans. Elle et sa collègue se font des fiches en comparant les pans.

PAPIER – (...) Quel boms papier ! (...) un Mure que l'on vient d'encauler. La décoratrice pomsse en vue de fignoler ses papiers. Ce décorateur bien nourri met facilement la main au papier. Il n'est pas bien nédé pour mettre ainsi la main au papier (...) « Dans vos petits papiers, que de délicomtesse ! » La journaliste culinaire m'a fait un excellent papier sur les gromdins. Le rédac'chef ne veut pas de votre papier, il est trop loms. Léom fait de somptueux papiers (...) L'ecclésiastique demande quelque papier à la pompiste (...) Le chef en fomction exige beaucoup trop de papiers.

PART – (...) « Tous les jours, cette petite poule pomdait quelque pard » (...) « Comment peut-on diner avec si maigre pard ? » Cette grosse truie veut manger les pards de mes dorcs ! Monsieur, ce denseur convoite votre pard. Cette goulue convoite la par du chaif. Votre pard seul vaut plusieurs dolards. Pas question de toucher aux pards de ces radins ! Tu veux ces pards, vieux dédé ? (...) Des pards de dédales (...) La notaire à l'héritier d'un camionneur : « Votre pard, c'est le plus gros des dafs. » (...) Les actionnaires majoritaires ont dévoilé la fonction éfective de leurs pars.

PARTICULE – (...) « Il faudra bien qu'ils testent ces infâmes particules ! » Conférence : « particules, viviTeses » (...) « Oseriez-vous, manant, comtester nos par(t)icules ? » Le Général avait un **d**œud qui n'était pas formi**n**able. La généalogiste sicilienne se penche sur les **parr**ticules du **tes**ain. Regarde et com**tese**, nos **par**ticules ! Laissez nos **pards**ticules, salo**tes** !

PAS – (…) « Je vous emboîterai, madame, le **pa** avec **con**tience. » La promeneuse se demande pourquoi ce pend**o**rd lui emboîte le p**at**. C'est un homme assez gr**o**s qui lui a emboîté le p**a**t (…) L'écuyère fait admirer l'extension de son **p**at en **ch**assant (…) Mon ami m'a tiré d'un mauvais **pa**, il est **écon**tant (…) Quel pa**t**, joli vif ! (…) que de jolis p**a**ts et quelle b**o**cchanale (…)

PÂTE – PÂTÉ – PATTE – (…) On ne manque pas de pa**t**s en **f**ranses. Ici l'on goûte et les **ch**ines et les **p**attes (…) « Quelles **p**attes, mon **ch**ère ! » Ce gros d**u**rd adore les pates. Ces cons d'**u**cteurs font la fine bouche devant les pates (…) Le marmiton chauffe les crou**t**es et les p**â**te. Mais sa **ch**aire a coulé sur la **p**atte de sa collègue, une **p**atte pleine de **ch**oux (…) Le cuisinier cherche des crou**t**es pour les p**â**ter (…) La randonneuse à mal à la **p**atte depuis qu'elle a connu la **ch**ine. Le champion montre son coup de **pa**te au **b**iillard. Bidoche**on** dans un box/ : « Quelle **pa**te, ce **bi**nais ! »

PATIN (…) – Engin à roulettes pour faire des esca**p**ades ou engin glissant adapté aux **p**lands bien **g**lacés. Sachant bien ce qu'est la ch**u**tte des p**a**tains, ce sportif a fini par a**c**rocher ses **pp**atins. Les **c**atauds ne sont pas à l'aise avec les **p**atins. Le **c**ape n'attire guère les amateurs de **p**atins. L'entraîneuse recommande les **P**atins de **c**ologne. La spécialiste de **c**anais ne recommande pas n'importe quels **p**atins. « Vive les **c**ipes ! » hurlèrent les vainqueurs en embrassant leurs **p**atins. Pour aider ceux qui ont des problèmes avec leurs **p**atins, l'infirmière va se faire **c**iner. Les petits d**u**rds n'ont pas peur des p**a**tains. L'entraîneur a tenu des propos f**u**meux sur les p**a**tains. Ce vieux **ru**pin s'y connaît drôlement en p**a**tains ! Il prône les **p**atins syn**té**thiques.

PATROUILLE – (…) « Les pieds-noirs ont fait souche dans le **m**idi après avoir été re**p**oussés par de petites pa**tr**ouilles. » Henri IV surveillait les pa**tr**ouilles des **p**iqueurs. D'impétueuses patrouilles faisaient trembler l'épon. Ah ! ce grand ponche après les patrouilles !

PÉBROQUE – (...) Ceux qui usent des pébroques sont souvent ludiques. Par cette sécheresse, monsieur le maire, votre mende n'attire guère les pébroques ! Ah ! ces précieuses, quelles emdouilles avec leurs histoires de pébroques !

PÊCHER – (...) Luc Étienne déconseillait de pécher dans les tamps. Il ne faut pas non plus pécher sur le tibre. Et quand on pèche énormément, pourquoi paluter ? La pèche provoque parfois de drôles de lutes ! Le pécheur au loint sèche les lottes. Après avoir bien sûr péché ses lotes. Quoi, lédé, ce pécheur ? (...) Où avez-vous été pécher ces courtes lines ? (...) Non, les péchés n'ont pas de dattes. Les lutains goûtent fort la pèche. L'arboriculteur qui a toujours eu beaucoup de péchés dans le dou a proposé un très beau péché au général darmé.

PÉDALO – (...) Ces pédalauds sont sales. Il y a trop d'homes sur ces pédalos. Monsieur le curé, regardez les pédalaux derrière vos vitres ! Oh ! un pédà l'eau tombe é ! Oh ! d'autres pédaleaux derrière les carres !

PÉDANT – (...) il présentait souvent sa chaire à léper et il faisait en sorte que quiconque moquait son pif se retrouvait très pané (...) *Le Pédant joué*. Mais ce pédan ne lui fit jamais attraper de grosse téte... Va donc, eh, pédant affligeé, pédant même pas affolé, pédand gourmé, pédant même pas épaté ! T'es un pédant dégoûté ! Ah ! tous ces pédans qui n'arrêtent pas de béqueter ! Ayant subi plus de deux cales pédents, la Comtesse ne veut aucun péden à sa féte. D'ailleurs, aucun pédant n'est tenté. Et les pédentes fuient cette bonne fé...

PEINE – PEINER – « La pêne des jeunes génis, c'est de ne pas être un vos grit » (...) « Je tourne vainement ma pène vers mes livres. » La Goulue ressentait beaucoup de pénes quand elle n'avait pas de règlis (...) « Ah ! madame, que vos fisses sont durs à la pene ! » (...) « Beaucoup ont paine à l'ir ! » Ah ! la bille pene ! La cuisinière réchauffe les saucis sans péne.

Ce polémiste ne ménage ni sa b**i**lle ni sa p**e**ne. L'épouse du militant constate qu'il y a peu de l**i**deur à la p**ai**ne (…) « Il faut peu de dél**i**s pour allonger la p**ai**ne. » Le pénitent qui connaît la pi**r**e des pè**n**es sent que sa p**e**ne le rapproche de l'abb**i**sse. Son confesseur confie : « Sa p**é**ne m'**i**tonne ! » Il tr**i**e les p**ai**nes… (…) « Voyez ces grandes p**e**nes et nos petites zézittes ! » La masochiste est att**i**rrée par la plupart des p**e**nes (…) L'alpiniste qui p**ai**ne ne craint pas la b**i**se. L'architecte de l'abbaye p**è**ne avec la m**i**re supérieure. Le tailleur des évêques p**e**ne pour les m**i**ttres. La cuisinière p**ai**ne avec un maquereau pas fr**i**s.

PENDARD – (…) « Votre **gr**ine, quel **p**and dard ! » Il ne l'a pas volée cette **gr**ipe, ce **p**and dard ! La bonne dame est émue de voir **gr**eloter ce **p**and dard. Mais elle était triste de voir **grin**-cer ce **p**and dard. Ce **p**and dard en a provoqué des **gro**-potins ! Titre d'un livre : *Greine de pand dard*. Quel **p**and dard, ce **gr**aveur ! La fille de joie ne manque pas de **gr**asses pour les **p**ands dards. Le brave colonel n'est pas fâché que l'é**p**endard couvre son **t**énis. Ce **p**and dard adore les petits **gr**is. Voici quelques **p**ands dards de **gr**oids. Ces **pan** dards ont fait éclater leurs **gros**talons !

PÉNICHE – (…) Luc Étienne conseille aux dames de lé**s**er les péni**ch**. La fille du proviseur aime à voir décharger les péni**ch** de pota**s**es. Elle court là où les péni**ch** se mâ**s**ent. Pour ses liaisons, le ministre hésite entre la **pé**niche et le **mo**tard. Mais il se méfie des **mo**taudières et s'arrête à une jolie **pé**niche. Hélas, dans cette **pe**niche, il s'est senti **mo**rdu ! Beaucoup de mi**s**es attendent les péni**ch**. Monsieur, vous me prêtez votre péni**ch** si je vous donne ce **s**ou ? Ah ! vous **s**an-tez quand je viens sur votre péni**ch** ? Vous n'avez pas peur de ca**s**er votre péni**ch** ? Attention, votre péni**ch** s'approche trop des rû**s**es !

PENTE – (…) La p**an**te a br**u**lé. Le **p**land du **g**lacier n'est pas une p**an**te marr**in**e. Beaucoup de résid**u**ts ont coulé dans la p**en**te. La montagnarde présente des traces de **f**oudre dans la **p**ente. Que de **f**oux dans la **p**ente ! Les femmes des mois-sonneurs les poussent à bien tenir leurs **f**ots pour ne pas déraper dans la **p**ente (…) Ce noctambule fuit les **f**étards mais le voilà encore sur une mauvaise **p**ente !

PERTURBATEUR (TRICE) – PERTURBATION – PERTURBER – (…) « Une **mas**e de **pair**turbateurs envahirent la salle et en un instant, tous les **ban**ts furent **vid**és. » Un collégien a été **pair**turbé par une jeune fille au **mas**. (…) « **Pér**turbation sur le **mas**if » Le joueur de billard o**mas**é s'est laissé **pér**turber. L'infirmière a vu le grand-**mas**e tiquer alors qu'elle le **pèr**turbait quelque peu.

PESTER – (…) Le chef de bureau pè**s**te contre les per/onnels. Les patrons pè**s**tent même s'ils manquent de val/eurs. Le plongeur pè**s**te contre son vieux Cou/teau. Le vendangeur malingre pè**s**te contre les co/tauds.

PÉTALE – (…) Dici, l'on distingue bien la mou**s**se des pé**t**ales (…) **r**ubriques péta**l**ds. Le malade rêve de jolis pé**t**ales en se faisant mettre le **d**rain. Ce g**r**and raffole des péta**l**ds. Le botaniste en a **ss**éché, des pé**t**ales ! La botaniste refuse de **d**âter ces pé**t**ales. Le jardinier n'arrête pas de **d**oucher des pé**t**ales. Le maître de ce ba**ss**et apprécie les jolis péta**ll**es.

PÈZE – (…) on manque de **p**aise mais pas de **b**édés. La Goulue, plus elle avait de **p**aise, plus elle **b**ouffait. Le gargotier se fait des **b**oulettes pour avoir plein de **p**aise. Mazarin **b**riait dès qu'il était question de **p**aise. Le fermier manque de **p**aise et sa grosse vache n'arrête pas de **b**router. Le skieur qui manque de **p**aise est toujours dans la **b**eine. Mégret est mi**n**é par Le Pe**s**.

PHARE – (…) Luc Étienne racontait les malheurs d'un accidenté qui avait le **f**ard en **d**eu. La nuit, les marins ont **d**roid au **f**ard. Depuis son accident, son **ff**ard est a**d**reux. Le gardien n'a plus que deux vieilles **d**igues sous le **f**ard. Son épouse bou**d**e le **ff**ard. Le nouveau gardien tomba sur un so**d**a en découvrant son **f**ard. Ce vieux **d**igne se souvient comment il récurait les **f**ards. Les marins qui négligent leur **f**ard doivent être **d**anés. Ceux qui négligent le **f**ard ne méritent pas même une **d**ellation. La Franc-Comtoise se méfie du **f**ard du **d**ou. L'historienne en vacances pluvieuses et studieuses : « Et voilà le **F**ard de **d**ouché ! » Pauvres **b**e**t**es attirrées dans les **far**ts de ces **cha**ceuses !

PHLÉBITE – (...) « **Flée**bite très en/. » La spécialiste des **gmon**s soigne ses phlé**bites**. L'infirmière : « C'est pas ces flé**bits** qui me feront **mmar(d)**er ! »

PIAF – (...) Vous ne voyez pas ce pyaf, il crève pourtant les /eux ! L'oncle fait voir un petit piaf à la n/èce. En général, le piaf fuit la ch/asse. L'experte en b/ologie se méfie des piafs. Si pointe un seul piaf, elle ne fait pas la f/ère. Mais elle aime les piafs au f/on et les gros piafs lui donnent envie de se mar/er. Oh, révérend, ce petit c/erge, on dirait un piaf ! Certains chrét/ens s'opposent à l'épanouissement des piafs. La marchande flatte le membre d'un cl/ent à la grosse tête de piaf. L'innocente taquine les piafs sans déf/ance. Le topographe montre le pauvre piaf qu'il a coincé contre son pl/ant. Et le menuisier, le piaf coincé contre une vic/euse. Ma mère, la vue de ce piaf m'a dégoûtée des v/eux. Cette femme de sc/ence raffole des gros piafs.

PIED – (...) Luc Étienne a immortalisé le général (...) qui arrivait à **pi**er par la **chi**ne. Les **l**ompiers de Berthe donnaient à Charlemagne l'envie de **pa** niquer. Un chimiste : « Quel **pier** avait Lavois**ine** ! » Chéri, ton odeur de **pie**ts ne me donne pas envie de me mar/er. Pouah, cette ass/ette dégage une horrible odeur de **pie**ts ! Cette odeur de **pie**ts vient du f/on. Pouah ! cette odeur de **pie**ts derrière le p/ano ! Oh ! le **cha**sseur a **pié** ! Je vois que vous êtes arrivé à **pier**, mon **chè**re. Fuyez : la **ch**arente a **pié**. Oh ! ce pauvre type a **pié** près du **ch**arterre ! Dur : le **ch**ote a **pié** ! Ces **pie**ts ne sont pas les m/eins. Cette fille qui dégage une telle odeur de **pie**ts ne fait pas la f/ère. La folle maraîchère frotte son **pier** contre un poir**ot**. Ces grosses vaches écrasent l'év**ot** avec leurs **pier**s. La folle châtelaine frotte son **pié** contre un jeune mar**ot**. La pédicure se penche sur les **piés** des jeunes mar**ines**. Les géologues sont arrivés à **pier** sur les **ch**istes. La céramiste se plaint qu'un gros carr**ot** lui a fait mal au **pier**. Les fisses des tr**e**queurs sont arrivés à **pier** près de la **chute**. Ah ! la **chute**

est **p**iée ! Ah ! les piets de cet homme de sc/ence ! Les **pi**édérastes ne trempent pas dans la mar/ée. Il faudrait masquer l'odeur des piets de la v/eille (...) Le vieux cha**m**ognard qui aime bien les **r**iches fait ju**g**er la ver**t**e au **pier** *(3)* du **gré** *(1)* **pon** *(2)*. Le naturaliste observe le p**ier** des ram**ot**s.

PIÈGE – (...) Y en a marre de ces **p**ièges à **s**oux ! Par grosses chaleurs, les **p**ièges **s**uent. Ne vous laissez pas prendre au **p**iège de la **s**écheresse. Le pêcheur dit que son **p**iège est à la **s**eine. Ce **p**iège porte des traces de rou**s**ettes. Cet accro des salles obscures qui a toujours rêvé de **s**iner est pris au **p**iège.

PIF – PIFFER – (...) Chéri ton p**i**f est tout gr**as** ! Cyrano b**a**tait quiconque moquait son p**i**f. L'électricien a tapé son p**i**f contre une m**a**nette. Son p**i**f, c'est un gros p**a**lon. La rescapée dit que c'est un homme au grand p**i**f qui l'a très p**a**née. Ces politiciens déb**a**tent en se grattant le p**i**f. Quel p**i**f, ce p**a**steur ! Ce farceur se gratte le p**i**f en r**a**ant. Mais ce grand lugubre au tout petit p**i**f, quel con tr**a**ste ! Le vicaire se gratte le p**i**f en rêvant de p**a**pes (...) Ces enquêteurs se b**a**tent avec leur p**i**f. Le volailler ne peut pas pifer la marchande de **n**oie. Madame la députée, le président ne peut pas pifer votre vile **n**ente.

PIGE – (...) Quelle pi**J**e, **n**ules ! C'est une **p**ige de **t**ro ! La fille à la grande ju**p**e fait de sacrées bonnes pi**g**es. Elle travaille d'autant mieux les pi**j**es qu'elle est bien **n**olie. Le rédac'chef bien **n**entil reçoit quantité de pi**g**es. La femme du notaire qui travaille à la pi**g**e frotte gentiment le **n**éomètre. Cette minette qui fait des pi**g**es a la langue ra**p**euse. Le mélomane aime bien **n**ouir pendant que sa femme travaille sa pi**j**e. La folle du **b**ul que plus d'un avait **c**itée faisait des pi**J**es à **p**arry. La nouvelle fait tellement de pi**g**es qu'elle va finir par **p**ercer. Elle a déjà comblé pas mal de ti**p**es avec ses pi**g**es et ses pi**j**es rendent jalouses les filles de **p**oie. La journaliste rurale confie que les pi**g**es lui ont rapporté quelque ar**p**ent (...) Le jeune météorologue n'arrive pas à pi**g**er quand s'amplifie la ver**ss**e ! Il ne pi**g**e pas car il est éri**ss**é...

PILE – PILER – (...) *La Redoute* évoque des pi**l**s de b**o**ites. Ces pi**l**s ont une odeur d'ép**o**ice. Le mycologue a posé un bo**n**et sur sa pile. Le tailleur a une pile de **n**avette (...) Un certain Fé**n**icien a érigé une fameuse pile. Ve**n**u sur la pile, l'ingénieur présente son **pon**t avec com**v**iction. Le chef de travaux crie : « Ava**n**e la pile ! » En général, les **p**écheurs ne sont pas contre les piles (...) piles bien ve**n**ues. Cette vendeuse qui co**n**ait les pi**ll**es **p**assait en proposant sempiternellement ses piles (*ou : « passait en proposant sempiternellement ses piles »*). Bizarre, cette b**u**te couverte de pi**ll**s (...) Depuis qu'elle a pris cette mémorable pile, la pauvre fille serait presque ca**n**ée (...) l'ancien colon avoue qu'il adorait pi**ll**er dans l'a**n**égresse. L'éboueur a pi**ll**é dans une be**n**e (...) La cuisinière pile en faisant dégorger sa mou**ss**e.

PINASSE – (...) De Luc Étienne : « Le **co**tre a frôlé la **pi**nasse. » Cette rad/e a vu passer bien des pin**ass**es. Le vieux marin qui s'est tapé la **tê**te contre bien des **pin**asses aime à présenter toutes les **pin**nasses qu'il **co**nait. Mais il n'avait que des **pi**nnasses dé**co**tées et jamais de coqu**ê**tes pi**n**asses. Son vieux **r**exe a gardé une bonne odeur de pina**sd**. Il n'arrêtait pas de **grogn**er vautré sur sa **pin**asse... Pourquoi **pét**er cette vieille **pin**asse ? Cette **pin**nasse a transporté tant de **co**tons ! La marchande de pina**s**d a mal aux **r**eins. L'infortuné pêcheur a écrasé sa **barc**e contre une **pin**asse.

PINÈDE – (...) Les **nymph**es **pir**omanes ont fait une belle b**r**aise avec cette pine /aide. Je rêve d'une pine /aide, vous devriez m'empa**r**ler. Elle valait pas cinq sous la pin**èd**e de Lavar/e. Mireille se moque de la minuscule pine /aide de son co**r**nnard. Elle préfère de loin la pine /aide d'un a**r**mant. Mais elle est imp**r**udente d'évoquer sa pine /aide. Elle parle de pine /aides de façon path**r**ologique. Au pépiniériste qui a présenté sa pine /aide à une hôtesse d'a**r**ccueil, la ma**rt**ine réclame son d**ud** : cette mâ**r**tine veut aussi une pine /aide. Il en**g**age une **r**ousse en lui proposant de s'occuper de pines /aides a**r**bhorrées et se paye un tripo**r**teur pour les transports concernant sa pine /aide. L'évêque de Bourg affirme que l'abb**r**esse n'a pas besoin de pines /aides. L'édile cherche quelque a**r**gent pour agrandir sa pine /aide. Rien de tel qu'une bonne b**r**ise pour vivifier la pine /aide... Je te trouve un air empo**r**té quand tu t'occupes de ma pine /aide !

Attends-tu quelque sérvice de ma pine /aide? Belle pine /aide, mon chérurbin!

PINOT – (...) Ce vert a le goût du pinod. Y a des traces de pineau sur le carre. L'ancien soldat déporté n'apprécie même plus le pino. Madame, votre part sent le pinod. Cet home dégage une forte odeur de pino. Titre d'un docte article: « Pinoe et /nanisme ». Il est question d'un pino anormal. L'ophtalmo trouve que cette korné sent le pino. Ce vieux Bordault Georges avait-il le goût du pino? Il faut remplir le caba une fois votre pine au bul! Ces pochards cafouillent une fois leur pine au bul.

PION – (...) les enfants jouent dans les piesses du fon. Madame le principal, j'ai reconnu votre pion parmi ces fétards. Votre pion se délectait avec une petite fine. Le censeur voulait reprocher quelques fets à votre pion. Mais les mouvements d'une petite foule l'ont écarté de votre pion (...) Attention, un fou menace ton pion! (...) Je vois, monsieur le landgrave, que votre caule regorge de pions. Ces syndicalistes proclament que leurs fédés ne manquent pas de pion.

PIQUE – PIQUER – PIQUETTE – (...) « Dans l'ivresse du triomphe, il jeta sa pice aux nuls. » Les Suisses du Vatican ont longtemps treiné avec leurs piques. De jolies piques pour l'étroque... Le lancier prend le trot en secouant sa pique (...) Le bridgeur note ses piques en affirmant à une débutante qu'il faut donner son non pour avoir des pices (...) Ces collégiennes qui paressent font des pices. Elles se font des pices en consommant leurs nouilles (...) Des Suisses du Vatican ont piqué des napes. Ce pauvre type n'arrête pas de piquer depuis que sa femme le trompe. Le légionnaire pique depuis qu'il est trompette. À toujours piquer, il est complètement nourri (...) La lingère s'est fait piquer alors qu'elle taillait une nipe. À cette occasion, une pauvre nonne s'est aussi fait picer. Ce malfrat est conu depuis qu'il s'est fait picer (...) La piquette de l'adjudant sent le vieux quépi et depuis que des craneurs ont refusé sa piquette, Madelon n'offre plus qu'une piquette crasseuse. Les consommatrices se plaignent que le gargotier les **z**ine avec sa **p**iquette (...) La régatière a pris une de ces **pi**quettes, au point qu'elle a raclé le **qués**.

PIS – (...) « Sous le **p**it de l'a**v**ache, voyez les **c**ailles qui b**oul**lottent. » Le v**o**t s'approche du pit. Dans son extase, la pouliche s'**év**anouit au contact du **p**it. Une fois assou**vi**e, elle abandonne le **p**it. La vétérinaire ressent la ré**v**ulsion du **p**it. Son collègue complètement cyn**o**que prend brutalement le p**i**t. Alors leur professeur s'empare du p**i**t dans un grand mouvement de t**o**ge. La bergère n'est pas en **v**eine de traire les **p**its. Elle vérifie que les **v**aires sont bien sous les **p**its.

PLAN – PLANT – (...) Le **p**land du **g**lacier n'est pas une p**ante** marr**ine** (...) Luc Étienne rapporte que Newton fit couler une **g**omme sur son **p**land (...) De Gaulle a montré son **p**land à la **g**aillarde. En lui disant : « **g**rends mon **P**land ! » Solide **p**land mais mauvaise **g**aire. Mais il sortait son **p**land avec beaucoup de **g**anache. L'évadé a sali son **p**land avec de la viande des **g**risons. Et il avait un morceau de **g**até à son **p**land (...) Roxane se penchait souvent sur le **pp**land de Rageneau (...) Le touriste a coincé son **p**land dans un **g**ichet. La religieuse égarée cherche un **p**land de **g**ape. Le frère cuisinier était en train de **g**rier lorsqu'elle lui a demandé son **p**land (...) L'Esquimaude préfère les **p**lands bien **g**lacés. La jeune botaniste observe un **p**land qui vient de la **g**iner. C'était un **p**land **g**ervers. On trouve de solides **p**lands dans la **g**lèbe, mais peu de bons **p**lands dans les **g**alais.

PLANTE – (...) Madame, si vous saviez ce que votre **pl**ente me **f**aît ! La vieille jardinière présente une **pl**ente bien re**f**ète. Cette **pl**ente fait même un peu des **f**is ! Oh ! ta **pl**ente **f**isse ! La doyenne ne souhaite pas avoir des pl**ent**es sur la f**aque**.

PLOMB – (...) Luc Étienne parle d'un ouvrier qui **c**ote le **p(e)l**on. L'allergie au **pl**on provoque bien des **c**aintes (...) **P**oigts mis avant de **d**iner (...) **p**ècheur qui **l**este (...) Les **pl**ons sont au con**c**et. Je crois, ma chère, que vous cherchez à **c**acer votre **pl**on (...) Si t'as plein de **pl**ons tu **c**anes !

PNEU – (...) les rouprettes pour b/osser. Le pharmacien tend son **p**nœud à la /réparatrice. Voyez le **p**nœud du /résident d**u**rd à la v**a**lve. Le curé tend son **p**nœud en /riant. Il y a toujours un **p**nœud dans cette /ute (...) **Pl**it qu'on emvoie (...) Les posti**è**res qu'on aime bien au f/on sont bien /lacés à force de recevoir des **p**nœuds.

POIRE – (...) « Cette p**oir** a un goût de terr**ine** » et « Le serveur pe**l**d des poi**r**s dans l'assiette ». Si vous voulez du jus de p**oi**re glissez-la entre ces mâch**in**es. Il faut que la maraîchère soit **l**ouée pour ainsi tendre ses poi**r**s. Beaucoup de piss**in**es dégagent une forte odeur de p**oir**e. L'amateur de c**la**quettes raffole des poi**rs** (...) **F**ine à la **p**oire. Le chef propose une p**oi**re qui a le goût du p**in**eau. Tous ne sont pas contents de la c**la**sse de ses poi**rs** (...) Ma fille, ne prends pas cette p**oir** de **line** (...) Chirac a peur de manquer de poi**rs** pour ses prochaines élections.

POMME – (...) La Bég**ine** aimait les grosses p**um**s. La Goulue a pris les p**omm**es de quatre h**in**es. Cette p**omm**e sent le p**in**ard. Veux-tu goûter la p**omm**e de l'h**in**e ?

POMPON – (...) L'épouse du frip**ier** fait de splendides pomp**on**s. La contractuelle a fait un pomp**on** au poliss**ier**. Cette spécialiste des pomp**on**s a reçu trop de marr**ier**s. Le cavalier a lâché un étr**ier** en rêvant de pomp**on**. Le marin, au **pom**pon, s'est fait **box**er. Le mousse n'a pas réussi à ouvrir le **pa**xon où son **bo**nais aurait enfin bénéficié d'un pomp**on**, ce qui fait que le mousse est un c**ier**.

PONCHO – (...) Chaude **m**ente que l'on **f**et beaucoup (...) Mesdames, tri**co**tez votre **p**on chaud vous-mêmes. Tu devrais céder ton **p**on chaud à ce petit, il est **co**ur ! Ce **p**on chaud chauffe-t-il bien ta **c**ine ? T'es malade de mettre ce **c**oussin dans ton **p**on chaud ! Ce vieux pom**cho** est bien ra**pé**. Il paraît que le **c**ape manque de **p**ons chauds.

PONEY – (...) Ce pand**are** possède un ridicule p**o**nais. Il n'a pu rentrer son p**o**nais dans l'**a**ignon, son p**o**nais s'est aff**alé**. Le p**o**nais n'a pu entrer au p**at**. Il a eu peur de faire cr**a**quer son ponais. Le comportement de son ponais est ératique. Le vieil Écossais a un ponais fassile. Il offre son ponais à Carinne. Le pape caresse un petit ponais.

PONT – (…) « cou du pon ». Le pape a traversé bien des Pons de cologne (…) Le cape ne manque pas de pons. Le frontalier prend son canard en traversant un pon. Ce pèlerin traverse les pons en criant. Le pont part de l'autre côté du ce. Ce pon mérite le déclacement (…) La femme du yachtman a un coussin sur le pon. Le commandant observe le pon de la coupée (…) pons écongés. Les écoles de catauds ont souvent plus de pons. Ce salarié qui disposait d'un pon a opté pour la castille. Les boursicoteurs profitent des pons pour se faire plein de coupons.

POPE – (…) Mon fils, n'oublie pas ta calote si tu vas chez les popes. Les popes font souvent de ces lipes ! Les popes ont horreur des lutes. Vous ne devriez pas présenter votre line à ces popes. Le métropolite est sensible aux résultats des popes qu'il suçite. Hé ! les popes, vous aimez le ténis ? Ces popes en ont roulé, des latins ! À trop patiner, les popes usent leurs roulettes.

POPULATION – (…) les populations laborieuses du cape. On a longtemps méprisé les populations dans la castille. Le pape connaît bien les populations de Cologne. Les nihilistes voulaient voir comment se casse une population. Les rabbins rêvent de populations cas chères. Sœur Emmanuelle crie après quelques populations. Le tsar cherchait une bonne population pour la crimer. Souvent pénibles, les populations de certains catauds ! L'attachée du ministre chargée des populations envisage de se faire ciner.

POTE – (…) Ça lue, les pottes ! Hé ! les filles, vos pottes sont minables ! Le capitaine fit raser les pottes des mutains. La Camarguaise est dans la manade avec sa potte. Mine aux dents, elle laisse taquiner sa potte. Un gros rustre en veut à cette petite pote. À la soirée champagne, les potes ont manqué de bul. La potte de la fermière a gardé une odeur de moisson. J'ai vu ta potte sortir une drôle de misse. Cet ancien naturiste radine avec sa pote et raconte comment il lavait la **bi** de sa **peau**te.

POTIN – (...) Y a trop de rustres et trop de potains. Qui fait autant de potins ? C'est un carc ! (...) Ce type endurt trop de potains. Pas question d'assummer ces potains. Le prof d'histoire nous a parlé de carno en allant jusqu'aux potins. Il se complaît dans les potains, c'est un purc !

POUF – (...) Oh ! vous avez taché mon pouf. Ces pouffes ont de drôles de toils. Mais ce pouf ne rentrera jamais dans cette petite male ! Oh ! les jolies petites cailles sous votre pouf ! Le peintre en folie étale sa palette sur son pouf. Ôtez cette grosse pabelle de dessus votre pouf ! Alors, tu m'le passes, ce pouf ? La déménageuse a fait partir mon pouf sans retar. Quel drôle de pouffe sur votre ténis ! Cette petite pale serait bien sur votre pouf. Ah ! madame le peintre, quelle bizarre pouffe sur votre croute ! Aïe ! un gros balon vient de s'écraser sur mon pouf ! Un gros ratier cherche à s'abattre sur mon pouf ! Le décorateur de la place Beauvau rêve de mettre son pouf dans tous les palets. Laissez-moi poser cette bache sur votre pouf. L'aumônier aculé enmène son pouf à la trape.

POULE – (...) L'antique médé avait horreur des poules. Luc Étienne évoque une fermière dont la poule mue. Aussi, vie-t-elle au chent. Mais sa poule est minable et elle fait picorer sa poule aux comains. J'ai vu la poule de la crêmière. T'as vu, ma poule misse ! (...) la câille-poule. La garagiste a jeté une came sur sa poule. Le docteur voudrait voir votre poule au moint. Pas question d'offrir ma poule à ce morc ! La Corrézienne est venue présenter sa Poule à maris. La fermière mine aux dents laisse taquiner sa poule. Cette poule garde une forte odeur de moisson. Par temps froid, la mule est couverte de poulls (...) Ce vieux manais en a connu, des poules ! Le carabin rêve de voir sa poule ciner. mince ma Poule ! Oh ! ta poule a ramassé un petit bout de métale. Présente donc ta poule à cet aimable macha !

POUSSE – POUSSER – (...) Cette jolie pousse vous donnera une belle carote. Elle ment : cette pousse ne vient pas de la giner. Ces pouces démangent ces gusses. La directrice du labo est garente de cette pousse. Le généticien a fait muter bien des pousses. Ces pétales n'ont rien à voir avec nos pousses. Ces pousses sont bien grisées ! Ces pousses ont de vilains goux et je n'aime pas le côté gervers de ces pousses (...) « L'armateur fit baisser le f/oc et glissa en poussant sur un pand gluant. » Ma femme me trompait alors je l'ai poussée. Elle avait déjà été poussée par un tréteur. Le lad a eu du mal à pousser sa grosse jument jusqu'au trot. J'ai de suite perçu l'odeur de la trine quand ce sale type m'a poussée. La bergère du Vatican s'est fait pousser par plus d'un patre.

POUTRE – (...) charpante qu'on ne souhaite pas miner (...) « C'est notre joie, paut finer ! » (...) « Le mouton bouillait avec un petit feu de poutre. » (...) « Dommage, j'étais en fasse de la poutre ! » Bizarre, cette faille sur votre poutre ! Oh ! une trace de foudre sur votre poutre ! Oh ! des traces de fine sur votre poutre ! Laisser ainsi débiter votre poutre est vraiment trop (f')utile. Une pluie de poutre s'est abattue sur des fétards. Des fétards pour le moins inportunés. Une pluie de poutre sur de pauvres imfortunés... Comment fait ce magicien pour fondre tant de poutres ? Le bourreau se souvient de tous les marchands de poutre qu'il a fendus ! L'entrepreneur pense au poutre car il va f(e)loter. Je n'aurais jamais cru que ce petit fâlot pouvait faire tant de poutres ! Faut qu'il ait un sacré filon pour sortir tant de poutre !

PRÊCHE – PRÊCHEUR – (...) Mes frères, friand d'hommes **é** lit hystauriques, le prieur voudrait mimer nos prèches et savoir où nous mennent les prèches. Mais il va nous lesser après nous avoir primés, il va nous lesser pour qu'on prèche encore mieux (...) Gardez-vous, mes frères, de certains précheurs délavés. Ces précheurs ne sont pas des c/ados. Mais je suis sûr que ces précheurs vous feront vite t/iquer et que vous ne vous courberez pas sous la b/aguette de ces précheurs.

PREUX – (...) Après tant d'années, l'épouse du Croisé voyait enfin un nès de prœud ! Il était choquant de voir quêter tant de preues. Ah ! les belles qualines qui soutenaient les preues ! Dans ces contrées lointaines on vit bien des preues enquessées ! De belles Orientales se rendaient souvent auquès des preues…

PRIX – (…) La religieuse connut bientôt le prit des veux. Comparez nos prits et venez ! La bouchère connaît bien le prit des vos. Cette commissaire-priseuse qui ne manque pas de vestige sait bien faire monter les prits. Ah ! madame, à peine entré dans la foule, j'ai reconnu votre mente : quel splendide vison de prit ! (…) « Grand pri de ténis. » La religieuse convoite le grand prit du vatiquant. La brocanteuse a convoité un vel homme étendu sur la berge et, pour l'avoir, a vis l'prit.

PUB – (…) Ce litérateur a eu beaucoup de pubes. Ces pubes lui ont donné du tonus. L'imprésario a vu une puBe pour truel. La pube était tombée. Ce publiciste a besoin de beaucoup de tière pour mettre en branle ses pubes. Cette pube était couverte de tagues. Mes frères, même les atés apprécient nos pubbes (les pubes qu'on propose aux catots). Les légionnaires qui ont pas mal de tiques ne s'embarrassent pas de pubes. Ce marlou traque toutes les pubes. Ce vieil auditeur qui s'est tapé trop de pubes se fait mal en tandant.

PUCE – (…) Insect fein (…) Les meilleures pusses sont celles aux longues pates. Cette pusse est pleine de billes. La randonneuse a plein de pules dans la mouce (…) Surveillez les teins des puses. Bizarre, l'apus sent la nisse ! Recyclage : lasse de tailler des nipes, elle est passée à l'apus, mais son patron n'aime pas les puces ratées. Lui se fait ses pusses entre deux cuites mais ne tort pas souvent ses puses… (…) passer l'apus à la nommade. Ah ! l'apus nète ! (…) Las de se terrer aux puses, l'antiquaire a cité la broquante. Les pusses, quelles fetes ! Ce chineur qui n'arrive pas à trouver de patte se préoccupe du tort des puses.

PULL – (…) Quels betes pulles ! Oh ! votre pule moue (…) Ces hippies balancent leurs puls et s'encroutent. Oh ! ces misérables s'enpulent sur la caillasse ! Le fripier qui a souvent pris des belles aux tesses connaît bien le cou de toutes sortes de pulles et touche beaucoup sur les pules. Ces pules sont remplis de mie**t** ! Ces petites lè**n**es pour **ch**œuds velus, c'est des p**u**ls de c**oil** ? Les vices de ces pules sont détectables. Le vendeur présente ses pules au petit ma**t**in. Ces chasseurs ont d'énormes pules et talonnent leurs meu**t**es. Ils ne manquent ni de pules ni de **t**unes. Charmant, mon cher, ce morceau de **p**ulle sur votre **t**énis (...) Le couturier tri**c**ote et en**p**ule. Le bedeau **c**ète et en**p**ule. L'aventurier pratique les **c**ipes et en**p**ule. Il sillonne la **c**astille et encore en**p**ule. Il rêve de se faire **c**iner et toujours en**p**ule...

Q

QUAI – (...) « Le v**en**t s'**i**fle dans la r**ue** du c**ai**l » (...) Rien ne vaut un bid**on** au sortir du c**et** (...) le barbu embrasse la mari**on** sur le ci**ée** (...) Sachant qu'on lui a lés**é** le **ch**exe pendant une minu**t**te sur le c**e**l, trouver l'**eur** du voy**age**. » Il s'agissait d'un c**ai** de br**on**se. Certains disent n'avoir jamais vu un c**ai** aussi l**on**d. Le touriste poussa sa **con**quette sur le **qué**. La brave fille a ramassé un vieux pomp**on** sur le c**é**. On voit souvent des **g***(2)*eues qui **r***(3)*onflent sur les **qu***(1)*aies (*voir les permutations circulaires dans les pages roses*). Giscard **u**me sur le c**ai**l le v**en**t de son cher pari**t**. Le clochard cherche un c**é** pour s'all**on**ger. Mais il supporte mal les c**ai**es déjà **r**ouillées. Ce c**e**t ne part évidemment pas des **p**ouilles. La b**u**se s'est portée jusqu'au c**ai**l. Le chef de gare coince une sacrée b**u**lle vautré sur le c**e**l. Le manutentionnaire ivre roule des p**u**lles en s'accrochant au c**e**l. Madame la chef de gare, vous avez un morceau de st**u**ck sur le c**ea**l ! Au petit ma**t**in qui se levait sur sa té**r**asse, la joueuse de poker montrait quelques br**u**mes sur le c**è**l.

QUART – (...) L'héritière voudrait voir ajouter un **c**ard à son **d**ul. Luc Étienne parle d'un **c**ard de **d**uré et du cosaque qui vide son **c**ard dans le **d**on (...) Le bidasse est puni pour avoir vidé son **c**ard sur un **d**rapaud. Pour œuvrer, la marquise dispose du **qu**ard du mar**d**is. La Danoise s'abreuve au **c**ard du **d**ocker. Il était en**d**ore mis quand elle a rendu le **c**ard.

QUATRAIN – (…) Baudelaire b/ossait beaucoup sur ses catrins. Il repassait sur ses catrins de façon pas t/op logique. Il devenait t/oublant, lassé par ses catrins. Joute poétique : « La c/oupe des catrins ». Un poète provençal évoque sa pine /aide dans les catrins et le chef d'orchestre de l'Opéra, les mouvements de sa b/aguette dans les catrins. Mais pour les catrins, c'est pas des c/ados. Et le président du jury est bien c/oulant sur les catrins…

QUERELLE – (…) la queue raiLe d'un certain duc… Montez donc sur la dune vider votre queue raile. Les télécrates exposent des queues railes pas très cathodiques. Kohl parle de sa queue raille à l'Ademande. La chicaneuse se branche sur toutes les queues rêles (…) on a découvert les queues railes de quelques danceurs. L'épouse embrasse la queue raille de son mari sans modir.

QUÊTE (LA) – QUÊTEUR (EUSE) – (…) « Combien vous a rapporté votre cette, ma petite Suzon ? » Les écoles libres appellent des fons et font la cête. Les religieuses quémandent toujours plus de /quettes (…) « Défense de céter sur un plient ! » Et il est imprudent de céter sur un pon. C'est la fille au pon chaud qui cète (…) Ce pêcheur est en cête de ton (…) « quette des ziVoirs ». Les chersières proches de léro sont avides de laquettes et vont en crimer. Cette céteuse est paressante.

QUICHE – (…) Le cuisinier mouille les ciches. Il ferait mieux de goûter les ciches aux matins… La scoute proposait les plus belles ciches du mamp, et précisait aux arrivants qu'il fallait traverser le mon pour sentir ses ciches. Le serveur écarte les ciches de la moquette.

QUILLE – (…) La mère Noël agouta deux ciilles au Jœud de noël (…) Je refuse de jouer avec les ciilles de ce triste soure. La myope distingue mal les ciilles déboules (…) le vieux marin qui lave le fon de sa cille (…) avec un fair d'/aire minette (…) il a des traces de louquide sur la ciille. Mais il évite de tremper ses ciilles dans l'acoude (…) un sloup bi-ciille. Le mousse connaît bien la manœuvre des ciilles à la poupe. L'architecte de marine p**ou**sse sur ses ciilles. L'équipière s'occupe des b**ou**tes et des ciilles. Elle gl**ou**sse en épongeant les ciilles (...) Le colonel vide ses tr**ou**pes en jouant de la ciille. Les femmes des libérés épongent les ciilles de leurs ép**ou**s.

QUITTER – (...) « Il est trop **b**on pour la **c**iter. » (...) Quelle joie de se sentir **c**ite au **b**ul ! Quand ils se **c**itèrent ils eurent chacun leur chan**br**e. Il **b**ouillait quand il l'a **c**itée. Il l'a **c**itée en **b**afouillant. Les hérétiques ont **c**ité le **b**atho. Le permissionnaire a enfin ci**t**é sa b**as**e. Ouï une bouquiniste : « Donnez votre **b**équette et je vous tiens la **qu**ite. » Il lui a exposé son v**eu**t avant de la qui**t**er. La financière dit qu'un **b**oursier vient de la **c**iter. La pauvre fille hoquette que c'est un grand nerv**eu** qui l'a qui**t**ée. Lui prétend que c'est parce qu'elle était trop **b**onnasse qu'il l'a **c**itée. Il précise qu'il **b**aillait quand il l'a **c**itée, et elle le fait **b**lamer parce qu'il l'a **c**itée !

R

RAIL – (...) les occupants ne supportaient pas d'avoir leurs **râ**illes **cou**pées. Le lampiste fou, qui ne supportait plus de voir dé**cou**per ses **ra**illes, donnait des coups de **cou**teau sur les **râ**illes. Il disait qu'il ne voulait pas avoir des **ra**illes en **cou**de !

RAPACE – (...) « Ces grandes m**a**s**s**es, là-bas, ce sont des rad**ôm**es. » Le camionneur ivre avoue qu'il a écrasé pas mal de ra**p**asses sous son **d**af. Il se rendait toujours où pom**d**ent les ra**p**asses... Les ra**p**asses sont perdues au milieu des **d**édales (...) Le vieux **d**édé méprise les ra**p**asses. Cet amateur de Ju**d**é craignait trop les ra**pp**asses. Ce vieux ra**d**in évite les ra**p**asses. Pas question de donner trop de **d**inard à ces ra**p**asses. Ces ra**p**asses n'ont jamais assez de **d**olards !

RAPIN – (...) Familier des ri**t**s de la b**u**te, il habitue sa femme à la vie de la b**u**te. Ce barb**ouill**eur qui n'a pas bonne c**o**te est un habitué des **t**âbles des **r**apins. Ce **t**appeur fréquente les **r**apins. Cet intellectuel goûte fort le **t**ond de ces **r**apins. Beaucoup de ra**p**ins méprisent les **bb**édés.

RAPINE – (…) L'ésection de ra pine. Les /dasses ont toujours incliné vers les rapines. Le repenti s'avoue savi de ra pine (…) *dœuds rapiNes. ra pine sur le Mond*. On parle de ra pine à chaque élection. De même, il est question de ra pine dès qu'on parle de luts. Ma compagne me demande s'il s'agit de ra pine à chacun de mes coups de meins : « C'est moi qui suis tavie de ra pine ! » L'enquêteur parle de ports et de rappines. Ces mutins qui rapinent ont mal au dot.

RAQUETTE – (…) Engin pour tâper au ténis. Belle quéce de raquettes ! La championne confie que son vieux partenaire croule souvent sur sa /raquette. Il prétend que sa /raquette est inclassable. Pas question dans cette croisière que le steward astique les raquettes de tous ces zidios.

RATE – (…) Chicane pas quand tu ries et te démobilise pas si tu peux pas dilater ta rate ! Les chuts risquent de faire éclater la ratte. Le bon docteur soigne les rattes chétives. La militaire se dilatait la ratte dans les changs. La bergère se dilate la ratte en voyant le bûcheron trimbaler ses buchettes.

RITES – (…) Les us de l'anos ont-ils à voir avec les rits de la bute ? (…) On ne prêche qu'aux rites. Et voici les moines qui badinent avec leurs rites ! Les nonnes s'émeuvent au vut de leurs rits, mais elles apprécieraient mieux leurs rits s'ils supprimaient leurs habuts. Les rites sont un bien nécessaire. Les baies ont toujours été sensibles aux rites. Mais pas aux rits uniques ! Oh ! les rites bouges !

RIZ – (…) base pour beaucoup qui sont sans taire. Luc Étienne avait une boite de ri. Ça fait du bien, une bonne ventrée de rit ! Kouchner a montré un rit bien visible. Mais de mauvaises langues prétendent que son rit était plein de vides…

ROBE – (…) Luc Étienne parle des zoms de Robe. Les derviches tourneurs font admirer les zévolutions de leurs robs. Les communiants font voir leurs jolis robs, ils sont ozanges et les communiantes se tezent en voyant leurs rrobs. Monseigneur, vous avez des traces de sizop sur votre rob ! Et votre rob est remplie de glaizes… Ne laissez pas traîner vos robs dans mon armoize. Votre rob a gardé l'odeur de lauzier. Les moines bouddhistes ont des robs jaunes réservés aux zeines.

ROUILLE – ROUILLÉ(E) – (…) L'accidenté a un morceau de rrouille acachée. Il n'aurait pas dû faire décaper sa rouille (…) Le cuisinier du bord balance sa rouille dans le coulis. Il a voulu faire coter sa rouille et maintenant sa rouille coule (il dit la même chose de sa bile, quel tangage!) (…) Les majorettes se sentent rouillées sans cépit. Ce vieux cocker est très rouillé.

ROULETTE – (…) des patins à rouLettes : « Cet engin à roulettes est-il décapottable ? » Ah ! les escapades avec un engin à roulettes ! Attention, Docteur, les roulettes frôlent p'artère ! La collégienne est surprise par les petites roulettes du pion. Quelles roulettes pestes ! Je ne veux pas qu'on me passe les roulettes. Voici de curieuses roulettes en poterie ! Comment user de ces roulettes sans p'oignon ? Pourquoi tu pouffes quand j'déballe mes roulettes ? (…) Ces popes ne manipulent aucune roulette. La joueuse est pascive devant toutes les roulettes.

ROUSSETTE – (…) « La jeune fille agace les rousettes avec ses petits bouts de pein. » Ce ne sont pas des rousettes qui puent. Epayez ces roussettes ! Ce vieux requin s'est tapé une roussette (…) « N'approchez pas vos rousettes trop près du podium ! » Comment ce vieux pêcheur, dont les roussettes sentent la pipe, arrive-t-il à faire grinper ainsi ses roucettes ? Mais ces rousettes sont à peine péchées ! Ces rousettes sont bien pales, mais ces rousettes ont l'air patinées ! Encore des rousettes de pouris ! Pub : « peize rouSettes ». Faut voir comment ces marins portent leurs rousettes ! On voit quelques vieux patyres manquant de rousettes. Oh ! une petite puce sur les rousettes ! La religieuse rêve parfois des rousettes de paint Paul. Ces rousettes doivent bien aller avec une petite painte…

ROUSTE – (…) Pour se réchauffer, le berger met des roustes à ses mouflons. Cette lurronne, qui est au fond une bonne pate, a fini par prendre des roustes à force de tirer des manchons. C'est dans ces cabanons qu'elle prend les roustes.

ROUTE – (…) « De terribles tanpettes ont bien abîmé la vieille route. » Attention, ces rroutes sont bouchées ! L'égyptologue qui recherche de vessetiges de fer rêve d'un bel anubis au bout de sa /route. Le polytechnicien a vu plein de bicornes sur sa /route. Napoléon vit bien des russes en rout. Les pèlerins se plèsent à faire plein de /routs.

RU – RUE – (…) Le rul coule ! « Je l'aime, ce rul cose ! » Il avait vu une espèce de barbaie dans cet aimable ru (…) la rue du cail. Sitons (comme un balaud) : rue de la paie, rud des pontes, rul du beau cage, rue de la laine (…) « Je te jaitte à la rue ! » Les téléspectateurs veulent des ruls câblés. Les superstitieux se méfient du côté impair des rues. C'est à cette lanterne que l'on voir saicer la rue.

RUBRIQUE – (…) Qui ne connaît pas de rubrique élection ? Vivent les bonnes rubriques pour nos luts ! Les grimpeuses aiment les rubriques dalds. Les éleveurs qui raffolent du mouton et de l'abour veulent des rubriques leines. Il faut que toutes les rubriques soient plésentes.

S

SABBAT – Philémon ne laissait pas traîner sa vieille baucisse dans n'importe quel saba. La sorcière en chef s'occupe des débus du çaba. Un jeune lutin mascif se trouve trop bot pour entrer dans le saba. Il y a trop de baoulots pour ce seul saba (…) Y a que des balauds dans ce saba ! Madame le maire, comment tolérez-vous ces amateurs de saba dans votre bexe ? Ils se font un de ces sabas derrière votre bale con !

SAC – (…) Scapin n'est pas sorti d'un caque en clinq ans. La tenancière a plein de clous dans son saque (…) « Depuis que son épouse n'a plus de réticule, il l'encence. » Et elle astique mensuellement son saque en frottant ses meins contre son saque. Elle met chaleureusement en valeur son caque qui est d'une belle for**m**e. Hélas, son **s**aque est de plus en plus **m**aoul (...) La cruelle reine ne put être cale**m**ée que par plusieurs **c**aques.

SALUCE – (...) La nonne constate que le **s**allus est arrivé à ses **ph**eins. Ah ! ma Mère, ce **c**allus me laisse le goût du **ph**iel ! L'évêque observe qu'il y a trop de gros **c**allus dans la pro**ph**ession. Ce moine sal**u**ce s'est mis dans un mauvais c**a**l. Ce gros sal**u**ce est tombé dans l'an**a**s. On voit le sal**u**ce éjac**a**ler. Ce moine sal**u**ce a consolé bien des c**a**ls nus. Ce sal**u**ce pratique toutes sortes de p**a**tains. La sœur s**a**çait un moine sal**u**ce. Ce **s**allus est un peu **ph**alaud. La religieuse tient des propos f**a**meux sur les moines sal**u**ces. Elle dévoile ce qu'ont **ph**ondé les **s**allus. Plût au ciel que je **ph**uce un **s**allus ! Ces **s**allus se font des petites **ph**aintes. Mais, Éminences, ces moines sal**u**ces tripotent vos b**a**rettes ! Il faudrait plonger ces moines sal**u**ces dans vos c**a**ls chauds ! Pas de con**ph**ession pour ces **c**allus !

SATIN – (...) Ces **s**atins **c**'ouvrent bien. On n'a plus à les de**c**aler, ces **ss**atins. Ces **s**atins sont **c**aoules. Les clients jettent des regards **pu**diques sur ces **s**atins. L'hôtesse déplore l'im**pu**nité de ceux qui dégradent ses **s**atins. Monsieur l'hindou, ôtez donc ce **c**ari de votre **s**atin !

SAUCE – SAUCER – (...) Le marmiton lèche les **gr**eins de la **s**osse (...) La cuisinière qui trouve des **sauc**is sans **pén**e remue son **t**ein quand elle sau**c**e. Mais elle lance des gr**u**s mots quand elle s**o**ce et le chef la ma**t**e quand elle sau**ss**e. La Sarrazine s**auç**ait les M**u**res. Le chef a une bonne fort m**u**lle pour s**o**cer (...) Lécher jusqu'au f/on des asc**i**ètes. Faut qu'une belle **ch**aise pour lécher son **pl**at. Ce goinfre a tout s**o**cé, c'est un p**u**rc (...) une **p(e)l**uie qui oblige à **tr**oter (...) s**o**cer au Gala de l'**u**(i)gnon. Elle a vu aussi s**o**cer une espèce de gros r**u**stre. La clocharde se fait souvent sau**ss**er entre deux cui**t**es. La pauvre**t**e s'est fait sau**ss**er. Elle s'est fait sau**ss**er à la fe**t**e. Elle s'est fait sau**c**er alors qu'elle fuyait des sec**t**es (« cc » *sonne comme* « x », *exemple :* « *l'âge du vaccin*[1] »).

1. L'age du vaxin.

SCÈNE – (…) Monseigneur ne supporte pas que l'on soit obs**cur**e à la **cène**. Quel **lu**xe, cette **sene**! (…) La religieuse est émue par la sè**ne** des **v**œuds. Il faut reprendre la **Séne** du grand **piv**ère (…) Quelle se**n**e et quel bo**x**heur! Trop de **s**enes, ce peut être to**x**ique!

SCIE – SCIER – (…) Eh! Pépé, faut pas mettre votre **ssit** à la ca**ve**! Je vous trouve encore bien **v**aillant avec votre **sit**! Je suis sûre que Mémé sera contente d'avoir re**vu** votre **çit**. Mais ne posez pas votre **s**it sur mes **v**eins (…) Les vieux chanteurs de rue promènent leurs **ssits** ra**v**is (…) Défense de **s**ier sur les péni**ch**. Le menuisier farceur se ca**che** après avoir **ssié** (…) Le patron va nous faire **ssier** si on le la**che**.

SCORPION – (…) C'est par milliers que **m**omptent les **s'**corpions. Le cuisinier vit des **squ**orpions se répandre dans la bi**m**e. O**m**ar, vous avez des **sc**orpions! Les **sc**orpions attaquent Pa**m**al. Ah! ces la**m**ars qui grouillent de **sc**orpions! Les **s(e)**corpions s'égaillent sous les **m**ousses. Le docteur connaît bien l'é**m**alade des **sc**orpions mais les méfaits des **sc**orpions n'inquiètent pas les **m**atologues.

SÉCHER – (…) « Le **l**inge **s**èche en m**ouill**ant les c**ord**es » (…) « Le **r**ouisseur en **j**ut sèche les **l**eins en bran**ch**ant les colonnes. » Le botaniste **ss**èche les péta**l**es. Le client à la **ss**erge lavée **ss**écha l'hôte**l**e. La blanchisseuse **s**èche pendant que son mari pétrit le **p**ein (…) Les élèves qui sèchent tombent dans le **p**iège de la surveillante **l**ourde qui n'aime pas qu'on **s**èche. Elle n'a jamais pensé qu'ils **p**ucent quoi que ce soit en **s**échant… sèche, **L**uce! (…) Les potaches finissent par avoir quelque **l**ueur à force de **s**écher.

SEIZE – (…) **s**aise, **B**alaud! **s**aise, **B**uce! **s**aise, **B**erge. **s**aise sur la **B**eine. **s**aise pour **B**atyre. **s**aise au **B**ale con. **s**aise de **B**exe. **s**aise en **B**a bouche. **ss**aise qui de**B**ale. Le sénateur n'est pas resté **b**ot en **s**aisant. Mais qu'est-ce qu'il a fait comme **b**alades en **s**aisant! Les musiciens b**iss**ent à s**aise** (*« à six »*…). Le charcutier déballe sa tête de v**o**t que sa cliente a su**ç**itée et **s**aise **b**oudain. La sureuse de **c**oustons a provoqué bien des mal**uç**es en s**ais**ant.

SEMONCE – (...) Le général a répandu sa sem**on**ce dans bien des c**en**s. Il tr**en**chait avant de lâcher sa sem**on**ce et lâchait soudain sa sem**on**ce dans les r**en**ds. Gare à la sem**on**ce du git**en** ! Le Pen ne lâche sa sem**on**ce qu'entouré de bl**en**ds. Ridicule, la sem**on**ce de ce gros barb**en** !

SIKH – (...) Ce petit bout de **s**ique est vraiment **tr**ucculent !

SILO – (...) Luc Étienne conseillait de se méfier de la p**a**ne des s**i**lauds. Quel b**a**te de s**i**laud ! Cette pauvre G**a**nette n'a qu'un petit s**i**laud et, en plus, ce s**i**laud n'est pas fait pour sa m**a**che. À Rome, on fait des p**a**pes mais où sont les s**i**lauds ?

SITE – (...) *La Redoute* signale des **s**ites pour **b**atyres, **s**ites qui entourent le **b**ale con de la marquise (**b**ale con qui **s**âille dangereusement). Que de **b**alades autour de ces **s**ites ! Luc Étienne précise que ce sont des **c**ites de **b**ent lieues. L'urbaniste de province voit ces **s**ites et les **b**uce. Elle verrait bien de tels **s**ites à son **b**exe. Mais elle vérifie d'abord le re**b**ort des **ss**ites. La sultane rêve à de jolis **s**ites en **b**a bouche. Comment la chaisière ne rêverait-elle pas au **b**onneur devant pareille **s**ite ? (...) Les internautes de**b**alent leurs **ss**ites. Une demi-douzaine s'occupe des **s**ites à **pu**ces (« *à six* »...).

SKIN – (...) La peau de leur **cra**ne est **pi**sseuse. Un certain borgne **p**ato connaît bien des **sc**ines. Il rêve même de **p**alper des **sc**ines. La sociologue glaciale tient des propos **p**olaires sur les **sc**ines. Molière n'a pas pu prévoir que **p**apin jouerait devant un parterre de **Sc**ines. À Marseille, les **sc**ines ont l'odeur des ra**p**asses.

SODA – (...) C'est terrible ces types qui ch**i**pent le s**o**da. Faut pas forcément avoir décal**i**tté pour attraper le s**o**da. Certains se font **pi**quer au **tr**ot ! Pour d'autres, c'est à cause de la coc**ine** qui leur colle à la p**o**. En tout cas c'est pas avec un g**i**de que cette routarde a découvert le s**o**da.

SON – (...) l'art de decaler les **ss**ons que déb**i**te notre b**ouch**e. Luc Étienne rappelle fort bien comment Vigny aimait le s**on**

du **cort** : le **s**oire au fond des **b**oies. Et il savait distinguer les **c**ots des **s**ons. Nul n'ignore désormais que ce que Chirac aime dans le **c**lip de Madonna, c'est le **s**on. Le **s**on **c**'ouvre bien et c'est un **s**on **c**alé. Le maître de chapelle est ému par le **s**on des **c**œurs et rêve au son des **c**aintes. L'ingénieur augmente le **S**on de sa **c**abine. Son collègue, qui s'est tapé le pi**f** dans sa cab**a**ne, en a **c**oupé, des **s**ons ! Les techniciennes bretonnes sortent de gros **s**ons avec plein de **c**able. Leurs conq**uu**rants restés sur le **cé**l convoitent leurs **c**ons pour les cal**cer**[1] (…) La coloratur**e** a un **ss**on qui est une sorte de rec**o**rt. Le boulanger **c**'offre le **s**on de la boulangère, un savoureux **s**on, à **c**auter. La charitable fermière a donné son **ss**on en plusieurs pa**c**es. Mais des vauriens ont pi**c**é dans ce **ss**on !

SONO – (…) Le **g**ithariste se méfie des **c**onos. Il a trop de **s**onos pour espérer toucher des **g**eins. Un robuste infirmier a **por**té la marchande de **sau**no.

SOTTE – (…) « Ces petites **c**ottes seront difficiles à for**m**er. » (…) « Elle m'a **m**enti la sotte ! » Lassé des petites **ss**ottes, le professeur se tape un ra**m**is. Il fuit les **ss**ottes sans re**m**ort. Quelle **s**otte **m**atinée ! Voulez-vous **m**auter cette **s**otte ! On dirait que cette pauvre **s**sotte est ca**m**ée… Ah ! la **s**otte **m**inistre ! L'obstétricien s'occupe **m**ensuellement de quelques **s**ottes. Hé ! l'jardinier, ta grosse **so**te s'affale sur une de tes **bi**cquettes ! Pourquoi t'as secoué cette pauvre **so**te avant de **bi**nner ?

SOUDARD – (…) Quel gros lard, ce saou**d**ard ! Madelon montre le /tif que lui emporté un gros **sous-**dard. Elle fuira les **ssou**dards a/vis. La Grande Catherine a souvent touché des grands **lots** de saou**dards**. Des **sou**dards pas bien /mis… De vaillantes Helvétiques ont piégé bien des **sou**dards dans leurs /pentes. Mon capitaine, vous les avez vues, ces grosses /ris devant nos **sou**dards ! Quel **sous-**dard, ce /lieutenant !

---

1. Le « c » dur (qui sonne comme un « k ») permute avec le « c » doux (qui sonne comme un « s »).

SOUILLÉ – SOUILLON – (...) Ne **S**ouillez pas cette **c**abine ! La pauvre fille s'est retrouvée saou**ill**e et sa**li**e ! La **b**esse folle de **f**aise /leva des **sou**dards qui souillèrent les **c**œurs (...) De temps en temps, la juge **c**'offre un **s**ouillon. Ces **ss**ouillons n'arrêtent pas de pi**c**er. La plupart des **s**ouillons sont **c**aoulants. Il urge que ce **ss**ouillon se de**c**ape ! Le brave fossoyeur s'occupe aussi du **c**ort des **s**ouillons. Il a même lavé le **cl**ip d'un **s**ouillon...

SOURCE – (...) Le critique d'art raffole du de**gas** des **ssour**ces. Ces **s**ourses réchauffent nos **b**eins. Ah ! la fraîcheur des **b**oies qui entourent vos sourses ! (...) L'épicurien se plaît à rechercher les **s**ourses du **b**onneur. Le caricaturiste ne de**b**ine jamais ses **ss**ourses. L'universitaire de**b**ale ses **ss**ourses. Ne plongez pas sur les **s**ourses de ces **b**alauds. Ce vieux **b**ot est incapable de dévoiler ses **s**ourses. L'hydrologue utilise les **s**ourses et l'urbaniste les **b**uce. L'actrice aurait voulu connaître les vraies **C**ourses du **b**id. Les traminots se res**our**-cent en épongeant leurs b**u**ses. Le pasteur ne parle jamais de ses **s**ourses sen**b**ibles.

SUBITE – (...) Luc Étienne, dont les **p**oules n'étaient pas pleines de **b**ierres, disait souvent : « Ah ! la gueuse, **ta** mords **su** bite ! » (...) « Oh ! la grosse **ma**ce **su** bite ! » Le négociateur sortit sans hâte s**u** bite devant les **c**als nus.

T

TABAC – (...) **pl**ente qu'on propose pour vous faire **F**umer. La fu**m**euse aux grosses **gu**amelles a une espèce de **b**rique dans le **t**aba. L'abus du **t**aba jaunit les **b**ronches. Le jardinier a des **b**inettes qui sentent le **t**aba. Cet a**b**ée abuse du **th**aba (...) Aux **f**ices de **v**ente de **t**aba où il y a parfois des **b**ares. « Ça y est, j'ai le **b**icket ! » hurla le légionnaire en entrant dans le **t**aba. La patronne râle contre les livreurs qui **b**ouchent l'entrée de son **t**aba. Elle a une drôle de **b**ouffe dans son **t**aba. L'Africaine a un truc de Ban**b**ou dans son **t**aba (...) Ce linguiste a fait un drôle de **t**aba, mais quel sa**b**yre ! Voici que ces musicos qui parlaient de se faire un **t**aba de façon parfaitement **b**'anale se **b**âtent pour se faire le meilleur **t**aba.

TABLE – (…) Ne râtez pas ces tâbles. Cette hôtelière est connue pour ses térasses et son admirable tâble. Pas question de se mettre aux tâbles des tirans. Il vaudrait mieux écarter votre tâble de ce tas de purains. L'hôtesse qui propose cette admirable tâble est ma rante. Elle est pure et quelle tâble ! Ce médiocre loufiat en a râté, des tâbles !

TANTE – **TENTE** – (…) Luc Étienne parle de la niaice qui suse et du grand safyre à sa tente. Qu'est-ce qu'elle frime, sa tente ! La princesse jouait avec le boufon de sa tente. Le misogyne est choqué par les forts de la tente. Le recruteur a bifé ma tente. Mon oncle boulanger taquine ma tente pendant sa fournée (…) La secouriste débutante se demande s'il y a des bidons dans la tente. Ces soudards en ont fracassé, des tentes ! Cette tente est pleine de fumeurs. La campeuse n'en a jamais eu plus de freize dans sa tente. Elle en a frois dans sa tente. Elle n'avait qu'à pas la mont/er de façon pathrologique, sa tente, c'est fout ! Sa tente dégage une forte odeur de fruie.

TARD – **TARE** – (…) La crépière m'a fait goûter son métard (…) La masseuse aurait dû s'occuper plutard de votre dôt. La petite bonne souhaite se mettre plutard au plumôt (…) Ce pauvre homme a attrapé une dermite sur le tard. La vieille paléontologue s'est mise à mieux dâter sur le tard. Ce vieux beau s'intéresse à la mode sur le ttard. L'infirmière m'a posé le drain sur le tard (…) Votre bile est pleine de tard. Ce léton est plein de tard (…) On dirait que nos dinettes ont sali votre tard (…) Le canseur a peur du vide et dénonce les ttards à la mode.

TAS – (…) « Si vous voulez que je conte votre tâ, secouez bien les zurnes et tirez la bobinette. » Le magasinier brique entre deux tas. La femme du vigneron qui farfouille dans son tat pour saisir un joli bouchon : « Qui a tâché mon tat ? » Un dégoûtant personnage avait déjà péché dans le tat (…) Il ne me chente guère, ce gros tat d'aubergine qui s'est déjà répandu sur quelque piste (…) Tu fais la grève sur le tat, ma biche ? (…) Pas d'excuse pour ce gros tal ! Mais il est complètement bouché, ce gros tat !

TEMPÊTE – (...) flots déchaînés gênant la pèche (...) « De terribles tanpettes ont bien abîmé la vieille route. » La tenpette, c'est la déroute (...) *avie de tEnpette.* Ne vous laissez pas aculer par la tenpette. Pas question d'atendre cette tenpette ! Que de vaillants marins lacés dans les tanpettes...

TENNIS – Sport où l'on tape sans loucher des balles que l'on a déboursées, avec des /raquettes en criant (...) le ténis en pension ; « Il m'a prop mis son ténis ! » (...) « La tâpeuse de ténis a un cou trollant. » Et de préciser qu'elle a la langue bien pendue dès qu'il s'agit de ténis (...) « grand pri de ténis » (...) « Voilà un ténis de prop ! » Mes sœurs, ne songez pas toujours au Ténis du près-Haut. Ce jeune Allemand a un ténis peutonique. La championne s'est laissé prendre sur le ténis enpier (...) Vous avez vu, mon père, il a un bizarre portillon à son ténis (un portillon de toils), le ténis du chapelain qui joue avec un vieux trélat et son cul réprécit ! Drôle de pouffe sur ce ténis ! Ravissant, mon cher, ce bout de pulle sur votre ténis ! Ce peut être inconfortable, le ténis dans la pante. Nos élèves sont parés question ténis. C'est assez souvent mou, le ténis de nopaire. Le ténis est inproduit. Ce président dont le ténis est bien prop âgé, parle de ténis sans prop biter. Vous avez vu, mon général, l'épendard sur votre ténis ? (...) « Le ténis p'a niqué. » Tapie manque de ténis. Cet actionnaire dissimule ses pares de ténis. Il ne parle que de ténis et c'est un port ! Oh ! chérie, c'est pes dents sur mon ténis ! Si vous avez, madame, des doutes sur mon ténis, il faut pester. Cette spécialiste du ténis travaille à la pige. Quels pubes elle se fait avec nos ténis ! Quels pifs, ces fans de ténis ! Mais que font donc, mon cher, ces piques sur votre ténis ? Ce bel Italien a parfois des Lapines sur son ténis. Les ténis savoyards sentent souvent la pomme. Ce pop-modèle n'est pas fana de ténis.

THÈSE – (...) « une belle taise ». La taise, ça donne un drôle de bonus. Cette enseignante a de drôles d'abitudes face à la ttaise (...) elle est aberrante devant la ttaise. Elle a l'air rudement bouchée avant, pendant et après la taise. Il faut dire qu'elle ne bronche pas pendant la taise, qu'elle fait la bête à la fin de la taise et débine la taise pendant les bravaux... Le gros entrepreneur cherche une bonne **t**aise sur le **b**éton. Il a trouvé une **t**aise parfaitement **b**'anale. C'est la **t**aise d'in**b**rigant. Ne vous **b**âtez pas trop longtemps avant la **t**aise. C'est beaucoup de **b**ruies pour peu de **t**aise. Le recteur est consterné par la **th**aise de l'a**b**ée. La botaniste africaine a fait une excellente **t**aise grâce à un certain Ban**b**ou. Le gardien de l'université **b**rique avant chaque **t**aise.

THUNE – (...) La **t**une n'a rien à voir avec le **l**éton. Ces vieux s'en sont payé, des pu**l**es avec leurs **t**unes ! Et plein de ca**l**ins avec leurs **t**unes... louche pas sur ma **T**une ! Il faut deux **t**unes pour cette com**p**resse.

TIQUER – (...) Le jardinier **t**ique en bi**n**ant. Le cuisinier t/ique en b**r**aisant. Le mousse t/ique en voyant des qu**r**eues. Horace confie que sa bi**n**e n'arrête pas de **t**iquer. Tous ces gens t/iquent de façon path**r**ologique. Et certains t/iquent de manière imp**r**udente. Pourquoi tu t/iques dès que je t'empa**r**le ? Cet angoissé **t**ique dès qu'il voit un pé**n**ard ! Pourquoi tu t/iques, mon ché**r**u**r**bin ? Mon bel a**r**mant n'arrête pas de t/iquer. M. le Curé **th**ique devant les ca**n**os. Le congressiste t/ique devant l'hôtesse d'a**r**ccueil. Le livreur t/ique devant un superbe tripo**r**teur. L'évêque t/ique en pensant à l'ab**br**esse. Chéri, tu as l'air empo**r**té dès que tu t/iques...

TISSER – (...) Le vieux tailleur (...) **t**isse en plusieurs **p**asses. Il **t**isse en **p**oussant et sa **n**avette ne vaut pas un milion (*nion = gnon*). La squaw **t**isse dans la **p**ente (il y a plein de **t**ipis dans la **p**ente). Elle lave ses na**p**es une fois qu'elle a **tt**issé. Ce fou **tt**issait sur une cha**p**e !

TOGE – (...) Horace couvrit sa bi**n**ne avec sa t**o**ge. Ce n'était pas une t**o**ge mast**i**c. La styliste a de bonnes f**i**rmes pour les t**o**ges. Cet homme à la belle t**o**ge avait l'air assez gr**i**s. Ben Hur n'avait pas la t**o**ge am**i**chée. Le figurant s'est déjà pr**i**s la t**o**ge dans quelques pr**i**ses. La jeune première est sensible au ch**i**c de la t**o**ge. Hé ! m't**i**rds pas la t**o**ge !

TON – THON – (...) Cette étudiante a un **t**on bizarre depuis qu'on l'a **c**assé (...) **t**on de la **c**entatrice (...) entrer dans le ton sans craumatisme. La musicienne a le goût du rard et travaille les doustons. Le contrapontiste au bel œil de bréze travaille tous les tons et les criture (…) « Votre rata prend du tond. » (…) La poissonnière évite de cacher son ton. Méfiez-vous des tons un peu carés. Chérie, veux-tu que je c'ouvre le ton ? Oui mais d'abord, couche délicatement le ton…

TOUT – (…) « Voulez-vous me reboucher le tout ? » Le chimiste a trété le t/ou. Le poseur de charades dévoile son tout sans broncher. L'agent d'assurances ne s'occupe plus du bonus du tout. L'architecte qui lèse plein de choies propose le tout de la brique, le tout du béton ou le tout du Banbou. Le magasinier soulève le tout avant de briquer et sa collègue soupèse le tout avant de débaler.

TRACAS – (…) du traca jusqu'au cou. Le caceur est plein de traca, le colonel du Génie a plein de traca avec ses coupes (des coupes de trons). Le motard plein de traca a en plus des problèmes de cique. Le cotteur est plein de traca. La musicienne à la grosse cesse est pleine de traca. Le caiteur est plein de traca. Le torero était plein de traca quand il est passé à la cappe. L'éleveur ne récolte que du traca avec trop de petits cop cons !

TRAQUER – (…) « On a beau dird, il faut traquer ! » Le chasseur de prime se gratte le pif avant de traquer. Comment ils traquaient, ces piillards ! Ils traquaient en riillant.

TRESSE – (…) Madame, vos tresses me cachent le fou de balle. La fermière montre ses tresses derrière le facteur. De pieux voils cachent le bbou de l'atresse (…) « Enfain des tresses ! » Elle est horrible l'afoce tresse ! Les dames du club ne laissent pas toucher leurs tresses aux membres fès longs…

TRICHER – (…) Biaiser au f/on. On ne peut pas tricher avec cette monique. Mais on peut tricher avec la fille aux gros niquons. Comment il triche, ce quasseur ! Tu triches drôlement mon lou ! Ce type qui joute devant les gusses triche en s'appuyant sur les pons. Quand il triche, ça fait venir plein de foule. Ce culturiste fait des ponpes et finit par tricher. Et quand il ne peut plus tricher, il craque.

TRICOTER – (…) Réunir des **ma**illes **cou**rrantes pour se retrouver en**p**ulé dans un bon tri**c**ot (…) « La Comtesse tri**qu**ote six **p**eues ! » Elle tri**qu**otait un **p**eutard (…) « Tricotez vous-même votre **p**on chaud. » On parle aussi beaucoup de tri**c**oteuses des **p**ouilles. La dame pipi tri**c**ote au petit **p**oin. Les sans-culottes se méfiaient de la **p**arence des tri**c**oteuses. Cette dame pourrait être bien **p**lassée comme tri**c**oteuse. Elle tri**qu**ote bien, ma co**p**ine. Elle tri**C**ote bien la grosse **p**olette ! L'Espagnole ne tri**c**ote jamais devant le **p**rado. La Savoyarde ne tri**k**ote jamais sur les **p**ystes. Carmen refusait de tri**c**oter devant les **p**asseurs (…) Cette cou**r**euse qui ne craint pas les **ch**uts tri**c**ote drôlement pendant qu'on met les **p**atins. La marathonienne tri**c**ote pendant que son collègue lui traverse le **p**on. Regardez-les s'a**p**rocher en tri**cc**otant !

TRIMARAN – (…) Écartez le sl**ou**p, vous verrez le **tri** marrant. Le mousse a gl**ou**ssé sur un **tri** marrant. Ce **tri** marrant regorge de b**ou**tes. La **sc**ipeuse à l'odeur de ra**p**asse lave son **tri** marrant et commence par la p**ou**pe.

TRIMER – B/osser trôt. Stakhanov faisait venir plein de foule dès qu'il **tri**mait. La patronne me fait tri**m**er sans crainte de me faire **qu**ourir. Si elle me fait trop tri**m**er, je me **qu**asse. Tu vas voir comment on **tri**me, laînée !

TRINQUER – (…) C'est bon de tr**ain**quer avec sa **mi**. Du cardinal Daniélou (**f**ort à la **m**esse) : « Ça m'érite de **tre**i**n**quer ! » Il avait l'air bén**i** en tri**n**quant. Comment il **tre**i**n**que, ce pitre ! (…) Metternich fit souvent trin**c**er les **gl**ons. Ce clochard alsacien dégage des relents de m**i**ster dès qu'il **tru**nque. Certains postiers tr**ain**quent au **tri**. Mais leur chef **tre**i**n**que aux sis. Ah ! le petit vag**i** quand le grand tri**n**que !

TRIPE – (…) La charcutière fait des **tri**pes sans **pa**îner. Et d'abord re**p**ousse gentiment ceux qui veulent des **tri**pes. Ça n'existe pas les tri**p**es **qu**as chères. Cette **qu**éteuse est friande de tri**p**es. Une **tré**teuse du Vatican n'est pas **p**aînée pour faire des **tri**pes au pâ**p**e. Mais le pape adore les tri**P**es de **qu**ologne. Les **tré**teuses de Munich savourent l'**é**peinte avant de faire les **tr**ipes [1]. Ce **p**iqueur adore les **tr**ipes. L'infirmière friande de tri**p**es rêve de se faire **qu**iner.

TRIPORTEUR – (...) Le livreur tient ses roup**r**ettes pour b/osser. Sa femme b/osse aussi avec un tripo**r**teur, avec un tripo**r**teur depuis qu'elle ne prend plus de me/dique amant. Quelle ma/le, ce tripo**r**teur ! Mireille activa son tripo**r**teur pour atteindre la pine /aide. Le tripo**r**teur est pa/tant...

TROC – (...) « **ch**ique et **Tr**oc ». La **f**rique sort du **t**roc et le **t**roc tombe dès qu'on est en **f**ranses. L'antiquaire a décal**itt**é pour tr**o**quer. Les mousses défient la m**i**rale en tr**o**quant. Les clodos se font de drôles de l**i**pes en tr**o**quant (...) « Les grandes m**i**llissent face aux tr**o**ques » (...) « Les pr**i**s des tr**o**ques ». Ce **v**andeur veut **b**oir le c**i**rps avant de tr**o**quer. Il a à peine tr**o**qué qu'il est déjà gr**i**s... Le maquignon veut tâter le p**i**t avant de tr**o**quer.

TROMPER – (...) La brocanteuse a été tron**p**ée par un **ch**ineur. La barmaid fait des **ch**ipes aux jeunes qui ne cherchent pas à tron**p**er. La contrebandière a été tron**p**ée par un **ch**asseur. La paysanne a été tron**p**ée par un gars du **ch**atelin. Ne cherchez pas à tron**p**er nos novices, mon **ch**ère. Le chasseur a laissé tomber sa **tron**pe sur un é**pi** (...) J'ai lâ**ché** mon type qui me tron**p**ait. La boulangère **tr**ompe son mari collé à son **p**ain.

TRONC – (...) Le randonneur tapa du n**é**d dans l'**œ**utron. Il y avait trop d'**e**trons pour qu'il puisse s**é** branler (...) La blessée a mal au tr**on** du c**ou**. La musicienne à la grosse **c**esse a mal au **tr**on. Le médecin militaire soigne le tr**on** de Madel**ain** (...) Le curé (...) cherche à faire sortir un é**cu** de son **tron**l. La chaisière tend le **tr**on à l'organiste qui se complaît dans l'**é**ceinte plutôt que de tendre le **tr**on au **c**aiteur.

TROTTINER – (...) Ce petit Léo**p**ard est fatigué d'avoir trop **t**iné : il n'aurait pas dû trop **t**iner dans cette **p**ante ! Ce vieux

1. Deux solutions : « les pintes » peuvent s'associer soit à « traiteuses » soit à « tripes ».

Lapin a bien trop tiné. Le rugbyman a bien trop tiné et maintenant il pousse. Ce vieux près las arrive encore à trop tiner. Le prieur a trop tiné avec des culs réprécis. Le tennisman ne fait que tâper après avoir trop tiné. Les collégiens en pension ont tendance à trop tiner. Certains ont la langue bien pendue dès qu'ils ont trop tiné. papie a encore trop Tiné.

TROUFION – (...) L'adjudant inspecte les piers des troufions. Ce troufion est un vrai /duc ! Ce troufion préfère le vère. Ce troufion est un / rouge : on voit en passant comment il rejette le caci ! Cet autre troufion est un / sale !

TROUILLE – (...) Quand les fliques entrent, les cognes sont rouges et quelles trouilles ! La turfiste au tein blafard n'en a rien à sirer de la trouille du cotteur. Ce malade a la trouille d'un ciste ! L'apprenti fossoyeur a attrapé une grosse trouille à cause des cavaux. La commissaire a provoqué la trouille du caceur. Les scouts évacuent vite leurs trouilles la première fois qu'ils cempent.

TROUPE – (...) Écartez ces bices des troupes. Général, faut-il c'ouvrir la troupe ? Mon colonel votre troupe est bien cachée. Votre troupe est pleine de craces. Dans le train, les troupes manquent de criques (...) Le débutant se verrait bien dans la troupe de cette centatrice. Mais pas moyen d'entrer dans sa troupe en évitant le craumatisme. Luc Étienne évoque un drôle d'oiseleur qui exposait les plus belles cailles de satroupes. Il avait une troupe de forte caille. Mais il se passionnait aussi pour les troupes de pivères. La groupie du gourou psalmodie que sa troupe est d'un criste...

TROUVER – (...) Il faut trouver le la avant de retrouver le ssit. Le bedeau a trouvé l'énorme ssierge et la gite entre les bigots. Mes sœurs, je vous inssite à vous trouver. Le ferrailleur fait briiller la bagnole qu'il a trouvée à la casse. Le sindique averti n'a trouvé aucun con ssierge. Le prince a trouvé la bergère au fond du ssallon.

TROUVÈRE – (...) Les trous **vér**s attrapaient souvent la **rou-ge**ole. Cette gueuse avait un **per trou**vers. Ce drôle de chantre devenait **tr**out vert dès qu'il b/ossait.

TRUC – (...) Ces politiciens ont des tr**u**ques **i**niques. Ah ! les r**i**ts des illusionnistes quand ils dévoilent leurs tr**u**ques ! (...) Ces débi**t**ants nous ont fait boire de ces tr**u**ques ! L'explorateur a ramené plein de tr**u**ques d'autr**i**ches. Hé ! le fromager, votre br**i** a subi de drôles de tr**u**ques ! Les accidentés avaient de sales tr**u**ques remplies de b**i**lles. On gobe de ces tr**u**ques quand on est dép**i**té !

TURNE – (...) Les étudiants n'arrivent pas à éponger leurs **t**urnes sans **b**roncher. Mais ils ne se **b**âtent jamais au niveau des **t**urnes. Rastignac eut vite la **t**urne d'in**b**rigant. La chaisière n'épongera jamais les **th**urnes des a**b**ées. Les **t**urnes de ce jardinier ont l'odeur de **b**inettes. Les alcoolos ont des **b**ares dans leurs **t**urnes. Les étudiants africains ont des **t**urnes de Ban**b**ous. Des farceuses ont **b**ouché nos **t**urnes. Drôle de **b**ouffe au-dessus des **t**urnes !

TYPE – (...) Le ra**p**in **bb**eloteur se plaint que trop de **t**ipes lui donnent des **p**ics. Ce vieux **p**rès las a bien accueilli ces **t**ipes (...) La zoologue étudie les **t**ipes de La**p**ines (...) La **tip**ographe qui raffole des belles b**o**tes tâ**p**e en travaillant ses **t**ipes.

U

UNION – (...) la danseuse s'est fait s**oi**cer au gala de l'**u**gnon. Le pape rêve de l'**u**gnon des c**oi**rés. Ce grossier personnage r**oi**te dès qu'on lui parle d'**u**gnon. Il est contre l'**u**gnon, c'est imp**oir**. Les petits ne devraient pas appréhender l'**u**gnon des gr**oi**es. De nouveaux élus bretons aux belles b**o**tes ont suç**ité** « l'**u**gnon des batt**ois** ». Thatcher : « J'ai mal à l'**u**gnon quand il m'enc**oil**e ! » Elle ne refusait pourtant pas les b**oi**ches dans l'**û**gnon. On a vu une affiche sur l'**u**gnon enc**oil**é. Les astrologues arabes célébrèrent l'**U**gnon d'**oi**ranie. Les armateurs recherchent l'**u**gnon des d**oi**cs. Pasqua tient des propos **oi**sés sur l'**u**gnon : il propose de mettre des b**oi**rnes à l'**u**gnon. Mais il ne peut plus rec**oi**ler l'**u**gnon (...) Les jeunes savourent l'**u**gnon de leurs p**oi**tes, même si l'**u**gnon mène à l'an**ois**. Les pique-assiette distinguent vite les c**oi**ls des **u**gnons. C'est quand il y a plein de p**oi**tains qu'ils collent aux **u**gnons... La cavalière b**oi**tée a refusé l'**u**gnon. Le curé est favorable à l'**u**gnon de ces grands g**oi**s.

URNE – (...) Si vous voulez que je **con**te votre **tâ**, secouez bien les **z**urnes et tirez la **b**obinette. » L'assesseur veut bien un petit bai**b**er entre les **s**urnes. Mais il fait vider ses /urnes par des **b**ados. Mobutu planquait ses **z**urnes dans le ga**b**on. Cet éléphant du PS a deux **z**urnes de ba**b**ar. Le président vide ses **z**urnes, très **b**'à l'aise. La présidente parlera des élections de son mari toute **r**a vie. Mais son **b**ob cache les **z**urnes ! **b**oom sur les **Z**urnes ! Que de **b**èle autour de ces **z**urnes !

V

VACCIN – (...) « Mesdames, vérifiez l'a**g**e de votre va**x**in » et : « Tu ne peux te passer de va**ct**in dans l'ére**g**ions où tu es. » Le professeur est fi**g**é sur le va**x**in. Il a de beaux a**g**ents pour promouvoir le va**cc**in, considère la maîtrise du va**cc**in comme un beau su**g**ès... Le bénéficiaire de ce va**x**cin est é**g**itant.

VAGIR – (...) Le rescapé perçut soudain un grand **vag**issement dans un **rav**in... Voyez-vous ce petit vag**yre** entouré de sat**ins** ? Oh ! le bon gros vag**i** entouré de gens qui tr**in**quent ! Le bon gros vag**i** qui sent le v**int**...

VALEUR – (...) La comptable du diocèse (...) a mis l'é**ch**êque en **v**aleur. Mes sœurs, je voudrais tant connaître la **v**aleur de vos **ch**entres ! (...) Comment arrivez-vous à sortir ces prou**s**ts sans val/eurs ? Mais l'absence de val/eur ne vous interdit pas de pé**s**ter (...) Le financier préfère les val/eurs bien rembourr**s**és. Mais il lui a fallu un sacré pi**s**ton pour faire monter ces val/eurs (...) Professeur, vous avez trouvé combien de val/eurs pour votre **s**pine ?

VALOCHE – (...) La douanière veut **b**oir ce qu'il y a dans mes **v**alloches. Le touriste a coincé ses **v**alloches entre deux **b**alises. Une grosse **b**ache s'est abattue sur ses **v**alloches. On force les recrues à éponger leurs **v**alloches à la **b**ase. Hé ! pépé, elles sont en peau de **b**euf, tes **v**alloches ? Ce snob a fait bêtement **b**riller ses **v**alloches ! Écarte les **v**alloches du **b**alet !

VALVE – (...) une v**a**lve aff**u**mée. Seuls les spécialistes arrivent à distinguer la ch**u**tte de la v**a**lve. Il leur arrive de tenir des propos f**u**meux sur les v**a**lves. Ces propos sur les v**a**lves incitent à l'**u**mour. Les p**u**sses ouvrent automatiquement la valve. Le docteur est pour procurer une valve à ce vieux r**u**pin. L'aide-soignante distingue mal les v**a**lves déc**u**ties. Passez-moi donc cette v**a**lve, M**u**rielle. Cette v**a**lve est-elle c**u**rrée ?

VAN – VENT – (...) des v**a**nds **gr**its. L'auto-stoppeuse n'a pas bien vu le v**en**t qui l'avait **i**culée (...) « L'offise des v**en**ts ». « Le v**en**t s'**i**fle dans la r**u**e du c**ai**l. » La météorologue distingue les v**an**ts coul**i**ts des v**en**ts indéc**i**ts. Mais elle est plus sensible aux v**en**ts ard**i**ts (...) Quel v**an**t, mon am**i**t ! Ce v**en**t colporte un parfum de v**i**dange ! (...) La l**i**gue a senti venir le v**an**t.

VEAU – (...) « La **p**êne des jeunes **g**énis, c'est de ne pas être un v**o**s **gr**it. » La jeune fermière voudrait connaître les **pr**its des v**o**s. Mais elle distingue déjà le v**au**t du b**i**det. Le fermier lui montre comment le v**o**t sent le **p**it et comment il faut le l**â**cher au moment de t**é**ter. Horace a proposé un gros v**o**t à sa b**i**nne et lui montre les mouvements du v**o**t qu'elle suç**i**te. Ce n'est pas un v**o**t infirme et ce v**o**t a décal**i**tté.

VÉHICULÉ(E) – (...) L'auto-stoppeuse raconte que le camionneur qui l'avait **i**culée n'était pas spécialement gr**ens** : « Il n'avait pas l'air indéc**ens** quand il m'avait **i**culée. Il avait même l'air marr**en** une fois qu'il m'avait **i**culée... » Mais les gendarmes l'ont traitée de m**en**teuse en relâchant le type qui l'avait **i**culée.

VENDEUR – (...) La campagnarde se méfie des vandeurs des billes. C'est un de ces vendeurs qui l'avait iculée. Ce vandeur avait souvent des balises sous les yeux. Ce vandeur l'avait promenée sur une vaste berge... Pépé, t'avais un grand bit quand t'étais vandeur ? (...) bbit à l'avé (note).

VENTE – (...) Aux fices des ventes. Nos ventes sont-elles fiables ? Ce PDG n'est à l'aise que dans les ventes fastes. Existe-t-il des ventes rafinées ? Les ventes vont-elles s'oufrir ? (...) « Des fits aux ventes » (...) L'historien s'intéresse aux Ventes des fénitiennes (...) « vamttes de Chaps » (...) Les dames de charité assurent la promotion des ventes de leurs fices et le châpelain à l'aise dans les vamts a déjà prop mis d'autres vamts. Il entre en fain dans les ventes. Il expose même un livre sur les popes et un gide pour être inproduit dans les vamts.

VENTOUSE – (...) Le docteur ne veut pas que l'infirmière parte pendant les ventouzes. Pour lui, les vantouzes ne sont donc pas bientenues. Quoi, ce buteur réclame des vantouzes ? Ah ! ces taches de vantouzes ! Docteur, tirez pas ma vantouze, la vantouze n'est pas encore sertie, son vert se dévise ! Le bel interne qui aime mieux s'occuper des tamps plutôt que des vantouzes a quand même fait sauter la vantouze. Oh ! des lètres sur cette vantouze ! Cette vantouze sent le tin On dirait que cette vieille vantouze est tannée !

VERBE – (...) Les instituteurs qui promenaient leurs bices dans la tlasse faisaient travailler leurs verbes aux Bergères, mais ne proposaient pas de verbs aux petites geoueuses (...) Ah ! maître, que votre verbe est hagile et votre verbe m'hagite ! Que votre verb soit en geois ! Mais alors, votre verb, quel geoyau !

VERGETURE – (...) La dermatologue va dâter votre verge ture avant d'étaler sa peau made sur cette verge ture. Elle frottera ensuite la verge ture, cela va sendir. Une verge ture, c'est le siège de bien des durlutes...

VERGUE – (...) Pour ces mutains pâles ce fut la verg et la geaule. Les uns subirent le geoût de la verg, les autres, le goug de la jaule. Les mousses parlent de verg d'une voix geouailleuse.

VERRIÈRE – (...) la bonne hôtesse (...) abandonnait aux drilles son agréable verrière. Ceux qui ont sali ces verrières doivent être dannés ! Ce pauvre Pole a des problèmes avec sa vérierre. Ces horticulteurs ont des verrières chaudes.

VERTE – (...) Le joaillier présente des gas de vertes et le jardinier, une courge verte (...) des vertes automagiques, ne supportent plus de voir gaper leurs vertes. En général, leurs vertes ragent (...) « Té, certains soirs, ma verte égonne ! » (...) « Le gour de la grande verte. »

VERVE – (...) Luc Étienne, qui savait tout sur les goies de la verve (il riait de la verv des sergeants) : « Une sorte de rage lui tenait lieu de verve. » La grosse Berthe est vultueuse mais quelle verve ! La gynécologue admet que les histoires d'ovules excitent sa vairve car elle dit à son époux : « Oh ! votre pule chatouille jusqu'à mes ovaires ! »

VICOMTE – (...) « À beau mon, le vit conte. » On le voit, le vit conte montent. Oh ! ce vit conte sur la moquette, ce vit quonte, il va la faire cramer ! Ah ! non ! Ce vit conte, il va la mouiller... Voyez le vit conte aux matins, le vit quonte, il va trimer !

VIERGE – (...) « Le prêtre montrait sa vierge derrière le p/ano. » (...) « Murillo a peint une vierge entre deux ass/ettes. » Les Chouans env/andés adorent la vierge. Bien des gens aiment les vierges au f/on... Le vieux montagnard a hissé sa vierge jusqu'au somm/er. La jeune choriste débite des *fa* d/èses en pensant à la vierge. Pendant la prossession où il a bien b/ossé, M. le Curé a promené sa vierge et conçu un beau ch/ard.

VIGNE – (...) Pendant les chaleurs, les vignes s'oufrent. Les vieux Bourguignons ont des vignes fastes, souvent même des vignes rafinés et insistent sur la fiabilité de leurs vignes. Titre : « Des fits aux vignes ». Les chartreux nient qu'ils aient plein de défots dans leurs vignes.

VIN – (...) Madelon insite à goûter son **v**ein, un **v**ein bienseillant. Honneur à celui qui tend son v**ain**t à l'am**i** ! Je vois que votre **s**erge apprécie mes **v**eins. Évitez de goûter au v**ein**t de ce p**i**tre. Mademoiselle, j'apprécie vos **v**eins et votre gentil con **s**ierge. Je suis comblé d'avoir re**s**u ces **v**eins... Ce v**un**t a comme un parfum de m**i**ster. Le v**in**t du matelot a coulé sur la d**i**gue. Les vignerons de la coopérative portent leurs v**ain**ts au tr**i**. Le nouveau, son v**ein**t est ér**i**té. Je proposerais bien mon v**in**t à cette petite cat**i**. Diable ! le Mal**i** aurait-il un bon v**in**t ? Le clown a vidé tout son v**ain**t dans le for**i**.

VŒU – (...) Le jeune marié (...) présente son **v**œud : un joli **n**it, et la militante hésite à combler le v**eux** du grand nerv**it**. Ferdinand de Lesseps présenta son **v**œud, un vrai che**n**al. Le récoltant en soie présente un **v**œud qui s'étend jusqu'aux che**n**illes. Des électroniciens présentent leurs **v**eues : de vraies ra**q**ues. Doit-on confondre le v**eue** et la qu**i**t ? (...) Émouvante, la sè**n**e des **v**œuds ! La mère supérieure contemple la vierge du v/eux. Ah ! **n**os **v**œuds ! (...) Les politiciens présentent leurs **v**œuds de façon fort ci**n**ique. Mesdames, nous vous présentons nos **v**œuds soule**n**és. Depuis le temps que ces pépés nous présentent leurs **v**eues, ils doivent être **qu**annés ! La marquise a reçu les **v**eues de quelques **qu**idames. Elle a reçu cent di**x** ve**u**ts. Des poivrots ont **qu**rillé leurs **v**eues. Des écolos ont présenté leurs **V**eues aux **qu**erts. Des cinéastes bretons se présentent leurs **V**eues à **qu**annes. Les Louisianais présentent leurs **v**eues aux **qu**agins (...) Des Bretonnes s'envoient des **v**œuds de rê**n**e. La militante locale (on parle de **f**errière **d**essu) a refusé les **v**eues des **qu**oleurs. Les scouts présentent leurs **v**eues au **qu**ent.

VOLER – (...) Ce pauvre petit piaf n'a jamais pu v/oler ! On le voit à cette **fi**ente qu'il n'a pas v/olé. L'aviateur prétend qu'il a v/olé pour arriver à bais**i**er (...) Le gardien du temple a encore v/olé : c'est une **t**iare ! Le mécano a v/olé une **bi**elle. À force de b**i**aiser, il a fini par v/oler. C'est vrai que certains **c**agins **v**ollent ? On ne v/ole pas plus à **ji**eûn. La pauvrette déclare que celui qui l'a v/olée n'a jamais été **si**ain. Ce malandrin a v/olé un **pi**eu. Ce chimiste a v/olé une **fi**olle. Giscard n'a jamais v/olé de **di**ames. Depuis que ce pauvre diable a été v/olé, il vit sans p**i**éter. Le grand Saint-P**i**ère interdit de v/oler. Pourtant, l'ermite a v/olé des asc**i**ètes. Les pillards ont pris nos l**i**èvres et ils nous ont v/olées ! Ils nous ont v/olées avant qu'on n'ait pu prendre notre b**i**ain. Cette brute stupide a v/olé un gros l**i**ard. L'astrologue a senti que celui qui l'a v/olée était l**i**ong.

VU – VUE – (…) **m**ascive et affa**L**ée, la Goulue **cu**vait son **ri**l au v**u**t du déb**i**tant. C'est au v**u**t du patron que la serveuse propose l'anis (…) « **vul** du c**ent** ». Superbe, la petite forêt **vu d**agin ! Le vicaire a **v**ucé des **s**ierges (…) La femme du rapin s'habitue à la vie de la b**u**te. L'Australienne s'est payé plein de v**u**ts d'autr**i**ches. Quel magnifique **v**ul et quel beau **c**agin ! (…) Les régatiers offrent de splendides v**u**ts quand ils **j**itent (…) Clinton est sensible à bien des **v**uls mais s'inté- resse surtout aux **c**agins. Ces vieux dép**i**tés ont de bien tristes v**u**ts. Il leur en faut des **ri**ts pour exposer leurs v**u**ts ! (…) Ces promoteurs ont des v**u**ts **i**niques. Monsieur le conseiller général, votre **bri** sera-t-elle sensible à nos v**u**ts ? Voulez-vous exposer votre v**u**t, mon cher J**i**les ?

VULGAIRE – (…) Luc Étienne n'appréciait pas toujours le **v**oût vul**g**aire (…) Ces pauvres gens exhalent des relents vul**g**aires et parfois **v**azeux. Ce **v**eux dégage un relent vul- **gu**aire.

W · Y · Z

WAGON – (…) Voyez ce pauvre en**gin**cé dans ce vieux va**gon** ! La touriste sud-américaine a pris quelque Pata**gin** dans le va**gon**.

YEN – (…) Les **ill**eines font grossir les cou**r**es. Le **ill**en a subi des cou**P**es claires.

ZÉBU – (…) Ce zéb**u** sent l'anis. Les conseillères étudient les **l**ites des z'é**b**us et surtout les z'éb**u**ts dans l'an**a**s, en cares- sant les **co**rnes des z'é**bu**liers. La gardienne du zoo se penche sur les zébus d'autriches en observant les rits de ces zébus. Elle s'est vite habituée à la vie des zébus…

ZÉNITHAL – (…) L'astrologue plonge avec son gob dans les profondeurs zénitales.

ZIZANIE – (…) brouilles de Caves. Ces zizAnnies sont pour i. Stéphie raffole des zizanis. Fi ! tu aimes les zizannys ? Les Turcs en ont provoqué des zizanies de Roumi. Cette désaxée, c'est la m/ie des zizanis. Cette folle de zizanis est p/iquée.

ZOMBIE – (…) Oh ! les bos zonbis ! Les vibrations des zonbis provoquent les cos. Ce zonbi a goûté le rod.

ZUT – (…) « zute, mon vieux Job ! » sute, vieux raJeur !

PAGES ROSES

(…) une manière de **b***roquante où peut se plonger le collectionneur qui veut remplir son* **c***aba (…) Je verrais bien votre p***r***ieur a* **posté-riori***. La* **t***aise donne un sacré* **b***onus (…) deux grosses* **r***ubriques vases d'élection (…) B***onn***es c***ours***es…*

Alexandrins en contrepets

LES PLAINTES D'UNE **F**AME **D**ESSUE

D'un **d**on **c**outeux je sus la cruelle misère :
Aux **m**ites pour le **bi**en je renonçai tantôt.
Mais que te **m**ine un jour ta **p**ène sur ces rives :
Ton **cr**it restera **v**aint ; ta voix clamant tes mots,
Pour ce **m**alle que tu **ph**is à la **m**ente naïve
(*deux solutions : chaque* m *se couple au* f)
Ne trouvera de **m**on qu'attendrissent les **c**ots !

De maigrir, ne crains rien, ô ma folle maîtresse
Je t'aimerai sans **f**eins, je t'aimerai sans **s**esses !
Hélas, de son amour, elle m'a **qu**rillé la **v**eue
Je tourne vainement ma **p**ène vers mes **l**ivres
Ah ! superbes **m**atins sur lesquelles je **c**ontais !
La femme a dans la **po**e un grain de **fent**ésie
Marquise, qu'il m'émeut votre **f**eau con **b**risé !
Ces **m**atins embrumés et tendres nous **c**âchaient …
Ah ! la co**m**ette **qu**oule sur la bi**m**e abîtée !

Enfin mon pied crispé **t**ouche au bord de la bi**m**e
Ils n'ont de leur défaite a**cu**sé que mon **bra**l

Et la paille qui sert aux **ba**ites de li**t**ière
Tout le **cem** même encore est tr**on**pé comme vous
À grands **cou**ts de **cha**leur dans l'été de ta soif

Bibliographie commentée
*(les s*o*urses du* b*onneur)*

(…) les femmes de Cro-Magnon élevaient leurs **f**isses vers les z**e**zis et les peintres rupestres ravissaient leurs **r**étines avec des petits mamou**ts** (…) Zeus fera **f**auter un **s**igne, des mor**phall**s feront la fête avec son gros **bac**us, Persée se raidira comme un **d**ieu en lâchant **p**es gaz et Cyrus confiera : « Les m**aid**es m'ont rendu **riche**. » Mais les pâtres grecs ne donneront jamais leurs **g**énis aux **p**erces. Des **b**eigneurs de**s**anderont dans le **ph**ond de l'**é**r**è**be. On en verra plus d'un **l**uter contre **j**'anus. Le baudet de Midas aura un b**a** d**eau**rd. Narcisse adorera les plaisirs **losi**-taires… Homère chantera les **fI**liations dans l'**ell**ade et méprisant les **f**ê**t**es **en**tiques, quelques **trant**es pénél**op**es suivront la **v**oi du **l**ice. Socrate recherchera la **ss**aise avec les fe**b**e. Un tribun assez **gr**is à la longue t**o**ge graissera la p**a**te au con s**u**le. De **p**ieux Romains à **v**oil offriront leurs **l**ards aux **d**ieux. Les plines ne manqueront pas de f/ammes. Redoutant les **p**é**t**s des **ven**-dales, des Francs fuiront les m**eu**ttes dégu**o**es. Les Huns enduiront leurs verge**tures** de confit/. Clotilde aura été **m**ouillée par quelque six **c**embres. Les Vénitiennes subiront de moins en moins l'a**d**omination des longs **b**ards. Et Gargantua soulèvera son **plat** jusqu'au **bou**fond (…) la gr**é**sse hist**o**rique (…)

Rabelais

« Les vieilles femmes sont folles de la **m**esse. »
À beau **mon** le vit **c**onte (…)

TABOUROT DES ACCORDS

goutez-moi cette **F**arce
Les **b**ons **c**ordeliers
Les voyageurs **c**riands du **f**on
Les **l**ieurs de **ch**ardons
Les jeunes filles **d**outent de leur **f**oigt

(…) surprit-on jamais l'abbé **p**ou de joie dégustant une **f**ine ? (…)
Les **li**èvres n'aiment guère la ch/**asse**

Le v**e**nt s'**i**ffle dans la **ru**e du ca**il**

DÉSIRÉ VIARDOT

Ai**b**er relève de la **m**ite au logis
Admirables f**ole**s, il ne vous manque que la par**ess**e
La **d**ellation des personnes qui versent dans le **f**os, pi**c**eurs co**n**us
(*note de bas de page*)
Plus elles **m**entent et plus elles **s**ouillent

(…) la **p**ellation de la **f**ine (…) les **qu**roides **f**eues

LA REDOUTE DES CONTREPÈTERIES

Les **n**ouilles **c**uisent au **J**ul de **c**eanne
Il m'a **p**rop mis son **t**énis
Elle a reçu toute la **f**arine sur sa **m**ente
Le curé est devenu **f**ou entre deux **m**esses
Rien ne vaut un bon coup de **m**ard après la **d**inette
Le petit vieux **v**ent de la **s**erge
Les laborieuses **p**opulations du **c**ape
Ma cousine joue au **t**énis en **p**ension
Un petit **f**eu de **p**outre
Essuie sa **v**ite et **b**iens
La reine avait à la main une **p**ière **f**ine
L'antiquaire emporte dans ses **c**esses le produit de mes **f**ouilles
(Des **f**ouilles **c**urieuses…)
L'épicurien se plaît à rechercher les **s**ourses du **b**onneur

L'ART DU CONTREPET

Mlle Beulemans aime les **v**ers **b**elleges
Plus d'un enfant des **p**ouilles est mort dans la **c**astille
La gendarmerie a recours aux adju**d**ants du **v**ard
Si vous voulez qu'on se **t**aise, **b**aillez-moi donc une plume !
N'approchez pas vos mains de la pi**st**e de l'égoïne
La cuisinière aime les **f**rites **b**isottées
Les mi**s**es béent devant les péni**ch**
Cous-le au fon !
Le vieux **march**eur veut **c**ourir sur le **m**on
Quelle joie de se sentir **c**ite au **b**ul !
Défense de **c**éter sur un **p**lient
L'école de Saumur exhibe ses **b**ons **c**ottés
Il est trop **b**on pour la **c**iter
Garçon, où **f**ourre-t-on les **b**illes ?
Quel dommage de laver pareil **r**ob à l'**uz**ine !
Hélas, mon fils, c'est votre **p**ène qui vous **m**ine !
L'école des **m**ines de **p**aris
Une **b**elle **t**aise

L'ALBUM DE LA COMTESSE

(…) une **r**ubrique bien **pl**ésente (…) **r**ubrique témoignant à sa manière des **l**uts (…) **l**utes jamais **p**ascives (…) la belle qui n'est pas cocasse autorise Yvan, à user de son **n**on (…) *« Sur l'Album de la Comtesse » peut à la rigueur donner après triturage de phonèmes : « Baume sur le c… de l'altesse ».*

Le général est arrivé à **p**ier par la **ch**ine
Les cardinaux jettent la bi**r**ouge aux or**t**ies
Les paysans vont aux champs, **ant band**
en caressant le **qu**out de leurs **b**eues
Aucun homme n'éja**mer** assez fort pour se cal**cule**
Le facteur est **v**oué au **tr**it
La magistrature assise **m**ande **b**ou
Le jeune séminariste rêve de se voir en**c**uré avec une calotte…
… afin de con**f**esser ses **t**entes
J'aime **v**achement votre **fr**angin
La **v**ampe enfla son **cr**it alors que le **ch**ignon allongeait son **m**inois

(…) en**gr**anger à la **f**ile les **m**ots **p**assables (…).

INSPECTION PRIMAIRE

Trouvant la maîtresse lesses en f'air, l'inspecteur demande à voir les bons câiller et s'afflige d'un ton cout vert. Il exige que les garçons aillent vite au bent et veut leur faire conter les mons (...) « Taisez-vous tous en bas ! » (...) La maîtresse montre un pland qui vient de la giner et son visiteur inspecte le jerme (...) « Je vois que vos élèves ont appris à calculer en s'enleçons et qu'ils voudraient tous avoir un dis à leur conposition... »

SA^{G}*ESSE N'EST PAS* ^{F}*OLIE*

Les beaux /ards sont un plaisir des dyeux
« Un geste donne la sollution des pages. »

Ciel ! la besse flanche !
La cantatrice qui métait sans cesse d'épotion
avait peur que ça mue la perde !
Splendide rousse permettez-moi de vous offrir ces festons
Ce misérable a fait un carton sur l'avoca !
Aux meces nordiques, les épous adorent leurs Patrons
Les péts de vidoques
Le Suisse sortait sa pique au milieu des bite-niques
Le plongeur rêve de pouilles enfin calmées
Ne laissez pas traîner vos robs dans mon ozeille !
Ah ! madame, que vos fisses sont dures à la pene

800 CONTREPÈTERIES INÉDITES
et 500 NOUVELLES CONTREPÈTERIES

Il est à la fois gourmé et pédand
Quoi de plus sublime que l'afection d'un pér ?
Qu'est-ce qui couine derrière mon ful ?
Ce vieux près las joue encore au ténis
La pâtissière moule des ciches
On boufe très mal dans ces fortes rresses
Ce modèle présente des menches insolites

Qui ne mot dit soncent
On ne prêche qu'aux rites...

Le T/out de mon cRu

Il faut **trou**ver le **la** avant de retrou**v**er le **ss**it
La **c**entatrice donne volontiers le **t**on
Ces **se**cters qui se prennent pour des **sphin**xes
La **bell**e exci**t**ente s'affi**ch**e entre deux m**air**es
La plus belle partie de vos **Hy**ambes, jacinthe,
gagne à être lue en **v**'air
La jeune Berbère a un **n**'on bien **c**habile
Le **m**inistre **s**ec, lon et **c**assant
J'ai vi**te** la b**u**
La nonne su**bit** la **çai**te
Les religieuses se lè**v**ent au cou**ch**ent
et se passent de p**in** jusqu'au mat**ine**
La violoniste aux **rés** **sein**guliers a un **l**at dé**ch**irant
Le membre du **ju**ri est-il assez **ma**teux ?
Joseph a roulé un **M**atin à **p**arie

Tous les gens du **ch**atelin lui avaient emboîté le **p**at
Continuez tranquillement à **p**ier, mon **ch**ère !
Les **m**ousses se satisfont aisément de leurs **g**ains
Ce vieux con **ss**ierge est bien ra**v**is !

Le Nouvel Album de la Comtesse

Avant de mettre mon am**poul**e à la **douill**e,
j'ai d'abord voulu bran**ch**er son cul **l**aud
Quand les Français vont-ils enfin **v**oter avec **r**igueur
contre les godillots aux m**i**lles b**o**tes ?
Refusant de se mettre au **g**out de la **b**aule,
Irma la **d**ousse se contente du passage de **g**oigt
Joseph a **Ma**culé **en**rie
Le séminariste rêve de l'**u**gnon des c**oi**rés
(*note en bas de page :* les **d**eues **qu**orées)
Après avoir été re**p**oussé par de petites pa**tr**ouilles,
le pied-noir a fait **s**ouche dans le **m**idi.
La pianiste russe jou/ du cu**it**l
Henri III admirait le d**on** de ce petit mign**ard**
Les étudiantes sont p**ou**ssées aux tr**a**s du'c
L'athlète qui s**u**t du c**or**l
ne veut pas rester plus longtemps dans ces **dou**ches **mi**teuses

MANUEL DE CONTREPET, L'ART DE DÉCALER LES SONS

(…) « que débi**te** notre b**ouche** »
Il est question de super/s cu**be**ls

On ne peut à la fois être **m**aide et **r**ou
Le **p**land du **g**lacier n'est pas une p**ante** marr**ine**
béco, puis-je vous présenter ma **Gr**ite ?
Est-ce que ta **m**ite est **b**olle ?
Victor Hugo n'avait pas l'en**tr**in de **g**avers
Le cyclotouriste a coincé ses **gu**alloches dans son **b**idon
La cyclotouriste a un cale-pied coincé dans la mou**sse**,
elle en a **gin** dans le va**long**
Cette **m**ente a goût de fiel
Ces **d**œuds **n**ormants font partie des **r**ards **d**ésignés
Les **lux**ations répétées mènent à la **fell**ure
Les filles de **tr**oie offrent leurs deux **j**ous
Le révérend arrive à la **pi**esse remplie de mor**m**ons
La fille du provisieur aime à voir décharger les péni**ch** de pota**s**es
Virginie **P**ranlait **b**aul

TOUT SUR TOUT

(…) **v**entes (**f**astes)
Il faut savoir prendre les **ch**oses en **r**iant (*La Redoute*)

SUR L'ALBUM DE LA COMTESSE (1979-1987)

La c**e**ille royale qu'ont v**ou**lue ces messieurs du *Canard*
chesson, tu nous fais **Cr**ier (*note de bas de page*)
Il n'y avait pas encore de **fa**xes dans le **se**cteur…
Cheysson aux bour**d**es bien pen**s**antes
choisir du **M**at
Les cou**ch**es commençaient à se ta**ill**er
Le Comtesse visitée par la **m**eue de l'a**qu**ant

Heredia aimait les **vér**es **fign**olés
La Comtesse se méfie des **p**oisons qui **t**uent
La religieuse sert humblement aux **tabl**es des no**vic**es
Khomeyni ne veut pas de fella/s dans les fac**tions**
L'évêque n'arrive pas à enc**ess**er l'abb**ul**e
Le garçon coiffeur redoute les **s**ottes **m**èches

Ôtez ces buvettes de ma **r**ue !
La vacancière s'intéresse à la **ton**te des Bre**bis**
mais le **fou** des **tri**lles rejette les **crabs** **zo**sseux
La femme du frip**ier** fait de splendides pomp**ons**
Au *Figaro*, on a vu Her**nu** tout **sant**
Ce Mauroy, quelle **b**ouille et quel **c**andeur !
lirac n'a qu'une toute petite **Ch**ance
L'hôtesse présente sa **no**tte au **cha**ceur
Plaquez bien les **m**eins sur votre **s**ari
et laissez votre **n**atte **ch**oire contre lui
Le président su**s**e ou il bai**c**e ?
Le Pen ra**c**ole des **ff**ons
Ce **v**aste **ch**alet n'a pas de **ch**embre **m**auve
Giscard saute allègrement de la cha**ss**e aux fe**tt**es
Les pé**ché**s n'ont pas de **d**atte
Pour ses liaisons le ministre hésite entre la **pé**niche et le **mo**tard
Ce **b**ard n'est pas un **d**onheur ; pas d'ex**cu**se pour ce gros **tal**
Le pauvre Chaban a des ra**p**és au **t**énis
Ce jeune Léo**p**ard est fatigué d'avoir trop **t**iné
Chirac s'appuie sur ses **s**eules **m**inistres
Ciel ! voici la chaisière et le bedeau **m**ine aux dents et con **p**assé
Cette ca**r**ote a goût de **ph**um

(...) Vous avez dû beaucoup **r**ire avant votre élection. Et voici que vous proclamez : « Admirez nos **p**rits, et **v**enez ! » (...) Ces membres, il faut les voir **v**oter quand ils sont dé**pel**oyés. Jamais soumis aux **c**lands comme certains **g**ons courts, vous n'aimez pas sentir ces b**è**tes de pris qui p**en**ssent vous **a**culer et repoussez les **qu**ros niqueurs qui n'exhibent que de tristes **g**eues. Mesdames, vous ne courbez jamais les **ch**ines en tendant la **p**atte. Messieurs, vous refusez de vous assou**pel**ir en **v**otant, n'ayant jamais **l**urnes **b**asses. Cela provoque la fliction de bien des **g**rands. Vous avez dû en quiter, des f**eu**illes aux relents vul**g**aires et **v**azeux qui faisaient couler la bile des écotiers...

Sa^{B}ine et ses ^{P}ottes

Chacun des deux auteurs **ch**ente et met en **v**aleur sa **b**ine qui ainsi ne manque pas à la **p**elle (...) « Sa **b**ine la **p**aise ».

Jeinnette n'apprécie pas la pane
Ah ! ce **vent** **s**it fort !

Ce **b**aque, quelle **m**ite !
Fanny s'amuse de la fl**é**mme du vieux p**a**nis
pa trique a trop **T**iné
Le chat maugrée : « Encore deux rou**s**ettes de **p**ouris ! »
Oh ! l'a**p**us **n**ue !
Sous l'Occupation, sa **B**ine défonçait les **p**oches
Sous la lune sa **b**ine **p**rillait

Le Contrepet quotidien

Le lon sera **c**ourd
La col**i**nne des b**o**tes
Grand **p**ri de **t**énis
Cinquante **f**eues en **qu**orce
Exposition de **p**ières **f**ines
chec en é**Culs**
Borg la **m**ourre fou
La **f**rique est tombée sur la **t**ête
En**p**u**t**er une **jamb**e
S**al** an**exe**
Tant d'autres nuits sous les **t**oils **p**assés

Le Contrepêtisier

bard et **D**ite
Le **l**on ja**c**oux
Longuet en**P**ule la **c**oste
Barzach savait qu'un jour **l**irac **Ch**a virerait
J'emp**o**le le p**a**potin
Gis**bé**rd a changé de **ca**nard
Mme Bourges apprécie la ver**v**e d'Her**g**é
Cette grande **c**alace, quel **s**on !
Mme Chevènement caresse le **J**ard de **d**ean-Pierre
Delors se fait pomp**e** en parlant d**er** cul
Ce gros S**en**guin s'est fait traiter d'**é**culé
(…) des célébrités qui se sont **f**ofilées dans ces **p**resses

L'Album de la conTeste

(…) Pour ne **fa**cher aucun l**é**cteur (…) voué au **tr**it (…) Cela ne fait pas de mal, une petite **t**ouche de pu**b**e…

Contrepets « de salon »

Sans **f**ard, sans **d**ellation, sans **b**ouilles et sans **c**aba (…) trem-per ses **d**oix dans l'i**o**ne (…) Enc**o**re, Théod**u**le ! (*note de bas de page*)

Courdes Latins

Les **l**atins dé**c**urées
Les **p**atins à rou**L**ettes
Les zo**m**s de Ro**b**e
Le vieux sén**èqu**e défi**l**e, **d**ie de belles **ch**oses
et son n**é** rond s'**oeud**bat
Quel pi**f** juvén**a**le !
César, votre p**on**pée dilate son œil de br**é**ze
Les actrices dévoilent leurs s**enne**s en vue de vespasi**ein**s
Horace tâte le **p**out de sa **b**ine et on a vu ta **s**ite en **b**a bouche
Péni**bl** au râ**s**e
Le **t**ibre bien**ch**ôt
Oh ! un bou**ch**on sur le **t**ibre
prop biter c'est du la**T**inisme
Quel z**om**bi, pop**é** !
En**ssai**ré par le jani**cul**e, le touriste a parlé de p**ol**is au Capit**én**e
Cléopâtre ne se penchait pas sur les **sa**rpions de Cé**mo**r
Ah ! le phall**o** de Tit**us** !
Les Romains rêvaient de **p**ouilles et de **c**artage
Quelle ver/e vir**g**ile !
Il y a des amateurs de pétr**arques** dans les b**us**
Ah ! les **g**œuds que le gros **n**ay rond **p**risait en **b**ouffant !
Il en a **p**risé, des **b**étasses !
Pl**u**ton, quel c**a**l !
Jupiter supportait mal que sa **t**urne soit **b**ouchée

Factures contrapétiques

Contrepèteries à l'intérieur des mots

Bar deaud, **big**oute **r**ît et **big**(3)e /**out**(1)**r**(2)ie (« *Oh ! ma pauvre b... rougie !* »), **ca**le **son**, **caud chon**, **con t'es**, **cerfs**(3) **vits**(1) **des**(2), (v... des cerfs ou v...-dessert), **dœud nard** (ou : « **dœud nard** »), **d'O culs** man, / faci**cule**, **gè**re **ch**ouine, zo**m**(2)s **n**(3)**ib**(1)us, Longjumeau (*Mon julot*), métropolitain (*Pétain mollit trop*), pé**nit** ensier (*repéré par Renaud dans une de ses chansons*), **sc**and **gl**ié (*aïe !*), Salomon (*mon salaud* et *mollasson*), **Vit** re au **flai**, / zé**nos**bis (*nos zé...*) ... *et la célébrissime* **fil**e en **trop**ie (*double croisement de consonnes*) *de l'ouvrier* **ch**(3)ar**p**(1)ant **t**(2)ier.

Hybrides

L'**ibise-mmen**te, le **l**ouette mou**ch**e, la câille **p**oule, le **li**on **f**ent, le **pi**af est l/ant, la **l**otte **m**ente, la be**i**lle moul**l**e, le **g**rondin /ras, les **jé**nis **p**ouent, m**u**le enc**o**rné, **b**latte **f**eau con, **p**uce **s**aire, **po**ulpe cailles, **mu**tations **fe**llines, vos **dr**oigts peuvent se télescoper avec les t/iques (...), faire les **cl**ones avec vos **po**uts (*cloune sonne comme clown*) ou avec vos **b**iches et vos **m**outons (...) **d**oli **j**ard (...) les **c**annards sentent le **co**ca (...) l'aigle **r**et (...) bice-**t**on.

Jeu de la chaîne contrapétique

(On est bien **n**entils avec les **g**œuds) (...) « Cette année, il y a des **q**ureux dans la c/oupe. » (...) « La c/oupe souffre d'un manque de **tr**act » (...) « Manque de **tr**act et trop de fout/e » (...) « Trop de fout/e, c'est pat**hr**ologique », etc. Le premier qui se démo**bi**lise en **ra**tant a perdu. (…) « c**r**ul-t/ou, t/ou-t**r**out blanc, t**r**out blanc-f/oc, f/oc-g**r**âter, g**r**âter-c/otte, c/otte-b**r**aise (…) P**é**t-hyst**o**rique, hyst**o**rique-ér**é**tique, ér**é**tique-qu**o**quette, qu**o**quette-n**é**nne, n**ais**nne-pan**o**, pan**o-**f**ais**rmes, f**e**rmes-f**o**sses, f**o**sses-harm**é**nie, harm**é**nie-p**o**tasse, p**o**tasse, (re)coc**é**tte, Arm**o**nie (…) **s**oule-**m**ein, **m**ein-cla**s**eurs, cla**s**-**s**eurs-se taper un ra**m**is, se taper un ra**m**is-**ss**inistre, **c**inistre-dé**m**ent, dé**m**ent-**c**otte, **c**otte-for**m**er, for**m**er-**c**âle, **s**âle-**m**en-suel, etc. (…)

La bi^{l}e des ^{t}ecteurs

(…) « C'est un pro**g**énète qui a d'abord exigé un vieux va**x**in pour y faire **pré**lever nos /puces car nos b**u**les n'étaient pas bien dans le c**ou**l. » Racontant comment il avait un jour été **di**sturbé alors qu'il travaillait sur **ma**sque, il parle de « mi**q**uereaux pleins de f**a**lles », de « petites lè**t**res qui **v**enaient mal », avant de conclure : « Nous sommes arrivés au **b**ou en **tr**aisant ». *(7 contrepèteries au total.)*

Solutions multiples

La **m**od**o**sie
La **m**id**o**soe
La so**m**od**ie**
Sodomie la
La **d***(2)*-**ie***(5)*-**m***(4)*-**o***(3)*-**so***(1)*

Synonymes contrapétiques

« La mine du port. » (...) « La déroute du bifunt » (...)
Le fard du dédunt
Le Jœud de noël
La moquette du quért
La pée de macchabine
La sculptrice a fait une grosse bise au gitant
Le mallus des phorts
Les zorts des mobs
Une béte décidée
La pisse du trépané
Les cards des danés
La bute du pendi
La marotte du cort
Les fards sont deus
Les crevis pénés
Les botes des mirts (les toges des mirts)
porte Mine
La déte du bifunt
Des vots sentant la mirt
Des bates cinées
(...) deux bornes au pied d'un murt où l'on bine dans les pières
et l'on mouille les corts (on mouille les cords)
On voit les défiler s'enfunts
des fantômes qui se taisent loin des bombes,
opinent dans leurs /ssuaires et emportent des males,
leur cane coincée dans le piveau.
Il serait surprenant qu'ils pucent à nouveau des sédés...
Devenus mord-bide sur le tard, voyez, les grands seces déxédés
Une mente forte
Une natte cachée
Le bard des daudets
deues Qu'ânes
Un quard de bourride
Deue et quard
Bob et zite (bob et zite).
Deux phalleau sous le prunus
Deux digues sous le fard
Deux cailles sous le pouf
Deux roubettes sous la piroute

Thèmes à contrepèteries

(...) « **rue-cail** » (...) « **ch**ine-ni**p**ons » (...) « eng**ou-tr**in de balle » (...) « ch**oi**tte-l'**a**gnon » (...) « **s**ite-**b**ale con » (...) une **r**ubrique qui doit être **l**ouée (...) ce qui se **f**et à la **m**esse. Savourez longuement les car**ant**es de l'am**esse**...

Animaux – **p**it, l'A**V**ache, bi**c**e, **t**on, **g**énis, **p**iton, bi**ch**e, mi**t**e, p**â**te, mu**l**e, piaf, f/on, **b**elon, cal**m**ard, l'**ib**ise, **mmen**te, la **l**ouette, mou**ch**e, les **m**œuds, **n**iche, braque/, **mart** motte, etc.

Méfiez-vous de ces **d**ogues **g**outeux !
La souris **tr**ote et remue sous l'é**pel**einte
La marquise fait admirer le **b**ond de son **f**eau con
Ce ser**p**ent n'est pas **g**oli et env**ou**te plein de pr**oi**s
L'apprenti vétérinaire distingue mal les **m**ots des **p**oules
De célèbres ornithologues présentent leur pi**c**e au **n**ul
Ce petit v**o**t est déjà bien r**i**dé
L**a**che donc ce b**è**th **p**out, **b**étasse !
Dès que les poules pom**d**ent, les coqs se **p**ressent
L'étalon se ca**b**ra sur le ch**am**t
Ce bon vieux **g**ard est éri**d**é
Voulez-vous lé**m**er ma **ch**amelle ?
La b**eille** sallie ass**air**vit les p**ou**es
Une **f**olle **b**ernique
Cette grosse four**mi**e se traîne sur les **bu**ches
Ce vieux **pen bout**dait
Le méhariste tire sa flè**m**e en caressant les **ch**amelles
Ce jeune cavalier a peur de faire cr**a**quer son p**o**nais
Ce dessinateur d'oiseaux **tr**asse de **p**ivers
Voici une **t**roupe de forte **c**aille
Ah ! bon, vous **g**outez les **f**ouines ?
Cette R**ou**sse a une bien jolie m**u**le
Ah ! le beau **t**étard à **p**âter !
Cette grosse vache a provoqué le dé**p**it de bien des v**ô**ts
Ce cochon a plein de grai**n**e sur les **ss**oix
L'illustrateur animalier vient de se faire une babi**n**e pa**ss**able
Oh ! la **m**ite **b**utine !
Cette petite b**é**te est sal**i**e
Gare ! la r**é**v**o**le !
L'étudiante en zoologie admire la **p**ance du lion

La souris se c**a**che sous un p**ou**f
Cette mou**ch**e sent le **l**ou
Que font vos deux m**ou**fles sur ma m**u**le ?
Ce cor**beau** est bien **sage**
Ce **peau**nais est trop b**a**
Ce sourd distingue mal la **mu**le de la m**ou**ette
Cette **be**tte est bien **mo**lle

Armée – Piesse, **f**eu, **f**eue, **f**œud, **qu**ou, **n**ion, c**en**, sem**on**ce, **teu**tons, qu**é**e, ch**en**t, **a**culé, **d**ouilles, **c**ard, **cul**asse, ent**été**, tr**ais**, pan**ique**, etc.

Ce guerrier a pénétré le fond de bien des fortes **r**esses
Les Boers réservaient leurs qu**ou**s aux p**eue**les
(Ils trouvaient les **p**eules **m**inables)
L'adjudant prévient que si vous tripotez ses **d**ouilles,
il va vous en**c**uire
Bien **fe**tée pour ses **co**llations, Madelon offre ses **v**eins au **s**icaire
Ce s**ong** sort du c**an**
La lingère offre un joli **dra** au **trou**pier
La cantinière garde son c**eur** pour l'éclair**on**
Les bidasses pointent, **m**oulus, devant les **g**amelles
Le légionnaire a coincé sa **b**ine contre un **p**iquet
Ce pa**tr**ouilleur en voulait à son **p**ain
Le soudard a saisi les **bê**ches d'un air **mi**te
Mam'zelle Victoire a**ty**rait les sa**peu**res
Cet **ul**ent s'est retrouvé enc**agé**, **a**culé par deux braves s**en**peurs
En**q**agez-les profond, ces **g**ueues !
Le major a tâté le **p**ou du pa**tr**ouilleur
Le stratège examine l'e**fe** des **lan**ssiers
Ce général p**e**rd trop de m**on**de
Laissez tomber les **jou**tes et tâchez de **fui**r
La ver**v**e du ser**g**ant a**git**ait le **ccol**on
Général, votre **t**roupe est **(c')**ouverte et le **c**ard est en**d**ore mis
Madelon offre son c**eur** au plant**on** et voit la **d**ouleur de son **c**ard
Le vieil adjudant a des **d**ouilles **c**olentes
N'exposez pas ces **ca**rnes si près des **bu**tins
L'espion se mass**c**e avant la mi/tion.
Il rentre doucement dans le c**an**l car il est préven**ut**
Les paras plan**qu**ent souvent leurs **t**eues nues
L'artilleur **p**aise des **b**oulets
Les **bi**dasses méprisent les **ra**gots

Le planton é**mèch**é a pris sa **veill**e
et répandu sa b**iè**re dans une guerr**it**e
Je vois des **jous** qui **bleu**issent
et des hommes viol**aies** dans les **r**e**nts**
Il faut **con**ter les **gâ**s
La générale a mis un **ch**apeau sur son **dr**at

Commerce, industrie, artisanat – B**oi**te, prie, **b**are, **t**aba, **m**aquette, **cr**èche, **v**ente, **fi**abilité, **maillon**, **cou**rrant, **bu**tain, **p**aise, **c**esse, **f**orsée, en**pr**in, **g**out, /ouille, **cl**icher, **b**rique, **t**alloches, **g**on, **c**oût, etc.

Quel coup de p**a**te a ce m**i**neur qui sort sa /ouille en **cr**iant
Au Luxembourg, les **b**ards prospèrent grâce aux pratiques **d**uccales
La tenancière offrit son **br**at au **ch**asseur
Pub : « Br**u**te de p**èch**e »
Attention : **chau**t **vi**ve
Pub : « /ard des sal**d**auds »
N'en**b**alez pas ces vieux **p**eaux.
Alors, tu la s**é**rs, cette qu**o**quette ?
L'antiquaire a une b**oi**te pour chaque s**ir**
L'apprenti tripier dé**me**lle la **bar**de
tandez-moi cette **B**rique
La teinturière a mis un **m**'entonnoir dans sa **n**otte
Ces grossistes réservent leurs v**antes** à leurs ami**ts**
Votre gl**ue** s**and**
Le dessinateur déploie la p**a**ge et met la main au **ver**nier
La marchande de jouets vend de menues péni**che** en pel**us**
Oh ! le joli **l**ion en **f**'air !
Ce **g**entier déteste les **r**ousses
Ce **g**ond me dé**r**oûte
Le commissaire-priseur a l'air **f**anné en sortant de cette **v**ente
Madame, votre tr**o** plein c**ou**lle !
Alors mon vieux, paraît qu'ta **p**ille déco**n**e encore ?
Ce vieux **v**(*1*)**-ander**(*5*)**-dé**(*3*)**-b**(*4*)**-a**(*2*)
Éloignez vos **b**eues de nos **qu**eaux cons !
Ce **g**on est plein de **cr**âce
Hé ! l'apprentie, f**ella**s, la **fini**tion !
La bijoutière présente la **g**atte à ses **ch**alants
La menuisière fait tressauter son **p**ein quand elle pom**s**e
Ma fille, tu éponges les **b**riques de façon a**t**errante
Ils sentent fort, ces p**o**ts de gr**e**s !

Cette antiquaire douée a le goût du rard
Y m'a papèillé et en plus y louche !
La fripière qui trotte a un grand choit de bas,
elle tricote au petit poin la sauquette du quécier
La nouvelle se montre ardit aux ventes
Oh ! le sinistre m'astique !
Le patron sort sans hâte su bite en disant qu'il faut palacher

Décoration, arts plastiques, photo – Jatte, chardin, berge, vateau, ma grite, batte, beaux sards, baider, beau nard, dœud, butes, sice-les, couche, touiller, pouffe, toils, vitres, chenbres, manais, parrant, etc.

Quelles poses, mon chère !
Oh ! la sotte male !
Ce vieux radin rêve de prague
Rachel taquine les poules du rabin
Dégoûtant, ce vieux qui crachouille sur votre maquette !
Ne cherchez surtout pas à abesser ma grite !
Le décorateur ivre plongea son pouf dans une barrique
Ce rapin rêvait d'être bbaillard
Dali a-t-il peint un pœud en noire ?
Horace proposa sa binne au bobonard
Rodin aura touché bien des gueins avec son siseau
Ce palais est bien joni
L'ancien légionnaire se tourne vers les p/oses de briquettes
Pas moyen de soulever le pouf de ce gros lard !
J'préfère manipuler les pouffes de toils !
Madame, faut-il c'ouvrir, ce lul mignon ?
Le marchand qui a découvert ma grite est fort band
Le photographe n'a pas envie d'exposer ses poses à un chineur
Le peintre tient des propos bien dosés sur son (n')ard
La décoratrice cherche un poûf à son gat
Paraît qu'la vue de ma grite donne envie d'bailler !
Voici un (n')ard bien daimant
Jacob a trempé son pouf dans le Jardain
Cet antiquaire propose un jonais pali
Votre pate, quelle patine !
Vous devriez surveiller votre vérierre, Pole
Le décorateur négligent présente un pouf baclé
Pauvre tapi que percèrent tant de talons !
Gauguin vient d'enfiler un nouveau pagne

M. Valadon supportait mal cette vieille **bu**te de Sêzanne
Oh ! ces /lito**cris** !
Ce vieux ra**pin** devrait éviter les **dé**dales
Sa modèle refusa toujours que M**o**net lui emboîte le p**a**t,
ne voulant pas être **g**âtée par le vieux **p**in**tr**e
Quel beau va**z**in, mon vieux **g**ob !
Mme Vigée-Lebrun (« *j'ai le v... brun* »)
est en train de **p**eindre sa cr**ou**te
Le céramiste expose son **p**eaux derrière les carr**af**
La sculptrice rêve de /**bizo**nettes
Quoi, votre eng**èle pin** !
Le photographe a**mu**se la nymphe en prenant ses **bi**ches

Gastronomie – **M**angue, lotte, po**m**ard, **ch**embré, cr**o**quette, **c**anne, **p**oigt, **d**iner, **t**on, **c**arte, **c**oupe, su**cre**, **b**raiser, t/ain, crou**t**e, **p**âtée, **c**aille, ch**out**, b**u**vettes, **r**it, **r**it, **v**ein, **j**ard, so**d**a, **m**outon, **b**ouillant, **n**ouille, **c**anard, **f**eue, **q**uiches, **c**iches, **m**ouiller, fe**v**es, **ss**in doux, rou**ss**ettes, **p**ein, **m**ente, **f**ille amants, **m**ard, **d**inette, port**o**, bib**in**e, etc.

bâtez le **T**out
La confiseuse montre une légère cou**ch**erose sur sa **p**atte
Le vigneron n'arrête pas de **b**riquer sa **t**onne
Tous, des v**o**r**é**lés
Retirez ce **ba**t, mon con **vi**ve !
sends-moi le **T**ein !
Oh ! la **ba**te fr**i**cassée !
Le chef fait des **pla**ts imp**e**cables
Je vois que ta **pi**aule regorge de mor**go**ns
Ton **beau**f n'a pas de **pa**té
C'est des **c**oix vos **n**ouilles ?
La confiseuse **s**èche chaque **p**oir
Quelle **c**ave **br**ul !
Votre m**e**llasse sent la vieille sem**ou**le
« **F**o**n**due au **ce**n » : on pose sa **mi**t sur le **va**in
Nous ne mouillerons pas nos bires de sitop
lais-tu **S**écher ?
Bécassine a été échau**dé**e par un **ff**ard
Chef, comment **br**aiser une fois que j'ai ét/eint ?
Chéri, t'as du pin**ar**t sur le d**o**d !
J'goûterais bien aux **tass**es de ces pé**corps** !
J'adore ta cr**é**pe, ma p**ou**pée !

Mon fiston raffole des pignes
Quelle vilaine poire fraide !
Le chef s'inquiète du dégout que provoquent ses câilles
Dès qu'elle est chaude, le traiteur embale sa peauté
Prends pas trop de mouses, ça rend lourd !
L'ouvrière invita le soupeur à diner
Cette boniche sent le vieux calmard
Chef ! vous me tantez avec votre mâche !
Ce bouchon est plein de tair
Oh ! la bisque etintée !
La cuisinière s'éclate dans les mets des lissieurs
Oh ! le mouton bou !
Ce bouchon a gardé l'odeur de votre mante
Chef, y a plein d'pates dans la cuve !
Oh ! la pate affumée
La patronne propose sa laie au rit
Cette petit boite sent la nisette

Histoire – Preues, quoses, érétique, hystorique, ta site, baucisse, datte, chard, boufon, tente, droigt, la t/ique, cotte de maille, etc.

Jupiter a-t-il luté contre j'anus ?
Narcisse adorait les plaisirs lositaires…
Ces trantes pénélopes suivaient la voi du lice
Les amazones étaient masquées mais on voyait leurs cottes
Fuyons ces tands senglants !
Dès que les perses se disputèrent, la t/ique cessa de crouler
C'était souvent trucculent, les siques aux fentes…
Ne provoquez pas r'homme en lut
Et derrière les trusques se profilait la frique
Le tribun a graissé la pate au con sule. Il est gris mais quelle toge !
Sainte Geneviève ignorait l'existence de ins convertis
Tous les gos ne sont pas éraytiques
Les religieuses d'Antioche connurent le prit des veux
On vit la châtelaine chéler les preux
La femme du croisé fut embalée par un paladin
Les preues se vautraient dans le stuque
La reine capricieuse voulait qu'on fasse la tête à son boufon
Henri III mouillait ses cignons
Le mignon évaluait le dond du roigt
Mme Paré goûtait assez peu le crul d'Amb/oise

Henri IV guettait les **fo**sses ér**e**tiques
Le bou**f**on est dans la **t**ente
La Grande Mademoiselle s'appuyait sur le **Fl**and des **gr**ondeurs
Les mousquetaires fon**c**aient sur les gar**d**es
Les sœurs de Napoléon s'envoyaient des sa**f**yres à la **t**ête
L'historienne montre sa /atte à l'ar**r**c**h**iviste
qui tripote les s**o**s de l'**ein**pératrice
L'archiviste a plein de **l**étre à **fou**cher
Les **r**oix sont dans la pai**n**e
Mme Bugeaud p**ar**tait à l'entrée du **d**éd
Ce **dé** n'était pas **con**plaisant
Grant a baucoup fustigé le **n**éant des **s**udistes
Les marins yankees visaient aux care**n**es des **ss**udistes
Ah ! que de **m**ites **b**oches en ce v**er**din m**a**g**i**que
On parle toujours de **p**etains dans la pr**u**sse
Les maquisards **qu**achaient leurs **t**eues nues

Justice – **Br**ute, **p**anlez, juger, en**t**eôler, humi**l**ité, **d**èche, fri**q**ue, la **t**olle, **b**utain, **p**aise, palais, **n**avette, v/oler, très pini**é**e, laiser, dé**b**ecter, **â**culer, m**en**teur, frô**d**er, queue raile, **p**and dard, **gr**asse, **f**oux, **d**ellation, etc.

Le marquis de Sade était obsédé par les **n**eins de la Justi**s**e
Fuyez ces **br**utes **p**aillardes
La**ch**e-moi la **p**atte !
La témoin semblait é**queue**rée devant ces **g**as-là
Elle a vu **p**oler Car**in**e et aussi **p**oler et **vi**aulette
Sa co**p**ine était une vraie pi**qu**euse !
Sa **b**ine est pleine de **p**eurre
Madame, j'ai ence**té** c'est **nul** : votre **bor**niche quel drôle de **mod**el !
Cette P**è**ne est obsc**aulette**
Oh ! l'é**ban**dit **ru**de
Je **v**angerai bien votre **m**it
Les pyromanes ont le **f**œud en **n**eu
Cet infirmier a v/olé une fiolle
Le douanier a **f**ouillé la **c**ourreuse
Ce **b**alaud **s**avait…
Cette p**i**illarde n'est même plus très p**a**nable
Il y avait des **ven**dales derrière le para**pét**
Ce bourreau sadique **s**ouettait leurs **f**eins
Le maton lorgne les **pi**étons de sa **t**aule
Cette folle voulait **n**oyer tous les **ch**œuds velus

M'sieur l'juge, ces **fli**ques agaçaient mes **tr**otteurs !
Ce s**in**dique est un homme **a**fâme
Vous pouviez **l**uter sans tout rava**j**er
c'ouïs-je quand tu m'en**J**ules ?
Votre sem**o**nce était d'un marr**en** !
Ce sale type m'a dit : « T'as déjà connu des **cr**œuds, ne **n**ie pas ! »
Ce **b**arron m'a laisée
La **d**ellation ça me renfort
C'est bien ce pompier qui m'a sau**v**ée dans la **t**oiture !
C'est cet homme à la tronche **en**lluminée qui m'avait **i**culée
Le **ba nœud**veux **gi**sait dans le **bai**ton
C'est un (**f**')acteur qui l'a dé**n**oncée
La détenue offre son c**eur** au mat**on**
L'av**o**leuse va se d**a**nner
L'inspecteur a pis**t**é la **n**ar
Le pyromane semblait éto**n**é du **ff**œud
Ces petites tap**a**jeuses étaient-elles mi**n**eures ?

Littérature – P**a**nis, dél**é**ssé, **qu**ourrage, **b**équette, ém**o**ssion, **i**bscène, **l**armes, **ch**'hymen, **b**aucisse, **s**aba, **c**agneuse, **g**on court, prou**s**t, val/eur, etc.

Rousseau méprisait les **b**oniches dé**m**iles
Elle valait pas cinq sous, la pin**èd**e de Lavar/e
Quelle ém**o**ssion **i**bscène !
On n'a jamais vu de **c**agneuses au **g**on court
« Agréable **ro**sse-temps ! » pensait la bibliothécaire é**pa**tique
Voilà le bou**qu**in du mar**d**is (joli **d**on, ce bou**c**in)
Horace faisait souvent **p**ouffer sa **b**ine
Voulez-vous la bi**ch**e pour lé**t**er ?
Je vais vous parler du **qu**ourrage de **b**équette !
Baudelaire b/ossait fort ses cat**r**ins
Lady Chatterley **tr**ompait son **p**iqueur
La comédienne adorait donner l'oi**d**e aux gros **gn**ards
L'éditrice râle car un spécialiste du **b**ul l'a **c**itée
La correctrice s'en **ui**rait si on ne la faisait pas rel**i**re
Il a fallu bien des val/eurs pour sortir de tels prou**s**ts
Impossible d'être enchantés par ces **d**ignefés
On parle beaucoup de bab**el** dans ce bord**as**
Ce petit éditeur met son v**eu**t dans les m**i**les
L'a**qu**ant a bien tri**m**é (Lacan s'**exe**ppliquait sur le s**a**)
La femme de lettres a passé un bon **r**oment avec de grands **m**ondins

L'helléniste ressent un **men**c de fortes di**Gre**sions
Ce critique est **fou**d et manque de **lai**tre !
Ne croyez-vous pas qu'il faudrait un **c**ode pour ces **g**ons courts ?
La libraire n'est pas **p**ascive devant les courtes **l**ines
Un jaloux : « Quel **pore** **queu**no ! »
Ah ! les **v**aires bien **p**elues que ce pépé pom**d**ait !
Ces bouts ri**m**és feront de pauvres é**d**issions
Escartefigue regr**é**tte son vieux p**a**nis
Oh ! votre **gid**e rig**aul**e !
Parlons de ver**v**e a**g**ide !
Marguerite a fait **Fau**ter le vieux **ju**st
Peu **t**êtu pour ses derniers ou**v**rages,
cet auteur **co**nait le **pi**lon
Sherlock fon**s**ait dès qu'il avait **d**éduit
La **t**esse n'a rien d'un **b**oufon
La femme de Vincent a écrasé un **Sc**orpion à **m**otto
Il paraît, mon frère, que des **b**œurs étudient ta **s**ite

Médecine – **V**antouze, **t**amp, bourse **ou**flée, cr**en**pe, verge **t**ure, **d**rain, bile, **t**ard, **c**out, **b**loque, très **p**anée, pi**f**, **r**étine, **t**ein, l'anu**c**, ultra-**son**, etc.

Le carabin **v**ie dans les tra**ch**ées
Le comte **t**enait la com**pr**esse
« Voyez, dit le radiologue, ce truc obl**ique** c'est votre tr**ong**. »
Cette petite p**al**e est **in**erte
Ah ! ce ventri**cul**e en**loque** !
Belle **m**ine, ma coqu**otte** !
La pauvre fille s'est **t**apé la **r**étine
Le chirurgien a sau**v**é la **t**amp
Le gynécologue va m**on**ter pour examiner votre **ca**
J'ai mal, sans doute quelque **p**ard dans le **d**ot
Ces **v**antouzes ne sont pas bien**t**enues
L'infirmière m'a accordé ses s**oins** avant que je la p**ein**te
Mon **ru**matisme m'empêche de **trau**ter
Attention à ces me/**d**iques amants imp**or**tents
La directrice s'occupe de l'état **m**ensuel des **s**âles
Cette petite p**all**e va déb**ut**er ses s**oin**s, au **mein**s
Est-ce encore **d**époque de parler du ratage des **v**antouzes ?
Le dentiste a pl**omb**é la **ren**tière
Attention, vos cr**ou**ttes c**o**lent !
Votre **b**ile est **p**iteuse
Ma pauvre p**o**te est emp**u**tée

Cette jouvencelle claque des **c**enottes
dès qu'elle est **m**ouillée
L'excitation de ce grand **çon**bre est masquée
par un fort cale**mem**
Derrière leurs cale**ver**s on devine les **çon**ges
Essayez de laisser votre p**e**ne par t**i**rre
Su/er n'est pas un déli**c**t
Ce vieux assez **b**ouché se fait mal en **t**andant
La kiné m'a soulagé dès qu'elle **su m'a**cé
Bizarre, votre **puls** est remplie de calc**aire** !
L'infirmière hésite à éponger la bile des ga**t**eux
Vous avez belle **m**ine, c'est **p**aniable
Pap**i** a très p**a**né maman
Ce gros trapp**u** ne craint pas de montrer son c**iste**l
Ce vieillard présente un **f**land **gr**êle
Ce vieux pé**p**é au **d**ieu supporte mal les car**an**sses de sa t**e**te
Tu **m**ouis, jinette ?
Je **g**'ai mis sans raler

Mer et pêche[1] – **P**écheur, **l**ieu, rou**s**ette, **p**eize, pin**ass**e, rad/e, **t**on, **c**rique, **t**rampette, **c**rique, **c**rique, ca**t**a marrant, sl**ou**p, **tri** marrant, **c**ille, **f**on, **c**ale, **s**ouillée, **m**aule, **g**amelles, **b**outre, chi**f**re, péni**ch**, **s**at, bar**l**u, ca**b**otter, **p**èche, **fl**ot, b**ou**te, gli**s**ser, qu**r**eue, f/oc, ver**g**, **ge**aule, **f**ard, **d**igue, etc.

Vous **p**échez trop ces **l**ines !
Le **ss**onard de**c**alé et **s**ouillé déte**c**te les b**and**s de trui**te**s
Ce **p**écheur **l**udique fait grin**p**er ses rou**c**ettes
Quels d**oc**s mast**ard**s !
On reconnaît les mou**s**es de Bretagne à leur **l**enteur
Le vrai marin aime quand la **m**air fré**ch**it
Le bar**œur** a enfoncé son âme s**on** : il est bien en**c**ré dans le **t**on
Oh ! les l**och**es ball**ourd**es !
portez-moi ces rou**S**ettes
Le jeune époux qui **p**èche au **l**ieu tire les s**i**eins de la mar/ée
La marinière se lasse de l'a**v**us des **b**erges
Le naufrageur **p**iquait derrière l'é**tr**ave
Cette rad/e est pleine de god**ass**es
Ce b**outre** est plein de f**eau con**

1. **m**aire et **P**èche.

Quel **m**ard infâ**d**e !
Le pêcheur a vidé ses rou**s**ettes en plein sur la **p**oupe
Ah ! la coqu**é**te p**in**asse !
pa trique a gardé l'odeur des rou**S**ettes !
Les **queu**illes ballottaient sous les **cou**es des mar**in**s en lut
Le matelot se sent mieux dans les v**a**ps que dans la t**am**pette
Après s'être **mu**tinés les marins se **la**ssèrent
Les mousses se **t**aisent à **b**ort
mâtez les **T**ousses !
Chantant d'une voix **ge**ouailleuse, le mousse empoigna sa ver**g**
Méfiez-vous des mou**s**ses qui pilo**t**ent !
Oh ! le **f**ard **d**rôle !
La navigatrice faisait **ch**anger son **m**at dès que le v**en**t descidait
La marinière **v**eille sur la **b**ârge
Retirez vite votre **co**pine de cette /nnasse !
Beau **g**a**d**, ce **ron**bier !
Les mariniers en grève ont cas**é** leurs péni**ch**
Les **mu**tains qui refusaient la **p**èche
durent choisir entre la **ge**aule et la ver**g**
Quelle **fl**aire, quelle **p**èche !

Mode – **Tt**oigts à la mo**d**e, bran**ché**, nilons, **p**on chaud, trico-ter, **m**âille, **cou**chée, **p**olos, lompiers, **n**atte, **ch**œud velu, **cr**'aime, **j**aquette, pou**f**, b**a**t, **ch**aise, ro**b**e, finette, **m**ente, **s**serge, inla**v**able, etc.

Mi**rds** ma b**o**te !
Oh ! votre p**ul**e ond**in**e !
Ce beau **ch**âle vous allonge le **m**inois
La grosse mercière a dû ca**ch**er ses nilons
Les **g**ous s'en vont, restent les **m**odes
Le perruquier a mis une (**n**')atte en **ch**entier
Drôle de **p**ouffe de **t**oils !
Cette gentille lingère a toujours dra**p**é quelque **gu**eu
Que fait votre ro**b** sur ma chai**z** ?
Propose-lui quelques **ch**oigts avant de lé**d**er
La petite main travaille les **f**estons et fait les **p**illations
Mes filles, exaltez la **t**ache du **m**èilleur
L'ancienne modèle t**rott**e sur un t**a**p**in**oir
Vous **g**ettez vraiment n'importe quelle **m**ode !
Le photographe prend les ch**o**r**t**tes de f**a**ce
Superbe, la birou**J**e de **t**ules !

En maison, on pai**gn**e les fi/es
Le coiffeur s'occupe a**bi**lement des **na**tes
Ces **ve**stons dégagent une odeur de **rou**ssie
Cette g**em**ce s'accorde bien avec mon m**ar**bre
La reine m'a pap**è**illé la m**ou**che !
Horreur ! Cette **sau**quette est pleine de **cra**ce !
Ces couturiers présentent des **r**obs **z**osés
Oh ! votre **puls** est rempli de calc**aire** !
La jeune fille en na**t**e épongeait la birou**g**e
Ces tisserands s'encr**outent** en faisant de gros pu**ls**
Oh ! t'as t**a**ché mon p**ou**f
Ta b**o**te est mi**l**le !
Ce **g**entier a horreur des **r**ousses
L'amant de cette **t**ope qui fait couler sa bile
cherche un g**i**de pour la b**o**ter
La couturière a bien redressé le d**au**d du cost**ar**d
La couturière a bien **v**ucé une **s**erge
Elle avait fini par la retrou**v**er cette **ss**erge…
Dès qu'elle sort un **p**œud c'est pour tailler une **n**ipe
L'accessoiriste **p***(3)***-ains***(6)***-des***(2)***-t***(5)***-u***(4)***-nique***(1)*
La petite main a fait un pomp**on** au frip**ier**
Le couturier bro**d**e de façon in**ss**écente
Ce mannequin a l'air em**bai**tée quand elle **po**se
Quelle **l**igne, mon grand **f**oup !

Musique – B**i**ser, joli v**ait**, cui**l**, jou/t, coup **p**e rein, **d**iner, d**ot**, béc**ard**, **s**on, **c**alé, un **n**ard, des **d**oix, **j**œud, bien **n**ouïr, **ch**ente, **f**at, **J**aquette, **cr**acques, s**a**xe, en jou**e** (*oua = oi*), **ch**and, **gl**at, m**o**sard, **ron d** e, etc.

L'experte parle de b**i**ser de façon trép**ai**dante
Cette colorature a un **ss**on qui est une sorte de re**c**ort
La débutante est **e**ppâtée par les grands s**a**xes
La groupie des Beatles pensait toujours
à lé**n**er des **ch**œuds velus
L'attachée musicale a montré sa v**er**ve au conc**ul**t
Mireille montre les beautés du **chan** au **con**teur
Le ténor poussa la **ch**enteuse à l'intérieur du **m**at
Je vais vous montrer la belle couleur r**on d**e de m**o**sard
Et voici la **s**eine du **r**ein
Ce jazzman peut vous apprendre l'**er**t du s**a**xe
Dis donc, il **ta**te, ton pé**p**è**r**d !

Ce contrapo**nt**iste frip**é** travaille tous les **t**ons et les **c**riture
Le Kappelmeister agite sa b/aguette en rêvant de prossession
Attention, mes frères : le chanoi**r**e est en **n**ut !
Ah ! ma mère, votre **f**at m'en**ch**anta
Le baryton pousse son **la**t devant la **vi**vandière
Enflez le **ss**it quand vous pouv**ez**
La basse va sortir son d**ô**t plus t**ar**d
Le claveciniste hélvétique a biss**é** sa Suit**e**
Ce prof**ane** a des problèmes avec son org/
Oh ! les grands **l**utents !
La soliste appuie son **bass**on contre une **nich**e
Ce petit rat a le p**as** assez b**ot**
Ce su**ger** est un bien grand dan**ceur**
Cette jolie danseuse laisse bien /voir son **entr**echat
L'imprésario goûte les **cho**llations de la **fe**riste
Dis, la belle, tu sais qu't'as un **m**egot dans ton s**axe** !
Callas parlait de **by**ser de façon fort c**ai**nique
Cette pianiste est **d**ousse et raffole des **g**ames
Ah ! j'ai bien **n**oui, quelles **j**oix !
Et les **ch**ens se firent lé**g**er
Syrinx a provoqué le dép**i**t du pip**ô**
Ce petit dou**e**gt ne remplacera jamais un bon s**a**xe (*oua = oi*)
Cette **tron**pette a crevé l'é**cram** !
Que de grosses **f**alles dans votre cli**q**ue !
Ces danseuses ont montré leurs cl**a**quettes au cr**a**que
Beaucoup de gros **p**aisent à la **b**astille !
Voilà Boris en **n**ut devant l'a**r**us
La chef a fait **m**ander le **b**ateur
baçon que l'on fait **m**ander *(note en bas de page)*

Plantes – Mo**usse**, pétale, **s**é**cher**, lein, **b**aie **r**ouge, **p**ousse, ca**r**ote, p**éché**, **d**atte, **p**land, **g**ervers, **m**ente, **f**ille amants, cour**g**e, verte, c**ou**pe, **tr**on, b**o**iser, pai**ls**, etc.

Doit-on **ss**écher ces pétales ?
Mais votre **r**it est plein de **v**ides !
Commandant, ces **p**ousses sont **m**inables
La mycologue a un gros **m**olet dans sa **b**otte
Admirez le **r**is de cette jolie **p**ousse
Ce maraîcher a un **p**œud de **n**oids
Ma fille, prends bien soin des **r**ands des **gl**entiers
Prends cet épi, c'est un vi**eu**t
Ce boug**u**on sent la mante

Touche pas à la pomme de l'hine !
Le guérisseur se faît aux plentes
Quel mout bollet !
Désolée, ma mente est fini
Ce git est trop vrillé
et les boules n'ont rien à faire dans les branchettes
Ces pins ont l'odeur de raisine
Ce vénnard a récolté une belle corole
Oh ! ce grau pisse and lit !
Il faut au moins trais (z')ans pour apprendre à boiser
Mon ami, portez donc votre mache au chant
Cette bèche est pleine de fleurre
Ces gons-là ne picent pas
La jardinière a laché lé pine
Le cultivateur boude dans le chan
Il y a quelque chose de rafiné dans votre vigne
Cette tige est bien peverte
Mais non, madame, nos memges ne se broûtent pas !
La chineuse bouffe une grosse pôme
T'es pas obligé de te doucher en arrosant ces pétales !
Le bûcheron louchait sur un gros tron
L'agronome est fort melle dès qu'elle parle de l'abour
Quel vieux radit !
Ces maraîchères proposent des prunes délavées
et leurs meins sentent le serisier
La mycologue présente deux vesses rafinées
Le jardinier a une paile pleine de poirs
Les botanistes saouls trempèrent leurs braquethés dans du mart
La botaniste a perdu sa flor à cause d'un sacré meurceau !
Le jardinier créole tape la mélisse
L'ancien marin sent comme deux melons sous sa bèche

Politique – Se mouiller, se contrer, cal chaud, con sule, élection, roué, chembres, mair, luts, rubriques, etc.

Messieurs, vous avez des vuts iniques !
Le chancelier est troublé par les frondeurs de la /esse
Le préfet lassé a gagné la corce
Ce magouilleurs ont vraiment des truques iniques !
Ce maire breton observe les lutes ceptiques
Oh ! la ministre soule !
milaine Votte !

Que vient faire votre **mante** dans ces histoires de t**oul**ouzes ?
Attention à ces collonnes de gau**ch**istes !
Herriot **bu**vait souvent devant des c**a**ls nus
Jusqu'à quand Chaban aura-t-il fait **p**rimer son **t**énis ?
M'sieur l'député, j'**pan**sse à vot' s**ité** !
L'édile se dé**ch**ène dans sa **m**érie
Je vois, monsieur le maire, que votre vi**l** est nu**t**
Le ministre encr**éa**e des cu**l**tures !
Je savoure l'oi**pi**gnon des personnes bien /nées
Sur quoi **b**aser ce con gr**ais** ?
Pour celles que trop d'en**prins** **g**ennent,
il faut faire **pro**gresser la **rés**titution
Le président a fait applaudir son n**on** au perr**œud**
lirac a pris maladroitement la mou**Ch**e
Hé ! le Serbe, on a vu le fameux cl**a** **sœur** de t**ito** !
Titre : « Le gros **c**ôle des **r**ouilles »
Quel cul **ll**aud cette gau**ch**iste !
La pasionaria n'a pu combler le **v**œud des a**n**ares
Je peux vous faire **m**uter car vous êtes a**j**our
L'énarque **d**éduit de façon in**s**écente
Ils sont bien tristounets, les z**e**bs d**o**s politiques
Monsieur le maire, un grand **f**œud ravage votre **n**ion !
Madame le maire, votre **t**oule frôle la bi**m**e !
Le député sorti**t** n'avait pas senti venir le **v**ant
Le Pen parle trop de chute de **rass**es, de pét**ein**s…
Quoi ! T'aimes les pha**chauds** **llus** ?
À Mme le maire, l'adjoint demande de la **b**auter pour la **s**iter
Il ne faudrait pas que l'**a**gnon devienne trop gr**o**is
Les édiles à nœud mou**r** font tristement l'amou/
Le maire a soulagé sa **p**éne dans une belle **i**dile
Mme Claude en aura vu **pass**er, des gros **bo**nais !
Le CRS fut ému par les **ll**armes de la jeune gau**ch**iste

Potaches – P**r**o**f**, f**a**c, gr**é**s vit, hyst**o**rique, b/osser, pathro-logique, **br**ouillon, memc**é**, **c**otte, for**m**er, **m**ite, **b**acho, etc.

Le prof a **c**ité l'étudiante en sortant du **b**ours
Toi, t'as besoin d'une **b**onne râ**c**lée !
Cette cancre prend des cour**p**s en faisant l'amou/
Le prof emboîte le p**a**t aux t**o**pins
Quand cet étudiant b/osse, c'est pas un **c**radeau
Je vois, mesdemoiselles, vos f**a**sses pleines de fl**e**mme

L'institutrice montre sa fote au grens
La jeune prof parle de cantes avec une certaine pudeur
La candidate s'est retrouvée enfiloe après quelques propos érétiques
Cette cagneuse est pleine de grasse
Savourez, chers disciples, les prèches de vos mêtres
J'ai vu ce dégoûtant licencié deuxfécant
Votre cerge, quel sauvisse !
Cette petite berte est pleine de vis
Voyez cette grosse potasse sur un grés vit
Cette étudiante est trop ssogre nue
Vous avez vu la quie des deurecteurs ?
Alors, elle est sue, cette morale ?
Ce senseur adore les petits peins
On ne peut être à la fois ludique et pascif
La secrétaire générale appréhende l'éfaction des recteurs
Pas moyen de piger quand on est érissé !
L'étudiante a donné son ceur à un bossul
L'écolier épongea bravement ses galloches
Ce mathieux a un bon f/on
Cet étudiant à l'air nigot est un boceur,
mais il b/osse de façon pathrologique
Les potaches braillent après avoir b/ossé
et reposent leurs ballones dans le box/
Hé ! l'uecien, t'as peur des grans ?
Ils ont souvent de grandes bouches les petits malins...
Ces petits durds sont paceaux
En général les pontes n'aiment guère les barbus
Souvent les sursitaires se retrouvent aculés par la faute des parens
Ces copis sont mminables
Cette prof a l'air mascive et calée
Regardez ces grosses bates iffolées !
L'élève a sumaître le cé
luce, Sèche !

Quotidien – Con sierge, vein, lard, doucher, çaba, débu, taba, bouffe, matin, l'acour, mouiller, casser, male, pouf, l'anos, rustre, sotte, matinée, ses dexes, gœud, nentil, etc.

La mente en fut réduite à la pudicité
Je trouve, marquise, votre con per bienvers !
Ce gros tat ne me chente guère
C'est manifique, l'onirisme

Je veux bien te l**a**cher mais alors tu te l**é**ves
Il eut un léger **s**ou rire en arrivant à ses **f**eins
J'ai vu votre p**air** à l'**ine**
Ce péd**ant** fatig**é** avait le **f**rond /rigide
Le receveur propose des post/ères à baisier
Cette vielle **m**oquette n'a rien à faire dans l'a**c**our
Grand-père ! J'ai vu dans l'escalier votre p**en** p**aire**due !
Mais ces jeunes jouent au **dét** sans **li**cence !
Ce croupi**e** rejette toute inj**on**ction.
Ce croupi**é** ne pense qu'à s'all**on**ger
Chéri, ça me dé**g**oute quand tu **r**onfles
Quelle petite **m**ine **p**arrante !
Cette **man**chotte me **cho**que : elle fouille sans **min** !
Par vos agaceries le gros **béat** r**ou**git
Cet âne noie sa p**e**ne dans l'ân**i**sse
Surtout n'**e**vayez pas cet épouvantable **s**serge !
J'veux pas d'vos /eues, j'ai mes **qu**ours !
La **b**onne est **c**ouchée
Ma fille, arrête de b**as**culer ce p**ou**f, ton coucin va finir par s**u**ser !
Ce membre est un **p**œud **n**as beau
Cette féministe maî**p**rise parfaitement les **t**ipes.
La grosse, j'ai vu son **p**oignon, elle est bien **(n')**ourrie !
Ce vieillard a **v**iné, le voilà assou**pi**
Gare à l'a**p**ression du **g**et !
Où c'est qu'y **c**rèche, cet hypo**l**ite ?
Mais vous ne faites que p**a**nsser, mon am**i**t !
Je suis comblée d'avoir rev**u** votre admirable **ç**erge
Vous savez, il se **v**oûte encore votre vieux **g**it
Ça se **p**aise toujours, les vieux **b**ots
Quel p**i**f inf**a**me, le p**y**f de pap**a** !
Chéri, tes coups de d**an**d m'ont m**ar**qué
Cette vieille qu**o**quette est (t')h**é**rrible !
Le jeune mar**ied** prend son p**in**

Religion – **D**on, **c**ur, b**a**rettes, ch**u**tte, **sc**allus, l'a**ph**ète, s**ou**iller, c**œ**urs, **th**aiser, a**b**ée, cul ré**p**récit, trop **t**iner, qu**au**quette, homme **é** lit, etc.

Oh ! les mor**m**ons **p**ioches
Ces **b**riques, c'est pour **t**aiser
Il faut mettre la main à la **p**atte, mon **ch**ère !
Ces pèlerins **p**rudes font timidement leur /rout

Ça **lu**e, les **p**opes !
La sœur cuisinière propose ses **c**iches à la **mu**re
(une **mu**re est tombée sur le c**è**l…)
Mais, ma fille, vous avez du **p**in sur vos **v**oils !
Défense de tou**c**er dans les vé**ch**és
L'abbé a vu trop **t**iner ce cul ré**p**réci
La nonne sent que le **ss**allus est bien près de pou**ph**er
Il était défendu aux bénédictins d'**i**luminer leur ch**en**bre
Une fois son **v**œud a**n**alisé, le novice le refit à la **m**esse
Le **ss**icaire a trouvé la n**o**ne ér**ai**tique
La parpaillote re**p**oussa le **tr**apiste
Ce sini**q**ue b**o**té se bi**d**onne devant son pé**ch**é
À tant **p**écher ces **l**ines, vous finirez pleine de **t**ards **d**annés
Ce pénitent croit-il que les pé**ch**és lè**d**ent ?
Il **m**enait sa **pr**aîtresse à l'en**ff**ers ra**v**iné
Nos **p**opes sont dans la li**è**ce
Pas question que les **p**opes se livrent à quelque **l**ute
Le nonce dévoile volontiers les tr**u**ques des consi**l**s
Quel joli **par vit**bleu !
Le pa**p** se dresse contre les **f**étards
Monseigneur, est-ce que l'émin**è**te pen**c**e ?
Méfiez-vous du con **f**es sœurs **d**essues
Monsieur le curé, votre ca**l**otte est pleine de poi**rs** !
Ah ! des **v**os **g**rits [1] !
Le **brett**eur s'excitait devant la jeune sou**tanne**
Le grand inquisiteur rêvait de la pire des p**è**nes
La nonne lassée du gla**d** ne veut plus y pa**ns**ser
Puisque vous le voulez, mon /, père, je vous le **con**cède
Cette qu**au**quette raffolait des hommes **é** lit
Oh ! monsieur le curé, votre **b**iquette s'allonge sur mes **r**ozerts !
Escartefigue, ton **pa**nis est à la m**é**sse
Le prélat égyptien dit qu'il y a beaucoup de vi**Caire** au **cieux**

Science – **J**erme, **sp**atte, **ur**anus, /ètre, **e**mant, f**a**sse, la**t**itude, la bi**sse**, bran**ch**er, nilons, **m**attes, **ch**imis, v**er**t, la mi**d**e, **ff**ibre, tou**ch**e, pu**ss**es, pa**t**es, etc.

L'opticienne a **cr**evé la **l**oupe
La bise ça peut **tu**er

1. Clin d'œil au « veau gris » de Luc Étienne.

T'as vu, ce vieux **bou**dait **man** !
Le paléontologue hésite en **d**âtant cette tor**t**ue
Voici une meuli**è**re bien ven**u**e
Professeur, faut-il **c**uir le produit de vos **f**ouilles ?
Le surveillant des **fus**ées va chaque jour à la **m**esse
Le radariste tripote son **fess**eau en rêvant de **morc**es
Cette m**ase**tte connaît mal l'épect**ine**
L'archéologue bredouille se sentit **ec**ulé sans **enf**fort
La géologue a découvert une merveilleuse p**iè**re dans la lum**in**e
Que de f**a**lles empilées !
Cette **n**avette ne vaut pas un milion (« *nion* » *sonne comme* « *gnon* »)
Un **n**ément lui a écrasé les **d**oix
Le laborantin a encore en**cra**cé ma **l**oupe
en lavant sa qu**o**re nue, il est p**eu**no !
La chef du labo ne supporte pas de voir **t**asser les **p**ipettes
Cette grosse b**er**te sent la m**i**de
Le vieux plongeur n'a plus rien à **t**irer de la **b**ice
Je voudrais **pu**blier les pollutions de ma **(z')ou**te
On dirait que votre pile p**è**ne !
Le g**us** a planté l'an**ode**
Voulant déc**l**orer les **f**ons,
l'écolo s'est retrouvé ni**tr**é jusqu'au **q**uou !...
Il se méfiera des grands b/en sodiomisés.
La bibliothécaire se penche sur la **p**i**s**te des chim**air**es

TAISE ET PU**B**ES
Trou**ferm**ion excité : le rôle du sp**in**e (« *nion* » *sonne comme* « *gnon* »)
saba sen**B**ible : des ve**ss**tiges de fe**r**e
Le sa**by**re **t**aise

COMM**I**TIONS ET COL**O**QUES
Les cons gr**è**s déf**a**quent.
Les **m**effets de la **(z')**otte
Peut-on pratiquer la fé**cond**ation sans **ll**om ?
Un **su**père **p**écé (**c**alculer, est-ce **s'en**cer ?)
Particules, vivi**t**eses
Des s**y**mphos sur les nœuds r**o**nes
(les hommes avisés font examiner leurs nœuds r**o**nes)

Sport – **T**énis, tâ**p**er, fout/e, imprudent, trot**t**iner, **p**ente, **p**erche, **d**ot, lob, cazé, cr**an**pe, b**ou**der, **b**on, **c**ourse, ch**u**tte, **p**atain, **fl**ipe, **p**eur, b**o**te, tir**d**, pédal**ier**, pomp**e**, etc.

Attention aux **p**antes qui **t**uent !
Le débutant **r**ippe pendant l'é**fl**ection
Alors, pépé, vous le **v**andez, ce grand **b**it ?
Cete b**a**te est bien lisse
La photographe du bowling a pris les ciilles en gr**ou**ppe
Ce p**o**nais est trop gr**a**s : il faudra un petit rep**a**s à ce p**o**nais
Une cavalière a été **g**âtée par un petit **t**ros,
une autre a l'air bourée après chaque **ch**ut
Qu'il est empa**t**é, ce cavalier avec son petit p**o**nais !
La plongeuse a perdu sa **p**eur en faisant force **fl**ipes
Que fait ce cha**p**on sur mon **t**énis ?
Laive donc ce **ss**it !
On trouve de solides tend**o**ns dans un box**eur**
Quelles **b**ouilles, ces vieux **c**raques !
Les **c**ulbutes tendus font mal aux p**a**tes
Oh ! la **ff**lèche e**m**anquée !
Ce joggeur est plein de **c**races à force de **t**rotter
La riche filleule réserve ses t**é**rrasses au pat**a**in
L'amateur de **p**atins vient de la **c**iner
J'aime bien le fout/e et qu'on m'empa**r**le
Les femmes de footballeurs racontent
comment elles **v**ivaient leurs **b**uts
Quelle **p**asse **b**étasse !
« **j**avelos et **T**ritons »
Ce **boul**iste a de sacrées **pomp**es !
Le joueur de polo cherche des **m**ules pour j**ou**ter
Ce caval**ied** prend de ces **peurs** !
Les ch**ousse**s, ça rep**o**se pas !
Le champion qui enfile ses p**a**tains en b**u**vant
a ses roulettes qui cou**p**ent
Le catcheur pico**r**e après chaque **l**ut
Quelles **fl**ipes et quelle **p**èche !
Pi**J**ons **n**ules !
Le vieux guide évoque les prises qu'il a tant p**o**nés
Le curé montagnard lave sa vierge dans un (n')év/er
(...) « B**o**tes et prises »
Il faudrait une bonne l**é**scive à ce pa**d**oque
Les anciennes judokas ont des prises bien r**o**dés
Cette danseuse de poids **d**es teste, les gros **l**ards
Oh ! la grosse **p**ouffe sur le **t**énis !

Tourisme et nature – Engou, trin de balle, rue, cail, jite, boie, chine, nipons, fard, digue, chenbre, parit, pente, foule, crique, trampette, bute, dépité, sente, feins, dune, queue raile, site, bale con, valloches, balises, fa verge, tente, Berge, verthe, card, doup, pon chaud, canais, choitte, l'agnon, sécheresse, piège, etc.

Ce boigt va-t-il jusqu'au dout ?
Ne lisez jamais dans un bait froid
La campeuse lave ses gamelles à la mare
Greta a fait glisser le ttip d'Oslo
Cette béne sent le vieux pinard
Ma femme me pouce au bint
Cet éphèbe bien cembré aime à être enmulé
Ce jeune fermier a eu des poules brimées
Berger, votre génis me donne envie de peindre
Les jeunes gens courrent dans les foins
La fille de ferme s'occupe des biques des traiseurs
La bergère s'appuie sur le fland du glâneur
Le fermier a juré devant la tibaude
Ces bergers assez peunots
font des bêtises avec leur jénis
Il y avait naguère plein de purains devant le piloti
Aïe ! tu coinces mon sot contre le pommier !
Je trouve ce patr légèrement cifonné
Ne prenez surtout pas la mache de ce silaud !
La manchote goûte aux sourses du bourd
Chéri, veux-tu cette tente pour fa verge ?
La nageuse s'est tordu les meins en brasant
La Lyonnaise contemple la gitoune d'un bonze
Ces cans ne manquent pas de grondeur
Oh ! des éphèbes s'enpulent
devant des jeunes filles au cair !
Enfin ! La bute apparit
Cette vieille bice se paie encore des trampettes
biens ces Turnes !
La randonneuse se massait les reins devant le sentier
Oh ! ce fout sent encore la braise !
La fluxion de l'anes m'oblige
à me mettre en rout avec la mule
Les snobinardes évitent le bard des douseux

Les Japonais raffolent des **l**ons sa**c**és
Les g**o**sses n'ont rien à faire dans la f**ou**lle
Les Japonaises déballent leurs ni**qu**ons
et prennent des **ch**eues velues
Y a pas de péni**ch** dans la **s**ambre
Cette belle toi**n**on rêve de pi**s**e
L'ancienne résistante rêva longtemps
de la plus belle pine /aide du ma**r**quis
Madame, ma **b**erge est à **v**out
Quel v**an**t marr**it** !

NOMS PROPRES

A

ADOUR – (...) Madame, depuis que j'ai fait l'a**d**our avec votre **m**errière, je me sens **m**ur pour refaire l'a**d**our avec vous. Monsieur, je veux bien faire l'a**d**our avec vous si vous m'offrez votre **m**ard. Mais avant que nous fassions l'a**d**our, faites-moi un peu sentir les **m**oigts. Je suis accueillante comme une chau**m**ière dès qu'on me parle de l'a**d**our...

AFRIQUE (L') – (...) « La **f**rique est bonne aux **t**esses mais ses canni**cu**les ne m'ont pas em**ba**lé. » La **f**rique arrive enfin à sortir du **t**roc. La belle ethnologue est surtout sensible à la **f**rique des con**tr**ères. Par-delà les **t**rusques on devine la **f**rique. La **f**rique manque à ma **t**ente mais j'ai peur que la **f**rique ne la **t**racasse. La jeune automobiliste **t**reine en pensant à la **f**rique. La navigatrice au **l**on **c**ourd n'hésite plus entre la **t**olle et la **f**rique.

ALBUM DE LA COMTESSE (SUR L') – **r**ubrique qui incite aux **L**uts. Aimant les petits **s**ignes il **f**onda cette **r**ubrique utile avant toute élection (...) ces messieurs firent montre d'un **nn**ard discutable dans leur façon de déco**d**er et les canetons rirent fort de voir se planter ces modernes **vi**doques avides de **pé**ts qui obsédés par leur **g**aire froide dressaient leurs drôles de **p**lands (...) de nombreux exégètes qui ont **pu-dé**celé (...) la belle **con**tesse présente souvent un bien beau **al**...

ART DU CONTREPET (L') – (...) Quels **j**oyaux et quelle ver**be**! Citons : Quelle jolie **b**ête qu'un **f**eau con ! J'ai la **t**ine

pannée. Les joueurs de Harlem ont des c**o**rts à r'ss**ouille**. Voulez-vous que je vous env**oi**e dans la **cul**ture ? Le jeune marié propose son v**œ**ud : un joli **n**it.

ATTIQUE (L') – La Gr**é**sse hyst**o**rique. Lysistrata défendait les dr**oi**gts sur la t/ique. Ce vigneron grec affirme que la t/ique se met aux grands **cru**ls. L'helléniste pense à la t/ique de façon path**r**ologique et parle impr**u**demment de la t/ique. Il déclare à ses étudiantes : « Si vous aimez la t/ique, il faut que je vous empa**r**le. » Mais il est empor**t**é dès qu'il évoque la t/ique.

B

BÂLE (TRAIN DE) – (…) Le tr**in** de balle est prévu pour l'en-g**ou**. Ce cheminot ivre veut absolument p**ou**cer ce **trin** de balle ! Il rêve aux deux s**ous** des femmes en lorgnant le tr**ein** de balle et veut sauter s**ou**plement sur le tri**m** de balle.

BANDOL (…) Luc Étienne raconte comment le jeune mari**er** est arrivé à band**olle**. Précisons qu'il est arrivé **Paimp**ant à **band**ol… Ce **c**onteur qui fuit les **m**ons est arrivé à band**olle** avec une grande f**er**.

BARRE (…) Madame fait de drôles de **d**inettes devant ce gros **b**ard. Ce gros **b**ard ra**d**ote. « Ce gros **b**ard vous **d**ite ? » Ce gros **b**ard n'a pas toujours été a**d**horré ! Madame comble son gros **b**ard, c'est un **d**on…

BÉLARUS (…) Le président présente son bel a**rr**us, quelle honeur ! Quel beau **n**ond, ce bel a**r**us ! Ce bel a**rr**us constitue-t-il une ba**n**ière ? On a vu des **l**uts de grands **n**ageurs dans ce bel a**r**us. Tous ceux qui voulaient ce bel a**r**us ont eu leur **n**ation. Bien des musiciens se sont retrouvés en **n**ut dans ce bel a**r**us. Il y a beaucoup de **n**iches dans le bel a**r**us.

BELGE – BELGIQUE – (…) De Luc Étienne : « Mlle Beulemans aime les **vers belle**ges. » (…) Quels **vers** tiges parfois, ces **belle**ges (…) de belles **p**ochettes de **br**ucelles. Sire, votre belle gique, quel entrin ! Vous avez raison : quel entrin ma gique ! « La belle gique des tritons. » « La belle Jique du grand tro ». Victor Hugo n'a jamais parlé de la belle Jique de travert.

BELVÈS – (...) « Venez foir de belles vesses. » On a vu bien des fices de belles vesses. Des marginaux parlent de belles vesses aux ficieux. Des édiles affirment que leurs belles vesses c'est la bonne foie. Quelques opposantes dévoilent l'enfers de leurs belles vesses, et précisent que parfois leurs belles vesses s'oufrent, qu'on ne peut pas vraiment parler de belles vesses rafinées mais de belles vesses fastes, et se demandent si des visiteurs ne vont pas entrer en fain dans leurs belles vesses.

BERD – (...) « Un gros malèze dans la berde a tali la bise ». Les gens de rome ne traînent pas dans la berde. De drôles de mites collent à la berde. Peu de grands zoms se sont risqués dans la berde. Les germanophobes parlent de berde moche. Il vaut mieux écarter ses hamits de la berde. Parlez-leur de la berde, ils se marrent. Ne les faites jamais mander dans la berde !

BERNE – (...) L'architecte expose d'anciens modules de bèrnes où il est inscrit : « rudes bairnes » (il devient rude en parlant de bairnes). Puis il coince une bulle en cessant de parler de bernes et reparle de bernes pendant une minutte. Il raconte à sa collègue d'autres histoires de bairnes et la buse. Le coiffeur fait umer son parfum de bairnes. Voyant de gentes demoiselles, on peut parler de pures de bairnes.

BEX – (...) Ce spécialiste de bexe dévoile ses sourses. Votre bexe, madame, attira bien des saigneurs. Mais ils ne desandaient guère en vue de votre bexe... C'est qui, chéri, cette spécialiste de bexe que j'ai vue étudier ta site ? La vieille édile cherche en vain quelques souts pour son bexe. Elle n'a jamais fait prospérer son bexe en saisant et regrette que nul n'ait rien su siter dans son Bexe. Le maire confie que son bexe manque de selles. Livre : *Le sonheur de Bexe*. Connaissez-vous, madame, ces siroutes qui se dirigent vers votre bexe ?

BEYROUTH – (…) « Votre bêroute est plus riche ! » (…) grives de bèroute. Pas question de parler de béroutes en sirie. Ah ! la bille beroute ! Kadhafi parle de bèroute et ce n'est pas tris poli. Cette bairoute m'a laissé le souvenir d'une bonne bise. Votre bèroute a une bizarre odeur de cidre. Le Libanais est heureux de voir des livres sur sa chère bèroute. Hé ! l'ânier, ta beroute sent l'ânisse ! Mon général, puis-je rapprocher mes fisses de votre beroute ? Y a-t-il des nouvelles friches sur leur baîroute ? Les agronomes qui voient trop de sigles sur leur beiroute évoquent les problèmes de beroute dans leurs firmes. Cette spécialiste de bairoute est à l'âge de la r'trite. Avez-vous présenté votre bairoute à Jean Maris ? Voici de beaux volumes sur votre bairoute à l'ir. Il faut peu de délis pour affoler votre bairoute. Le président ne ménage ni sa bille, ni sa beroute. Sa bairoute est sans lideur, pourtant, sa beroute est attirrante. Le prélat libanais sent sa beroute proche de l'abbisse. Qui fait couler notre bairoute, ce sont les pires ! Mon cher, votre béroute n'a pas fini de m'itonner ! Tristes devant cette immense beroute, nos petites zézittes ! Elles observent à size cette affolante beiroute.

BÉZIERS – (…) Madame la chef de gare, quelle sc/ence pour baisier ! Le voyageur était arrivé à baisier la v/eille. La Corse cherche des cl/ents à baisier. Depuis qu'elle est arrivée à baisier, elle ne fait plus la f/ère… On ne pense plus à la ch/asse quand on arrive à baisier. Beaucoup adorent baisier au f/on ! Il y a de superbes post/ères à baisier ! L'ébéniste a enfin amené sa vic/euse à baisier. Ce fou v/olent arrivera-t-il à baisier ? Ce chrét/en n'arriva jamais à baisier. L'autostoppeuse sans déf/ance s'est laissé entraîner à baisier. Le pêcheur est arrivé à baisier avec la mar/ée. La chaisière est arrivée à baisier avec ce beau c/erge. Cette experte en b/ologie est arrivée à baisier. Honteux : l'oncle a entraîné l'An/ès à baisier (*« niès » et « gnès » sont sons identiques*) ! Ma Mère, ces v/eux m'ont dégoûtée de baisier. Vous me trouverez bien un p/eu à baisier. Ces grandes m/oches arriveront-elles à baisier ? Le vieux pomp/er a de la peine à baisier. Grand saint P/erre, êtes-vous jamais arrivé à baisier ? La choriste qui débite tant de *fa* d/èses est enfin arrivée à baisier. Le directeur de la féria a conçu un beau ch/ard en arrivant à baisier. La conservatrice exige un mill/on pour baisier. Cette **Bé**gneuse est une fille de **ga**ziers. Elle est arrivée à baisier pour son b/en. Ça **ga**se du côté des filles de **bai**ziers...

BIZET – (...) après avoir roulé des **s**èches entre ses **m**eins, l'héroïne propose sa **d**otte au mata**m**or et fait **dans**er don José pendant la contre**bande**. Luc Étienne aimait b**i**ser ass**ais**. Cette éditrice multimédia avide de bai**d**er est très à l'aise dans le bi**s**et. Elle a même relevé une qu**on**quête de bis**é** (...) La dame de la SPA adore b**i**ser les grosses b**ai**tes... Ce grand romantique rêvait de biser pour soulager sa p**ai**ne. Ah ! b**i**ser à Par**ais** ! Si on parle tant de b**i**ser, c'est qu'on l**ai**me.

BLAISE – (...) Ne prenez pas ce me/dique amant sans d**r**ard ! Voyez ce grand blaise et avec quel g/and ! Oh ! Sandr**ard** avec un gros d**ine** ! Ah ! la bonne pe/ote et blaise ! Ce grand cuisinier blaise, voyez comme il p/ane ! Je l'ai vu, ce boursicoteur blaise à corps perdu dans le c/aque !

BOBINO – (...) J'irai plut**ard** dans ce célèbre bobin**ôt**. Les cath**ards** n'ont jamais fréquenté un quelconque bobin**o**. Ces barb**ard** ont été privés de bobin**eaux**. Ce bobin**ot** sent le pin**ard**. On en rencontre, des vieux b**ard**, près de ce célèbre bobin**eaux** !

BORDEAUX – (...) Les propriétaires de bord**o** ont de magnifiques aut**els**. Luc Étienne signale les **Coct**els de **bord**eau. « Vite, **el** bord**au** ! » (...) Ch**el**-bord**aud**, chatte **el** bord**au**. Le maire cherche un pann**el** pour son grand bord**eau**. L'herboriste connaît bien les pr**el** de bord**os**. Cet ab**el**minable rêve encore de bord**o**. Le général Marc**el** s'éclatait au bord**eau**. Ce vieux clod**el** a goûté volontiers du bord**o**. Ces puc**el** voudraient bien connaître le bord**eaux**. Cet amateur de Mirab**el** s'éclatait souvent au bord**eau**. Dommage, il y avait plein de s**el** dans ce bord**ots** ! Cet aimable ad**el** s'éclate au bord**o**.

BRANLY – (...) « Ils a**b**itaient des **g**ites sordides qu**aient** branli. » Ah ! ces mauvais élèves qui donnèrent tant de p**er**nes à branl**i** ! Ce **bran**l**ie** a toujours été un sacré **Tape**ur !

L'épouse de ce vieux bran**l**i**t** n'a jamais senti venir le **v**a**nt**. Ce vieux Branl**ant** était un piètre am**y**. Ce **branl**i ne s'est jamais laissé **bouff**er.

BRESSE – (...) Rabelais savait sans doute qu'il y a beaucoup de **f**an dans la **br**esse. Les recteurs de Bourg voudraient plein de **f**aques dans leurs **br**esses. « Enfasse la **br**esse ! » hurla au touriste la **fon**ctionnaire qui ne pouvait rien retenir dans son c**a**. L'évêque de Bourg convoite la *c*/oupe de l'abb**r**esse. La jeune écologiste rit des **f**isses de Bre**c**e.

C

CASTILLE – (...) Le bel historien déplore la **p**rise de la **c**astille et les **c***(2)*ordeliers, la **p***(3)*rise de la **b***(1)*astille. Certains fils de **p**ologne apprécient la **C**astille. Voyez cet amateur de la **c**astille en**p**ule... Ce pèlerin a dégusté pas mal de **p**urés dans la **c**astille. L'édile dont la **c**astille est très fréquentée s'est assis sur un **p**oussin ! Oh ! ce gros **p**a niqué dans la **qu**'astille ! Les amateurs de **p**atins fréquentent peu la **c**astille. Les Jésuites entrent dans la **c**astille en **p**riant.

CÉNOBITES (LES) – (...) Ces fils de gar**ch**es veulent lé**c**er nos bites. Les gens du **ch**entier veulent aussi lé**S**er nos bites. Et leurs épouses abandonneraient bien leurs péni**ch** pour les lé**s**er nos bites ! Dès que Giscard dit qu'il veut lé**s**er nos bites, il **ch**uinte. L'aède **ch**entait après lé**s**er nos bites. La timide devant lé**ss**er nos bites s'est ca**ch**ée. La perverse a voulu lé**ss**er nos bites pour mieux les la**ch**er.

CHINE – (...) « La **ch**ine se dresse devant les ni**p**ons. » (...) « La **ch**ine aime le **p**at qui s'tend. » « Mettre la **ch**ine au **p**at, n'est-ce pas mettre le fœud à la **n**emme ? » Le général est arrivé à **p**ier par la **ch**ine. Avec lui, il n'était pas question que la **ch**ine **p**ôme. Pas question non plus de laisser toujours tron**p**er la **ch**ine. La vieille militante regrette les **p**ocs de la **ch**ine de Mao. Roman : *Les passeuses de* **chines** (...) « Crè**p**es de **ch**ine » et « Mettez la **sh**ine à votre **p**ort ». Restaurant en vogue : « Le **p**alet de **ch**ine ». L'ethnologue parle de chi**n**es et des **br**œuds. On ne parle plus de la **ch**ine de pa**p**a. Parlez-moi donc de la **ch**ine, mon **p**er. Catastrophe : la **ch**ine est entièrement tran**pée**. L'acupuncteur a d'abord pris le **p**ou de cette folle de **ch**ine. Marco Polo n'a jamais manqué de **p**ic en découvrant la **ch**ine. L'exportatrice de jambons porte ses **p**armes jusqu'à la **ch**ine et ses collègues qui veulent que les Pékinois se fassent des **n**'ouilles en **c**or réservent leurs **p**attes pour la **ch**ine. Les photographes fous de **ch**ine font voir leurs **p**oses. Vous pouvez parler de la **ch**ine aux filles de ce **p**âtelain. L'écrivain maniaque a mis la **ch**ine entre deux **p**arentaises. Dans certains **p**arters d'immigrés on parle beaucoup de **ch**ine. Ainsi donc, ma sœur, ce pé**p**é vous a fait connaître la **ch**ine ! Le minéralogiste a pris plein de **p**istes avant de découvrir la **sch**ine (...) « Le **p**oix de la **ch**ine » et « Chirac **p**arrie sur la **ch**ine ». Lu dans un livre d'histoire : « La **ch**ine **p**arnue ». Hong-Kong : des gros **p**ats niqués par la **ch**ine...

CHOTT – (...) L'agence vous donne le choix entre l'**a**gnon et les ch**o**ittes. Mais attention : certains prétendent que les **ch**ottes sont sources de **m**aleurs. On voit beaucoup de pi**a**fs du côté des ch/ottes. Pas question de **m**ats noirs trop près des **ch**ottes. Les touristes déçus par les ch/ottes eurent envie de bais**i**er. Après le « Dakar », plein de b**i**elles traînaient derrière les ch/ottes. Plonger dans les **ch**ottes fait partie des plaisirs de la **m**air. Las des bains de f**i**oule, l'émir retourne aux ch/ottes. Hé ! l'archéologue, tu peux faire le tour des ch/ottes, il n'y a pas de vierge. Il faut rentrer dans le c**a**rps pour découvrir le charme des ch**o**ttes mais les Tunisiennes n'ont pas envie de montrer leurs ch**o**ttes aux pand**a**res. Ce dermatologue était sensible à la p**a** des ch**eau**ttes. Ce spécialiste des **m**attes peut aussi, bien sûr, vous parler des **ch**ottes. Les intégristes se **m**oquent de voir des **ch**ottes.

CONDÉ – (...) « **ri con**dé ». Mazarin ne distingua jamais les **pé**s des **con**dés et le cardinal de Retz a toujours trouvé ce **con**dé **pé**stant (...) Ce cond**et** dut se retirer sous une avalanche de p**om**s (ce cond**aie** était d'abord resté coincé en pleine r**om**). Le **con**dé s'était mis dans un grand **pé**traint !

CORDELIER – (…) les **b**ons **c**ordeliers. Ce **qu**ordelier cherche des **b**équettes. Ces **c**ordeliers ont de bonnes **b**ouilles. Admirez les **b**asquettes de ces **c**ordeliers ! Ces **qu**ordeliers taquinent gentiment quelques **b**eues. Ce **c**ordelier cherche un **b**oncierge (…) Ce **c**ordelier **b**afouille. Ces **c**ordeliers étaient très mal **b**otés. Ce **c**ordelier en voulait à la **b**aisse. Elle puait, la **b**ouche des **c**ordeliers. On distingait mal le **b**ul des **c**ordeliers. Mais les **c**ordeliers ont ouvert plus d'une **b**rèche. Il y avait parfois des **c**ordeliers dans les **b**athos. Certains **c**ordeliers ont pris de sacrés **b**ouillons ! Par grand froid, les **c**ordeliers **b**aillaient. De nos jours les **c**ordeliers feraient la chasse aux **b**oursiers. Mais les **c**ordeliers seraient tendres au **b**laque.

CORÉE – (…) « Ce c**a**l de c**o**ré me t**u**rd l**u** pine » (« *ce c… de curé me tord la p…* ») (…) « Les **d**eues **qu**orées ». On évoque l'**u**gnon des c**oi**rés (…) Théod**ul**e a été enc**or**é. Le détective a emmené un pand**ul**e enc**or**é. Le prince cons**ul**t a été enc**or**é. Le député s**ul**tant a été enc**or**é. Trois cents athlètes ont été enc**or**és, c'est un rec**ul**d. Le routard trimballait un gros p**ul**c enc**or**é. Il a été enc**or**é à M**ul**et. Il a bu plein de b**ul**deaux après avoir été enc**or**é (…) « Chirac enc**ort** à **tul**e. » *Note* : on y met des **l**utes au **p**oin.

COUPERIN – (…) Maître, je vous montrerai mon coup **p**e reins pendant que vous **d**inerez. Le professeur apprit à sa jeune élève le travail du **d**oids dans le coup **p**e reins. Le jeune **d**édé travaille son coup **p**e reins. Il travaille son coup **p**e reins avec un vieux ra**d**in. Le camionneur a entendu parler de coup **p**e reins en astiquant son **d**af. L'arrangeuse parlait de coup **p**e reins aux amoureux de la musique qu'elle pom**d**ait. Ah, ces organistes qui s'é**d**uisent avec leur coup **p**e reins !

COURTELINE – (…) Cette bouquiniste en a **p**éché, des courtes **l**ines ! Comment pouvez-vous rester **p**ascive devant ces courtes **l**ines ? Que pouvait faire votre courte **l**ine sans **p**'oignon ?

CUBA – (…) Qui ne connaît les fameux en**ba**leurs de **cu**bas ? Au Maroc, on parle des **Ra**s chauds de **cul**bat. Fidel Castro a montré son **Ku**ba à un **bar**de. Le marquis taquine le **bal** rond en rêvant de **cu**ba (...) Ce moine a été en**Ro**lé par un **cu**bin des bois. Ce **cub**bin a un gros **ral**.

D

DAF – (...) Le camionneur promène son **d**af dans le **p**erche. Il mène son **d**af raide comme un **p**ieu. Il a emballé une fille assez har**p**ie qui voulait voir son **d**af. C'était une fille de **p**reux impressionnée par son **D**af. Sacré ca**p**eau, ce **d**af ! Ces jeunes camionneurs sé**p**uisent avec leurs **d**afs. On se paie de belles **p**oses avec ces **d**afs. Certains travaillent dans la **p**urée avec leur **d**af. La garagiste a un **p**on pour soulever les **d**afs. Ce camionneur un peu gr**a**s qui bri**q**ue son **d**af, c'est un **p**ur. Il astique son **d**af en rêvant de **p**rague. Une petite ra**p**euse chante grimpée sur son **d**af. Un pé**p**é lorgne son **d**af ! Pas question de prêter nos **d**afs à ces vieux ra**p**ins. Les r**ou**tiers ont sorti leurs b**en**ts et se sont mis quelques **p**ards sans avoir ménagé leurs **d**afs. Il faut être **p**eux pour bien profiter du **d**af...

DANTE – (...) Béatrice n'avait besoin que d'un d**ente** à la f**oigt**. Fuyez le con **f**es sœurs qui vous parlent de **d**ente. Cet amateur de **f**errières parle mal de **d**ente. Mme Tallien donna son admirable **d**ente à **f**oucher. Il était question d'un en**f**ers peu **v**iable et d'un immense **f**ard dans cette admirable **d**ente. Cette incroyable **d**ente est remplie de vieux **f**ociles. Le poète ivre a la voix qui **f**éraille dès qu'il parle de **d**ente. Rêver de **d**ente, c'est **f**oux.

DÉDÉ – (...) Ce jeune **d**édé ne fait pas de cré**p**it. Ne donnez pas votre **p**ard à ce **d**édé. Ce **d**édé-ci est un ra**p**in. Un autre **d**édé est dans la **p**èche. Ce **d**édé-là est un **p**ur et ils sont **p**eux à aimer ce **d**édé. La fiancée confie que sa **p**ot n'intéresse pas ce **d**édé. Ce petit **d**édé craint les ra**p**asses. Ce **d**édé rêve du **p**erche. Pas question de se taper le même **con**ssert avec des **des**.

DIGNE – (...) « Quoi ! vous osez comparer votre **d**igne à mon **f**errière ! » Gare aux cons **f**es sœurs qui vous parlent de digne ! Monsieur le maire, votre adjoint s'est enfuit avec des produits de votre digne ! Il paraît que vous avez des problèmes de fards dans votre digne. Faut-il fouiller beaucoup pour découvrir votre admirable digne ? Il convient de rester froit dans votre digne. Il est foux de rêver de digne.

DOUBS – (...) Baron, votre boigt va-t-il jusqu'au dout ? Je vous ai vu plonger tous les troigts dans le dou. La marinière observe le grand fard du dou. Elle promène ses bents sur le dout. Cet ivrogne voit le dou trouble. Le préfet cherche à préserver le dou des trames.

DRUT – (...) Dix sportifs veulent à tout prix gix drues. Ils restent coits devant ce drul. Pas question de came avec ce drul.

F

FAVERGES – (...) Mes frères, fa verge manque de messes. Messieurs les assureurs, nous manquons de mallus au vu des seuls résultats de pha verge. La chef d'agence doit reprendre enmin fa verge. On parle beaucoup de Fa verge dans le ministère. Ah ! ffa verge emarante ! Le maire sortant qui tient mal fa verge bat la semelle. Il a déploré les résultats de fa verge ensoirée. Chéri, veux-tu ma tente à fa verge ? Elle est un peu molle et adore fa verge. Chérie, veux-tu voir une belle moto de pha verge ? (...) « fa verge en Mait trop. » Fa verge est mortifiée...

FAYARD – (...) « On ne peut être à la fois payot et faillard », se dit la grosse libraire qui examine les dépauts de faillards. La magasinière a mis plein de faillards sur le planc. Ces intrigants ont placé leurs pions chez ce faillard. La bibliophile examine un gros volume de faillard et se dit qu'elle peut se le paire mettre.

FÉNELON – (...) La bibliophile beaussue recherche un fe nœud long.

FERRIÈRES – (...) Ah! madame le maire, c'est dou comme vous présentez votre ferrière, alors que l'opposition insinue que votre ferrière n'est pas droid, que vous êtes prête à livrer votre ferrière à prix dort. Peu de gens s'en doutent, de ce qu'on dit de votre ferrière. Laissez tomber les dellations pour ne vous occuper que de votre ferrière. On vous voit dessue quand vous montrez l'action de votre ferrière... Le président parle de ferrières de dolles. Dès qu'il s'occupe de fferrières, on le voit adairé.

FEZ – (...) L'étudiante a présenté sa tente au boursier de fhèse (...) « Briands de faise. » (...) Grande baisse de feses. Les marchands de faise ne manquent pas de beu. Ce balot ne devrait pas tant rêver de faise. La besse rêve de faise. Les déçus de fese cherchent à se casser. Cet amateur de faise est brisé. Cet amateur de faise fait un peu trop la bête. Les vrais amateurs de faise ne manquent pas de billes. Cette marchande de faise fait elle-même la bière.

FORBACH – (...) Il y a trop de mallus à phorbacs. Il y a trop de messes à forbacs. Il y a trop de mentes à forbacs. Ah! cette histoire de fforbacs emarante! On parle beaucoup de Forbacs dans le ministère. Les socialistes du coin se méfient de certains élémants à phorbacs... Regardez ces superbes motos de phorbacs! Et ces vues de forbacs mauves...

G

GARCHES – (...) Les fils de garches lècent les pains de putots. C'est là où se mâcent d'autres fils de garches. Mais ces fils de garches refusent de se cacer. Ils sont cauds, ces fils de garches... Monsieur le maire, votre garche manque de cou et trop de potaces ont sali votre garche. Le chef du personnel fait cier tous les fils de garches. Dès qu'il voit une fille de garche, il a envie de toucer. Le directeur du concours de beauté recherche les plus belles mices de garches. Ce jardinier fils de garche se livre aux plaisirs de la cair.

GARD – (...) La préfète, qui, d'après Luc Étienne, passait des landes au guard, distingue bien le doût du gard : le gard a une forte odeur de drog ! Cette Diane pas trop maleureuse quand elle chasse se fait quelques dains en parcourant le gard.

GEX – (...) Madame le maire, votre gexe ruisselle sous la verse ! Et votre gexe a une odeur de sause. Cette radicale fustige le gexe des sens tristes ! Cette battante préférerait un gexe érisé ! Une militante rouse rêve aussi de gexe. Il est doux de parcourir leur jexe en soie...

GONCOURT – (...) « Comparez nos prits et venez ! » Tous les cros niqueurs rêvent d'un gon court, mais bien peu connaissent le coût du gon court. Maître, comment ce gon court vous a-t-il clacé ? Un présumé battu : « Ah ! ce gon court sans crâce ! » Et : « Je ne pense pas que cette vieille cagneuse ait le gon court. »

GUINÉE – (...) La botaniste observe un pland qui vient de la giner. Mais les petites pousses ne peuvent venir de la giner. L'ethnologue parle de guiner et dépeule. La marinière dit que son palant vient de la giner. L'informaticienne dit que ces pus viennent de la giner. Le voyagiste enpraissé parle à sa cliente de la giner. Le beau diplomate rêve de giner avec plein de pays. Ce PDG très pris ne rêve plus de giner. Plus question de giner pour ces pars niqués ! L'entraîneuse, dont le président parle souvent de fout/e et qui la brite, dévoile que ce poal vient de la giner. Le vieil explorateur annonce d'une voix pâteuse qu'il revient de giner.

GUY – (...) Une joyeuse bibliophile de Lourdes qui s'est envoyé un mos passant dans la grotte : « Ce git en a fait, des vags ! » Monsieur, votre petit git a le goût de valantine. Ce petit guit s'aventure imprudemment sous cette grande verrière. Ce git a gardé une forte odeur de vaz. La dame de charité a comblé le veux de ce grand guit. Papa Maupassant présentait son guit alanvi...

J · K

JOB – (...) Ce vieux gob est plein de zel. » Jézabel se pencha sur des lézions de gobs. « Qu'il est razeur, ce gob-là ! » Et soudain, ce brave gob se sentit tout lézer. Alors, tu as zoui, mon vieux job ? Le général Bizard parle souvent de geob. La bonne Samaritaine aurait bien proposé une caze à ce vieux gob. Ce vieux gob avait besoin d'être protézé.

KANT – (...) Les vendangeuses rhénanes vident leurs fuls en parlant de cente. Hé ! la philosophe si vous voulez qu'on fouille votre cente, faut un peu vous afoler pour nous présenter votre ccente ! Votre quente ne manque pas de feues et nous rêvons furieusement de votre cente. Mais votre cente est fourbe et les arguments de votre cente paraissent forcés ! Drôle : ces amateurs de cantes se sont retrouvés dans la même troupe. Ces philosophes en herbe touchent drôlement depuis qu'ils sont familiers de cantes. Les grosses libraires ne se fachent pas quand on plonge dans leur cente. Mais l'étudiant timide parle de cantes avec pudeur...

KOHL – (...) J'ai mal à l'ugnon quand il m'encoile ! Il m'encole, quel rustre ! » D'un germanophobe : « Cette énorme colle est hostile au fon. » Le vigneron rhénan n'ose pas tendre son ful à cette énorme colle. Eh ! les Allemands, la négociatrice américaine prétend vérouiller votre cole... Un eurocrate italien : « Votre cole fait souvent la nnavette. Votre cole a entendu parler de véronne ? Quoi, votre colle s'est laissé fouiller ? »

KURDE – (...) L'Irlandaise a été enbalée par un curde. Un diplomate cynique : « On ne s'enmele pas, il y a trop de curde. » Des voyageurs se méfient des culs rde sou/ds. Le touriste se plaint que les mels ont une odeur de curde. Un cardinal indigné : « Quoi ! on s'emCurde dans la merie ! »

L

LABICHE – (…) La biche c'est bon pour léter. La biche, c'est bien taud. La biche ne fait pas la grève sur le tat. Ça vous tante, la biche ? Pour cette actrice, la biche c'est tou. Cette intello à tendance mâteuse était contre la biche. Il faut dire que la biche c'est parfois coton. Mais les saillies de la biche l'ont poussée à paluter. Le metteur en scène a monté la biche, un beau matin. Il a écarté ses hamits pour que tout le monde puisse voir la biche. Mais sa collègue a craint qu'il ne l'amuse en touchant à la biche. Elle a fait mander les critiques qui voulaient voir la biche. Elle se croit fort melle dès qu'elle présente la biche. Mais elle est pas taude pour faire monter la biche. Aïe ! la biche arratée ! Si la directrice du pensionnat a découvert **l'abbiches**, c'est pour **les mé**. Avec sa mise **ang**scène au milieu des **rob**s, cet ancien détenu n'était pas un cradeau quand il mont/ait la biche devant les catots. Le producteur italien montre le tibre en proposant de monter la biche. Ton oncle a montré une vue de la biche attatante. La vieille photographe a pris la biche dans le tamp. Monter la biche fait partie des plaisirs de la tair.

LAFFITTE – (…) Ne vous trempez pas la phite dans le bosphore ! L'épouse du banquier fait la bête avec la fite. la fite taquine la besse. La fite est de l'autre côté de la menche. La fite a senti venir le vent. La fite fait plein de boutre. Vous avez vu, cette grosse blanche contre la fite (il ne fallait pas qu'elle renoue avec le jœud). Se vendent au plus offrant les bolles de la fite. La fite ne manque pas de beu. La fite a provoqué bien des besses. Oh ! la fite bine ! Ces bringues cachent malencontreusement la fite. La fite sent la braise. Ce jeune armateur a gagné beaucoup de bric avec la fite.

LANNION – (…) Pour mémoire, le directeur d'agence lèse plein de choies entre les choittes et l'agnon. L'agnon, ce n'est pas impoissible… Quelle boicchanale dans l'agnon ! J'ai trouvé l'àgnon oi poil. Ce représentant à une poission pour l'agnon. Ces informaticiens sont venus à l'agnon en écartant les cons s**oi**les. La gentille K**oi**rine m'a présenté l'**a**gnon. Hé ! la cuisinière, ta cr**oi**quette a gardé l'odeur de l'**a**gnon ! Ce pend**oi**rd est entré brutalement dans l'**a**gnon. Heureusement qu'il n'avait qu'un petit p**oi**nais pour entrer dans l'**a**gnon ! Il s'est d'ailleurs aff**oi**lé dans l'**a**gnon. Il faut savoir reconnaître les t**oi**res de l'**a**gnon.

LETTON – (...) Ce gros **l**éton est plein de **t**ard. Ce gros po**t**ard balte s'appuie sur deux **l**étons. Oh ! ce beau **l**éton é**t**ancé ! Ce Russe en a **t**apé, des **l**étons ! Cet amateur de **l**étons manque de **t**unes. Ce bookmaker parle de lo**t**os dès qu'il voit des **l**étons. La jeune maman balte ne sait pas encore que ses petits **l**étons vont cou**t**er ! Oh ! ce **laid**ton **bou** !

LIBANAIS – (...) Que fait Natha**cha** au **lie**banais ? Ces pauvres **cha**cées de Beyrouth sont de vrais **ly**banais. Le menuisier a livré une **cha**tière au **li**banais.

LINNÉ – (...) Ces **p**opes un peu médecins rêvent de liner. Certains se grattent la **p**ance en parlant de **l**iner. Voyez, le carabin est **mu**, ne pensant qu'à **l**iner. Ce **p**écheur rêve aussi de **l**iner. Ce médecin de **m**antes ne pense qu'à li**N**er. Quoi ! **l**iner sans **p**'oignon ! La femme du toubib voit que son mari **p**a nique dès qu'elle lui parle de **l**iner. Elle a un air étrangement **p**ascif dès qu'il s'agit de **l**iner...

LYON – (...) Le primat des Gaules doit avoir des problèmes avec son **L**ion car il s'est fait **f**ustiger. On dirait, monsieur le maire, que votre **l**ion se re**f**âche ! Il ne veut pas de ce gros **f**ard, votre **l**ion ! Madame : « Tu convoites encore ce **l**ion, mon grand **f**oup ? » On lui refuse ce **l**ion, c'est bien **f**aid ! Pub : « **l**ion à **f**'air ».

M

MANDELA – (...) « Venez **m**ander là, à ma **b**otte ! » Il n'est jamais venu **m**ander là, pour la **b**iser. S'il était venu **m**ander là, il se serait **b**arré... Un journaliste : « Et si on faisait venir Nelson **m**ander là pour li**b**er ? » Le jardinier de la présidence astique sa **b**èche pour **m**ander là. On a vu le président **m**ander, là, entre deux **b**iches !

MANET – (...) Ce vieux **m**anais en a connu, des **p**oules ! La conservatrice maniaque sti**p**ule les **m**anais et voudrait bien **p**arquer tous les **m**anais. Ce **m**anais a brossé bien des jolis **p**ignons mais la collectionneuse a cherché en vain des **p**illiers de **m**anais. « Et pourtant, dit-elle, j'ai vu bien des **m**anais dans **p**on pays ! » Ne posez donc pas vos **p**ains sur ce respectable **m**anais ! Ce **m**anais s'accommode bien de cette **p**âtine (***pa** tine est aussi une contrepèterie interne au mot*). Ce **m**anais n'est pas **p**âle. Ce **m**anais est très **p**ûr. Ce **m**anais n'a rien de **p**iteux ! Écartez cette crou**te** **p**rop fanée et **p**assez-moi le **m**anais.

MAUD – (...) Voulez-vous toucher ces **ch**amelles **m**audes ? Cette petite m**aud**e est bien ch**ich**e. Cette petite **m**aude supporte très bien les **ch**ecs. Cette vieille **m**aude est **ch**enue. Cette fille **m**aude raffole des **ch**ignons. Cette grosse **m**aude aime les grands **ch**âles. Cette grande **m**aude est ravie d'avoir enfin touché son **ch**ec.

MÉDOC – (...) « **Pari** **m**édoque ». Ce **m**édoque est bien **p**âle ! Ce **m**édoque n'est pas assez **p**ur. Hou ! Je n'ai pas assez de **p**ains pour goûter ce **m**édoque ! Ma si ! On a trouvé des **m**édoques dans **p**on pays ! Le sommelier sti**p**ule tous les **m**édoques. Ce **m**édoque est assez **p**iteux. Prenez donc un peu de crè**p**e avant de vous taper ce **m**édoque...

MER D'ARAL – (...) Boris a fait plonger l'ambassadeur dans sa merde a**rr**ale, quelle ho**n**eur ! Le linguiste ignore de quel **n**ond vient la merde a**r**ale. Beaucoup de petits ma**n**ants fuient la merde a**rr**ale, voyant les technocrates la **c**écher sans douleur. Beaucoup d'imprudents sont sortis de la merde a**r**ale en **n**ageant.

MOABITE – (...) « La **neau** du moi**bite**. » La **si** de Lot était pleine de moi**bite**. Conférence : « /nanisme de m**o**a bite ». Les antiques montagnards mangeaient des **cha***(2)* de **mois***(3)*-**bites***(1)*. L'archéologue : « Mon assistante a extrait plein de m**a**lles de m**oe** bite (*dans « moell », le son « oe » est identique au son « o »*) et tiré plein de p**a**ls de m**oi** bite ! »

MONIQUE – (…) Difficile de tri**ch**er avec cette sèche moni**que**… Le jardinier a tiré quelques **ch**oups avec une jolie moni**ce**. Il avait découvert cette moni**ce** en pleine **ch**ampagne. Il s'est rapidement atta**ché** à cette belle moni**que**. Il est comblé par cette moni**ce**, lui qui aime tant les **ch**atins ! Mais pas question de ma**ch**e pour cette moni**que**…

MONTBARD – (…) « Ces **cam**peuses près du **pom**p ont fait une charmante **d**inette devant mon **b**ard. Je leur ai expliqué que mon **b**ard c'était un **d**on et qu'elles pouvaient poser leur **d**ouche le plus près possible de mon **b**ard. Et j'ai montré à leurs compagnons francs-comtois que mon **b**ard n'avait rien de commun avec leur petit **d**out. » Plus tard : « Pas question de livrer mon **bb**ard aux ra**d**ins ! »

MONTCUQ – (…) « Pas question qu'un seul ma/ se plante dans mon cul**que** ! Et aucun type de matra/ ne s'installera dans mon cul**que**. J'accepte toutefois que les postiers rapprochent leur tri/ de mon cul**que** et je goûterai volontiers de bons petits me/s dans mon cul**c**. »

MORDELLES – (…) Y a pas une seule **b**otte valable dans ce **m**ordel ! Y a pas une seule fille de Ca**b**aret dans ce **m**ordel ! Y a pas une seule **b**oniche dans ce **m**ordel ! Vous avez perdu la **b**oule dans ce **m**ordel ? Vous nous a**b**usez avec votre **m**ordel. Y manque plus que la **b**erde dans votre **m**ordel. Si c'est ça, votre **m**ordel, on se **b**arre ! Ah ! tout de même ! une restauratrice de **m**ordel nous propose ses **b**iches…

MORGON – (…) Ce **pi**errier est plein de mor**gu**ons.

MORMON – (…) Ils examinent les **f**iches en sortant de la **m**esse. Le révérend arrive à la **pi**esse rempli de mor**m**ons. Il dit : « Ah ! le **m**ond des **f**iches ! » Mais il cache ses mor**m**ons dès qu'il se croit ai**pié**.

MOUGINS – (…) La Comtesse parle souvent de « **va**le de **mou**gin ». On entend aussi parler de la **va**ge du **moul**in…

Madame la fermière, il y a beaucoup de **va**ches dans votre **mou**gin ! Madame le maire, il n'y a que votre **mou**gin qui **va**ille...

MU – (...) Cet énorme **m**ul est sans doute bien **c**âché. Combien de marins sont partis, bien **c**embrés, pour conquérir ce **m**ul ? Des Amazones aussi rêvaient de vastes **m**uls, elles étaient bien **c**arrantes. Certains rêvaient déjà de **c**ourir sur le **m**ul. Mais ils n'étaient seulement pas capables de distinguer la **c**otte du **m**ul. Et ce mythique **m**ul n'accueillit que des **c**orts...

N · O

NEMOURS – (...) Ces types à nœud mou**r** font tristement l'amou/ !

NÉPALAIS – (...) Il faut voir comment les n**é**s pas laids s'**œud**garent ! La **rou**tarde qui aimait les jolis f**ê**stons s'**œud**mut rapidement à la vue d'un n**é** pas laid. Cette soixante-huitarde rêvait de n**é**s pas laids en s'**œud**battant. Des n**é**s pas laids se dressèrent-ils contre des t**œud**tons ? « B**œud**sons ! » cria le chef de train au n**ai** pas laid. Un n**é** pas laid pomp**œud**...

NEVERS – (...) Ce type de nœud **vér** attrape souvent la **rou**g**e**ole.

NICE – (...) « Pér**at** de **nis** ». Il affirme que son /nis est rarement dans le **pé**train. Mais que son /nis a horreur des **pé**dents. Des jeunes filles à **nis** qui rêvent de jolis pén**attes** mais ne veulent pas de pé**corps** dans leur **nis** parlent de **grand**nis de **pé**-père. Quel joli **b**énis et quelles belles **p**oules !

NIPPON – (...) la **ch**ine s'est toujours dressée devant les ni**p**ons. Les GI trouvèrent des ni**p**ons sans **ch**eine. La estauratrice de Tokyo (...) propose une belle **ch**aire de ni**p**ons. Ni**p**ons de **ch**oids... Le client se laisse **p**rendre aux a**ch**as des ni**pp**ons. Le couvreur propose ses **ch**aumes aux ni**p**ons. Ce n'est pas le moment de la**ch**er les ni**p**ons. Voici deux ni**p**ons **ch**eu velus. Ne parlez jamais de **ch**ute aux gros ni**p**ons ! Le pilote doit s'occuper d'un sacré **ch**arterre de ni**p**ons. La contrebandière présenta deux avenants ni**p**ons au **ch**asseur.

ODER – (...) le **v**ard ne se déverse pas directement dans l'o**d**aire. Et **v**enise n'a pas de problème d'o**D**aires. Ach ! l'od**é**r des t**eu**tons ! Ces Allemandes se demandent si les crues de leur o**d**aire vont tremper leurs **v**errières !

P

PAIMPOL – (...) **l**ieu pour la **p**èche. Luc Étienne parle d'une vacancière qui portait ses s**o**s à P**ein**paul. Ne pouvant se **l**asser de la **p**èche, cette cat**o** ne pouvait se passer de P**in**paul. Jumelage : « P**ain**paul-put**o** »

PAKISTAN – (...) La **ch**ine soutient le **p**at qui s'tend. Gandhi aurait-il la**ché** le **p**at qui s'tend ? Le bon cuisinier offrait une excellente **ch**aire à ce vieux **p**at qui s'tannait. Mais ce **p**at qui s'tannait refusait les **ch**opes. Je suis sûr que vous rêvez de **p**at qui s'tend, mon **ch**ère ! L'exportateur est sensible aux a**ch**as du **pp**at qui s'tend. Ce co**ch**ain chinois rêve du **p**at qui s'tend.

PANISSE – (...) Pagnol ne regr**é**ttait pas souvent son p**a**nis. Son p**a**nis n'avait rien d'in**é**pte. Ce p**a**nis n'avait rien d'**é**pathique. Ce p**a**nis savait ce qu'est un ch**é**t. Ce p**a**nis était rarement à la m**é**sse. Le metteur en scène a un p**a**nis c**é**piteux. Mais il a découvert deux b**é**lles que cachait ce p**a**nis. Ce vieux directeur de théâtre hésite à mettre son p**a**nis à la c**é**sse. Mais son pani**sse** dégage un tel parfum de pa**is**... Sa partenaire observe un certain p**â**nis qu'elle t**é**te ! Joseph n'a vu aucun p**a**nis en M**é**rie.

PANTIN – (...) Monsieur le maire, nous sommes impressionnés par les tal**u**ts de votre p**en**tain. Mais vous br**u**lez toujours quelque chose dans votre p**an**tain ! Il y a trop de résiduts dans votre pentain, beaucoup de gluds dans votre pantain, et souvent ça pud dans votre pentain. Mais nous admirons les élus de votre pantain. Monsieur l'employé de mairie, y a-t-il déjà eu beaucoup de luces dans votre pantain ? Combien de cadores ont sali votre pantin ?

PAPEETE – (...) Les roupillons de papette sont des cours sommaiilles. Le navigateur solitaire ajuste son lof en direction de papettes et se prépare à montrer son beau rouf à papettes. Le maître voilier tisse en rêvant de papettes. tapy rêve de Papettes. Ce vieux fan de papettes arrive encore à trop tiner. Voici de superbes toils de papettes ! Gauguin ne méprisait pas les croutes de papettes. Ah ! les tipes de papettes...

PAPIN – (...) tapy a longtemps rêvé de Papins. Le médecin se penche sur les croutes de papin. Mais il embête cette infortunée papin, c'est un torc : il exige que cette admirable papain lute. Cet aimable papin s'y connaît en ténis. Ce vieux trélat rêve encore de papins. Titre : « Les tots de papins ».

PATRICK – (...) On dirait que pa trique veut jouer au ténis ! pa trique Mue, pa trique ne tue pas, pa trique sue. Voyez les roulettes de pa trique. pa trique, autant dire Line. pa trique pense à Liner. pa trique grandit beaucoup à Trésent. Laisse pa trique, frisonne ! pa trique ne craint pas les Lutes (ni les lutains). pa trique ne méprise pas les petites Minables. pa trique n'est pas portée sur le Médoque. pa trique porte deux rouSettes. Cette jeune fille trouve pa trique sâle. L'examinatrice a fait sécher pa trique. Le chatelain en veut à pa trique. Sa fille tense à pa trique. pa trique rêve de Toules. La clown fait des lipes à pa trique. Je vois, chéri, que pa trique ne craint pas ces tipes ! La bonne dame a réchauffé pa trique sans leine. Aïe ! pa trique a perdu sa calote !

PERCHE – (...) Le camionneur qui dine dans le perche promène souvent son daf dans le perche. Ce denseur raffole du perche. La dipeuse de nos gens agite bien le perche. Cette célèbre poule remuait le perche chaque fois qu'elle pomdait. Ce jeune dédé veut rester dans le perche. Faut-il beaucoup de **d**olards pour faire son trou dans le **p**erche ? On veut pas de ra**d**ins dans le **p**erche.

PERNOD – (…) Ce gros p**o**re adore le p**è**rno. C'est t**o**rrible comme il aime le p**e**rno. Il aime le p**é**rno de façon hyst**o**rique. La candidate qui aimait tant le p**ée**rno s'est retrouvée enfil**o**. Madame, votre r**o** a des relents de p**aie**rno. La préparatrice a un p**o**tard qui a le goût du p**é**rno. Le chimiste trouve que ce p**er**not sent la m**i**de. Ces f**o**sses ont un fort relent de p**e**rno. L'évêque de Chartres n'aime guère que des marchands de p**e**rno fréquentent l'abb**o**sse. Cette vieille b**o**te a visiblement trempé dans le p**ê**rno.

PÉTAIN – (…) Un certain b**l**on à rien qui a du mal à relever le g/and, et sensible aux **m**ites **b**oches, mettrait bien partout des **ru**es de p**ai**tains. Sa femme ne se demande même plus si ce fils de p**ai**tain la b**u**se. Cet enfant de p**e**tain ne lui accorde que de trop rares min**u**ttes et ne lui parle que de pét**in**d en p**ar**tant…

PINOCHET – (…) Beaucoup d'adeptes de pine au ch**ai**t étaient nuls à la b**a**se. Ce vieux Chilien h**a**patique rêve encore de pine au ch**é**t, mais son épouse à la f**a**sse triste ne veut plus entendre parler de pine au ch**e**t : « Plus question de pine au ch**è**t, l**a**che-moi ! » L'ambassadrice de Taïwan sensible aux **liens** des Chi**noix** parle souvent de pine au ch**e**t en même temps que de s**a**xe. La gourmande rêve de pine au **chél** en dégustant son **cu**ri (cette ancienne fan de pine au **chail** est bien en **cur**).

PITT – (…) Les Anglais ont **b**issé avec leur **p**ite. Leur p**i**te fut d'abord dép**u**tée. Ces **p**ites furent avides de **b**utains. Les jardiniers royaux **b**inaient en glorifiant leur **p**ite (*ou « binaient en glorifiant leur pite »*). Est-il vrai, sire, que votre **p**ite déteste les vieux **b**ots ? L'historien s'occupe de **(p')**ites de façon trop **b**anale. Quoi ! Cette archiviste **b**étasse n'aurait jamais entendu parler de **p**ites ? La **b**ute n'a pas subi l'assaut des **p**ites (ou : la **b**ute n'a pas subi l'assaut des **p**ites). Les Écossais ignorent le k**u**lt des pites, p**i**tes qui s'opposèrent à leurs v**u**ts.

PLINE – (...) Il n'était pas bon que les plines s'assoup/issent. La belle libraire de Luc Étienne a fait souvent exp/oser les plines. Elle enf/ait des plines. Ses confrères relèvent le g/and en déballant leurs propres plines. L'inspecteur c/asse les élèves qui parlent plus ou moins bien de plines. Quelques plines traînent dans les f/aques. Sortez donc vos plines à la p/age ! « Mettre en valeur les plines ça p/aît ! »

PORNIC – (...) Votre pornic attire les flos. Le vicaire fou de pornique parle toujours de noer (...) pornique et no. Des légionnaires ont quitté les bos pour s'occuper de pornique.

PORTO – (...) Le vieux jardinier a besoin de porto pour se mettre à biner. Faut voir comment ce mercanti débine le porto ! Ces marchands de porto s'occupent aussi des canins. Il faut voir où ces marchands de portto les menent ! Cet amateur de porto a détourné un canho. Horace dévoile que sa bine a le goût du porto. Il faut voir comment cette folle de porto le tâne... Ce petit pénard a le goût du porto. Le chef de l'Énat raffole du porto.

POUILLES – (...) Horace emmène sa Bine à pari. La folle des pouilles prend son canard. Titre : « Les ceaux de mes pouilles ». Des pouilles enfin calmées (...) *La Redoute* parle de calabres à propos des pouilles. Mais pas besoin de calabres pour la population. La Comtesse tricote en rêvant de pouilles. Un raBin de pari déclare que le produit des pouilles c'est cas cher. Le cape ne connaît pas grand-chose des pouilles. La fille un peu fada des pouilles va se faire ciner. Un *tifoso* : « Pourvu que les cipes fassent vibrer les pouilles ! » Y a-t-il beaucoup de curée dans les pouilles ? La bute apparit (*ou « la Bute à pari*). Le pape déconseille aux habitantes de cologne de s'aventurer du côté des Pouilles. Venant de Biner à pari, le jardinier en vacances a pris un cou dans les pouilles. La marathonienne courrait aller jusqu'aux pouilles. La nonne cria en atteignant les pouilles. Le bedeau cète en parlant de ses pouilles. Ces catauds ont des problèmes avec leurs pouilles. Ces demoiselles s'acrochent dès qu'il est question des ppouilles. Elles ne tarderont pas à découvrir les pouilles de leurs cocains (...)

*Les câtres des **p**ouilles* (...) « **p**ouilles-**c**rimées » (...) « **p**ouilles é**c**ongées ».

PUNIQUE – (...) **p**ouilles et **C**artage. Chéri, je t'annonce : après ces **t**ipes, **pu** niques. Ah ! ces deux **for**tes **pu**niquent ! (...) « Les **ç**atains, **pu** nique » et « Les /tains **pu**niquent ».

PUTEAUX – (...) Ce gourmet raffole des p**ain**s de put**o**ts (...) **s**(4)-**ains**(2)-**ter**(6) **à**(3) **put**(1)-**au**(5) (...) **S**aint**t**es put**o**s. D'un commentateur sportif : « Sacrée f**ain**te de put**au** ! » Ces petites **ch**â**t**ains rêvent de **pu**teaux.

Q · R

QUEEN – (...) La **q**ouine a horreur des **g**ueues. La **c**ouine rêve de **g**ons courts. L'historienne rêve de **g**roupes de **c**ouines. À Lourdes, on n'a jamais vu de **c**ouine dans la **g**rotte (...) Cette **c**ouine, quel mauvais **g**oup !

RABAT – (...) la **b**aie de **r**aba. Le touriste n'avait jamais goûté un **r**aba au si**b**op. Ce gros **b**adin rêve de **r**aba. Ah ! votre **r**aba **b**ouge ! L'édile se demande si un grand **b**oi doit cacher son **r**aba. Le directeur du port a pris un grand **b**âteau dans son **r**aba. Pub : « **b**eine de **R**aba » Concours de boules : le champion **F**aise **b**anny ! Qu'il est **b**ond, ce **r**aba ! Pas question qu'on **b**ate ce grand **r**aba...

REX – (...) la **s**eine du **r**exe. Une étudiante cherche le **r**exe du secteur. Et une /llandaise **Ho**baise le **r**exe à **s**oustons. Il y a des traces de **s**â**bl**e dans cet ancien r**exe**. Cette ciné**p**hile tient des propos a**s**ides sur le **r**exe. Une autre a parlé de **r**exe, toute **s**avie. La marchande de por**tt**o fl**a**ne et **s**onge du côté du **r**exe. Cet urbaniste est en train de ca**s**er le **rr**exe dans la **r**ue du conca**irr**ent. Le **r**exe **s**aide...

RUSSE – (...) Le **n**ond de l'a**rus** et le gastronome qui s'est tapé un ca**n**'ton à l'a**rus**. Luc Étienne se réjouit de voir les **russ**es en **f**et. Truman se méfiait des c**o**uls des **russ**es. On distingue bien d'ici l'a**r**us de la **n**eine. Boris a embrassé Bill à l'a**rr**us, quelle ho**n**eur ! Ça se dit comment sec**t**e en **r**us (*les sons* cs *et* x *sont identiques*) ? L'a**r**us est en **n**age. Boris se met en **r**o**u**t avec une belle **r**u**ss**e. Il chevauche la m**u**le d'une belle R**o**usse... Mais non, l'a**rr**us n'est pas ca**n**é ! La **p**a**t**ineuse refuse la **n**otation de l'a**r**us.

S

SABINE – (...) Luc Étienne confie que sa **b**ine manque à la **p**elle. Horace tâtait avec inquiétude le **p**out de sa **b**ine. Sa **b**ine était couverte de **p**ulles. Sa **b**ine est **p**elle, sa **b**ine est **p**risée, sa **B**ine brûle les **p**lanches, sa bi**n**e manque de **t**erf, le vieux marinier observe le **p**allant de sa **b**ine, ne laisse pas sa **b**ine t'em**p**êter, sa **b**ine a pris un **p**ain, sa **b**ine nous fait rêver de chi**p**res, Horace a acheté un **p**onnet pour sa **b**ine, sa **b**ine est couverte d'em**p**runs, le paysan **p**êche avec sa **b**ine. Ah ! sa **b**ine **p**allotte ! Le **p**aladin a découvert sa **b**ine. Sa **b**ine plaît au maître du **p**allet. Sa **b**ine est sans **p**eurre. Le géant confie que sa bi**n**e goûte fort la nai**t**e. Sa **b**ine **p**aise. Sa **b**ine a deux **p**oules. Ce jour-là, sa **b**ine était particulièrement en **p**eauté. Horace demande à sa bi**nn**e d'astiquer sa bo**t**e. Sa bi**n**e a le goût du por**t**o. Sa bi**n**e préfère les bru**t**es. Le spéculateur a plongé dans la co**t**e avec sa bi**nn**e. Sa **b**ine, quel sexe ha**p**ile ! Le directeur de conscience admet que sa bi**nn**e est bien dans la no**t**e. Horace faisait volontiers **p**ouffer sa **b**ine. Le vicaire demande un **p**edeau pour sa **b**ine. Sa bi**n**e a **t**iqué...

SAVERNE – (...) « Allez à sa ver**n**e, c'est un **g**œud d'enfant ! » Le petit Alsacien se l**é**ve et voit s'**a**battre une drôle de nai**g**e sur sa ver**n**e. Le maire cherche des lu**g**es pour sa ver**n**e. Il confie que sa ver**n**e est **g**oueuse. Ce vieux **g**ul a encore sali sa ver**n**e ! L'astrologue présente sa ver**n**e aux sa**g**itaires. Ce clerc de notaire cherche à écarter le **g**ez au maître de sa ver**n**e. La femme du maire déclare que ce bé**g**ard avantage bien sa ver**n**e.

SAX – (...) Ce s**a**xe n'avait rien d'in**e**pte. La fabricante espérait bien un m**e**ssage de s**a**xe. Ce s**â**xe ne manquait pas de gr**e**ce. Ce s**a**xe n'avait rien d'**e**pathique (...) Ce gros s**a**xe est sacré-ment **e**ttendu ! Cette musicienne a un s**a**xe c**e**piteux. Ce vieil instrumentiste regr**e**tte son s**a**xe. Voyez comment on l**e**ve le s**a**xe. Ce débutant t**e**te drôlement son s**â**xe. Ah ! m**e**dame, quel s**a**xe ! La virtuose cambodgienne ne confie pas son s**a**xe à n'importe quel braquem**er**t ! Le directeur du Conservatoire rêve d'un coll**e**ge de s**a**xe. En attendant, il peint de drôles de fr**e**sques de s**a**xe. Madame la vendeuse, m**e**tez-moi donc ce s**a**xe. Ce jazzman connait bien l'**e**rt du s**a**xe. La femme du vigneron a trouvé un vieux s**a**xe dans son ch**e**t ! (Elle aurait sans doute préféré un m**a**got dans son ch**é**t.) Madame, c'est un vrai m**e**got que vous avez dans votre s**a**xe ! Joseph ne veut pas de s**a**xe dans la M**e**rie.

SCEAUX – (...) Il pleuvait à **fl**eaux qu**e**nd la pauvrette perdit sa **S**ceur. Madame le maire, cette **p**elle sort de votre **s**ot. Un automobliste **t**oqué par trop de bou**ch**ons « Ah ! madame le maire, quel **pi**ège, votre **s**ot ! » (...) « J'adore votre **s**ot et j'adore ces **p**eins ! »

SÉCU – (...) Ce sauteur de Jup**on** devrait surveiller le trou de s**é** cul. Le ministre au bel œil de br**é**ze qui rêve de qu**on**-quettes ferait mieux de parler de qu**on**quettes pour combler le trou de s**é** cul...On a envie de le voir f**on**sser dès qu'il parle de s**e** cul. À Épinal on entend souvent parler de gros **guin** à propos de Sé**cul**...

SERGE – (...) On dirait que votre **ss**erge apprécie les fe**v**es. Votre **s**erge apprécie également mes **v**eins... Cette touriste égarée a vraiment été sau**v**ée par votre **c**erge ! C'est dans le **v**alon que votre **s**erge la ram**e**ne, ce fut t**o**rrible ! Votre **ss**erge fait trop de grai**v**e. Mais j'aime le côté **v**aillant de votre **s**erge (...) Le fameux petit vieux (...) **v**ent de la **s**erge. Et Luc Étienne se demande combien il a de **r**ê**s**tes sur les **b**ou**t**ons (*double croisement de consonnes*). Cette **ss**erge peut-elle être lavée ? Le vieux tisserand (qui **t**issait en plusieurs **p**asses et s'en**na**lait avec sa **cu**vette) faisait drôlement pi**v**oter sa **ss**erge.

SOUSTONS – (…) La sureuse de coustons est curieuse mais se fache dès que son époux parle de ra pine à soustons. Présentation : la grande Olga ruce deux soustons. On se mare dès qu'elle parle de ssoustons.

T

TACITE – (…) Ta site est comme cette vieille baucisse : les febes fuient ta ssite. Mais que fait ta site sur ce bale con ? Ta site réchauffe les beins (…) Ta site se promène en ba bouche. Je n'aime pas ta site, eh ! balaud ! Ainsi, collègue, tu as fait aimer ta site aux bœurs !

TAIZÉ – (…) L'évêque confie que taiser lui a donné un sacré bonus… On prend vite de bonnes abitudes quand on arrive à ttaiser. Le frère menuisier prend son bemps pour taiser. Le pêcheur montre de belles abhlètes préparées à taiser. Il y a peu de bétons à taiser. On trouve surtout des briques à taiser… Les intégristes se bâtent à propos de taiser. Un jour ils parlent de (t')aiser de manière parfaitement banale, un autre jour ils parlent de ttaiser de façon aberrante. Mais comment peuvent-ils parler de taiser sans broncher ? Dès qu'il s'agit de taiser ils font la bête. Il faut être rudement bouché pour ne pas rêver de taiser… Il y a de beaux brains à taiser. Et aussi beaucoup de bruies à taiser.

TAPIE – (…) Cet incroyable papie ne peut plus jouer au Ténis et ne peut plus trinquer faute de tapis. Plus de vin pour l'infortuné tapit. Bernard, on ne verra plus beaucoup ta pi/e dans la raine…

THALÈS – (…) Ah ! ma chère, le fard de ta lesse ! Le prof s'est refâché sur ta lesse. Il s'épuise car ta lesse est toujours à f'air…

TIBRE – (…) « La pêcheuse râleuse pèche le long du tibre ». Le tibre transporte bien des bouchons. La photographe prend ce tibre après quelques biches. La captive regarde couler le **t**ibre du ca**ch**ho. Les Romaines bran**ch**ées et **l**assées évoquent les ri**ch**es du **t**ibre. Le jardinier a une grosse bê**ch**e qu'il trempe avec le **t**ibre.

TITICACA – (...) Il paraît que votre **pap**ie se plaît dans le **titi**caca ! Cette vieille dame folle de **titi**-caca a eu un jour de gros **pép**ins.

TITO – (...) l'an**o** de Tit**us**. La petite **n**onne qui a des cer**b**es sous les yeux tient des propos é**cl**hérés sur son **t**ito. Elle explique qu'on n'était pas si mal sous la b**o**te de Tito. La bibliothécaire est en train de rajeunir l'é**cl**at de son **t**ito. L'archiviste qui vient de **cl**asser un gros **t**ito confie qu'il a découvert de superbes **t**itos derrière quelques **cl**oisons. Pendant l'inondation on entendit **cl**apoter quelques **t**itos.

TONTON – (...) Tatie apprécie la **t**aise de **b**onton. La fille aux gros **ton**tons présente un gros croupi**é**. Ce n'est pas un croupi**é** frip**on** et c'est un **ton**ton frip**é**. La fille aux gros **ton**tons a un bel œil de br**é**ze. Tatie observe le **t**énis du **p**onton (...) Ce coureur de jup**é**s rêve encore de **ton**tons.

TROYES – (...) Les filles de **tr**oie offrent leurs deux **j**ous. Les filles de **tr**oie ne pratiquent pas le **j**avelo. Cet espèce de barb**ard** au d**eau** voûté, comment il **j**aite les filles de **tr**oie ! On voit beaucoup de filles de **tr**oie **j**aînées.

U · V

URANUS – (...) « Notre bel **ur**anus est vierge de tout /ètre ! » (...) « /gent : évacuez notre **Ur**anus ! »

USSEL – (...) Le botaniste dorlote ces **p**ouces **d**ucelles. Les garagistes proposent de jolis petits **p**nœuds pour /ucelles. Offrez donc vos **p**ards à ces jeunes **d**ucelles ! Une jeune **d**ucelle se méfie des ra**p**ins. Ces jeunes **d**ucelles ne sont pas à l'aise dans la **p**èche. Cette jeune **d**ucelle est **p**ure. Cette jeune **d**ucelle n'a pas de **p**ot. Ces jeunes **d**ucelles n'ont rien de rap**a**sses. Cette jeune **d**ucelle ne prend que des petits **p**oigts. Ces jeunes **d**ucelles n'ont pas peur des pé**p**és. Cette jeune **d**ucelle a pris la **p**ose. Ces jeunes **d**ucelles ne sont pas har**p**ies. Quelques jeunes **d**ucelles sont de futures ra**p**euses. Cet animateur rêve du **p**erche des jeunes **d**ucelles…

VAISON-LA-ROMAINE – (…) Splendide **b**erge, **v**aisons la Romaine ! On y trouve des **ru**ines supportant mal les moindres **gou**ts et des peintures de **r**ob de Vé**z**onèse.

VAR – (…) L'adju**d**ant du **v**ard. Le préfet met le **v**ard à l'étu**d**e. Celles qui polluent abondamment le **v**ard doivent être **d**années. Les folles du **v**ard parlent du **d**it sur lequel elles s'**a**battent **é**ffectivement. Cette spécialiste du **v**ard a l'air assez vi**d**e. Elle est arrivée toute ri**d**ée au **v**ard. Elle a reçu un autre spécialiste du **v**ard a**d**iné. Il parle du **v**ard comme un **d**ieux…

VAVIN – (…) Un cafetier proposerait de superbes « **g**ues de va**v**in » (…) « Les **g**oyeuses de va**v**in » (…) ces bidasses à peine sortis de votre va**v**in se sont aussitôt remis en **g**ous (…) J'ai ressenti quelque ra**g**e dans mon va**v**in. Et j'ai crié à l'un : « **g**ous ! Dans mon va**V**in ! » Colette a-t-elle parlé de va**v**in a**g**ide ?

VENDÉE – (…) Ces belles env/andées recherchent des gros piafs. Cette fille ne fait plus l'affiaire depuis qu'elle est env/andée. Le touriste découvre une jolie **b**erge et parle de **v**ander. « Plus question de vam**d**er, déclare l'héritière ra**p**asse. Plus question de vam**d**er, si je n'ai pas plus de **p**ards. » Titre : « Rad**i**euse env/andée ».

VÉRONE – (…) Avant de traverser le **p**on en faisant trembler la **c**aillasse, Roméo a montré à Juliette une jolie **p**ile sans se préoccuper des rumeurs de véro**ne**. Celle qui parlait si bien de véro**ne** était **lu**e. Il y a encore beaucoup de pa**la**is à véro**ne**.

VEXIN – (…) Cet antique **v**e**x**in abrita tant de s**ag**es ! La députée sent que son **v**e**x**cin s'**ag**ite.

VÉZELAY – (…) « Oh ! les superbes **b**erges, **v**aise-les ! »

VICHY – (…) On peut voir les plus belles mi**tr**es de Vi**ch**y (…) p**a**ne av**i**chie. Film sur la Résistance : *Traque av**i**chie*. Certains collabos avi**chi**s ont fini par se faire **l**ier. On y voit bien des colonnes avi**chi**es. Le joueur de base-ball a fait astiquer sa b**a**te av**i**chie. On voit quelques vieilles b**a**gnoles av**i**chies. L'électricien fait reluire des m**a**nettes av**i**chies. Des bigots av**i**chis rêvent souvent de p**a**pes. On ne manque pas de **ch**iques à Vi**tr**y. Le Pen s'est fait con**tr**oller à Vi**ch**ies. Ces deux grosses m**au**ches rêvent de vits chi**d**s.

VIDOCQ – (…) les **p**é**ts** de **vi**doques. Oh ! ce **vi**doque a**p**é**n**é !

VOUILLÉ – (…) Il paraît qu'il y a beaucoup de **c**agins à **v**ouiller ? (…) « **c**alet-**V**ouillé » (*ou « ca les Vouiller »*). Les filles, vous pouvez **c**amper, on est loin de **v**ouiller. Ceux qui viennent de **v**ouiller sont à moitié **c**annés. Ce **c**idame vient de **v**ouiller.

W · X · Y · Z

WATTEAU – (…) Ce **v**atho a-t-il connu des **c**agins ?

XANTHE – (…) Ah ! ce réfugié **e**filé jusque dans cette antique **x**ente !

YVES – YVONNE – (…) Ah ! les f**Y**sses d'**e**ves ! Ce coiffeur s'occupe des m**È**ches d'**i**ve. Le dompteur présente une grosse b**È**te à **i**ve. Il paraît qu'**ai**ves a toujours aimé b**Y**ser. **i**ve en a beaucoup jou**È**. Ne me parlez pas de cette c**ett**e d'Yv**onne** !

ZAMBÈZE – (…) « Aux An**baise**, les filles sont jolies et j'en **tilles** ! » Dès qu'on évoque des ch**u**ttes et c**a**ls exceptionnels, le reporter crie « **z**'en baise ! » et présente son **j**ob.

ZAMBIE – (…) On ne connaît rien sur les c**am**s de Z**on**bie. Votre z**en**bi ne craint aucune f**o**te. L'ONU ne craint pas la sem**om**ce de z**en**bies.

ZEN – (…) Voyez comment ces gentils **b**ou**d**ahs **p**an**ss**ent. Les fidèles ont de magnifiques **r**obs pour la joie de leur **z**eine. Le détracteur expose son **g**ob sans **z**êne.

ZÉNOBIE – (…) Nobles dames, admirez **zé nos**bis ! Les /ceurs présentèrent leur zé**no**bis. Votre zé**no**bi n'a pas réussi à notre /taire !

ZOLA – (…) Ah ! l'élé**st**ance des rou**g**ons me rappellent ce zo**l** à **b**'anis ! (Les rou**g**ons de Zola étaient remplis de **st**raisse…) Nulle **b**laide n'a connu ce zo/-là. Ce vieux zo/-là n'est pas si **b**lent ! Et parfois même quelle **b**rut ce zo/-là !

UN DEXE INSOLENT POUR LES MMOTS COPUNS

Les **mm**ots co**p**uns
(...) aptes à leur **v**endre leur lè**t**res (...)
Avec le souhait que les **g**emmes
ne les laissent pas sur le **f**land...

TABLE

RÉALISATION : PAO ÉDITIONS DU SEUIL
IMRESSION : NORMANDIE-ROTO IMPRESSION S.A. À LONRAI (61250)
DÉPÔT LÉGAL : NOVEMBRE 1997. N° 30408-3 (98-0184)